科技考古

第七辑

中国社会科学院考古研究所科技考古中心　编

科学出版社

北京

内 容 简 介

　　本书是中国社会科学院考古研究所的科技考古工作者和文保学者以及相关考古学者的论文集。本书从科技考古的不同领域和角度，对我国近些年来科技考古各研究领域普遍关注的研究内容和最新研究方法进行梳理与综述。这些研究领域包括数字考古、人骨考古、动物考古、植物考古、木材分析、食性分析、古 DNA 分析、化学分析、环境考古、冶金考古、玉石器考古、考古绘图、实验室考古等。同时，有学者对农业种植制度、畜牧业与游牧考古、人体骨骼埋藏学等领域展开理论思考，本书也包含数篇动物考古、树轮考古的相关最新译作。

　　本书可供考古学、历史学、科技考古等方向的研究者和爱好者，以及大专院校相关专业师生阅读、参考。

图书在版编目（CIP）数据

科技考古. 第七辑 / 中国社会科学院考古研究所科技考古中心编. —北京：科学出版社，2023.11

ISBN 978-7-03-077166-7

Ⅰ.①科⋯　Ⅱ.①中⋯　Ⅲ.①科学技术－考古－中国－文集

Ⅳ.① K875-53

中国国家版本馆 CIP 数据核字（2023）第 221741 号

责任编辑：张亚娜　周　赒　张睿洋 / 责任校对：张亚丹
责任印制：肖　兴 / 封面设计：图阅盛世

科学出版社 出版
北京东黄城根北街 16 号
邮政编码：100717
http://www.sciencep.com

北京中科印刷有限公司 印刷
科学出版社发行　各地新华书店经销
*

2023 年 11 月第　一　版　　开本：787×1092　1/16
2023 年 11 月第一次印刷　　印张：20 1/2　插页：6
字数：486 000

定价：188.00 元
（如有印装质量问题，我社负责调换）

本书出版得到中国社会科学院

学科建设"登峰战略"资助

目　　录

植物考古所见的早期农作物种植制度初探

——以先秦时期中原地区为例

钟 华

（中国社会科学院考古研究所）

摘要： 农作物种植制度是研究古代农业发展水平和演变趋势的关键，随着近年来植物考古研究的极大发展，为我们进一步探讨早期农作物种植制度提供了可能。本文以先秦时期中原地区植物考古材料为依据，对我国早期农作物种植制度进行了分析，研究显示中原地区先秦时期的农作物种植结构层面经历了数次重大的变化，体现了土地利用率的不断提高；同时，土地利用制度也经历了从粗放到集约的变化趋势。在整个农业制度发展过程中，包括农作物结构、豆科作物的种植、农田杂草种类等都是可以通过植物考古观察到集约化程度不断提升的重要指标。另外，我们认为早期农业的施肥活动，受到多个方面因素的影响，首先需要适应当时的农业发展水平和土地利用方式，充分考虑不同种肥料投入的可能性，再结合人口密度、劳动力和饲养家畜的成本等问题进行综合分析。

关键词： 农作物种植制度　土地利用方式　农业集约化　施肥

一、研 究 背 景

一般而言，农作物种植制度或农业种植制度，是指一个地区或生产单位的作物结构、熟制和种植方式的总称。一个地区的农作物种植结构或布局，一方面受到作物本身的生态适应性的影响（包括温度、光照、降水、土壤等），以及当地地形、水利等农业资源条件的制约；另一方面，也是作物种植人群选择的结果，受到各种人为因素的影响。熟制和种植方式涉及到种植中存在休耕撂荒，还是连年复种，其中撂荒的时段有长短的差别，而复种也包括不同作物的轮作和单一作物的连作。另外，单作、混作、间作和套作等也属于种植方式的范畴。

近年来，随着浮选法的推广，植物考古遗存的发现成倍增长，极大地拓展了我们对早期农业发展中的作物结构和时空分布的认识。与此同时，利用相关科技手段对遗址出土植物遗存的进一步分析和研究也蔚然成风。其中，以植物同位素分析为代表，引起了学界对施肥、灌溉、作物种植的区位选择等一系列农田管理方式和集约化农业的思考。以上植物考古的相关研究已经触及了早期农业种植制度的核心范畴，为我们探索我国早期，尤其是先秦时期的农作物种植制度提供了可能。

二、先秦时期中原地区旱作农业的发展脉络

中国古代早期的农作物种植结构，尤其是在先秦时期，可以简单分为以长江中下游地区为代表的典型稻作单一农作物种植制度（monoculture），以及黄河中游地区为代表的多品种农作物种植制度（polyculture）[1]。其中，黄河中游地区或中原地区所实施多品种农作物种植制度包括了粟、黍、稻米、大豆等生长条件需求不同的农作物品种。相较于长期实施单一农作物种植制度的长江中下游地区，黄河中游或中原地区为代表的北方地区，在农业发展过程中不同种类作物的结构和比重不断变化，具备在长时段过程中更好的可观察性，本文中我们以先秦时期中国北方中原地区为例，对早期农业种植制度进行探讨。

中原地区的裴李岗文化时期，多个遗址中出现了大量农作物遗存的证据，主要包括炭化黍、稻米和粟的种子颗粒，以及微体植物证据[2]。其中，农作物中黍的发现要远多于稻米和粟。值得注意的是，这一时期古代人群，并不是以种植农作物作为其主要食物来源，狩猎采集活动仍然是人们最重要的生业模式。浮选获得的炭化植物遗存中，除了大量栎属、胡桃属等采集类植物和农作物种子以外，几乎不见其他农田杂草[3]。

在庙底沟时期的中原地区遗址中，粟取代了黍成为最重要的农作物遗存；农耕生产取代狩猎采集活动，成为了主要经济模式；北方旱作农业传统，以及成熟的农业社会在庙底沟时期也得到了确立。中原地区这一时期作物种植方式的重大变革与庙底沟文化的蓬勃发展是紧密相关的，以粟为主的旱作农业生产极大地提高了土地单位面积的产出，为庙底沟文化人口密度和遗址数目的显著上升，该文化的迅速扩张提供了可能。庙底沟时期及仰韶晚期的遗址中，大豆开始普遍出现，但是数量都非常有限[4]。

到了龙山文化时期，嵩山东麓、伊洛河盆地的多处遗址呈现出不同以往的新局面：虽然以粟为主的旱作农业仍然是主体，但稻米的种植比例开始普遍提高，大豆的重要性也得到了明显提升，多品种种植制度盛行[5]。龙山时代的中原地区，人口众多，遗址密布，人地矛盾日益凸显。稻米的大规模种植，可能源于人们向之前无法进行旱作农业种植的沼泽、河滩地区索要耕地；而大豆的种植一方面为人们提供了可观的植物蛋白质，另一方面在土地种植系统中加入大豆也可以很大程度提高土壤肥力。而丰富的核果类植物资源可能显示了人们定居的稳定性增强（可以在周边种植多年生果树），这些水果、坚果可能已经作为"货币作物"用于聚落间的交换。

二里岗时期，即商代早中期，小麦开始被纳入农业种植体系当中。在中原地区二里岗时期的多个遗址中，虽然粟依旧是作为重要的农作物资源，但小麦的数量和地位都得到了明显的提升，而这一现象为中原地区所独见[6]。二里岗时期的中原地区，尤其

是豫中地区为当时商文明都城的所在，大量的人口足以满足小麦种植的灌溉所需。小麦可能在当时已被纳入了当地的农耕系统，一方面降低了单一品种作物的种植风险，另一方面可能也缓解了春荒的发生。

到了东周时期，特别是战国时期，在黄河中下游一些经济发达、人口稠密的地区，小麦的重要性得到明显的提升，红小豆的出现也变得相当普遍，我们推测这两种作物可能已经加入当地以粟为主的轮作制度，形成了最初的"两年三熟"轮作制度[7]。这种轮作制度极大地提高了土地的利用率，同时也需要更多的人力投入，只出现在人地矛盾最为突出的地区。

三、基于植物考古研究所见早期农业种植制度的变化

（一）农作物种植结构的变化

从上文中，我们可以看到中原地区先秦时期农作物种植结构方面经历了数次重大的变化：从裴李岗时期到仰韶时代早期，黍一直是最为重要的农作物资源，对黍这种耐寒、耐贫瘠，但产量较低作物的重视，与当时社会以狩猎采集为主，农业种植为辅的生计模式相契合；庙底沟时期以后，更为高产的粟取代黍成为主体农作物，这一时期人们获取食物的主要来源从狩猎采集转变为农耕生产，而大豆的普遍少量出现可能源于人们对植物蛋白的诉求；中原地区在龙山时代时，稻米和大豆的重要性有了明显的提升，显示了本区域在人地矛盾不断激化下，人们对不适于旱作生产低洼地的开发，以及通过大豆的种植一定程度恢复地力；二里岗时期，郑州地区小麦数量的增多，背后可能是人力资源充沛的条件下，人们对缓解春荒采取的重要举措；东周时期，小麦重要性的进一步提升，以及红小豆的普遍出现，则可能与"两年三熟轮作制"的实施有着直接的关系。

以上中原地区先秦时期农作物结构的变化，我们可以发现不论是粟对黍的取代，还是稻米、大豆的加入，再到小麦重要性的提升，以及红小豆被纳入轮作体系，都是在该地区人口密度不断增高，人地矛盾愈发突出的情况下，人们逐渐增加对耕地的投入，提高土地利用率的结果。有学者通过先秦时期文献中对不同作物记载的梳理，指出先秦时期中国北方经历了三次主要作物种植品种的更替：西周及之前，以黍稷为主；东周时期，以菽粟为主；秦汉时期，粟麦代替菽粟[8]。但是通过与上文考古材料的对比，可以发现基于文献的认识与植物考古研究有着相当明显的差异。

（二）土地种植方式的变化

中国先秦文献中，曾对黄河流域土地种植和利用方式有关相关描述：《尔雅·释地》中记载到"田一岁曰菑，二岁曰新田，三岁曰畬"[9]，而《诗经·小雅》中也提及土地"薄言采芑，于彼新田，于此菑亩"[10]，说明商周时期种植制度中存在"菑、新、畬"，虽然各家对这几个词的解读说法不一，但当时存在撂荒、休耕制度是肯定的；《周礼·地官·遂人》中提到"辨其野之土，上地、中地、下地，以颁田里。上地，夫一廛，田百亩，莱五十亩……下地，夫一廛，田百亩，莱二百亩，余夫亦如之"，郑玄注

云"莱谓休不耕者"[11]，《周礼·地官·大司徒》中记载"不易之地家百亩，一易之地家二百亩，再易之地家三百亩"，郑玄注云"不易之地，岁种之……一易之地，休一岁乃复种……再易之地，休二岁乃复种"[12]，在《周礼》中出现的"田莱制"和"易田制"，一方面说明休耕制度的普遍存在，另一方面则显示已经不再实行一致休耕，而是根据土地肥沃或贫瘠的不同确定休耕的长短；到了战国时期，有学者指出在山东及周边地区开始实行两年三熟的轮作制度[13]。

西方学者根据土地利用制度从粗放到集约的趋势，将土地利用方式分为了五种，即"森林休耕"、"灌木休耕"、"短期休耕"、"一年一茬"、"多茬复种"[14]。其中，前三种土地利用都采用了休耕，其休耕时长大致为"20~25 年"、"6~8 年"和"1~2 年"。"森林休耕"和"灌木休耕"往往可以通过焚烧自然植被后留下的灰烬或周围收集来的叶子等进行追肥，从而保证较高的产出，而"短期休耕"及之后的集约耕作方式，一方面需要犁地（包括用于犁地的牲畜）以去除草根，另一方面则需要家畜或人的粪便、绿肥、混合肥料（家庭垃圾、泥沙等）等多种施肥方式，才能保证土壤肥力[15]。

从以上文献记载和国外学者的研究来看，在人们对土地利用方式的演变中，都要经历从长期休耕、短期休耕，再到连年复种、多茬复种的过程。而其中土地种植方式的转变，也受到了诸多因素的影响，比如可供选择的农作物品种，可利用的耕地条件、水源条件，可选用的肥料来源，是否有便利的生产工具（如锄头、犁、用于犁田的牲畜）等等，但是向农业集约化转变的决定性因素，在于当地的人地矛盾的激化程度，人口密度是否已经到达了原有土地利用方式难以满足的程度，往往只有人口密度达到一定水平时，转变为更为集约的土地利用制度才是有利可图的。

尽管，就目前的植物考古相关研究而言，我们还很难确切找到土地利用制度和种植方式的演变节点，并与农业发展的脉络很好的对应。但是，作为先秦时期植物考古工作较为系统的中原地区，其几千年来的农业发展脉络仍然可以为我们理解土地利用方式的演变提供重要的依据。

裴李岗时期的中原地区，以粗放型的黍为主要作物，农业占比不高，遗址中多见来自于森林山麓地区的核果、浆果类植物遗存，几乎不见农田杂草，应该属于长期休耕或"森林休耕"的范畴；这一土地利用方式可能一直延续到了庙底沟时期，随着庙底沟文化的急剧发展，人口和聚落数量大增，河谷平原地区成为遗址的集中分布区，高产的粟代替黍成为主粮，在采集类植物遗存锐减的同时，可能的农田杂草开始大量出现（包括狗尾草、马唐等）[16]，这一阶段土地的利用率明显提高，休耕时长可能大大缩短，但是可用作固氮的大豆在遗址中的数量还非常少，我们认为该阶段仍然属于长期休耕，只是可能从"森林休耕"转变为"灌木休耕"；进入龙山晚期以来，中原地区在洛阳盆地、嵩山东麓等区域迎来了人口和聚落数量的高峰，而这一时期气候和降水的剧烈变动可能又加剧了当地的人地矛盾，大豆在多数遗址的重要性增加显示了人们对土壤肥力保持的重视，而农田杂草在种类上的增多，则可能反映了新大量新拓荒的耕地或土地休耕时长的进一步缩短，从龙山晚期到夏商时期，可能已经进入了"短期休耕"或"草地休耕"的阶段；至迟在战国时期，我们认为复种制度已经出现在了中原地区，尤其是人口密度最高的河谷区域，一方面铁器和犁耕的普及极大地提高了生产力水平，另一方面豆类作物和小麦的重要性显著提高，都为这一地区土地复种提供了可能。

从以上中原地区先秦时期农业种植方式演变的梳理中，我们发现这一区域经历了土地集约化程度不断提升的不同阶段，尽管对于演变的确切时间节点还有待进一步细化，但本地土地利用制度的演变脉络和规律还是清晰可见的。

（三）植物考古在农业集约化过程中的指标

结合上文的讨论，就植物考古可以获得的证据而言，我们发现在早期农业种植制度的演变和农业集约化过程中，可以找寻到几个重要影响因素或指标。

首先，就是农业种植结构的不断变化，即人们对于农作物品种的选择和比重的调整。这种种植结构的演变一方面体现在土地利用率的不断提高上，比如产量更高作物的占比不断提升（粟取代黍成为北方主体作物）、适于冬季生长作物加入本地轮作系统（冬小麦加入两年三熟轮作体系），另一方面则表现在引进新作物用于开拓原本不适于种植的土地，即扩展可耕种土地范围上，比如黄河流域在低洼易涝之地种植稻米，南方地区在山地引种旱地作物。

其次，豆科作物的种植以及重要性的变化。在世界几大农业起源中心，豆科作物都是当地主要作物以外必不可少的存在，比如西亚地区豌豆、小扁豆、鹰嘴豆之于麦类作物，中美地区大红豆之于玉米，东非地区豇豆之于高粱、珍珠粟，以及我国的大豆之于粟作农业。区别于小麦、玉米、小米等主体作物，豆科作物一方面有着更高的蛋白质含量，另一方面可以通过根瘤菌固定空气中的氮元素，从而提高土壤肥力。通过上文对先秦时期中原地区农业发展的梳理，我们知道仰韶中晚期大豆已经在遗址中普遍出现，但数量都很少，推测可能与这一时期农业生产取代狩猎采集，成为人们获取食物来源主要方式之后，动物蛋白质来源减少，需要大豆作物植物蛋白质补充有关；龙山晚期之后大豆重要性的普遍提升则更可能与土壤肥力的保持相关；而东周时期红小豆的普及则可能反映了人们对于豆科作物恢复地力更高的诉求，《齐民要术》中有关小豆（红小豆）的记载显示"凡谷田，绿豆、小豆底为上"[17]，说明红小豆在轮作体系中作为前茬增肥是优于大豆的。

再次，不同时期农田杂草种类的变化。一般来说，农田杂草是指生长在农田中，并随着作物收割一同被带入遗址中的植物遗存，以狗尾草、马唐、莎草科等为代表。但是，对于存在休耕制度的农田而言，在休耕时期生长在农田中的各种灌木和杂草种子，也可能因为耕种前对自然植被的焚烧，以炭化的形式进入遗址，所以不同时期遗址中出土的大量非农作物杂草遗存，很多都应该属于农田杂草的范畴。就先秦时期的中原地区而言，在裴李岗时期至仰韶早期，成熟的农业社会建立之前，农田杂草的种类非常有限，数量也极少，这应该与长期休耕或"森林休耕"有关；仰韶中晚期开始，各个遗址非农作物遗存大量出现，可能为农田杂草的包括禾本科的狗尾草、马唐，豆科的胡枝子、草木樨，藜科的藜等，这些农田杂草的出现可能对应着所谓的"灌木休耕"；到了龙山晚期，一系列遗址中出现了之前从未发现的多个农田杂草品种，可能反映了休耕时长的进一步缩短，或是新开拓耕地的大大增加，从这一时期到东周时期，土地利用方式也开始进入了短期休耕或"草地休耕"阶段[18]。需要指出的是，我们不能排除上述农田杂草中有被人们因各种原因利用，有意采集的可能，但是整体上长时段的变化趋势还是比较明显的。

最后，除了以上植物考古方面的依据，包括不同种类的农业生产、加工和收获工具（锄、刀、镰、犁等），用于犁田的牲畜，灌溉遗存等其他考古证据，也都是反映农业集约化发展的重要指标。值得注意的是，早期农业集约化发展的过程也是劳动力密集程度和投入不断提升的过程，这种劳力的投入一定是在人口密度达到一定程度才有可能出现，有研究显示当人口规模下降或居民迁移人口稀疏的地区时，农业的集约化程度会出现显著的下降[19]。我们在一些特定的时段或区域，也可能看到作物结构、豆科作物和农田杂草等植物考古层面的"退步"。

四、关于早期农业施肥的探讨

近年来随着植物考古、古代人群生业研究的不断深入，尤其是植物同位素研究方法在国内的引入，对于史前时期古代人群农业施肥可能的探讨引起了学界的关注。学者们对黄河流域大地湾遗址[20]，以及白水河流域、嵩山南麓的多处遗址[21]出土植物遗存进行了同位素分析，认为黄河流域的古代先民，在仰韶时代晚期便已经开始了人工施肥管理，肥料的主要来源可能是家猪的粪便，并认为这一时期已经出现了基于小米和家猪的可持续性集约型农业。研究中对于人工施肥和集约型农业的判断，主要是基于遗址中出土农作物（粟和黍为主）的氮同位素值，以及相关实验考古的证据，而本文将通过早期土地利用方式和其他相关证据，对早期人工施肥和集约型农业的出现加以探讨。

首先，通过上文对先秦时期中原地区农业发展脉络和土地利用方式的分析，我们认为仰韶时代中晚期的中原地区，乃至黄河流域中下游地区，虽然农业已经取代狩猎采集成为人们获取食物的主要方式，但是土地利用率仍然较低，人口密度也不高，多年的"长期休耕"还是人们主要的耕作方式。对于长期撂荒、休耕的田地而言，通过土地自然植被焚烧产生的灰烬补充土壤肥力，而非消耗大量劳力进行人工施肥，恐怕是当时更实际、也更主要的保养土地肥力的方式。

其次，对于早期农业施肥的选择，存在着多种方式和来源的选择。休耕制度下，焚烧自然植被留下的灰烬肥田无疑是最为简单，几乎不需要任何劳动力的投入，而对于其他的农业施肥方式，往往需要密集的劳力投入。这些施肥方式，以人畜粪便较为常见，也包括元代《农书》中曾记载的"苗粪、草粪、火粪、泥粪"[22]等，其中，苗粪是有意识栽种豆科或其他作物为绿肥，草粪是掩埋野生青草作为绿肥，火粪指用草木茎叶与干土同烧形成焦泥灰，泥粪是用河泥、淤泥为原料施肥。另外，作物秸秆还田、生活垃圾堆肥等也是古代常见的有机肥来源方式。在这些常见的肥料中，除了直接还田的作物秸秆和绿肥以外，包括人畜粪肥在内的有机肥料，都需要充分腐熟后才能施入农田，这无疑增加了额外的劳力投入。而在上述肥料的营养含量方面，就氮肥而言，粪肥类肥料相比绿肥（尤其是豆科植物）和作物秸秆堆肥，并没有明显的差别[23]。由此，我们认为对于早期农业社会而言，如果要进行一定的人工施肥管理，粪肥要投入更多的劳力，在肥料的营养含量上对比绿肥和秸秆还田没有明显的优势。

再次，猪粪作为早期农业社会主要肥料来源的可能性。在仰韶时代中晚期的黄河流域，家养动物已经取代野生动物成为人们主要的肉食来源，而家猪无疑是最为重要、也是数量最多的家养牲畜[24]。同时，猪粪含有较多的有机物和氮磷钾，质地较细，容易腐熟，肥效较快，是一种比较均衡的优质完全肥料[25]，从量和质的方面都要优于其他牲畜[26]。由此来看，猪粪作为史前时期黄河流域粪肥的主要来源是最有可能，但如果不考虑农田休耕和其他施肥方式，就单施猪粪而言是否能达到所谓的"小米和家猪的可持续性集约型农业"？这个问题直接涉及到猪粪是否能够满足全部（或大部分）农田施肥量的需求，但就目前相关考古证据而言，我们还很难获悉同一时期的人口、耕地面积和家猪饲养规模，从而推测其相互关系。显然，多养牲畜就可以多获得肥料和肉食来源，但同样要付出相应的饲养成本，一方面是人力的投入，另一方面则是饲料的成本。从仰韶时代黄河流域遗址出土家猪年龄来看，成年个体的比重普遍较低，说明家猪饲养应该主要用于肉食的获取[27]，而非成年后的猪粪。而 20 世纪三四十年代华北平原的农村调查显示，一头猪一年需要 336 斤黑豆和 840 斤秋糠作饲料，猪粪一年可得 9000 斤堆肥，够施肥 5 亩地[28]。一头猪每年在粮田副产品（糠、秸秆等）的消耗就超过了其偿还的肥料，还不包括作为精饲料的粮食，而这些粮食副产品既可以堆肥归田，也可以作为燃料。由此看来，如果没有足够多的额外饲料供给，多养家猪带来的成本压力会越来越大，以致严重限制其饲养规模。对于史前时期应该也存在类似的问题，即便聚落出产的猪粪量可以满足少量耕地或是聚落周边园圃的需求，但是恐怕难以维持整个遗址范围内"基于小米和家猪的可持续性集约型农业"。

综上，我们认为早期农业的施肥活动，受到多个方面因素的影响，首先需要适应当时的农业发展水平和土地利用方式，而不同种类肥料的来源和处理方式特点也需要加以分析，充分考虑不同种肥料投入的可能性，再者人口密度、劳动力和饲养家畜的成本问题也是应当考虑的问题。

五、结　语

通过上文对中原地区先秦时期农业发展的梳理，我们对早期农业种植制度进行了探讨。一方面，农作物种植结构层面经历了数次重大的变化：包括粟对黍的取代，稻米、大豆的加入，小麦重要性的提升，以及红小豆被纳入轮作体系，体现了人口密度不断增高，人们不断提高土地利用率的结果。另一方面，土地利用制度经历了从粗放到集约的趋势，从"长期休耕"到"短期休耕"，再到复种，集约化程度不断提升。另外，在整个农业制度发展过程中，包括农作物结构、豆科作物的种植、农田杂草种类等都是可以通过植物考古观察到的重要指标。关于黄河流域在仰韶时代中晚期是否进行了人工施肥管理，甚至能否达到可持续性集约型农业的程度？我们认为这一时期可能还处在"长期休耕"的土地利用方式下，自然植被的焚烧是最重要的土地肥力恢复方式；如果当时存在人工施肥的话，除粪肥以外，绿肥、作物秸秆等不需要腐熟发酵的肥料，也是重要的肥料来源；就"小米和家猪的可持续性集约型农业"而言，当时家猪的饲养可能并不主要是为了猪粪的获得，而饲养家猪的成本也限制了聚落的饲养规模，很难满足遗址全部（或大部分）农田施肥量的需求，达到可持续性集约型农业的程度。

　　附记　本研究得到国家重点研发计划"中华文明起源进程中的生业、资源与技术研究"（课题编号：2020YFC1521606）、国家重点研发计划"文化科技与现代服务业"重点专项"中国北方旱作农业起源、形成与发展研究（一期）"项目（项目批准号：2022YFF0903500）、2023 年度中国社会科学院创新项目"中国农业的起源和早期发展"（项目批准号：2023KGYJ040）资助。

注　释

[1] 赵志军：《中国古代农业的形成过程——浮选出土植物遗存证据》，《第四纪研究》2014 年第 1 期。

[2] 钟华、赵志军：《中国史前农业起源研究》，见王巍主编：《中国考古学百年史（1921-2021）·第一卷·上册》，北京：中国社会科学出版社，2021 年，第 177-179 页。

[3] a. 中国社会科学院考古研究所河南第一工作队、郑州市文物考古研究、新郑市文化广电旅游体育局：《河南新郑裴李岗遗址 2018—2019 年发掘》，《考古学报》2020 年第 4 期。

　　　b. Bestel S, Bao Y, Zhong H, et al. 2017. Wild plant use and multi-cropping at the early Neolithic Zhuzhai site in the middle Yellow River region, China. *The Holocene*, 28(2): 195-207.

[4] 钟华、李新伟、王炜林，等：《中原地区庙底沟时期农业生产模式初探》，《第四纪研究》2020 年第 2 期。

[5] 赵志军：《新石器时代植物考古与农业起源研究》，《中国农史》2020 年第 3 期。

[6] 钟华、李素婷、李宏飞，等：《河南省郑州市小双桥遗址浮选结果及分析》，《南方文物》2018 年第 2 期。

[7] 钟华、崔宗亮、袁广阔：《东周时期河济地区农业生产模式初探——河南濮阳金桥遗址出土植物遗存分析》，《农业考古》2020 年第 4 期。

[8] 吴慧：《中国历代粮食亩产研究》，北京：中国农业出版社，2016 年，第 79 页。

[9] 邵晋涵：《尔雅正义》，北京：中华书局，2018 年，第 600-601 页。

[10] 王先谦：《诗三家义集疏》，北京：中华书局，2011 年，第 614 页。

[11] 孙诒让：《周礼正义》卷二十九，北京：中华书局，2015 年，第 1356-1358 页。

[12] 孙诒让：《周礼正义》卷十九，北京：中华书局，2015 年，第 889-890 页。

[13] 韩茂莉：《中国历史农业地理》，北京：北京大学出版社，2012 年，第 339 页。

[14] 埃斯特·博塞拉普著，罗煜译：《农业增长的条件：人口压力下农业演变的经济学》，北京：法律出版社，2015 年，第 5-6 页。

[15] 同［14］，第 15 页。

[16] 同［4］。

[17] 贾思勰著，石声汉校释：《齐民要术今释·上册》，北京：中华书局，2013 年，第 44 页。

[18] 钟华：《中原地区仰韶中期到龙山时期植物考古学研究》，中国社会科学院研究生院博士学位论文，2016 年。

[19] 同［14］，第 53 页。

[20] Yang J, Zhang D, Yang X, et al. 2022. Sustainable intensification of millet-pig agriculture in Neolithic North China. *Nature Sustainability*, 5: 780-786.

〔21〕 王欣:《黄河中游史前农田管理研究——以植物稳定同位素为视角》,北京:中国社会科学出版社,2023 年,第 73-169 页。

〔22〕 王祯撰,缪启愉、缪桂龙译注:《农书译注》,济南:齐鲁书社,2009 年,第 71 页。

〔23〕 乔玉辉、曹志平主编:《有机农业》,北京:化学工业出版社,2020 年,第 65 页。

〔24〕 袁靖:《中国新石器时代至青铜时代生业研究》,上海:复旦大学出版社,2019 年,第 82-92 页。

〔25〕 同〔23〕,第 73 页。

〔26〕 黄宗智:《华北的小农经济与社会变迁》,桂林:广西师范大学出版社,2023 年,第 171 页。

〔27〕 罗运兵:《中国古代猪类驯化、饲养与仪式性使用》,北京:科学出版社,2012 年,第 203-207 页。

〔28〕 同〔26〕,第 172 页。

A Preliminary Study on the Early Crop Planting System from Archaeobotanical Evidence: Taking the Central Plain During the Pre-Qin Period as an Example

ZHONG Hua

(Institute of Archaeology, Chinese Academy of Social Sciences)

Abstract: The crop planting system is the key to studying the development and trend of ancient agriculture. With the great development of archaeobotanical research in recent years, it has provided us with the possibility to further explore the early crop planting system. This article analyzes the early crop planting system in China based on archaeological materials from the Central Plain during the pre-Qin period. The study shows that the crop planting structure in the Central Plain underwent several significant changes, reflecting the continuous improvement of land use efficiency. Meanwhile, the land use system has also experienced a trend from extensive to intensive way. Throughout the development process of the entire agricultural system, including crop structure, leguminous crop cultivation, and types of farmland weeds, etc., are important indicators that can be observed through plant archaeology to continuously improve the level of intensification. In addition, we believe that fertilization activities in early agriculture are influenced by multiple factors. It is necessary to adapt to the level of agricultural development and land use methods at that time, fully consider the possibility of different fertilizer inputs, and then conduct a comprehensive analysis based on population density, labor force, and the cost of raising livestock.

Key Words: crop planting system; land use types; agricultural intensification; fertilization activities

石家河遗址群的人地关系探析

刘建国

（中国社会科学院考古研究所）

摘要： 石家河遗址群位于湖北省天门市石家河镇北部土城乡境内自北向南的大型岗地之上，流水侵蚀后形成很多孤立的小型垅岗地貌。根据无人机拍摄生成三维模型导出的数字高程图进行分析，认为石家河遗址群的先民充分利用岗地—冲沟地貌的特点，在沟谷的顶端附近挖掘池塘，于岗地之上堆土居住，修整池塘以下的沟谷用于种植水稻，旱季中从高位池塘引水至低处农田进行灌溉。

关键词： 石家河遗址群　无人机拍摄　三维重建　人地关系

一、石家河遗址群概况

石家河遗址群主要分布在湖北省天门市石家河镇北部土城乡境内，地处大洪山南麓与江汉平原北部的交会地带。绝大部分位于东河与西河之间，总面积约 8 平方千米，是长江中游地区目前发现的面积最大、延续时间最长、等级最高的史前聚落群。该地在距今 6500 年前开始有人类居住生活，距今 4300 年前后达到鼎盛时期，是距今 5000～4000 年间长江中游地区社会和文化发展的最高文明代表。

1954 年冬季修建石龙干渠时，在石板冲、三房湾、贯平堰、罗家柏岭等地发现大量石器、陶器等古代遗存，并于 1955 年春季进行抢救性发掘，共计发掘面积 1600 平方米。1978 年在邓家湾遗址进行一次小规模试掘。20 世纪 80 年代初，经过多次田野调查、发掘后确认现代石家河镇以北海拔 30～45 米约 8 平方千米范围以内，古代遗址的分布十分密集，很多遗址之间的文化堆积没有明显间隔，构成一个大型聚落群体。聚落群以石家河城址为核心，由 40 多个遗址组成，文化遗存从相当于大溪文化阶段开始，经屈家岭文化至石家河文化，尤以屈家岭文化和石家河文化最为丰富而普遍，有一个基本连续发展的过程[1]。

谭家岭遗址地处石家河城址的中心区域，勘探结果显示，谭家岭城址平面大体呈圆角方形，城垣基本上是顺着谭家岭台地的边缘堆筑，城垣东西长 440、南北宽 390 米，城垣内总面积 17 万平方米，城壕内总面积则达 26 万平方米[2]。石家河遗址群的中心发现一座大型土垣、环壕以及与之配套的石家河城址。但是调查人员又觉得就整体而言，石家河城垣的墙体坡度甚小，仅 25° 左右，即使考虑到后期冲刷坍毁的可能，从三房湾的剖面分析，它的原有坡度也是比较小的。如果城墙的主要功能在于防卫的话，则这样缓斜的墙体很难起到多大防御作用[3]。

二、石家河遗址群的环境与气候

石家河遗址群位于自北向南的大型岗地之上，流水侵蚀后形成很多孤立的小型岗地，属剥蚀－堆积垅岗地形。地表垅岗相间，波状起伏，呈掌状自北向南微倾斜。石板冲、昌门湾往北为红土阶地和岗地，往南为壤土质冲积平原，外围有东河与西河环绕，东河流域面积 176 平方千米，西河流域面积 109 平方千米。东河与西河拥有巨大的水量，雨季中石家河聚落群南部高程 30 米以下的地势较低地域很容易被洪水淹没，石板冲、昌门湾往北地势较高的区域虽然能够很好地躲避洪水的威胁，但是史前时期也难以调集东河与西河的水资源用于聚落周边农田的灌溉（彩版一，1）。

石家河遗址群所在的江汉平原属北亚热带季风气候，温暖湿润，年平均温度在 16℃ 以上，最冷月均气温在 3.5℃ 以上，无霜期约 240～260 天，平原各地利于棉花、水稻等喜温作物栽种。年均降水量 1100～1300 毫米，气温较高的 4～7 月降水量约占年降水总量的 70%，5～7 月大部分地面径流不能自排入长江，加之长江对汉江的顶托，使得平原内部洪水更加难以宣泄，决定了江汉平原湖区湿润易涝的特点。江汉平原为冷空气南下的重要通道，冬、春季节常出现低温阴雨天气，早稻烂秧几率较高；若遇梅雨期过长、暴雨多的年份，初夏易遭洪涝；盛夏常为副热带高压控制，盛行干燥的下沉气流，夏、秋季多晴朗高温天气，伏、秋干旱频次较多，导致二季晚稻空壳率较高[4]。

江汉平原由冲积、洪积或湖积而成，地表组成物质主要是近代河流冲积物和湖泊淤积物，沉积物属细砂、粉砂及黏土，古近纪红土只在平原边缘地区有所出露。在江河之间由于淤高形成的相对低下的长条形洼地区域，地表组成物质是在流水速度很慢乃至静水环境下沉积形成的，主要为黏土。这种黏土泥多沙少，有机质含量高，适合水田稻作，是江汉平原的水稻产区。石家河遗址群所在的江汉平原边缘地区，断断续续分布有垅岗地貌，地表覆盖有第四纪早期的、厚约数米至 10 米的红色或黄棕色亚黏土，适合各种水旱作物生长，自屈家岭时期就已经种植水稻、粟等农作物[5]。

三、石家河遗址群的人地关系

为了便于探讨石家河遗址群内各聚落与自然环境之间的关系，使用无人机拍摄遗址群所在区域生成三维模型后，导出数字表面模型制作研究区域的数字高程图（彩版二）。

石家河遗址群中的几乎全部聚落均位于高程 30 米以上的地带，很好地避开了雨季中洪水的威胁。数字高程图显示石家河遗址群中大致以毛家岭—黄金岭—杨家湾—昌门湾一线以东为东河河谷地带，史前时期应该可以从东河引水灌溉。以西地区的积水区域面积大约只有 5 平方千米，遇到伏旱、秋旱等年景时水稻收成就会很难有保障。所以石家河遗址群的治水工程主要是储水用于抗旱，最基本的模式是充分利用岗地—冲沟地貌的特点，在沟谷的顶端附近挖掘池塘，于岗地之上堆土居住，修整池塘以下的沟谷用于种植水稻，旱季中从高位池塘引水至低处农田进行灌溉。由于梅雨季节江汉平原的降水大约 1000 毫米，所以高位的池塘能够在雨季里积满水源，以备旱季灌溉稻田。

谭家岭北部的池塘能够为其南部甚至东部的谷地供水，谭家岭南部、东南部和东北部的谷地一直以来应该都是种植水稻的农田，南部谷地底部宽度超过 120 米，两侧坡度平缓，解释为谭家岭古城的壕沟过于勉强。谭家岭北部出土的壕沟、木板遗迹等应该都是输水沟槽与护岸等设施[6]。

黄家山北侧、严家山北侧、邓家湾北侧、印信台西侧、黄金岭西侧、三房湾东南和西南等多处位置较高的地点，均有较大的储水池塘，可以在旱季引水到周边低地的农田中进行灌溉（彩版二）。数字高程图显示谭家岭与三房湾之间谷地的自然形态应该是往西北延伸至谭家港—朱家坟头一线，朱家泊东岸拦截了这个谷地的上端成为石家河聚落群中最大的储水设施，旱季中可以向其南部、东部的大片谷地中输水灌溉，在石家河聚落群中发挥着非常重要的作用。根据朱家泊南岸堰兜子湾东侧的高程进行模拟，显示储满水的朱家泊基本上环绕了印信台的东、南、北三面，印信台西面有另外的池塘，形成印信台大致四面环水的景观格局。印信台呈方形，形制非常规整，应该是人为加工修整所成，可能说明印信台主要是用于祭祀水神或祈雨的场所（彩版一，2）。

遗址群内很多小型谷地的底部均较为平坦，下切较深，应该是多年平整、耕种以及水土流失产生的结果。最大的农耕区域是印信台、三房湾、蓄树岭、谭家岭围成的谷地，是聚落群中最大的粮仓，也是石家河先民必须确保农业收成的地带。修筑朱家泊大坝之前，谷地周边高地上小型水塘贮存的水源太少，无法满足旱季灌溉的需求，朱家泊水坝的修建极大地缓解了谷地中农田抗旱的压力，是石家河先民治水智慧的集中体现。

朱家泊东岸大坝相比南岸高出很多，超出了水坝应有的高度，其原因应该是 20 世纪 50 年代修筑石龙干渠之后，从堰兜子湾东侧修筑一条抬高的水渠，往北沿朱家泊西岸，经邓家湾南侧绕行至东侧往北，至西北扁担山北部的高地之上。由于北部地势很高，只能通过抬升南部渠道的高度才能实现向北部高地输水。这一水渠直到近年才废弃、坍塌，只留下一道高高的土垄，顶部高度非常一致，干扰了对该遗迹的准确判断。

田野考古工作显示除谭家岭、邓家湾、严家山、黄家山、黄金岭、杨家湾等地存在史前堆筑的地层之外，堰兜子湾、石板冲、昌门湾等地均发现有堆筑地层，其他很多遗址因损毁严重，堆积地层的分布已无法判别[7]。所以居住地中有地层堆筑应该是一种普遍现象，可能是通过抬高地基的方式达到防潮等目的。

土城是一处工程量很大的遗址，已经大致确定为西周时期的遗存[8]。土城东侧毛家岭与潘家岭之间有一人工水渠遗迹，往东北延伸至东河岸边，应该是拦截东河水流，并从东河引水至毛家岭、土城一带的水利设施（彩版三，1）。由于缺少这一设施的田野考古资料，目前尚无法确定其修建和使用年代，推测其年代应该不晚于土城遗址的年代。

东河引水工程非常壮观，工程量很大，拦截了东河原河道，开挖出一条长约 1800

米，宽约 50 米的引水渠，至毛家岭东北分为西、南两支。引水工程早已废弃，东河水流没有回到原先的弯曲河道，而是冲刷出一段新的河道后注入原河道，直至现今河道已下切数米（彩版三，2）。

四、结　　语

三房湾、谭家岭遗址发掘区土样的浮选中，发现了屈家岭和石家河文化时期的大量碳化稻米、基盘遗存和少量碳化粟遗存，说明自屈家岭文化早期开始，石家河遗址群就已经形成较为成熟的稻作农业[9]。少量粟作遗存的出现应该说明粟不是屈家岭遗址的主要农作物，而是稻作农业的补充，可以种植在水土条件不适合水稻生长的岗地之上，也可以在大灾之年水稻无法生长的情况下，补种成熟周期短的耐旱作物粟，以作为应对之策。

江汉平原雨量充沛，土壤肥沃，气候适宜，自古以来就适合种植水稻等农作物。然而，位于东部季风区的江汉平原，受季风变化的影响特别明显，每年的时令、降水等并非一成不变，而是往往有很大的差异。加之江汉平原特殊的地貌类型，致使梅雨季节经常会出现洪涝灾害。夏季水稻生长需要大量水源的时候，往往又会出现高温少雨的伏旱、秋旱天气。所以，防洪与抗旱是生活在江汉平原的农业社会必须面对的两大难题，祈盼中风调雨顺的年景非常稀少，人们必须团结一致，共同面对不利的自然环境。

在生产力水平比较低下的史前时期，人们为了定居生存，首先必须选择、控制、管理好水源，才能够种植好农作物，确保足够的农业收成，史前文明才能够得以不断发展、壮大。为此，石家河遗址群的史前先民首先选择较高的地带避免水患的威胁，然后在较高的岗地上居住，谷地中种植水稻。冬季农闲时期人们在谷地的上端挖掘水塘，整治田地，雨季可使水塘储满水源，以备伏旱、秋旱天气出现时能够灌溉谷地中的农田。修建朱家泊水库之后，储水量大增，能够满足石家河遗址群西南部的灌溉需求。东河引水工程可以满足遗址群东北部的灌溉需求，所以东河引水工程很可能会与朱家泊水库的修建年代相当。

石家河聚落群的人地关系模式体现出史前先民非凡的智慧和先进的理念，能够充分利用有限的自然、地理资源，组织、协调人力加以改造，达到人与自然的和谐统一，从早期的龙嘴、谭家岭发展到超大规模的聚落群，史前居民改造环境、治理水源的理念、方式都在不断变革，在 8 平方千米的山前岗地上创造出灿烂的史前文明。

附记　本研究得到国家重点研发专项"天地联合田野考古调查关键技术"（项目批准号：2020YFC1521900）资助。

注　释

［1］　北京大学考古系、湖北省文物考古研究所石家河考古队、湖北省荆州地区博物馆：《石家河遗址群调查报告》，见四川大学博物馆、中国古代铜鼓研究学会编：《南方民族考古》（第五辑），成都：四川科学技术出版社，1993 年。

［2］ 湖北省文物考古研究所、北京大学考古文博学院、天门市博物馆:《湖北天门石家河谭家岭城址 2015～2016 年发掘简报》,《江汉考古》2017 年第 5 期。

［3］ 同［1］。

［4］ 王学雷、吕宪国、任宪友:《江汉平原湿地水系统综合评价与水资源管理探讨》,《地理科学》2006 年第 3 期。

［5］ 邓振华、刘辉、孟华平:《湖北天门石家河古城三房湾和谭家岭遗址出土植物遗存分析》,《考古》2013 年第 1 期。

［6］ 湖北省文物考古研究所、北京大学考古文博学院、天门市博物馆:《湖北天门市石家河遗址 2014～2016 年的勘探与发掘》,《考古》2017 年第 7 期。

［7］ 同［1］。

［8］ 同［1］。

［9］ 同［5］。

Analysis on Man-land Relationship of Shijiahe Site Group

LIU Jian-guo

(Institute of Archaeology, Chinese Academy of Social Sciences)

Abstract: The Shijiahe site group is located on a large tableland from north to south, and many isolated small ridge landforms were formed after erosion by flowing water. Derived based on unmanned aerial vehicle generated 3D model of digital elevation map is analyzed, the ruins group the ancients think Shijiahe take full advantage of the characteristics of downland-gully topography, digging ponds, near the top of the valleys of the live on downland pile soil, mend the pond under the valleys to grow rice, pond water diversion from high to low in the dry season of farmland for irrigation.

Key Words: Shijiahe site group; UAV photography; three-dimensional reconstruction; man-land relationship

二里头遗址出土环状饰品的化学组成与结构分析

赵春燕　袁　靖　许　宏

（中国社会科学院考古研究所）

摘要：利用 X 射线荧光光谱和 X 射线衍射技术对二里头遗址出土的一件环状饰品和一件丽蚌样品的化学组成和结构进行了分析和检测。研究结果表明，该环状饰品的主要化学成分与丽蚌相同，二者的 X 射线衍射分析显示它们的结构均为碳酸钙，说明该环状饰品很可能是由蚌类制作的。

关键词：二里头遗址　环状饰品　化学组成

一、引　　言

蚌类饰品是中国古代墓葬中出土饰品中比较有特色的一种，也是我国古代殉葬品中使用时间最长的一种[1]。最早可追溯到原始社会时期的墓葬中即有此类物质出土[2]。长久以来，除对出土的蚌类饰品本身的形状、数量及种属的描述以外，关于其化学组成、微观结构及加工工艺等方面的研究和探讨尚未见报道。为此，我们对二里头遗址出土的一件蚌类环状饰品的化学组成和结构进行了分析和检测，相信这一结果将对蚌类环状饰品的制作技术提供有益信息。

二、出土情况与外观描述

1994 年秋，偃师市圪垱头村村民在村西北公坟上挖穴安葬死者时，破坏了一座二里头文化的贵族墓。该村村民郭振亚捡拾了部分出土物，后上缴我所二里头工作队。其中包括作为串饰组件的小型环状饰品 100 余件（材料另发）。环状饰品外径 11～18mm，内径 2.5～6mm，厚 2.5～6mm。目验过这些环状饰品的学者，对其究竟是白陶制品抑或蚌类制品意见不一。带着这一问题，我们对其中一件残品进行了化学组成与结构分析。

该环状饰品原物由许多环组成。我们所分析的是其中的一件残件，外直径约17.4mm，厚约3.8mm，颜色灰白，在显微镜下观察可见其横断面为层状。据此推测其可能是由蚌类加工而成的。为进一步确定该环状饰品是由何种材料制成，我们对其化学组成及结构进行了科学分析，同时对二里头遗址出土的一件丽蚌的化学组成及结构进行了对比分析，以便测试结果用于比较研究。丽蚌样品厚 6.7～7.6mm，宽 60.5～50.4mm，长约 87.9mm。

三、样品的分析与测试

（一）化学组成分析

为了尽量不破坏样品的原貌，我们利用 X 射线荧光光谱技术对二里头遗址出土环状饰品和丽蚌样品的化学组成进行了分析，分析结果列于表 1。所用仪器型号是 XRF-1700 型 X 射线荧光光谱仪。

表1　二里头遗址出土环状饰品的化学组成

Table 1　Chemical composition of ring ornaments at Erlitou site

样品	组成（m/m%）								
	CaO	CO_2	SrO	Na_2O	SiO_2	SO_3	P_2O_5	Al_2O_3	Fe_2O_3
环状饰品	55.33	43.04	0.23	0.62	0.27	0.20	0.18	0.12	0.001
丽蚌	55.25	43.62	0.04	0.37	0.13	0.02	0.24	0.05	0.04

从表 1 所示化学组成分析结果来看，环状饰品的主要成分是钙离子和碳酸根离子。与丽蚌的主要化学成分相同。其他微量元素含量不同可能是由于样品表面残留的土壤颗粒导致。

（二）结构分析

利用 X 射线衍射技术对二里头遗址出土环状饰品及丽蚌的结构进行了分析，分析结果见图 1 和图 2。根据图 1 和图 2 中 X 射线衍射峰的位置和强度值可确定它们的化学结构均为碳酸钙。

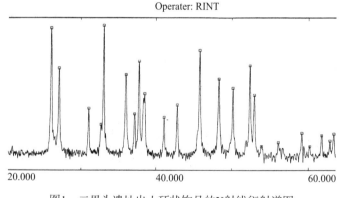

File: KG-1.8718
Operater: RINT

20.000　　　　40.000　　　　60.000

图1　二里头遗址出土环状饰品的X射线衍射谱图

Figure 1　X-ray diffraction spectra of ring ornaments at Erlitou site

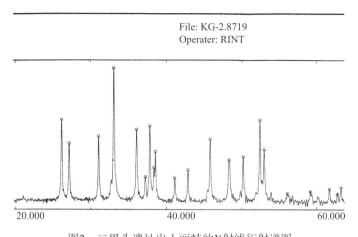

File: KG-2.8719
Operater: RINT

图2　二里头遗址出土丽蚌的X射线衍射谱图

Figure 2　X-ray diffraction spectra of *Lamprotula* at Erlitou site

四、结果与讨论

二里头遗址出土环状饰品的化学组成与结构分析表明，该饰品的主要由碳酸钙构成，与对照样品——丽蚌的化学组成与结构相同。而对二里头遗址出土白陶器的能量色散X射线荧光分析结果显示，白陶主要成分是二氧化硅和氧化铝[3]。由此可见，环状饰品的化学组成与白陶完全不同。

五、结　　论

利用X射线荧光光谱和X射线衍射技术对二里头遗址出土的一件环状饰品和一件丽蚌样品的化学组成和结构进行了分析和检测。研究结果表明，该环状饰品的主要化学成分与丽蚌相同，二者的X射线衍射分析也显示它们的结构均为碳酸钙，与二里头遗址出土的主要成分是二氧化硅和氧化铝的白陶器完全不同，说明该环状饰品很可能是由丽蚌或蚌类制作的。前面我们已提到丽蚌样品厚6.7～7.6mm，宽60.5～50.4mm，长约87.9mm。而环状饰品外直径约17.4mm，厚约3.8mm。相比之下，用这么大的一件丽蚌样品制作一件环状饰品应该是绰绰有余的。而且，二里头遗址曾出土过许多青铜工具，也为制作这样精巧别致的环状蚌饰提供了技术上的条件。

注　释

［1］ 秦建明：《蚌勺与蜃器》，《中原文物》1983年第2期，第27-28页。

［2］ 徐良高：《略论中国古代骨牙角蚌器》，《文博》1994年第1期，第7-16、23页。

［3］ 鲁晓珂、李伟东、罗宏杰、许宏、赵海涛、袁靖：《二里头遗址出土白陶、印纹硬陶和原始瓷的研究》，《考古》2012年第10期，第89-96页。

Chemical Composition and Structure Analysis of Ring-shaped Ornaments from Erlitou Site

ZHAO Chun-yan　YUAN Jing　XU Hong

(Institute of Archaeology, Chinese Academy of Social Sciences)

Abstract: The chemical composition and structure of a ring-shaped ornament and a *Lamprotula* from Erlitou site were analyzed and detected by X-ray fluorescence spectroscopy and X-ray diffraction. The results showed that the main chemical composition of the ring-shaped ornament was the same as that of *Lamprotula*. X-ray diffraction analysis of both showed that their structure was calcium carbonate. This suggests that the ring-shaped ornaments are probably made by *Lamprotula*.

Key Words: the Erlitou site; ring-shaped ornaments; chemical composition

北魏洛阳永宁寺遗址出土影塑像残片彩绘颜料的初步分析

赵春燕

（中国社会科学院考古研究所）

摘要：利用扫描电子显微镜-能谱仪对大火焚毁后的北魏洛阳永宁寺遗址出土影塑像彩绘的部分残片进行了无损检测。研究结果显示，红色颜料的化学成分是氧化铁，白色颜料主要成分是碳酸钙，黑色颜料的化学成分是氧化铜。这批彩绘颜料的分析与研究，无论是对彩绘文物的复原还是保护而言，都具有至关重要的意义。

关键词：永宁寺　彩绘　科学分析

一、引　　言

北魏洛阳永宁寺创建于公元 516 年，至公元 534 年寺内主要建筑九层木塔为大火所焚。从创建到毁弃，仅仅经历了十八年时间，此后再未恢复或重建。这种情况在现知寺院遗址中罕见，特别是永宁寺遗址出土的彩绘文物，制作考究，工艺精湛，不失为一代艺术珍品[1]。其所应用的大量艳丽的颜料反映了我国古代人民对矿物的综合运用，也反映了当时颜料化学及其冶炼技术的高度发展。因为经过火烧，永宁寺影塑像彩绘的斑斓色彩，严重褪色，原貌不可复睹。从现存的实物标本可以看到的颜色，多为残留于塑像面部、手掌、手指及个别衣饰上的金色，少数冠顶的蓝色，衣领上的黑色，服装缘边和衣摆上的白色、黑色、赭红色等等。这些颜料的化学成分是什么？为什么能够在大火中幸存？在大火所产生的高温中这些颜色是否发生了变化？若发生了变化，原来的颜色是什么？若没有变化，其原因是什么？这些疑问和问题，都要在对彩绘颜料的化学分析中寻找解答，也是本课题研究的目的和意义所在。

据文献纪录，对大火焚毁后的寺院遗址出土彩绘颜料的化学成分、结构及其塑像的原材质的综合研究，在国内尚未见报道，因此，我们首先利用扫描电子显微镜 - 能谱仪对北魏洛阳永宁寺遗址出土部分影塑像残片的彩绘颜料进行了无损检测，先将初步分析结果阐述如下。

二、材料与方法

（一）样品采集与前处理

作者在考古现场经过仔细观察，挑选了比较有代表性的样品共三块，均为不规则形状的残片。其中一件编号为 D5LYT503 ④：137 的样品，表面大约二分之一由深红色覆盖，余下部分是白色；还有两块样品无编号，一件上面由橙红色和白色覆盖，另一件则是黑色和白色间杂。

若样品表面布满尘土，会影响测试结果，所以，必须对样品进行前处理。首先用不锈钢镊子夹医用脱脂棉蘸无水乙醇轻轻擦去表面的土壤颗粒，在光学显微镜下观察受检样品表面，若有土壤颗粒，仍需进行反复清洗，直到表面清洁为止。然后放入干燥器内等待残余的无水乙醇挥发完毕。

（二）样品的检测

样品测试在北京电子显微镜中心实验室进行，仪器类型为 JEOL 6301F 场发射扫描电子显微镜加能谱仪。该仪器可以在不损坏样品的情况下对样品表面涂覆的颜料形貌进行观察并可以对表面涂覆的颜料进行化学成分测定。

三、结果与讨论

（一）深红色颜料的观察与检测

我们首先对编号为 D5LYT503 ④：137 的样品表面覆盖的深红色颜料进行了观察，图 1 为扫描电子显微照片。

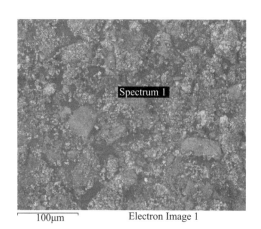

图1　深红色颜料的扫描电子显微照片

Figure 1　Scanning electron micrograph of deep red pigment

　　从图1所示的照片上可以看到，该颜料基本由两种不同粒度大小的颗粒组成。一种是粒度在几十微米大小的块状；另外一种是比较均匀的粒度在几个微米大小的颗粒。

　　我们利用能谱仪对深红色颜料进行了多点检测，现选择比较有代表性的点加以说明。图1中所标示的点即为进行了微区成分分析的部位，图2为图1所标示微区部分的能谱图。

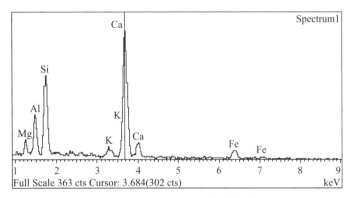

图2　深红色颜料中块状部位能谱图

Figure 2　Energy spectrum of blocky parts in deep red pigment

　　从图2的能谱图可知，块状颗粒主要由钙（Ca）、硅（Si）、铁（Fe）及少量的铝（Al）、镁（Mg）、钾（K）等元素组成，由此可以判断其主要成分是碳酸钙及少量的氧化铁，硅、镁、钾等是混入的杂质。

　　图3的能谱图显示，深红色颜料中颗粒状主要由氧（O）、铁（Fe）、钙（Ca）及少量的硅（Si）、铝（Al）等元素组成，由此可以判断其主要成分是氧化铁及少量的碳酸钙，硅、铝等是混入的杂质。

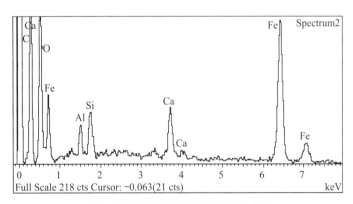

图3　深红色颜料中颗粒部位能谱图

Figure 3　Energy spectrum of particle parts in deep red pigment

（二）白色颜料的观察与分析

在显微镜下对编号为 D5LYT503④：137 的样品表面覆盖的白色颜料进行了多点观察和检测，同时拍摄了照片，现选择其中之一加以说明（图4）。

图5 的能谱分析表明，该部位白色颜料主要由钙（Ca）及少量的硅（Si）、镁（Mg）等元素组成，可以判断该部位主要成分是碳酸钙。

图4　白色颜料的扫描电子显微照片

Figure 4　Scanning electron micrograph of white pigment

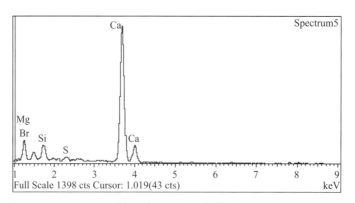

图5　白色颜料的能谱图

Figure 5　Energy spectrum of white pigment

（三）黑色颜料的观察与分析

永宁寺出土的一件无编号残片样品上面由黑色和白色间杂，在显微镜下对该样品表面覆盖的黑色颜料进行了多点观察，发现黑色颜料由明暗不同的两种颗粒组成，同时拍摄的照片如图 6 所示。

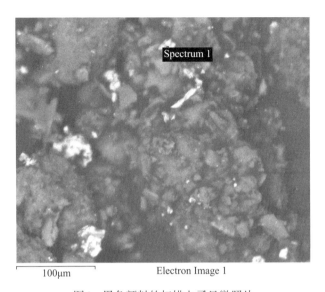

100μm　　　　　　Electron Image 1

图6　黑色颜料的扫描电子显微照片

Figure 6　Scanning electron micrograph of black pigment

我们分别对图 6 中明暗两种颗粒区域进行了能谱分析，结果表明，明亮颗粒区域是由铜（Cu）和氧（O）元素组成（图 7），推测其化学成分是氧化铜。

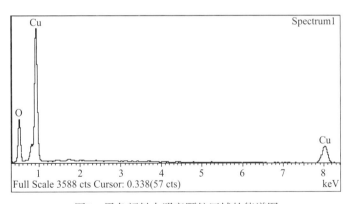

图7　黑色颜料中明亮颗粒区域的能谱图

Figure 7　Energy spectrum of bright particle region in black pigment

对黑色颜料中较暗颗粒组成区域的能谱分析表明，存在硅（Si）、铝（Al）、镁（Mg）、铁（Fe）钙（Ca）、钾（K）、钠（Na）等元素（图 8），据此推测可能是泥塑的基质部分，也就是说是部分颜料脱落后的泥塑本身。因为土壤中主要元素就是硅（Si）、铝（Al）、铁（Fe）、钙（Ca）、镁（Mg）、钾（K）、钠（Na）等，较暗颗粒区域包含了土壤中全部主要元素，所以应该是泥塑本身材质的成分。

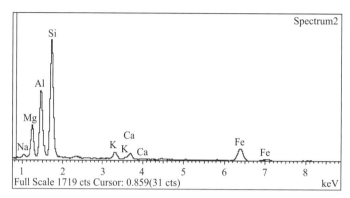

图8　黑色颜料中较暗颗粒区域的能谱图

Figure 8　Energy spectrum of darker particle region in black pigment

（四）讨论

通过对深红色颜料区域的多点显微观察与能谱分析，基本可以判断红色颜料的化学成分是氧化铁，因其中夹杂有微量的碳酸钙，可以推测泥塑当初上色时是先涂上一层白色的颜料，然后再涂覆一层红色的氧化铁。现代矿物学研究表明[2]，自然界中存在稳定的氧化铁，也称赤铁矿，其主要化学成分是 Fe_2O_3，熔点为1594℃，粉末状赤铁矿呈暗红色至鲜红色，可作天然矿物颜料，古文献中称为赭石，产地有河北宣化铁矿、湖南宁乡铁矿、湖北大冶等。

据文献记载，赤铁矿（赭石）是人类使用最早也是应用历史最长的一种颜料。最早在山顶洞旧石器时代遗址中就曾发现赤铁矿碎块[3]；大地湾二期的房址中，发现有当时的人们在居住面铺撒的一层红色赤铁矿粉。大地湾一期陶钵上的红彩，经取样检验测定，显色物相也是氧化铁[4]。敦煌壁画及彩塑的红色颜料中应用最多、最普遍的也是赭石。特别在早期洞窟的壁画彩塑中，即十六国、北魏、西魏和北周，使用赭石更多[5]。

由此可见，人类对矿物颜料的认识及使用，经历了数万年的历程，因为赤铁矿在自然界较为多见，容易获取，所以由赤铁矿构成的赭石成了人们在彩绘中涂红彩的主要选择。

根据深红色颜料的显微观察与能谱分析结果，以及赤铁矿具有的高熔点、耐高温特点，再参考赤铁矿作为矿物颜料的应用历史，基本可以推断深红色颜料即为赤铁矿（赭石）无疑。

能谱分析结果显示白色颜料主要成分是碳酸钙。在自然界中碳酸钙是常见物质，主要以石灰石，大理石，方解石，白垩和珊瑚等形式存在。

白垩主要由颗石藻、钙球等浮游的微体古生物化石组成，方解石含量达99%，有时含微量石英、长石和黏土矿物。粒径小于5μm，一般为0.002～0.005mm。由永宁寺出土彩塑白色颜料的扫描电镜照片可知，该颜料的粒径普遍大于 5μm，而且粒度不很均匀，也没有观察到颗石藻、钙球等浮游的微体古生物化石，所以，其来源不会是白垩。

天然石灰石是一种含有单个方解石矿物成分的岩石，方解石成分占 95%，其含有的另外少量矿物质有白云石、菱铁矿、石英、长石、云母以及能够体现石材颜色的黏土矿物质。成分纯净的石灰石是白色的。永宁寺出土彩塑白色颜料的主要化学成分是碳酸钙，并含有少量其他杂质元素，所以其有可能是由石灰石经研磨制成。

此外，熟石灰〔$Ca(OH)_2$〕长期暴露在空气中也可以吸收空气中的二氧化碳（CO_2）而形成白色的碳酸钙（$CaCO_3$）。据文献报道，石灰是人类最早应用的胶凝材料之一，史前时期即开始使用石灰[6]。目前保留的许多古代壁画和夯实地基遗址都使用了石灰[7]。所以，永宁寺出土彩塑中白色颜料也有可能是先涂覆一层熟石灰，再涂其他颜色。而先涂覆的一层熟石灰吸收空气中的二氧化碳（CO_2），则变成白色的碳酸钙（$CaCO_3$）。不过，实际情况是否如此，还要进一步实验才能确定。

通过对黑色颜料区域的多点显微观察与能谱分析，基本可以判断黑色颜料的化学成分是氧化铜（CuO）。而该黑色颜料的来源则可能有两种途径：其一，天然存在的黑铜矿化学组成即为 CuO，黑色，晶体呈细小板状或叶片状，与黄铜矿、赤铜矿、自然铜、孔雀石等共生。在我国的大冶铜矿有产出。其二，该区域也可能在火焚之前涂敷的是绿色孔雀石，因为孔雀石矿的主要成分是碱式碳酸铜，其分解温度为 200-220℃。孔雀石受热后分解出水，二氧化碳（气体）和黑色的氧化铜。

$$Cu_2CO_3(OH)_2 = 2CuO + H_2O + CO_2\uparrow$$

永宁寺内主要建筑为木质建筑，木材的燃点是 295℃，高于孔雀石分解温度。因而该部位原来涂敷的颜料是绿色孔雀石的可能性极大。因为经过现代科学分析发现，中国古代著名的石窟，如敦煌莫高窟、山西云冈石窟、天水麦积山石窟、新疆克孜尔石窟等古迹中的历代壁画上，孔雀石是最为常见的颜料之一[8]，在我国许多铜矿都产出有孔雀石，来源比较广泛，因此是古代普遍应用的颜料。而氧化铜（CuO）作为黑色颜料则很少见。

（五）结论

综上所述，根据深红色颜料的显微观察与能谱分析结果，以及赤铁矿具有的高熔点、耐高温特点，再参考赤铁矿作为矿物颜料的应用历史，基本可以推断永宁寺遗址出土影塑像残片上深红色颜料即为赤铁矿（赭石），因其中夹杂有微量的碳酸钙，可以推测泥塑当初上色时是先涂上一层白色的颜料，然后再涂覆一层红色的氧化铁。白色颜料主要成分是碳酸钙（$CaCO_3$），黑色颜料的化学成分是氧化铜（CuO），而该黑色颜料的来源则可能有两种途径：其一，天然存在的黑铜矿化学组成即为 CuO，黑色，晶体呈细小板状或叶片状，与黄铜矿、赤铜矿、自然铜、孔雀石等共生。在我国的大冶铜矿有产出。其二，该区域也可能在火焚之前涂敷的是绿色孔雀石，因为孔雀石矿的主要成分是碱式碳酸铜，其分解温度为 200～220℃。孔雀石受热后分解为黑色的氧化铜。

我们的研究结果表明，利用扫描电子显微镜-能谱仪对大火焚毁后的寺院遗址出土影塑像彩绘颜料的化学成分的鉴别是有效的，同时也说明了该研究结果可以为今后进一步研究当时人们的衣饰与色彩及影塑像彩绘的保护提供有价值的信息。

注　释

[1]　中国社会科学院考古研究所：《北魏洛阳永宁寺》，北京：中国大百科全书出版社，1996 年。

[2]　吴良士、白鸽、袁忠信编：《矿物与岩石》，北京：化学工业出版社，2005 年。

[3]　郭沫若主编：《中国史稿》第一册，北京：人民出版社，1979 年。

[4]　马清林、胡之德、李最雄，等：《甘肃秦安大地湾遗址出土彩陶颜料以及块状颜料分析研究》，《文物》2001 年第 8 期，第 84-92 页。

[5]　周国信：《敦煌西千佛洞壁画彩塑颜料剖析报告》，《考古》1990 年第 5 期，第 467-475 页。

[6]　李乃胜、何努、汪丽华、凡小盼：《新石器时期人造石灰的判别方法研究》，《光谱学与光谱分析》2011 年第 3 期，第 635-639 页。

[7]　张杰妮、杨璐、豆海锋、黄建华、孙文言：《陕西旬邑西头遗址出土彩绘白灰面的成分和工艺分析》，《文物保护与考古科学》2022 年第 4 期，第 58-65 页。

[8]　王进玉：《中国古代彩绘颜料研究综述》，见《科技考古论丛》编辑组编：《科技考古论丛——全国第二届科技考古学术讨论会论文集》，合肥：中国科技大学出版社，1991 年。

Primarily Study on Non-destructive Scientific Identification of Paint Pigments from Yongning Temple Site at Luoyang City

ZHAO Chun-yan

(Institute of Archeology, Chinese Academy of Social Sciences)

Abstract: Scanning electron microscope-energy dispersive spectrometry (SEM-EDS) is an important non-destructive analysis method. Paint pigments from Yongning Temple site at Luoyang city were analyzed by using SEM-EDS. The results showed that the chemical composition of the red pigment is iron oxide, the main component of white pigments is calcium carbonate, black pigments is copper oxide. These paint pigment analysis and research, whether in painting or restoration of cultural relics protection is concerned, are of vital importance.

Key Words: Yongning Temple site; paint pigments; scientific identification

早商青铜器技术研究综述

张　颖[1]　刘　煜[2]

（1. 中国社会科学院研究生院；2. 中国社会科学院考古研究所）

摘要： 早商青铜器是商文化的重要组成部分，早商青铜器的技术研究历来为学术界所重视，并已取得较为丰硕的成果。鉴于此，本文在前人研究的基础上结合近年新发表的考古资料，简要介绍了早商时期中原及周边地区出土铜器的重要遗址，以及铸铜遗址的发现，同时从铸造技术、成分组织分析、产地研究三个方面对相关研究文章进行分类梳理，以期展现目前早商青铜器技术研究的现状，为未来深入研究提供参考。

关键词： 早商时期　青铜器　铸造工艺　金属学分析　铸造遗址

一、引　　言

自甲骨文发现和殷墟发掘后，早在 20 世纪 30 年代，考古工作者们就开始了探寻早商文化的课题。20 世纪 50 年代初发现了比安阳殷墟早且有明显的发展脉络的郑州二里岗商代遗存。1959 年偃师二里头遗址的发现和 1983 年偃师商城的发现逐步填补了中原地区夏商时代的考古学文化序列。经半个多世纪的考古工作，随着青铜器的大量出土，夏商时代中原以及周边地区的青铜文化面貌逐渐清晰，随之而来的是相关研究的丰富。

关于商文化分期，学界一直有争论，主要有二分法和三分法的区别。二分法以 1979 年北京大学出版的《商周考古》[1] 和 2000 年《夏商周断代工程 1999～2000 阶段成果报告》[2] 为代表。三分法以安金槐[3]、唐际根[4] 等学者为代表，但其划分早、中、晚商的界限各不相同。本文不作考古学文化分期的讨论，所述早商的概念取自《中国考古学·夏商卷》[5] 中的分期，即将早商文化分为三期分别对应二里岗文化的一期、二期、三期，绝对年代约在公元前 1600 年至公元前 1400 年之间。

二、早商铸铜相关遗址遗物出土概况

目前，商代发现有铸铜作坊及相关遗存的遗址数量众多，但处于早商时期的相对较少，其中以下文几处重要遗址为代表。

郑州商城发现有两处铸铜遗址，南关外铸铜遗址和紫荆山铸铜遗址。南关外铸铜遗址位于郑州商城南城墙中部之南约 700 米处，分为南北两个铸造场地，使用时期应是从二里岗下层二期延续至二里岗上层一期。紫荆山铸铜遗址位于商城北城墙中部之外约 200 米处，从出土陶器看，紫荆山铸铜作坊铸造并使用于二里岗上层一期。这两处遗址均发现有铸铜相关的设施及工具、铜器成品、半成品、废料等遗物[6]。

偃师商城至今没有发现完整的铸铜作坊的遗迹，只是发现了一些与铸铜相关的遗存和遗迹现象。在大城东北隅城墙内侧、大城东城墙中段内侧和宫殿区附近发现 3 处与铸铜相关的遗存。出土有坩埚片、铜片、木炭、石范残块以及残留有青铜溶液的器物残片等遗物。时代属于偃师商城第一期晚段。第二处为 1983 年发现的大城东城墙中段内侧，商代文化层内出土有坩埚片、木炭、铜片等，时代属于偃师商城第 V 段时期。第三处为 1999 年发现的四号宫殿内的水井 H31，发现有木炭、坩埚残片和碎陶范等与制铜相关的遗物[7]。

东下冯遗址第 V 期（相当于二里岗下层时期）出土有三块石范，这三块石范，其中两块是斧范，一块是镞、凿、斧等工具多用范。说明这一时期遗址中可能存在铸铜活动。另外该遗址在第 Ⅲ 期文化（相当于二里头三期）遗存中，也曾发现 20 余块铜炼渣和 6 块石范，石范均为斧之外范[8]。

垣曲商城在二里岗下层时期的六个灰坑中，发现有炉壁残块或青铜炼渣两种冶炼遗物，并多伴有木炭、炭粒、红烧土块。这六个单位其中四处位于城址东南部居民区，一处位于西城门内，另一处位于城址西南部；另外二里岗上层时期有二十余个地层及灰坑单位中发现熔炼冶铸遗迹和炉壁、炼渣等遗物，且集中分布于城址西部偏北的西城门内。西城门道路两侧发现多处冶炼遗迹，这些遗迹呈不规则片状，包含有木炭、烧土块等青铜冶炼遗物，可能是青铜冶炼的场地[9]。

盘龙城小嘴遗址发现有较为复杂的大型遗迹。这些遗迹包括灰坑、灰沟、房基等。在对一些遗迹进行解剖等清理，发现有炼渣、炉壁、木炭、工具、砺石、残铜块以及陶范碎块[10]。

吴城遗址在 1973 年至 2002 年的历次发掘中，共发现有七个与青铜冶铸有关的灰坑，这些灰坑主要分布于城内高地岭东部，发掘者将其规划为冶铸区。灰坑内出土有石范、陶铸件、炼铜渣、木炭、红烧土块等与冶铸有关的遗物。此外，赣北地区的德安石灰山、陈家墩、米粮铺等遗址也都发现少量石范[11]。

河南商丘柘城孟庄遗址 1975 年发掘时，发现一处青铜冶铸遗存。遗址中发现很多铸铜碎泥范和一些坩埚残片，还发现一座作坊基址。房基东南处有一座灰坑，坑内出土有一些坩埚残片，个别残片上有铜渣和大量草泥土铸范遗迹。根据出土遗物判断，遗址时期为二里岗下层时期[12]。

近年还有部分新发现的冶铜遗址，山西绛县西吴壁遗址位于山西省绛县古绛镇西吴壁村南，地处涑水河北岸的黄土台地上，南距中条山约 6 公里。该遗址东南部存在面积约 10 万平方米的冶铜遗存集中分布区。经勘探可知，冶铜遗存集中分布区存在内、外两重环壕，壕内面积分别为 1.2 万和 6 万平方米，局部探沟解剖显示其形成年代很可能在二里头到二里岗期之间。二里头文化时期遗迹出土很多铜炼渣、残炉壁、大量铜矿石、木炭，还有鼓风管，以及石锤、石砧等与冶铜相关的遗物等，与冶铜活动存在直接关系。二里岗文化时期出土有铜炼渣或残炉壁等冶铜遗存。已确认两座残存底部的冶铜炉，在其中一座冶铜炉下发现了埋有人骨的奠基坑，应与铸炉炼铜的祭祀仪式相关。矿石、炼渣的科学检测结果显示本遗址的冶金产品为红铜，所用铜料为未经焙烧的富硫氧化矿石[13]。

另外近几年还有几处时代与早商相接的重要新发现，如二里头晚期的三官庙遗址[14]，中商时期的洹北商城的手工业遗址[15]和工匠墓、台家寺铸铜遗址[16]以及黄陂鲁台山郭元咀遗址[17]等，因不属于我们探讨的时代范围，不再赘述。

需要说明的是，以上早商时期的铸铜相关遗址，除郑州商城的两处铸铜遗址、盘龙城铸铜遗址发表了较为详尽的报告之外，其他遗址的介绍相对于简单，科技方面的相关检测和研究较少。郑州商城的两处铸铜遗址出土有铜矿石，铜渣也经过详细观察，部分确认为铜炼渣和铜熔渣，这两处遗址是确切的融合冶铜与铸铜一体的手工业遗址[18]。但其他遗址的发掘报告中似乎并未区分两者的概念，未把铜熔渣与铜炼渣区别开来，模糊的统一用冶铸遗物涵盖所有。

三、铸造技术研究

（一）针对某类器物的铸造技术研究

1981年裴明相《郑州商代铜方鼎的形制和铸造工艺》[19]对1974年郑州张寨南街出土的两件铜方鼎的制作工艺进行了分析研究，认为两鼎是用17块外范加9块内范倒浇铸成，使用陶制大口尊和砂质红陶缸作为熔铜干锅。同类型的文章还有李京华的发表的《郑州食品厂商代窖藏大方鼎"拼铸"技术试探》[20]与《郑州南顺城街商代窖藏大方鼎拼铸技术再探》[21]，认为这些遗址中出土的大方鼎是用"拼铸"的方法铸造而成，并且图文并茂地详细说明了如何分范以及制作的拼铸次序。除此之外，对这批方鼎作出同样研究的还有末房由美子《关于二里岗上层时期的青铜大方鼎——通过装饰和铸造工艺方面》[22]。李静的《郑州商代前期青铜方鼎铸造工艺研究》[23]中梳理了前人对郑州商城出土方鼎的研究成果，同时对郑州出土的8件方鼎，从器物形制、铸造方法、铸型组合等方面逐一进行考察，并总结了郑州早商方鼎铸造工艺的发展过程及各阶段特点。

铃木舞的《关于东京大学文学部陈列室收藏的青铜爵——从青铜器制造技术看商代青铜器》[24]，观察了东京大学文学部陈列室收藏的2件青铜爵的表面痕迹，认为两件器物从合范方式看都使用或部分使用了二里头时期的制作技术，从而认为高技术的夏王朝铜器制作工人在商王朝政权下也许一直从事青铜器生产工作。黎海超《试论商周铜爵铸造传统与形制演变的关联》[25]对商周时期铜爵的形制特点、分范技术、演变轨迹进行了全面的分析，认为铜爵的功能、形制和分范传统共同造成了其三足排列不均衡的特点，由此形成铜爵器身稳定性不佳的缺陷。在铜爵的器形演变过程中，到了晚商时期器底横截面由椭圆向圆形不断转变，原因之一当是为了使三足排列不断接近等边三角形，从而增加器身的稳定性。楚小龙同样在他的文章《二里头文化至西周文化时期青铜爵铸型分范技术的演进》[26]中讨论了这个问题，但他重点讨论了铜爵爵鋬的铸造，认为二里岗文化时期，由于铸型设计的发展，二里头文化时期爵鋬表面常见的镂孔消失以及带镂孔的假腹爵基本消失，形制规整的双柱爵逐渐流行，爵鋬的铸造不再使用泥芯撑技术。

苏荣誉的《论商前期青铜双耳簋的风格与工艺——兼及早期青铜簋风格与工艺的地域性问题》[27]中分析了五件簋的结构和装饰风格因素，并解析其铸造工艺，然后根据风格和工艺因素对器物进行排比，探讨了风格因素和工艺因素的时代性和工匠个性的偶尔呈现。最后再溯源并讨论南方风格器物的中原渊源问题。

（二）针对某项工序或特征的技术研究

1999 年谭德睿等的《中国青铜时代陶范铸造技术研究》[28]对陶范制造技术进行了深入研究，其中对二里岗遗址出土的陶范及陶范出土点文化层之下的原生土进行了检测，探究了古陶范的性能以及泥料处理工艺，并进行了技术复原试验。认为中国最早出现的分块陶范铸造法来源于本土的制陶术成就，并对其既有继承又有革新创造。

2010 年张昌平等学者发表的《二里冈文化至殷墟文化时期青铜器范型技术的发展》[29]一文，研究二里岗文化与殷墟文化青铜器之间在形制、铸造技术上的发展与转变，如复杂化分范技术和盲芯的应用，这些技术理念与手段的形成是殷墟文化达到青铜器制作鼎盛局面的重要基础。次年张昌平《中国青铜时代青铜器装饰艺术与生产技术的交互影响》[30]，梳理了青铜时代各个时期青铜器器表装饰特征的变化，认为二里岗时期青铜器铸造技术已经较为注重器表的处理，器物纹带的阴地与阳表部分均整齐光洁，这一时期的脱范技术已达到很高的水准。文章认为在青铜时代早期装饰艺术处于发展阶段，成为促进青铜铸造技术发展的一个重要原因，多数技术是在装饰需求的背景下得到运用和推广。

常怀颖的《二里岗铜容器的"一带双纹"现象》[31]一文，解释了二里岗铜容器"一带双纹"制作工艺的几种可能性。认为二里岗时期铜容器"一带双纹"的现象是中国青铜器铸造工艺和审美风格在形成之初的一种特殊现象，是早期铜器在铸造工艺技术不成熟的条件下铜器制作不规范的表现，也是早期铜器的制作者与使用者并不刻意强调纹饰的规范性和不注重纹饰表现形式的体现。常怀颖的另一篇文章《论商周陶模和范上的"定位线"》[32]，认为陶模、范上存在一种刻划阴线的现象，是解决块范浇铸工艺中脱范和陶范密合工艺的定位线，自二里岗时期，脱（分）范定位线、纹饰带定位线、附件设置定位线已陆续出现。但大部分模、范定位线出现在殷墟时期，是因为铜器的设范方式与浇铸方式（倒浇）与二里岗时期相比发生了较大的转变，认为陶模、范上的定位线分类越细、标记越明确，也就说明了工业生产水平越发达。

2014 年刘煜《圈足上的镂孔：试论商代青铜器的泥芯撑技术》[33]按器类梳理了从二里头到晚商时期青铜器使用泥芯撑技术的概况，认为在二里岗时期绝大部分圈足器使用了泥芯撑技术，二里岗期郑州之外的遗址出土青铜器的芯撑孔尺寸更大，可能是因为当地工匠技术所限，需要使用更大的泥芯撑来完成芯、范之间的配合以及外范之间的定位。

2018 年田建花、王静艺的《先秦青铜器的铸后加工》[34]一文，总结了各个时代铸后加工技术的特征，认为铸后加工的效率对铸造环节尤其是铸型制作有很大的影响。二里头及早商时期铜制作技术尚不成熟，技术上尚不足以有能力通过铸型设计的改进等减少铸后加工工作量。晚商青铜器的器型和装饰主要通过制作过程中铸型设计和调整来完成，这一时期的铸后加工重在青铜器自身的清理和磨砺。直到春秋中期以后，随着铁器工具逐渐应用于青铜制作，铸后加工效率得以明显提升，铸型在青铜器制作中的重要性开始逐渐减弱。

（三）遗址出土青铜器群的铸造技术研究

针对郑州商城遗址出土铜器的研究有，1981 年杨育彬《郑州二里岗期商代青铜容器的分期和铸造》[35]分析了郑州二里岗期出土的铜容器的铸造过程。同类型的文章还有 1989 年裴相明：《郑州商代青铜器铸造述略》[36]，根据郑州商城出土铜器表面痕迹和出土陶范检测的数据，详细梳理了当时铸铜工人铸铜的整体流程，而后根据器类，详细分析了 120 余件出土铜器的每一种类型是如何分范与铸造的。

针对盘龙城遗址出土铜器的研究有，1976 年湖北省博物馆发表的《盘龙城商代二里冈期的青铜器》[37]中通过对盘龙城出土铜器器表的现象考察，认为这批铜器属陶合范的通体浑铸，其铸造工序应是先制模，模上雕花再制内外范铸造，一器一范，范铸再行打磨修饰。又对比了郑州及殷墟的铜器制作工艺，认为它们是一脉相承的发展关系。2001 年李京华《盘龙城遗址青铜器铸造工艺探讨》[38]，对盘龙城出土的礼器、兵器、工具类铜器的每一种器形都进行了举例和分范技术的研究。同时结合实物的翻缝对盘龙城每类铜器的浇口、铜芯撑、补铸工艺、纹样制作都进行了详细的推测和研究。2003 年张昌平《盘龙城商代青铜容器的初步考察》[39]一文，青铜器的一些特征进行了分析，对兽面纹的演变作出了轮廓形描述，并强调了铸造工艺对于器形特征的影响，如加厚容器唇部、鼎的一足对一耳的特征皆出于工艺的需要认为盘龙城铜器已经在器形、纹饰及铸造方面存在一些与郑州青铜器不同的因素，它们为殷墟文化时期长江中游地区青铜文明的发展打下了基础。2011 年常怀颖《盘龙城铜器群与"二里岗风格"的确立》[40]梳理了盘龙城铜器群的特征和演变，并与二里岗时期铜器器类的器形、纹饰、铸造工艺等方面进行对比，总结出二里岗铜器群是以侧浇、倒浇共同使用的范铸技术为基础，铸造单层花纹器壁较薄的铜容器为对象的铜器群，且这一类风格非地区风格，而是商文化的时代特征。最后赞同了二里岗铜器属地方自铸的说法。苏昕《试析盘龙城杨家嘴遗址 M26 所出青铜器铸造缺陷及其补救措施》[41]对盘龙城杨家嘴遗址 M26 出土的 7 件青铜容器铸造工艺进行了研究，探究了这批器物在合范、浇铸等环节中出现的问题和工匠们对这些技术问题的补救措施。

四、早商铜器的化学成分分析及金相组织观察

早在 1959 年，杨根等发表的《司母戊大鼎的合金成分及其铸造技术的初步研究》[42]一文为了与司母戊鼎的成分作对比，测试了一件郑州商城的铜器样品。而后 1976 年湖

北省博物馆发表的《盘龙城商代二里冈期的青铜器》[43]中，发表了 4 例盘龙城李家咀墓葬出土铜器的合金成分。1983 年. 河南文物研究所发表的《郑州新发现商代窖藏青铜器》[44]发布了几件郑州向阳回族食品厂内出土的铜容器的合金成分。1984 年李仲达等在西北大学学报上发表《商周青铜容器合金成分的考察》[45]，收集并总结了中外学者所发表的商代铜器合金成分，其中包含几件早商时期郑州以及盘龙城的铜器。同年，李敏生发表《先秦用铅的历史概况》[46]，其中包含几件早商时期东下冯盘龙城遗址的铜器成分。1986 年吴来明发表的《"六齐"、商周青铜器化学成分及其演变的研究》[47]结合前人已发表的资料和上海博物馆未发表成分测定结果，通过定量分析来讨论商代的合金配比问题。1997 年何堂坤发表《先秦青铜合金技术的初步探讨》[48]一文，整理并新公布了几件郑州商城和盘龙城出土铜器的成分。1988 年出版的《夏县东下冯》[49]发掘报告中，对东下冯遗址的几件铜器做了成分检测。2001 年出版的盘龙城发掘报告中发表了何堂坤的《盘龙城青铜器合金成分分析》[50]一文，对盘龙城出土的 13 件样品（包括 12 件容器）进行了合金成分分析。同时发表的还有《盘龙城商代青铜器的检验与初步研究》[51]，对三十余个铜器金相组织进行检测和分析。2020 年，《盘龙城遗址小嘴商代冶金遗物的分析与研究》[52]中，对盘龙城遗址小嘴出土铜冶金渣、坩埚、炉壁残块以及铜器的科学分析，确认了该区域在盘龙城四、五期时存在青铜熔铸活动，并可能延续至六、七期。2013 年田建花等发布的《郑州二里岗期青铜礼器的合金成分研究》[53]一文，在前人研究的基础上，对二里岗期商王都范围与盘龙城出土的青铜容器，在合金成分上的异同进行了讨论，同时也讨论了这一时期对二里头晚期青铜容器合金技术的继承和发展。2014 年出版的垣曲商城发掘报告中发表了《山西垣曲商城出土部分铜器的科学研究》[54]，崔剑锋等学者对垣曲商城中出土的 7 件铜器样品进行了金相组织观察和成分分析。2017 年谷飞发表的《偃师商城遗址出土青铜制品及相关问题》[55]中提及其委托社科院考古所文保中心对偃师商城出土的青铜制品进行了初步检测，共检测 136 件铜制品，大多数出自宫城内，但并未公布详细数据，仅简单概括了整体情况。2022 年崔春鹏等发表的《夏及早商时期晋南地区的冶铜技术——以山西绛县西吴壁遗址为例》[56]，分析了西吴壁遗址 75 件炉渣、挂渣陶片、挂渣炉壁及矿石等样品。发现西吴壁遗址冶金产品为初级阶段的红铜，实际冶炼温度应在 1000℃左右。遗址中存在炼炉与坩埚（含陶器冶炼）冶铜两种方式。文章还对比了二里岗文化时期和二里头文化晚期的炼铜效率。提出西吴壁遗址的铜料最有可能是通过"中条山铜路"来自晋南本地，并且二里头文化晚期中条山铜矿很可能已得到相当程度的开发。同年，孙振飞[57]分析了郑州商城出土的部分坩埚和溅铜，确认了郑州商城坩埚的三种类型，分别用于铜的冶炼和精炼、铜锡的合金化与青铜浇铸。

除了铜器成分检测外，李洋发表的《盘龙城杨家嘴遗址 M26 出土青铜斝足内壁白色物质的初步分析》[58]一文，对盘龙城杨家嘴遗址出土青铜斝足内壁白色物质进行分析，结果表明其为碳酸钙。结合斝足存在破损的现象，推测古人使用熟石灰乳液作为胶结材料修补斝足，并利用其与二氧化碳转变为不溶于水的碳酸钙达到密封效果。赵春燕发表的《偃师商城遗址出土人骨与牙齿中铅含量的检测》[59]中从体质人类学的角度，测定了偃师商城出土人骨与牙齿的铅含量，试图推测当时的铸铜活动范围和规模。该文虽然有些需要细思的问题存在，如：样品主人墓葬的规模、墓主人身份地位文章中没有提及，但这关系到样品主人与铜制品接触的程度；铅含量在人体的高低一定程度上虽然可以反映与铜制品的接触程度，但没有办法区分用铜和制铜行为，很难直接去联系手工业活动的规模。但文章的思路创新，用多学科合作的方法值得学习，且该类研究还处于初创阶段，若是深入研究，完善研究方法，相信能发挥很大的作用。

五、早商铜器产地矿源研究

目前关于产地矿源的研究，主要有两种研究方法，铅同位素比值法和微量元素示踪法。学界目前对这两种方法还有颇多争议，但前者已经成为解决考古学中铜器流通溯源等关系问题的主要手段。关于铅同位素比值方法的可行性，已有许多学者对此做过研究。国内有秦颖等学者发表的《青铜器铅同位素指示意义的范铸实验研究》[60]一文提出，通过模拟古代实验，得出了有误差的铅同位素组成，认为古代青铜器的铅同位素指示意义是不确定的，尤其是对铅含量较低的青铜器更是如此，反复熔炼的古代青铜器所产生的分馏效应可能使该方法失去参考意义。金正耀[61]对此文中的观点进行了反驳，提出了前文模拟实验中不合理的地方，并结合国外学者对此问题的研究[62]，认为人为金属工艺过程对铅同位素组成的改变是完全可以忽略的。国外对此问题有更深入的研究，在崔剑锋与吴小红的《铅同位素考古研究》[63]中，将西方铅同位素考古的发展历程划分为四个主要时期，详细介绍了西方学界对此方法的争议、讨论与反思。中外学者多年的科学实践表明，到目前为止，铅同位素技术仍是较为适合用来进行青铜器矿料产源研究的方法。

这方面研究做得较多的有盘龙城遗址，盘龙城遗址用这两种方法对其出土遗物进行了检测。孙淑云等学者对盘龙城遗址的30余件铜器样品进行检测，发现盘龙城铜器的矿源属非单一性的，部分属高放射性成因铅，可能与新干大洋洲铜器使用相同铅矿，并对比了二里头、殷墟遗址出土铜器的铅同位素，认为从夏到商前期。后期宫城和都城遗址出土铜器的矿源有所不同[64]。彭子成等学者认为盘龙城具有中等比值的青铜器，可能来源于大冶铜绿山和瑞昌铜岭矿冶遗址[65]。陈建立等学者对比了盘龙城铜器与鄂州博物馆馆藏铜器元素组成之异同，发现两者元素组成较一致，可能铜锡原料来自同一地点[66]。另外刘睿良等中外学者对比了盘龙城、郑州两地的青铜器在主量与微量元素化学组成和铅同位素比值的异同，认为郑州、盘龙城两地所使用的金属原料是有区别的，两地在锡料的获取以及利用方面也存在不同，盘龙城青铜器锡元素含量要高于郑州青铜器，盘龙城的含镍铜料也多于郑州。盘龙城应存在本地青铜生产体系，且建立和发展盘龙城背后的动力可能与获取南方丰富的锡料有关[67]。

垣曲商城在这方面也做了大量工作，崔剑锋等学者对炉渣的分析中发现中条山铜矿的铅同位素比值的分布范围基本覆盖了垣曲商城炉渣铅同位素比值，垣曲商城所冶炼的铜料很有可能来自中条山铜矿落家河矿区。对铜器分析发现3件铅含量很高的样品与炉渣和中条山铜矿完全不同，说明垣曲商城不生产铅料。发现一件高放射性成因铅铜器，可能是从河北山东等地输入垣曲商城的[68]。梁宏刚等学者对垣曲商城出土的含砷渣块进行研究，检测出渣块中有钴、镍与砷同源，认为垣曲商城遗址利用砷钴镍矿物炼制砷铜，与当地铜钴矿资源发达有关[69]。在他的另一篇文章中通过对垣曲商城出土炉渣炉壁内金属颗粒及矿物组成进行研究，认为垣曲商城应是使用多金属共生矿，是集冶炼、熔化或铸造为一体的商代前期铜冶铸遗址[70]。

2020年长孙樱子等学者通过检测关中东部的怀珍坊和老牛坡遗址采集的矿石和炼渣，分析了两处遗址的冶炼工艺和冶炼产物，并认为老牛坡存在砷铜的冶炼生产，证明了中原地区在商代存在冶炼砷铜的技术，这或许可以解释殷墟等遗址发现少量砷铜器的来源。再通过铅同位素分析，认为关中东部地区商代冶金生产的矿石很可能来源于秦岭北麓。老牛坡样品与殷墟出土和赛克勒馆藏部分晚商铜器的数据重合，认为关中东部冶炼的铜料很可能输入了殷墟，获取铜料资源应是商人持续在老牛坡经营的动力之一，关中东部与陕南汉中的宝山文化应存在青铜制品的流通和冶铸技术的传播[71]。

孙振飞等[72]通过对郑州商城出土坩埚和溅铜的铅同位素分析认为二里岗上层时期使用的铜料可能来自于长江中游地区，并发现二里岗上层时期商人至少存在着三种不同金属供应链，包括南方铜料、高放射成因铅矿料铅和被回收的早期青铜。

六、结　语

现阶段发掘整理的早商时期的遗址数量丰富，地域范围较广，铜器及铸铜相关遗址的发现颇丰，这一时期的考古学研究成果也较为丰富，主要还是集中在传统的类型学分期以及文化因素的研究，同时对各个地区铜器群的研究也是学者们关注的热点。目前学界关于商代铜器铸造工艺的研究成果颇丰，从备范制范、铸型设计、铸后加工，到各种连接工艺、合金配比等方面均有不少学者进行了详细的梳理、复原以及讨论研究。但大部分文章对于早商时期的讨论一笔带过，重点多侧重晚商时期。对于铜器铸造技术的研究方面，各遗址之间的差异较大。做过较多研究的有郑州商城、盘龙城等遗址，而像偃师商城、垣曲商城等重要早商遗址所做的铜器研究数量较少。二里岗文化其他类型也有一定数量的铜器出土，所做研究更是寥寥无几。综上所述，目前早商时期发现的铜器及冶铸遗存相关材料较为丰富，但对其的研究与讨论还有待充实。这可能是这类研究目前所存在的问题，对于早商时期铜器铸造工艺以及产业面貌目前我们所知还较为粗略，对于很多早商遗址出土铜器的检测与研究较少，且对各个地区之间的互动交流的研究也相对缺乏。实际上无论是从合金配比、制作工艺或者产地矿源等方面，早商时期的许多遗址所做工作都还只是初启阶段。许多问题，譬如早商时期铸铜遗址的研究较为模糊、范铸工艺在早中商这个过渡时期是如何继承与发展的等等都还需更深入的讨论。建立完善的铜冶金科技检测数据库对于这些问题的讨论有重要的意义，基础数据的积累仍然是商代铜冶金研究的重要环节。

附记　本文系科技部国家重点研发计划资助课题"公元前1500年至公元前1000年中华文明早期发展关键阶段核心聚落综合研究·商代都邑的资源与技术"（课题编号：2022YFF0903604）阶段性成果。

注　释

[1] 北京大学历史系考古教研室商周组：《商周考古》，北京：文物出版社，1979 年。

[2] 夏商周断代工程专家组：《夏商周断代工程 1996—2000 年阶段成果报告》，北京：世界图书出版公司北京公司，2000 年。

[3] 安金槐：《试论郑州商代城址——隞都》，《文物》1961 年 Z1 期。

[4] 唐际根：《中商文化研究》，《考古学报》1999 年第 4 期。

[5] 中国社会科学院考古研究所：《中国考古学·夏商卷》，北京：中国社会科学出版社，2019 年，第 187-188 页。

[6] 河南省文物考古研究所：《郑州商城：1953—1985 年考古发掘报告》，北京：文物出版社，2001 年，第 307-383 页。

[7] 中国社会科学院考古研究所：《偃师商城》（第 1 卷），北京：科学出版社，2013 年，第 722-723 页。

[8] 中国社会科学院考古研究所、山西省考古研究所：《夏县东下冯》，北京：文物出版社，1988 年，第 75、100、167 页。

[9] 中国国家博物馆田野考古研究中心、山西省考古研究所、垣曲县博物馆：《垣曲商城（二）：1988～2003 年度考古发掘报告》，北京：科学出版社，2014 年，第 667-674 页。

[10] a. 武汉大学历史学院、湖北省文物考古研究所、盘龙城遗址博物院：《武汉市盘龙城遗址小嘴 2015—2017 发掘简报》，《考古》2019 年第 6 期。

　　 b. 武汉大学历史学院、湖北省文物考古研究所、武汉市文物考古研究所，等：《武汉市盘龙城遗址小嘴 2017—2019 年发掘简报》，《江汉考古》2020 年第 6 期。

[11] 江西省文物考古研究所、樟树市博物馆：《吴城：1973—2002 年考古发掘报告》，北京：科学出版社，2005 年。

[12] 中国社会科学院考古研究所河南一队：《河南柘城孟庄商代遗址》，《考古学报》1982 年第 1 期。

[13] 戴向明、田伟、汤毓赟，等：《山西绛县西吴壁遗址 2018～2019 年发掘简报》，《考古》2020 年第 7 期。

[14] 秦让平：《安徽肥西三官庙遗址发现二里头时期遗存》，《中国文物报》2019 年 8 月 23 日第 8 版。

[15] 中国社会科学院考古研究所安阳考古队：《河南安阳市洹北商城铸铜作坊遗址 2015～2019 年发掘简报》，《考古》2020 年第 10 期。

[16] 武汉大学历史学院考古系、安徽省文物考古研究所：《安徽阜南县台家寺遗址发掘简报》，《考古》2018 年第 6 期。

[17] 胡刚、程小锋、谢育武，等：《武汉市黄陂区鲁台山郭元咀遗址商代遗存》，《考古》2021 年第 7 期。

[18] 河南省文物研究所：《郑州商代二里岗期铸铜基址》，《考古学集刊·6》，北京：中国社会科学出版社，1989 年，第 100-122 页。

[19] 裴明相：《郑州商代铜方鼎的形制和铸造工艺》，《中原文物》1981 年特刊。

[20] 李京华：《郑州食品厂商代窖藏大方鼎"拼铸"技术试探》，《中原古代冶金技术研究》（第二集），郑州：中州古籍出版社，2003 年。

[21] 李京华：《郑州南顺城街商代窖藏大方鼎拼铸技术再探》，《中原古代冶金技术研究》（第二集），

郑州：中州古籍出版社，2003 年。

［22］ 末房由美子：《关于二里岗上层时期的青铜大方鼎——通过装饰和铸造工艺方面》，见洛阳市第
二文物工作队编：《夏商文明研究》，郑州：中州古籍出版社，1995 年。

［23］ 李静：《郑州商代前期青铜方鼎铸造工艺研究》，中国科学院研究生院硕士学位论文，2009 年。

［24］ 铃木舞：《关于东京大学文学部陈列室收藏的青铜爵——从青铜器制造技术看商代青铜器》，
《三代考古》（四），北京：科学出版社，2012 年。

［25］ 黎海超：《试论商周铜爵铸造传统与形制演变的关联》，《江汉考古》2018 年第 1 期。

［26］ 楚小龙：《二里头文化至西周文化时期青铜爵铸型分范技术的演进》，《华夏考古》2017 年第
1 期。

［27］ 苏荣誉：《论商前期青铜双耳簋的风格与工艺——兼及早期青铜簋风格与工艺的地域性问题》，
《三代考古》（九），北京：科学出版社，2021 年。

［28］ 谭德睿、徐惠康、黄龙：《中国青铜时代陶范铸造技术研究》，《考古学报》1999 年第 2 期。

［29］ 张昌平、刘煜、岳占伟，等：《二里冈文化至殷墟文化时期青铜器范型技术的发展》，《考古》
2010 年第 8 期。

［30］ 张昌平：《中国青铜时代青铜器装饰艺术与生产技术的交互影响》，见陈建立、刘煜主编：《商
周青铜器的陶范铸造技术研究》，北京：文物出版社，2011 年。

［31］ 常怀颖：《二里岗铜容器的“一带双纹”现象》，《文物》2010 年第 6 期。

［32］ 常怀颖：《论商周陶模和范上的“定位线”》，《考古》2017 年第 2 期。

［33］ 刘煜：《圈足上的镂孔：试论商代青铜器的泥芯撑技术》，《南方文物》2014 年第 3 期。

［34］ 田建花、王静艺：《先秦青铜器的铸后加工》，《铸造》2018 年第 10 期。

［35］ 杨育彬：《郑州二里岗期商代青铜容器的分期和铸造》，《中原文物》1981 特刊。

［36］ 裴明相：《郑州商代青铜器铸造述略》，《中原文物》1989 年第 3 期。

［37］ 湖北省博物馆：《盘龙城商代二里冈期的青铜器》，《文物》1976 年第 2 期。

［38］ 李京华：《盘龙城遗址青铜器铸造工艺探讨》，见湖北省文物考古研究所：《盘龙城 1963—1994
年考古发掘报告》，北京：文物出版社，2001 年。

［39］ 张昌平：《盘龙城商代青铜容器的初步考察》，《江汉考古》2003 年第 1 期。

［40］ 常怀颖：《盘龙城铜器群与“二里岗风格”的确立》，见陈建立、刘煜主编：《商周青铜器的陶
范铸造技术研究》，北京：文物出版社，2011 年。

［41］ 苏昕：《试析盘龙城杨家嘴遗址 M26 所出青铜器铸造缺陷及其补救措施》，《江汉考古》2016 年
第 2 期。

［42］ 杨根、丁家盈：《司母戊大鼎的合金成分及其铸造技术的初步研究》，《文物》1959 年第 12 期。

［43］ 同［37］。

［44］ 杨育彬、于晓兴：《郑州新发现商代窖藏青铜器》，《文物》1983 年第 3 期。

［45］ 李仲达、华觉明、张宏礼：《商周青铜容器合金成分的考察——兼论钟鼎之齐的形成》，《西北
大学学报》（自然科学版）1984 年第 2 期。

［46］ 李敏生：《先秦用铅的历史概况》，《文物》1984 年第 10 期。

［47］ 吴来明：《“六齐”、商周青铜器化学成分及其演变的研究》，《文物》1986 年第 11 期。

［48］ 何堂坤：《先秦青铜合金技术的初步探讨》，《自然科学史研究》1997 年第 3 期。

［49］ 同［8］，第 208-209、245-246 页。

［50］ 何堂坤：《盘龙城青铜器合金成分分析》，见湖北省文物考古研究所：《盘龙城 1963—1994 年考古发掘报告》，北京：文物出版社，2001 年。

［51］ 何堂坤：《盘龙城商代青铜器的检验与初步研究》，见湖北省文物考古研究所：《盘龙城 1963—1994 年考古发掘报告》，北京：文物出版社，2001 年。

［52］ 刘思然、邹秋实、路晋东，等：《盘龙城遗址小嘴商代冶金遗物的分析与研究》，《江汉考古》2020 年第 6 期。

［53］ 田建花、金正耀、齐迎萍，等：《郑州二里岗期青铜礼器的合金成分研究》，《中原文物》2013 年第 2 期。

［54］ 崔剑锋、吴小红、佟伟华，等：《山西垣曲商城出土部分铜器的科学研究》，《考古与文物》2009 年第 6 期。

［55］ 谷飞：《偃师商城遗址出土青铜制品及相关问题》，《三代考古》（七），北京：科学出版社，2017 年。

［56］ 崔春鹏、戴向明、田伟，等：《夏及早商时期晋南地区的冶铜技术——以山西绛县西吴壁遗址为例》，《考古》2022 年第 7 期。

［57］ Sun Z, Liu S, Yang S, Chen K, Chen J. 2022. Trace Elements Analysis Reveals Varied Functions of Copper Processing Crucibles from the Shang City at Zhengzhou. *Anthropological and Archaeological Sciences*, 14. https://doi.org/10.1007/s12520-022-01593-4.

［58］ 李洋、黎骐、童华：《盘龙城杨家嘴遗址 M26 出土青铜斝足内壁白色物质的初步分析》，《江汉考古》2016 年第 2 期。

［59］ 赵春燕，等：《偃师商城遗址出土人骨与牙齿中铅含量的检测》，《夏商都邑与文化（二）："纪念二里头遗址发现 55 周年学术研讨会"论文集》，北京：中国社会科学出版社，2014 年。

［60］ 秦颖、王昌燧、朱继平等：《青铜器铅同位素指示意义的范铸实验研究》，《文物保护与考古科学》2004 年第 2 期。

［61］ 金正耀：《铅同位素考古研究的可行性问题——浅议"青铜器铅同位素指示意义的范铸实验研究"》，《文物保护与考古科学》2005 年第 2 期。

［62］ Gale N H, Stos Gale Z. 2000. Lead isotope analyses applied to provenance studies. In: Ciliberto E, Spoto G. eds. *Modern analytical methods in art and archaeology*. A John Wiley & Sons. pp.525-528.

［63］ 崔剑锋、吴小红：《铅同位素考古研究：以中国云南和越南出土青铜器为例》，北京：文物出版社，2008 年。

［64］ 孙淑云、韩汝玢、陈铁梅，等：《盘龙城出土青铜器的铅同位素比测定报告》，见湖北省文物考古研究所：《盘龙城 1963—1994 年考古发掘报告》，北京：文物出版社，2001 年。

［65］ 彭子成、王兆荣、孙卫东，等：《盘龙城商代青铜器铅同位素示踪研究》，见湖北省文物考古研究所：《盘龙城 1963—1994 年考古发掘报告》，北京：文物出版社，2001 年。

［66］ 陈建立，等：《盘龙城遗址出土铜器的微量元素分析报告》，见湖北省文物考古研究所：《盘龙城 1963—1994 年考古发掘报告》，北京：文物出版社，2001 年。

［67］ 刘睿良、马克·波拉德、杰西卡·罗，等：《共性、差异与解读：运用牛津研究体系探究早商郑州与盘龙城之间的金属流通》，《江汉考古》2017 年第 3 期。

［68］ 崔剑锋、佟伟华、吴小红：《垣曲商城出土部分铜炼渣及铜器的铅同位素比值分析研究》，《文物》2012 年第 7 期。

［69］ 梁宏刚、李延祥、孙淑云，等：《垣曲商城出土的含砷渣块研究》，《有色金属》2005 年第 4 期。

［70］ 梁宏刚、孙淑云、李延祥，等：《垣曲商城出土炉渣炉壁内金属颗粒及矿物组成的初步研究》，《文物保护与考古科学》2009 年第 4 期。

［71］ 长孙樱子、吴晓桐、金正耀，等：《关中东部地区商代冶金遗物的科学分析研究》，《文物》2020 年第 2 期。

［72］ Sun Z, Liu S, Yang S, Chen K, Chen J. 2023. Investigating the origins of metals used in the Early Shang capital of Zhengzhou. *Journal of Archaeological Science*: Reports, 48, 103872.

Review of the Technological Researches of Early Shang Bronzes

ZHANG Ying[1]   LIU Yu[2]

(1. Graduate School of Chinese Academy of Social Sciences; 2. Institute of Archaeology, Chinese Academy of Social Sciences)

Abstract: Early Shang bronze wares is one of the important factors of Shang culture. The study on the casting technology of Early Shang bronze wares has always been highly valued by the academic community and has achieved fruitful results. Therefore, based on previous research and recent archaeological findings, this article briefly introduces the important sites of unearthed bronze wares and related metallurgical sites, especially foundry sites, discovered in the Central Plains and its surrounding areas in China during the Early Shang period. The article also classifies and summarizes relevant research articles from three aspects: casting technology, composition and micro-structure analysis, and mineral sources researches, in order to present a complete picture of current research on Early Shang copper metallurgy and provide some references for future in-depth research.

Key Words: early Shang period; bronze ware; casting technology; metallographic analysis; foundry site

中山国及所出青铜器研究回顾

包淑滨[1]　刘　煜[2]

（1. 郭沫若纪念馆；2. 中国社会科学院考古研究所）

摘要：中山国始建于春秋晚期，在东周风云变幻的局势间纵横捭阖，占据一席之地，其历史兴衰、文化面貌一直受到学界关注。自 20 世纪 70 年代以来，随着中山国考古工作的开展，研究不断深入，2015 年发现的行唐故郡遗址为早期中山国的研究提供了更多资料。本篇文章回顾了以往中山国考古发现、历史文化相关研究以及青铜器研究，希望能在之后对故郡遗址铜器研究时起到参考，以便更好地揭示中山国文化面貌，为中山国研究取得更多进展。

关键词：中山国　行唐故郡遗址　鲜虞　白狄　青铜器　铸造工艺

中山国是由白狄人在春秋晚期建立的国家，20 世纪 70 年代以后平山县、灵寿县附近一系列墓葬、城址的发掘为中山国历史研究提供了大量考古学资料，2015 年在行唐故郡村北发现的早期中山国遗址为进一步研究中山国历史提供了材料。本文整理了关于中山国的考古学发现和历史文化研究、青铜器艺术与工艺研究，以期对行唐故郡遗址出土青铜器的研究提供参考。

一、中山国概览

关于中山国的族属问题有很多讨论，目前学界认同的是鲜虞白狄说，中山国从公元前 507 年开始参与各国事务直到公元前 295 年灭国，地域范围屡有变迁，活动范围主要集中在冀北地区。但因白狄人的族属和迁徙过程，陕西、山西等地也会有中山国相关的文化遗存。下面简要概括鲜虞中山的建立过程和历史变迁，以便明确之后研究的时间、空间范围。

白狄和周族同出一源，生活在晋陕交接一带，春秋之时一部分白狄人选择向东迁徙，其中一支迁至河北中西部地区，与当地的鲜虞族相融合并沿袭其族名，还建立了肥、鼓、仇由等小国。白狄部属逐渐占据了燕南邢北之地，随着晋国对该地区控制的增强，本来地处较偏僻地区的鲜虞等部族成为了晋国征伐的对象。在公元前 530～前 520

年间，晋国用羁縻政策先后灭掉了肥、鼓等小国。但因为地域的距离和文化的差异，晋国并没有直接统治，而是选择扶持鲜虞首领，一直到公元前507年，鲜虞都是晋国的附属国。公元前506年、前505年鲜虞中山人两次起义反抗晋国统治，但都被镇压，这也是中山之名第一次出现在史料记载中（公元前506年《左传·定公四年》）。在此后的10年间，鲜虞不见于史乘，直到公元前494年，《左传·哀公元年》中记载："夏，鲜虞及齐人，鲁人，卫人伐晋国，取棘蒲。"可以看出，此时的鲜虞国已经可以以独立国家的身份派出军队参与各国之间的纷争。公元前490～前450年，晋国赵氏、智氏不断进攻中山鲜虞之地，鲜虞再次消失于史乘。直到公元前414年，据《史记·赵世家》记载，赵献侯十年，"中山武公初立"。武公初立后6年，公元前408年，恒公新立，国内局势不稳，魏文侯出兵伐中山，经过3年苦战占领了中山。中山虽被亡国但并未绝祀，魏国按照当时的惯例将亡国之君也就是桓公从原中山城迁至伐中山大将乐羊的封地灵寿，这也给了桓公复国的机会。公元前383～前381年，赵楚和魏卫之间连续征战4年，导致赵、魏两败俱伤，魏国力量空虚，放松了对中山的统治，桓公伺机而动，在公元前378年顺利复国。复国后桓公将都城迁至灵寿，组织修建中山长城，这虽然加强了中山国的边境守卫，但也耗费了大量的人力物力，同时也阻碍了同中原民族的交流。约公元前355～前328年是成公的经营时期，虽然这一时期内成公是否称王还有所争论，但我们可知中山的下一任君主𰯼已经称王，并在他的统治下中山迎来了最为强盛的时期。𰯼在位的公元前327～前313年间，𰯼王不但在韩、赵、魏、燕、中山五国相王中纵横捭阖，还趁燕国子之之乱伐得燕地，开拓了疆土。但是𰯼称王也使后代国君开始自大，为后来的灭亡留下了隐患，下一任君主在位期间（公元前312～前299年），中山仅享受了4年的和平时期，这一时期的中山国因为重儒的治国方略使得军队战斗力降低，直接导致公元前307年赵国入侵时顽强抵抗8年，却还是被吞并。中山君逃亡齐国后死于齐。赵国并没有灭中山而是扶植了傀儡政权，立尚为中山君，可其在位仅短短4年。据《史记·赵世家》记载："三年，灭中山，迁其王与肤施。"公元前295年，中山灭国。

二、中山国相关考古发掘

（一）春秋晚期—战国早期

1951年春天在唐山贾各庄西面土岗挖出一个战国式狩猎纹铜壶，随后在1952年5月中国科学院院考古研究所派人到此地调查发掘，发现墓葬36座，其中战国墓22座，遗物也比较丰富，可能是当时的一个集中葬区[1]。西区战国墓可能在战国初，与山西李裕村墓葬器物有众多相似之处，其中M11、M16、M23、M24等均有丰富的非燕文化遗存，比如饰有狩猎纹、结绳纹的铜壶，在李峪村铜器和杕氏壶上都有发现，有可能为北方系铜器，为研究唐山地区白狄文化提供参考资料。

1970年秋，在河北平山县上三汲公社访驾庄村北发现了青铜器，1971年调查后发现青铜器出土于长方形土坑竖穴墓[2]，此墓葬出土铜鼎1件、提链壶1件、铜盘1件，认为时代在战国前期。

1974 年山西原平县练家岗村东南发现一批青铜器，忻州地区文化局派人勘查清理后发现一座长方形土坑竖穴墓[3]，墓葬出土食器 5 件、曹 2 件、铜泡 1 件、马衔 4 套，报告将此墓时代定为战国早期。这批器物大部分和原平县峙峪出土器物相似，应属燕国遗存，但也有和河北平山出土相近的铜器如提链壶。

1980 年春，新乐县中同村发现一座积石土坑墓（M1），上报后河北省文物研究所又在附近清理并发现了另一座竖穴土坑积石墓（M2）。M2 出土了金盘丝、绿松石珠、铜鼎、铜瓹、铜豆等器[4]，根据铜器形制判断，墓葬应在战国初期，可能是中山国早期鲜虞文化的遗存。

1980 年秋，中同村社员在村西发现一座战国墓，石家庄地区文物研究所和县文教局进行了清理工作[5]。这是一座单室石椁墓，出土器物共 62 件，包括陶罐、铜鼎、铜瓹、铜豆、金手镯、绿松石珠等，此墓葬为中山国早期鲜虞文化遗物，其年代应该在都顾之后、都灵寿之前。

1984 年春在灵寿县城西北 30 公里的西岔头村发现一座长方形土坑竖穴墓出土金器 6 件、铜器 13 件、玉石器 13 件[6]，与行唐、平山、新乐等地发现的鲜虞活动区墓葬中特点相似，当属中山遗存，出土青铜礼器的形制、纹饰、铸造工艺等均呈现出战国前期中原文化特点。除此之外还出土了金贝，是研究中山国经济文化的珍贵资料。

1995 年山西省定襄县中霍村金桥砖厂推土时发现一批青铜器[7]，山西省忻州地区文物管理处到现场清理勘察后发现 5 座墓葬（M1～M5），被定为春秋晚期至战国早期，其中 M1、M2 出土遗物中提链壶、带有络绳纹饰的壶都是中山风格的遗物，另 3 座墓葬没有随葬品，同样为仰身直肢葬，石椁。5 座墓葬应属于同一时期的家族墓，葬制如石砌墓椁、壁龛等也带有明显的戎狄文化特点。

2015 年在行唐县故郡村北发现了一处早期中山国遗址[8]，遗址包括城址、墓地与居址等，已发掘墓葬 37 座、车马坑 7 座、水井 50 眼、灰坑 520 余个、窑址 2 座、灰沟 2 条、城垣 1 段、壕沟 1 段。遗址划分春秋晚期、战国早期、战国中晚期三期。通过对遗迹、遗物的比较分析，这处遗址有多种文化因素共存，强烈地反映出北方族群文化与华夏系统文化之间的融合与嬗变。M2、M53 都是战国早期遗址。M2 出土青铜器兼具中原、燕地风格，而积石墓、金盘丝耳环、松石玛瑙等也体现了北方戎狄族群文化特色[9]。M53 墓主人应为当时"首领"式人物[10]，表现出的多元文化融合特征，如车马殉牲坑的中原传统和北方游牧特征、三晋两周地区传统的铜器组合等。刻纹铜器和铸镶红铜也显示了与吴、楚文化、鲁南地区的交流。

（二）战国中晚期

1974 年为配合三汲公社的农田水利建设，对此地进行了考古发掘，在东部发现一处战国时期城址和春秋时期墓葬 30 座、墓上建筑遗址 2 处、车马坑 2 座、杂殉坑 1 座、葬船坑 1 座，出土文物 19000 余件[11]。该地区东部的战国时期城址为中山国最后的都城：古灵寿城。都城内发现了灵寿城城址、手工作坊遗址、王陵、王族墓地、周边墓地[12]，判定灵寿城应该是恒公复国到中山灭国之间的中山国都城，相当于战国中期到晚期早段。通过资料整理研究，初步了解了中山国后期在建筑、经济、货币、信仰和文化等方面的情况。其中 M1、M6 大墓的墓主人应该是王，和 M6 一字排列的 M3、M4、M5 三座中型墓也应是中山王的同族近属，都出土了大量和中山国文化相关的遗物。M1 墓葬应该是中山王嚳墓[13]，对墓葬制度、出土遗物、器上文字等都进行了考察和分析。

1983 年，为配合当地农业生产，对三汲乡的灵寿城遗址进行了考古发掘，发现了烧陶遗址和铸铁器、铜器遗址[14]，这 2 处遗址分别为灵寿都邑内的官手工业作坊遗址，年代为战国中晚期，遗址出土的很多用于农业生产的陶范和铁器、陶制建筑用件都反映了中山国的文化。

1989 年 5 月河北迁西县文物管理所征集到一批青铜器，经调查出自该县大黑汀村西一座墓葬，河北省文物研究所、迁西县文物管理所对墓葬群进行抢救性发掘后，共清理出墓葬 6 座（89DHTM1～M4，90DHTM5、M6），均为土坑竖穴墓，单棺单椁[15]。判断其年代下限不晚于战国中期，出土器物绝大多数都是中原风格，但有些器型与北京通县中赵甫墓地和唐山贾各庄墓葬出土器物相似，也有些有中山文化的风格，可能与白狄文化有一定的关系。比如出土铜鼎（M1：1）纹饰是白狄文化中常见的蟠螭纹，但盖上兽钮与燕下都Ⅱ式鼎相同，既保留了白狄文化又吸收燕文化。

1998 年 7 月，为配合朔黄铁路建设，对三汲乡访驾村北灵寿城城址北城垣北约 1 公里的施工范围内访驾庄墓地进行了发掘，此次共发掘了 9 座东周时期墓葬（M1～M9），均为长方形土坑竖穴墓，其中两座有积石，除 M9 为石椁外其他均为木质葬具。此次发掘的 9 座东周时期墓葬中规模最大的 M8[16]，根据其出土器物、墓葬形制判断为战国晚期，与中山灵寿故城遗址中七汲村北 M8001、访驾庄北 M8304 基本相同。此次朔黄铁路建设施工考古发掘共涉及灵寿城址北城墙、西城墙外侧的访驾庄、北七汲、中七汲墓葬 78 座[17]，年代在春秋战国时期，根据墓葬中的积石墓和随葬品判断，有些墓葬应该属于鲜虞族。

2006 年，灵寿县青廉村原小学操场发现一处青铜器窖藏，灵寿县文物管理所闻讯对其进行了抢救性清理，出土铜器 14 件，有鼎 5 件，壶 3 件，盖豆 2 件，鸟盖瓠壶、甑、鬲、豆盖各 1 件[18]，认定为战国中山遗物。

三、中山国研究

（一）考古学研究

李学勤最早将平山县墓葬与河南辉县固围村墓葬进行对比[19]，并结合中山三器铭文的考释，提出中山不同于中原的观点，也是中山国文化因素讨论的开始。段连勤利用文献资料和出土材料对中山国和整个先秦时期的北狄族做了概述[20]，重点阐述了北狄族东迁的过程及北狄联盟建立情况、北狄族与华夏诸国关系和战国时期鲜虞所建立的中山国的历史。刘英基于文献资料、考古资料从鲜虞民族文化和风俗习惯入手[21]，论证了鲜虞中山为白狄支系和无终东迁的过程。胡传耸比较了燕文化与灵寿古城、中山国墓地、三汲村墓地和灵寿西岔头村墓地的文化因素[22]，认为燕与中山文化交流密切，有很多共同的文化因素，有些来自于燕，有些则是向中原文化借鉴而来。杨建华从"戎狄非胡"的观点出发[23]，论证了狄的分化与东迁，提出狄人遗存中有代表性的器物：虎饰牌、虎形铜器、花格剑和铜釜，认为狄族文化遗存中中原因素更多，且戎、狄在内蒙古东部地区和冀北地区相互影响。朱凤瀚将中山国青铜器与周、三晋铜器进行比较[24]，认为从铜器的形制、纹饰、装饰工艺、铭文字体等方面看，中山国文化与中原华夏诸侯国的文化没有明显差别，但他关注的重点更多地集中在中山王墓和周围的中小型墓葬上。菅海英对燕国和中山国的都城、货币、丧葬习俗进行了全方位的比较[25]，并分析影响其异同的因素，有民族因素即周人和北方民族对中山、燕两国的影响、政治因素、经济因素、自然环境和地理位置的影响。单月英也认为戎狄不同[26]，通过对北方地区东周至秦代的考古遗存进一步地分析思考，将北方考古遗存根据文化特征分为呈东北 - 西南走向的南北两条文化带并结合文献阐释南北两个文化带华夏化的过程，认为南文化带为戎狄，北文化带为诸戎及诸胡，且两个人种不同。崔宏对中山国墓葬分级后[27]，与燕国、赵国从墓葬制度、随葬器物和葬俗三点进行对比，也表明了中山国墓葬受燕、赵等国家的影响。滕铭予将灵寿城发掘的墓葬分为春秋中期、春秋晚期、战国早期和战国中晚期 4 个阶段论述[28]，作者从墓葬形制和随葬器物的出发，对原报告确定的墓葬年代提出异议，明确提出自己的见解和论据。最后以墓葬为基础建立了中山国中原化和地缘化的过程。贾腾通过比较玉皇庙文化墓葬和鲜虞中山墓葬发现虽然二者都体现出北方草原的特征[29]，但相比之下鲜虞中山的中原文化特征要比玉皇庙文化更明显。段新霞对中山国墓葬进行了分期研究[30]，认为从春秋中期到战国晚期，从墓葬形制和随葬铜器中可以看出中山国受到中原国家的影响是逐渐加深的，而且墓葬等级与受中原文化影响的程度呈正相关，等级越高，中原文化覆盖越广，接受程度越深，并尝试分析这一现象的原因。

灵寿城城址和两处中山王墓的陆续发现为中山国的研究提供契机，对中山国世系、族属、交通、外交、疆域、山川祭祀等方面都有了新的认识。尤其是讐墓出土的有铭铜器为中山国历史研究提供了可靠的资料，很多学者依此进行考释、解读。1979 年李学勤、李零对平山三器的铭文进行考释[31]，对中山国族属、世系、年代等历史问题做了详细分析。认同了中山国为姬姓白狄人建立的观点，考证了讐王及以上四世中山君的粗略年代和中山伐燕的史实。随后段连勤对平山三器的做器年代和讐王的在位时间提出了不同观点[32]。1985 年，尚志儒也对这个问题提出自己的看法[33]。张克忠也讨论过相关问题[34]，考释了平山三器和庠堂图铜版，认为 M1 应为讐墓，年代在伐燕之后、赵武灵王伐中山前（公元前 313～前 310 年），M6 为成王墓。

（二）历史学研究

清代王先谦的《鲜虞中山国事表疆域图说》一书是最早针对中山国的论著，从文献出发对中山族属、兴衰、疆域等问题做了全面的论述，吕苏生在 1993 年对其进行补释，除了考证原本内容之外还增加了对中山王鼎、中山王方壶铭文的考释[35]。1958 年蒙文通对历史上狄族的来源、征战、建国等活动做了贯通的梳理[36]，尤其是白狄和赤狄的迁徙重点论述，记述了白狄东迁的过程和鲜虞中山的兴亡。何艳杰的论著较为全面地对中山国服饰、饮食、建筑、交通及婚姻、丧葬、宗教信仰、文字语言等方面进行研究[37]。甄鹏圣从中山国自然地理情况、历史文献资料、交通条件入手[38]，说明其手工业发展情况和商业经济发展情况，并结合货币、城市、交通、商人和市场等多方面进行了探讨。何艳杰等人的《鲜虞中山国史》详细介绍了鲜虞中山的族属、兴亡、政治制度、经济、军事、社会生活和文化[39]。郄瑞环比较了魏国与中山国在政治、经济、文化上的异同[40]，虽然中山曾被魏国统治长达27年，两国文化也有很多互相影响交融的方面，但因为地域环境、经济实力的差距，中山依旧和燕、赵两国保持着更密切的联系。杨晓丽分析春秋战国时期狄族概况[41]，对华狄关系进行探讨，提出西周时期部分狄人被纳入周王朝的政治体系，受到周王朝礼遇华狄杂居群处；到了春秋时期华狄关系以战争和冲突为主；战国时期游牧经济逐渐占领长城一线，一小部分狄人融入胡人，华狄关系出现"胡祸"的新变化。王朋飞的《鲜虞中山国邦交研究》[42]是较为全面地梳理中山国邦交关系的论著。书中将中山国邦交分为早、中、晚三个发展阶段，早期中山国主要和肥、鼓、仇等本族国家往来，肥、鼓相继被灭后依附于晋国，晋国内乱后又与齐、卫联合与晋国对抗，晚期则注重与战国"七雄"争衡，参与"五国相王"运动，是列国合纵连横争相拉拢的力量。作者认为中山国处在晋（赵）、燕、齐三国之间的特殊地理位置，使它既受到三国政治势力的威胁，又包含三国利用中山互相牵制对方势力的妥协。陈光鑫在《战国中山与燕关系研究》[43]中从政治、经济文化三方面论述他的观点，他认为中山国是燕和齐两国之间的桥梁，与燕国在内的周边各国有着密切的贸易往来，在文化上中山国既体现出中原尤其是三晋地区文化的特点，又有战国诸子反传统思想的出现。何艳杰在《民族认同与国家认同的历史考察研究——以鲜虞中山国为例》[44]一书中对鲜虞国族属问题进行了更加详细的梳理，通过对鲜虞文化特征的比较和追踪梳理出中山国的宗教特征及习俗特征。

四、中山国所出青铜器相关研究

何艳杰《鲜虞中山国史》第四章第三节"中山国的手工业"和第七章第四节"中山的科学技术和艺术"中都较为详细的介绍了中山冶金冶铁和制作铜器、装饰铜器的技术和工艺[45]。李娜、艾虹的《中山国青铜器的出土与研究概述》[46]对中山国青铜器的出土情况、铭文、器物、纹饰等进行综述。

有些学者对几件或某一类铜器展开研究。石志廉的《中山王墓出土的铜投壶》[47]，重点研究三犀足筒形器这一器物，强调其为古时的投壶虬。陈伟《对战国中山国两件狩猎纹铜器的再认识》[48]，从线刻祭祀狩猎纹铜鉴和凸铸狩猎宴乐图的铜盖豆入手分析，认为这些纹饰反映了战国时期鲜虞族人的活动，具有重要的科学、历史和艺术价值。孙华在2003年通过与相似器物和古籍资料的对比[49]，对王璺墓中的一些铜器提出自己的观点，认为桶形铜器应为重复多次酿酒用的铜鎜，铜扁壶应是铜鉼，鸟柱铜盆为铜灯，山字形器为《礼记》中所载的周人饰棺用的铜翣。何艳杰统计了目前所见的鸟盖瓠壶[50]，大多数都出土于河北行唐一带，应是北方式器物且集中制造于专门地区，是狄族用于祭祀的礼器。

还有学者运用中山国精美铜器做艺术相关研究。史石在《中山国青铜艺术的特色》

一文中[51]，从造型设计、金银错工艺、艺术渊源着手，认为发达的中山青铜文化与商文化有关，是北方民族同中原民族互相融合的表现。张金茹重点分析了中山国青铜器的装饰艺术[52]，尤其是动物纹饰的应用、造型及青铜器的镶嵌工艺。伍立峰总结发现大部分中山王墓出土的器物都以生动的动物形象加以装饰[53]，他还指出，中山国装饰艺术具有综合创新的特征，并分析了铸造技术发展对青铜器器物造型的影响。他在另一篇文章中提出中山国既保持了游牧民族的传统[54]，又融合并吸收了中原文化的精华，具有独特的工艺美术风格的观点。曹迎春从青铜器入手分析其表现出的中山国北方民族特色[55]，认为中山国铜器在形制、纹饰上都有北方民族特色的体现，如形制上的提梁壶、鍑，纹饰上的狩猎纹、动物纹等。刘卫华认为墓中出土的错金银器数量众多[56]，工艺精湛，充分显示了中山国高度发达的手工艺水平，展示了狄族经历几百年的融合与发展后，其文化风格呈现出了刚柔并济的特征。闵胜俊的博士论文结合中山国历史对釁墓及灵寿城遗址出土的文字资料进行研究考察[57]，认为中山国书法在风格和结构上应属晋系，其既体现出战国文字"文饰"潮流及战国中晚期文字简化趋势的时代特点，又展示了中山国所独有的装饰审美，最后一章中还论述了中山国审美的来源和所体现的内在追求。还有很多针对中山国铭文书法上的研究，本文不再详细汇总。曹迎春对比了中山铜器在器型和纹饰上与燕国的共性[58]，认为这些共同点是北方民族文化的共同烙印，也为中山国、燕国之间的文化、经济交流提供前提条件。孟兆也分析了铜器纹饰[59]，认为中山国铜器除了保留了北方民族的风格喜好外，常见的夔纹、鸟纹、蝉纹来自中原商周铜器文化，也进行了一些改进使之更加生动形象。其他很多纹饰也与齐、燕等国文化有相互影响的可能。孙茗杨重点关注中山国铜器在造型、纹饰、铭文上所体现出的"礼"的人文内涵与价值观念[60]，认为中山国文化对燕赵文化的发展有重要作用。

相关的铸造工艺、技术的研究也有一些，主要集中在釁墓出土的青铜器上。苏荣誉等人在《釁墓：战国中山国国王之墓》一书中对中山王釁墓出土的龙凤方案座的铸造工艺进行了分析[61]，认为龙凤方案座是使用范铸法铸造的，同时运用了铸接、焊接等技术。文章还对十五连盏铜灯、鸟柱盆的铸型进行分析。十五连盏铜灯由底座和榫卯组装的七节灯架构成，有明显的铸造痕迹，是泥范铸造后用铸接、榫卯接和焊接技术成型。鸟柱盆由盆中央附饰、盆体、底座和筒型托组成，各部分仍然是以铸接或焊接相连。除了这3件器物，文章还分析了铜礼器的铸型，并对诸多青铜构件尤其是铜合页的形体结构和铸造工艺进行了分析。文章认为这一时期的铸造工艺向精简化和简单化、大量化这两极发展，铸造上分铸法广泛应用，工艺上铜礼器多为素面、乐器多铸造纹饰、艺术品和杂器多用错金银纹饰。认为中山国铜器多用较早时期的工艺手法，或许体现了其工艺传统的来源。书中还对几件重要的铜器进行了铅同位素分析。曹迎春认为这些铜矿均在燕国境内[62]，与中山王釁方壶铭文记载的"择燕吉金，铸为彝壶"对应，说明中山国使用的铜料有可能来自燕国。张智博等人利用金相显微镜、能谱仪和扫描电镜对25件青铜器样品进行检测分析[63]，得出中山国青铜器的制作工艺专业成熟的结论，为研究中山国青铜器的制作技术提供了参考。苏荣誉还在《"中山三器"的铸造及其相关问题》一文中运用X射线成像技术分析了中山王釁鼎、中山王釁方壶和壶的铸造方式和铭文工艺[64]，文中指出中山王釁鼎应该是先铸铁足再铸铜身，这么做完全是为了凸显自己高超的技艺。文章还指出，虽然此前有学者认为三件器物的铭文是錾刻的，但这些铭文虽然有个别笔画出现錾痕，大部分字仍具有铸造特征，从 X 射线显示铭文全部避开垫片位置这一点也可以推测出这个结论。另一篇文章更详细地分析了㠱墓圆鼎的铸造技术和铭文工艺[65]。

从以上的整理可以看出，对中山国和出土铜器的研究内容丰富，涉及了很多方面，但是对于中山铜器的研究，此前大多集中在灵寿城一带的出土文物或周边文化出土的中山风格器物上，对铸造工艺的研究大部分都是围绕㠱墓展开的，这次大批战国早期中山铜器的发现，给了我们新的研究空间，可以对这一时期中山国的文化面貌有进一步了解。在之后的研究上，既要参考现在已有的研究成果和研究方法，研究中山国早期的铜器制作技术。也应该拓展思路，尝试以目前可知的中山国对外交往情况为基础，寻找中山国的技术来源、审美基础、矿料来源等问题。

附记　本研究得到 2020 年度中国社会科学基金重大项目"河北行唐故郡考古发掘资料整理与综合研究 2015—2020"（项目批准号：20&ZD258）资助。论文写作过程中得到常怀颖、张颖的帮助，特此致谢。

注　释

［1］　中国科学院考古研究所：《河北省唐山市贾各庄发掘报告》，《考古学报》1953 年 Z1 期，第 57-140 页。

［2］　河北省博物馆、河北省文管处：《河北平山县访驾庄发现战国前期青铜器》，《文物》1978 年第 2 期，第 96 页。

［3］　忻州地区文物管理处：《原平县练家岗战国青铜器》，见山西省考古学会、山西省考古研究编：《山西省考古学会论文集》（一），太原：山西人民出版社，1992 年，第 107-109 页。

［4］　河北省文物研究所：《河北新乐中同村发现战国墓》，《文物》1985 年第 6 期，第 16-21、98 页。

［5］　石家庄地区文物研究所：《河北新乐县中同村战国墓》，《考古》1984 年第 11 期，第 971-973 页。

［6］　文启明：《河北灵寿县西岔头村战国墓》，《文物》1986 年第 6 期，第 20-24 页。

［7］　忻州地区文物管理处：《定襄县中霍村东周墓发掘报告》，《文物》1997 年第 4 期，第 4-17、100 页。

［8］　河北省文物研究所、中国社会科学院考古研究所、石家庄市文物研究所、行唐县文物保护管理所：《河北行唐县故郡东周遗址》，《考古》2018 年第 7 期，第 44-66 页。

［9］　河北省文物研究所、石家庄市文物研究所、行唐县文物保护管理所：《河北行唐县故郡遗址东周墓 M2 的发掘》，《考古》2021 年第 12 期，第 40-56 页。

［10］　河北省文物研究所、中国社会科学院考古研究所、石家庄市文物研究所、行唐县文物保护管理所：《河北行唐县故郡遗址东周墓 M53 发掘简报》，《考古》2022 年第 1 期，第 27-29 页。

［11］　河北省文物管理处：《河北省平山县战国时期中山国墓葬发掘简报》，《文物》1979 年第 1 期，第 1-32 页。

［12］　河北省文物研究所：《战国中山国灵寿城：1975—1993 年考古发掘报告》，北京：文物出版社，2005 年。

［13］河北省文物研究所：《𥫱墓：战国中山国国王之墓》（上、下），北京：文物出版社，1996 年。

［14］河北省文物研究所：《中山国灵寿城第四、五号遗址发掘简报》，《文物春秋》1989 年 Z1 期，第 52-69、146-147 页。

［15］唐山市文物管理处、迁西县文物管理所：《河北省迁西县大黑汀战国墓》，《文物》1996 年第 3 期，第 4-17 页。

［16］刘连强、王晓珺、张文治、邱国斌：《河北平山访驾庄墓地 M8 发掘简报》，《文物春秋》2019 年第 5 期，第 41-56 页。

［17］河北省文物考古研究院、中国人民大学考古文博系：《朔黄铁路平山段古中山国墓葬发掘报告》，北京：科学出版社，2020 年。

［18］灵寿县文物管理所、灵寿县文体局：《灵寿县青廉村战国青铜器窖藏》，《文物春秋》2008 年第 4 期，第 64-66 页。

［19］李学勤：《平山墓葬群与中山国的文化》，《文物》1979 年第 1 期，第 37-41 页。

［20］段连勤：《北狄族与中山国》，石家庄：河北人民出版社，1982 年。

［21］刘英：《鲜虞中山族属问题研究》，河北师范大学硕士学位论文，2004 年。

［22］胡传耸：《东周燕文化与周边考古学文化的关系研究（下）》，《文物春秋》2007 年第 2 期，第 3-9 页。

［23］杨建华：《中国北方东周时期两种文化遗存辨析——兼论戎狄与胡的关系》，《考古学报》2009 年第 2 期，第 155-184 页。

［24］朱凤瀚：《中国青铜器综论》（下），上海：上海古籍出版社，2009 年。

［25］菅海英：《燕国和中山国文化比较研究》，河北师范大学硕士学位论文，2014 年。

［26］单月英：《东周秦代中国北方地区考古学文化格局——兼论戎、狄、胡与华夏之间的互动》，《考古学报》2015 年第 3 期，第 303-344 页。

［27］崔宏：《战国中山国墓葬研究》，河北大学硕士学位论文，2015 年。

［28］滕铭予：《中山灵寿城东周时期墓葬研究》，《边疆考古研究》（第 19 辑），北京：科学出版社，2016 年，第 181-206 页。

［29］贾腾：《玉皇庙文化墓葬与鲜虞中山文化墓葬对比研究》，河北师范大学硕士学位论文，2016 年。

［30］段新霞：《中山国墓葬研究》，山东大学硕士学位论文，2020 年。

［31］李学勤、李零：《平山三器与中山国史的若干问题》，《考古学报》1979 年第 2 期，第 147-170 页。

［32］段连勤：《关于平山三器的作器年代及中山王𫭢的在位年代问题——兼与李学勤、李零同志商榷》，《西北大学学报》（哲学社会科学版）1980 年第 2 期，第 55-60 页。

［33］尚志儒：《试论平山三器的铸造年代及中山王𫭢的在位时间——兼与段连勤同志商榷》，《河北学刊》1985 年第 6 期，第 77-81 页。

［34］张克忠：《中山王墓青铜器铭文简释——附论墓主人问题》，《故宫博物院院刊》1979 年第 1 期，第 39-50、98-99 页。

［35］王先谦撰，吕苏生补释：《鲜虞中山国事表、疆域图说补释》，上海：上海古籍出版社，1993 年。

［36］蒙文通：《周秦少数民族研究》，成都：巴蜀书社，2019 年。

［37］何艳杰：《中山国社会生活礼俗研究》，郑州大学博士学位论文，2003 年。

［38］ 甄鹏圣：《战国时期中山国商业经济发展研究》，河北师范大学硕士学位论文，2008 年。

［39］ 何艳杰、曹迎春、冯秀环等：《鲜虞中山国史》，北京：科学出版社，2011 年。

［40］ 郄瑞环：《魏国与中山国比较研究》，河北师范大学硕士学位论文，2014 年。

［41］ 杨晓丽：《两周狄族初探》，华中师范大学硕士学位论文，2017 年。

［42］ 王朋飞：《鲜虞中山国邦交研究》，渤海大学硕士学位论文，2019 年。

［43］ 陈光鑫：《战国中山与燕关系研究》，《北京史学》2019 年第 2 期，第 73-82 页。

［44］ 何艳杰：《民族认同与国家认同的历史考察研究——以鲜虞中山国为例》，北京：中国社会科学出版社，2020 年。

［45］ 同［39］。

［46］ 李娜、艾虹：《中山国青铜器的出土与研究概述》，《沧州师范学院院报》2017 年第 3 期，第 56-61、70 页。

［47］ 石志廉：《中山王墓出土的铜投壶》，《文博》1986 年第 3 期，第 77-78 页。

［48］ 陈伟：《对战国中山国两件狩猎纹铜器的再认识》，《文物春秋》2001 年第 3 期，第 56 页。

［49］ 孙华：《中山王𰯼墓铜器四题》，《文物春秋》2003 年第 1 期，第 59-69 页。

［50］ 何艳杰、齐瑞普：《行唐故郡遗址新出鸟盖瓠壶研究》，《海岱学刊》2019 年第 1 期，第 63-80 页。

［51］ 史石：《中山国青铜艺术的特色》，《河北学刊》1982 年第 3 期，第 150-153 页。

［52］ 张金茹：《鲜虞中山国青铜器的造型艺术》，《文物春秋》2002 年第 5 期，第 43-46、51 页。

［53］ 伍立峰：《战国中山国工艺美术的风格》，苏州大学硕士学位论文，2005 年。

［54］ 伍立峰、曹舒秀：《战国中山国工艺美术风格形成的背景》，《社会科学论坛》2006 年第 3 期，第 44-148 页。

［55］ 曹迎春：《从青铜器看中山国的北方民族特色》，《晋中学院学报》2008 年第 5 期，第 79-81 页。

［56］ 刘卫华：《战国中山国金银错工艺赏析》，《收藏家》2010 年第 1 期，第 29-36 页。

［57］ 闵胜俊：《战国中山国青铜器铭文美学研究》，山东大学博士学位论文，2011 年。

［58］ 曹迎春：《考古所见战国时期燕与中山的文化共性》，《河北青年管理干部学院学报》2013 年第 1 期，第 88-91 页。

［59］ 孟兆：《多元素融合的中山国青铜器纹饰》，《衡水学院学报》2019 年第 3 期，第 125-128 页。

［60］ 孙茗杨：《战国中山国青铜艺术中"礼"的研究》，河北大学硕士学位论文，2021 年。

［61］ 同［13］。

［62］ 曹迎春：《中山国经济研究》，北京：中华书局，2012 年。

［63］ 张智博、李延祥、刘连强、王晓琨：《河北平山中山国墓葬出土青铜器的科学分析研究》，《文物春秋》2018 年第 6 期，第 30-41 页。

［64］ 苏荣誉：《"中山三器"的铸造及其相关问题》，《中国书法报》2020 年 7 月 14 日第 4 版。

［65］ 苏荣誉、李耀光：《论战国中山王𰯼鼎及其铭的铸造》，《青铜器与金文》2021 年第 1 期，第 154-169 页。

A Review of the Researches on the Ancient Zhongshan State with Unearthed Bronze Wares

BAO Shu-bin[1]　LIU Yu[2]

(1. Guo Moruo Memorial Museum; 2. Institute of Archaeology, Chinese Academy of Social Sciences)

Abstract: The Zhongshan State was founded in the late Spring and Autumn Period and occupied a place in the changing situation of the Eastern Zhou Period, and its historical rise and fall and cultural landscape have always been of interest to the academic community. Since the 1970s, with the development of the archaeological work of Zhongshan State, the research has been intensified. The discovery of the Gujun site in Xingtang county, Hebei province, in 2015 has provided more information for the study of the early Zhongshan State. This article reviews previous archaeological discoveries, historical studies, and bronze studies related to the Zhongshan State to serve as a reference for subsequent bronze studies at the Gujun site, so that we can better reveal the cultural landscape of the Xianyu Tribe and Zhongshan State, and to explore the integration of the Huaxia System and the Northern Frontier Zone.

Key Words: Zhongshan State; Gujun site in Xingtang; Xianyu Tribe; Baidi Tribe; bronzes; casting technology

以骨释人，寻骨觅踪

——2021年人类骨骼考古学年度盘点

杜振远[1]　　王明辉[2]

（1. 首都师范大学历史学院；2. 中国社会科学院考古研究所）

摘要： 2021 年人类骨骼考古研究在传统骨骼形态学研究、古人类研究、古人口学研究、古病理学研究、学术史反思、稳定同位素研究、古 DNA 研究、出版书目和咨询等多个领域和方面均成绩斐然，硕果累累。表现在传统形态学研究时间和空间范围均有所扩展；利用最新研究方法进一步向我们展示了古人类的演变；多处罕见的病例展示出古代人类的健康问题；关注古代社会的人口规模、性别比例、体质量等人口学的问题；利用交叉学科，开展人骨稳定同位素和古 DNA 研究，取得重大成果。同时，某些研究出现一些问题，需要研究者引起重视，解决困难，使人类骨骼考古研究更进一步。

关键词： 人类骨骼考古　骨骼形态学研究　古病理学　稳定同位素　古 DNA 研究

一、引　　言

　　人类骨骼考古学（Human Osteoarchaeology）是指以考古遗址出土的人类生物遗存——骨骼（包括牙齿）为主要研究对象，采用各种技术手段研究古代人类社会历史文化的学科，包括人类的起源与进化，古代人类的体质特征、生长发育、生活方式、健康状况、饮食结构、社会经济、人口结构、迁徙行为、社会冲突以及人群亲缘关系和遗传结构等，是考古学的一个重要分支[1]。

　　新世纪以来，横跨社会科学、人文科学与自然科学的人类骨骼考古学不断拓展研究方向和研究领域，使用先进的科学技术与方法，更加重视古代人骨研究与考古学研究的统一，注重探讨古代人群与环境的互动关系，关注人类骨骼考古学与遗传学、古病理学以及化学等多学科相结合，共同探讨古代人群的生活状况、疾病健康、社会照顾、文化风俗、宗教信仰、人群来源及迁徙等一切与人类相关的问题，开启了多学科融合发展的研究模式。

　　2021 年，我们迎来了仰韶文化发现和中国现代考古学诞生 100 周年。人类骨骼考古在这"双百"的一年里，各方面成果斐然，开展了对人类骨骼考古各方面的反思与对学术史的探讨，各方面研究也积极创新，成绩斐然。

据不完全统计，2021年，中国学者发表的人骨考古学研究成果百余篇（部），涉及传统骨骼形态学研究、古病理研究、古人口学研究、稳定同位素研究、古 DNA 研究、理论与方法研究、学术史反思以及专题研究等多个领域，实现了方法和理论、研究手段的多样化，研究队伍也不断壮大，成为中国考古学研究的重要组成部分。

二、2021 年人类骨骼考古研究盘点

（一）骨骼形态学研究

人骨的形态是古代人群的基本特征，通过骨骼观察和测量以及多元统计分析研究古代人群的体质特征，是我们全面复原古代社会与文化的基础。据不完全统计，2021年开展的骨骼形态学的研究有 13 篇，新石器时代人骨的研究依旧占比较大（46%），历史时期的研究占比（38%）有所提升。

研究主要集中在对考古遗址或墓地出土人骨的体质特征方面，这些遗址包括内蒙古自治区赤峰市敖汉旗兴隆沟遗址[2]，内蒙古自治区察右前旗旗杆山东汉晚期鲜卑墓地[3]，陕西省榆林市统万城遗址[4]，山西省大同市北魏时期的东信广场墓地[5]、华宇墓地[6]、御府墓地[7]，山西省临汾市下靳墓地[8]，河南省郑州市孙庄遗址[9]，河南省周口市淮阳平粮台遗址，河南省漯河市郝家台遗址[10]，四川省凉山州会理县猴子洞遗址[11]，福建省福州市平潭县壳丘头遗址[12]，新疆吐鲁番加依墓地[13]，新疆且末县加瓦艾日克墓地[14]等。

这些研究从时间上，以新石器时代为主，其次是汉代和北魏时期，其他时期的材料较少。从空间上，以北方地区为主，南方地区只有四川和福建的少量人骨材料。同时，新疆地区古代人骨的研究一直保持较高的热度。

值得注意的是，四川省凉山州会理县猴子洞新石器时代居民的人骨研究表明，他们属于亚洲蒙古人种，与北亚类型、南亚类型特征较为相似，显示出明显的南北方混合型或过渡型体质特征。福建省福州市平潭县壳丘头遗址发现了 3 个未成年女性个体，其年龄可能不会超过 10 岁，可能与年少夭折或虐女婴习俗相关[15]。

中原地区的河南省周口市淮阳平粮台遗址龙山文化居民基本继承了黄河中下游地区的土著古中原类型的特征，而漯河市郝家台龙山人群具有多种体质类型的混合特征，显示出在中原地区龙山时期不同遗址人群的混杂程度的差异[16]。

内蒙古察右前旗旗杆山东汉晚期鲜卑墓葬的颅骨形态分析表明，男性居民与北亚类型最为接近，又混入了东北亚类型的种系成分，表明早期鲜卑居民可能与大兴安岭北段土著居民发生了基因交流；而女性居民的种族特征表现为较为鲜明的北亚蒙古人种倾向。这种内部差异可能与鲜卑在发展过程中不断融入新的人群有关[17]。陕西省榆林市统万城遗址出土人骨颅面测量性状表明，统万城人群的种系划分以亚洲蒙古人种为主体，另外还有个别少量欧罗巴人群的混血性状，可能来自于粟特人的影响。种系纯度检验显示，属于异种系，可能存在不同的古人种类型或多种古人种类型特征混杂的情况。

对于时代变迁方面，统万城居民体现了移民趋势的变化[18]。山西省大同市东信广场墓地、华宇墓地、御府墓地北魏人群体质形态表明，三处人群整体表现出亚洲蒙古人种特征，但部分个体具有明显的欧罗巴人种因素特征[19]。

新疆且末县加瓦艾日克墓地人群的颅面形态特征中很多接近原始欧洲人种的特点，显示了原始欧洲人种在新疆地区的迁徙与融合[20]。

颅面复原已经成为人类学家和考古学家关注的热点之一，税午阳对颅面复原技术和其应用在体质人类学中的例子进行学术回顾和总结，并认为计算机颅面复原技术作为信息科学与体质人类学、考古学等交叉研究的重要方向，能够根据颅骨的几何形态和测量数据实现其生前面貌的复原，为重塑人类进化过程中面部形态特征的演化提供了新视角[21]。

（二）古人类研究

古人类学研究主要集中在现代人类起源、演化以及古代人骨化石的结构功能分析方面，地域上也以贵州、安徽等为主，北方地区也有部分材料和研究。

哈尔滨新发现的古人类化石可能代表一个新的人种，暂时被命名为"龙人"，它兼有原始和进步两方面的特征。龙人和智人、尼安德特人可能有着最近共同祖先，年代可能在距今 30.9 万年至 14.6 万年[22]。

辽宁建平人右侧肱骨化石的骨干骨密度和截面惯性矩与近现代人的分布模式较为接近，可能与遗传或活动行为有关。生物力学和形态矢量图分析表明，建平人肱骨在生物力学粗壮度和力学形状指数方面明显小于尼安德特人，并且建平人的右手可能不是惯用手[23]。

贵州省毕节市韦家洞遗址的人牙化石 CT 技术重建的牙齿结构和表面形态表明，其特征与现代中国人相类似，但还保存了原始性特征，体现了古人类牙齿演化的镶嵌性，为晚更新世东亚早期现代人的形态变异及其演化增添了新证据[24]。贵州省兴义市猫猫洞遗址中的三根股骨化石的形态特征与晚更新世现代人最为相似，下颌骨部分与东亚晚更新世现代人的特征相似，这说明在东亚的更新世末期，猫猫洞的股骨表现出与欧亚早期现代人的形态大致相似，并且群体内稍有变异性[25]。贵州省贵安新区招果洞遗址古人类头骨化石形态特征显示，招果洞人与中国南方新石器时代的标本最为相似，有些更接近晚更新世人类，进一步支持了新石器时代北部和南部种群形态变异模式的区域化可能起源于至少 10000 年前[26]。

湖北省十堰市梅铺猿人遗址出土的游离牙齿，属于早更新世晚期的古人类。研究发现，梅铺人的牙齿更接近非洲的早期智人标本，此外还表现出更典型的东亚大陆晚期直立人的特征，这有助于更好地认识东亚早更新世古人类的形态和分类地位[27]。

安徽省东至县华龙洞遗址出土距今 30 万年的古人类化石，其形态特征与周口店、南京、大理和金牛山的早更新世和中更新世人类相似，测量值与晚更新世人类和现代人类的密切关系，部分股骨化石与旧石器时代晚期相似。研究显示东亚人从古代形态到现代形态的转变可能至少发生在 30 万年前，并有助于了解欧亚大陆东部中更新世人类下肢形态和变异性[28]。安徽省和县龙潭洞遗址出土的中更新世直立人头骨化石上的创伤痕迹，为记录旧大陆的更新世人类化石中人类所经历的高度风险导致的骨骼表面痕迹，提供了新的材料[29]。

（三）古人口学研究

古人口学是尝试获取来自考古学背景的古代人群的人口学参数的研究，包含人口学静态参数研究和动态参数的研究，其中静态参数是对性别、年龄结构进行研究，动态参数则为人口的增长、死亡和迁移等数据的研究。

对江苏省兴化市蒋庄遗址良渚文化墓地采用估算粗出生率的方法进行生育水平估计，发现蒋庄人口的生育水平较高，可能与环境和社会发展有关[30]。这种方法是推动了古人口学进步的有益尝试。

山东省滕州市大韩东周墓地人群内部存在女多男少的性别比例失衡问题。墓主人群符合青铜时代社会人口的正常性别结果；殉人的性别比9.09，女性占比极高，严重失调。推测大韩墓地的贵族阶级可能更倾向于使用年轻的女性个体作为人殉，反映了当时的社会文化和祭祀制度[31]。

新疆维吾尔自治区塔城地区沙湾市加尔肯加尕墓群青铜至铁器时代居民存在男性明显多于女性的性别比例失衡的问题。同时，男性因参与体力劳动和高风险的工作导致壮年期及中年期死亡率高于女性，女性因生育和社会医疗条件低下导致在青年期死亡率大幅高于男性[32]。

古人口学研究通常集中在史前和夏商周时期，历史时期的研究较少，这与学科研究取向有关，但近年来历史时期墓地的发掘和人骨资料的收集整理，历史时期的古人口学研究逐渐兴盛起来，这主要得益于部分晚期骨骼材料保存较好，同时文献材料丰富。

陕西省西安市曹家寨清代墓地居民的性别比例稍高，可能与清代重男轻女的陋习有关。山西省临汾市洪洞县西冯堡清代墓地人群具有稳定的性别比，说明明清时期的西冯堡人群所处社会环境较为安定，未出现大的动乱与灾害[33]。

（四）古代人群健康状况研究

通过观察、描述与统计分析古代人骨遗骸上的疾病现象，不仅可以探索某些疾病在历史上的起源和发展脉络，还可以为进一步认识和探讨古代人群的生存环境、生业方式、饮食习惯和健康状况等问题提供基础信息。

新疆维吾尔自治区喀什地区下坂地墓地青铜时代人群口腔卫生状况整体欠佳。同时，该人群的关节疾病多发与两性从事比较繁重的体力劳动且分工不同有紧密的联系。该人群股骨曲度异常，且股骨颈凹陷并出现小平面，可能与骑乘行为有关[34]。

甘肃省张掖市黑水国遗址汉代人群半数以上个体发现有上颌窦骨形态的改变，生前患有严重的上颌窦炎，并且患有上颌窦炎的个体中半数以上的伴随着牙周病和龋齿一起出现，可能与牙齿疾病存在一定联系。该遗址人群患有上颌窦炎的因素可能为气候环境、空气污染、牙齿疾病以及病原微生物[35]。甘肃省定西市漳县墩坪东周墓地出土一件成年男性的畸形下颌骨，这是中国古代首例下颌骨缺损的病例。此次发现丰富了对人类下颌骨压力吸收长期影响的认识[36]。

河南省鹤壁市淇县宋庄东周墓葬中殉人的肩、肘、手腕、髋、膝、脚踝等关节面存在对称性侵蚀，肱骨头和股骨头骨质侵蚀严重，可能是血清阴性脊椎关节病，推测该殉人可能患有的类风湿关节炎、关节畸形甚至残疾等疾病[37]。

陕西省延安市宜川县虫坪塬遗址发现一例截肢并愈合的个体，研究发现刖刑可能是该个体截肢的原因，属于是惩罚性截肢[38]。

山西省大同市东信广场墓地发现一名14～17岁的个体有骨恶性肿瘤的迹象，这是我国首次发现未成年人恶性骨肿瘤的生物考古学证据，丰富了我们对骨肉瘤和其他恶性肿瘤的古流行病学的认识[39]。

陕西省西安市北沈家桥墓地发现了一例女性骨骼呈现不成比例的侏儒症，研究发现，该患者生前过着正常的生活，也显示了古代社会对残疾人的照顾和人道主义态度。该病例的发现丰富了中国古代中国人骨骼的研究和认识[40]。

暴力冲突是不同人群为争夺资源或其他原因而发生的冲突，部分暴力冲突现象在骨骼上也有体现。

新疆维吾尔自治区和田地区山普拉遗址出土一例颅外损伤的个体，通过三维CT重建技术发现此创伤会造成大脑额叶的损伤，随之其认知、运动出现问题，护理生物考古学分析发现该病例创伤后受到短期的伤口处理和康复援助。此方法为生物考古学提供了一个新的视角，可以为过去的社会、文化、群体和个人身份提供更多的见解[41]。

新疆维吾尔自治区吐鲁番盆地区，三个苏贝希文化（洋海、加依、胜金店）遗址中出土的人骨骨骼上发现大量创伤，疑似暴力冲突，创伤大部分是来自于武器，打击来自各个方向，大概率是遭受到草原游牧人群的袭击[42]。

牙齿也是生物考古学主要的研究对象之一，通过齿科疾病、微观磨耗、稳定同位素及微量元素分析可以探讨该个体的健康状况、饮食结构和人群迁徙等信息。同时，利用骨骼的稳定同位素研究追踪儿童断奶时间和食谱，对肢骨和肋骨的稳定同位素的研究可推测古代人类的赡养方式。

雷帅等通过牙齿生长的过程绘制出人类牙齿生长发育年龄图谱，为今后鉴定婴幼儿年龄发挥巨大作用。李海军等梳理和归纳了年龄、性别、饮食习惯、断奶、社会分工、社会经济地位等方面儿童牙齿磨耗的影响，列举了牙齿磨耗的4种分级方法。因国内儿童牙齿磨耗的研究相对薄弱，这种研究将是未来人类学研究的重要方向[43]。

陕西省西安市鱼化寨遗址史前婴幼儿乳齿形态与东北亚人群具有的"中国型牙"接近，同时兼有少量东南亚人群具有的"巽他型牙"特征，与同时期关中地区其他古代人群颅骨上反映的种族特征基本一致[44]。

河南省郑州市汪沟遗址人群的牙齿磨耗程度总体偏轻，可能与人群获取食物的精细化以及更先进的烹饪技术降低了食物对牙齿的磨损有关[45]。

山东省济南市大辛庄遗址商代人群的牙齿疾病中较高的患龋率可能与农业经济水平提高、食物结构有关[46]。

太湖地区新石器时代墓葬中具有生前拔牙的习俗，结合相关遗址得出我国拔牙习俗在太湖地区的马家浜文化时期得到了重要发展，并具有一定的区域特点，拔牙动因推测为马家浜文化时期可能与婚姻有关[47]。

骨骼病理学统计研究发现，各类骨骼疾病在中原地区的发现情况较为集中，与文化行为相关的骨骼形态异常在甘青地区、山东地区、西北地区、北方地区表现更多[48]。

（五）骨骼同位素分析

碳氮稳定同位素的分析可以获取古代人类和动物的食物结构、各种食物的比例的信息，进而为研究人群的社会阶层的差别和社会的经济结构等方面提供了重要线索。2021年的同位素分析主要以史前和夏商周时期的北方地区为主，尤其是以黄河中下游地区最多，兼及历史时期和边疆地区。

胡耀武对首次提出"稳定同位素生物考古学"的概念，对稳定同位素研究的简史进行了回顾、明确稳定同位素生物考古学的原理——"我即我食""我即我是""我即我居""我非我食"，并对研究者在今后如何深入展开稳定同位素研究进行了展望[49]。

河南新石器时代人群的碳、氮稳定同位素综合研究发现，人类社会在贾湖遗址就已经向农业社会迈进；到仰韶早期，农业社会随之形成；新石器时代末期，中原腹心地带的生业经济面貌发生重大转变，形成了多品种农作物同时种植和多种家畜共同饲养的生业形态[50]。

运用贝叶斯食谱模型中的FRUITS模型对浙江省宁波市田螺山遗址与江苏省邳州市梁王城遗址先民渔业资源的利用程度研究表明，田螺山遗址居民的肉食来源也十分广泛，主要有鹿、猪以及淡水鱼类，渔业资源不是食谱中大量摄入的主要部分，但却是重要的肉食补充资源；梁王城遗址粟黍处于食谱的主体地位，猪是主要的肉食资源，渔业资源是重要的补充部分[51]。

广西壮族自治区桂林市甑皮岩遗址、大岩遗址碳氮稳定同位素分析表明，该人群食物来源中包含大量淡水类动物资源及一些陆生 C_3 类植物资源[52]。

内蒙古通辽市哈民忙哈遗址人群的主要食物来源是以 C_4 类粟黍农作物和以此为饲喂的犬科动物，显示该遗址居民的生业方式以农耕、家畜饲养为主，狩猎、渔猎和采集作为补充。同时，研究发现男女两性在食物结构上有显著差异[53]。

四川省成都市高山古城新石器时代遗址居民主要依赖于以水稻和粟、黍混合的农业和猪为生。同时，该遗址人群随着时间的推移对 C_3（水稻）的消耗量逐步增加，表明该地区水稻农业逐渐加强[54]。

滇东南地区新石器时代晚期至青铜时代的大阴洞遗址先民主要以 C_3 类食物如水稻为主粮，并摄入大量的动物蛋白，两性之间存在明显差异，大部分男性比女性摄入更多动物蛋白。结合考古发现，推测大阴洞遗址居民主要经营稻作农业，兼营狩猎，可能通过采集、渔猎及家畜饲养作为补充[55]。

河南省洛阳市伊川县土门遗址仰韶晚期和东周时期人群的食物结构为以粟、黍和水稻混合的形态以及少量以 C_4 类植物为饲料的家养动物。考古发现，仰韶晚期农业经济趋于复杂，龙山晚期和二里头时期引入新作物且 C_3 作物地位提升趋于集约化，东周时期的农业发展和人口增长与农业集约化有关[56]。

河南省鹤壁市淇县宋庄东周墓地贵族以粟为主粮，肉食含量很高；殉人内部存在地位差别，但整体肉食水平较低，大部分殉人食用不同程度的小麦，殉人的食谱特征与城市居民相似。东周时期小麦虽然已经被种植，但可能主要是社会底层的人群所食用[57]。

河南省三门峡市上石河春秋墓地中较高等级的贵族比平民消耗更多肉类食物，老年人可能比年轻人有更好的营养[58]。

河南省荥阳市官庄遗址两周时期的人群以粟为主的农作物，家畜种类多样，手工业较为兴盛。聚落内社会等级分化明显，贵族阶层食用较多的肉食资源，并以粟类作为主粮。平民阶层内部食物结构存在差异，可能是主动选择的结果[59]。

陕西省渭南市刘家洼遗址先民的食谱以粟、黍等植物为主的农作物，并伴有部分肉食，与狩猎和家畜饲养有关。不同等级人群的食谱存在差异，殉人的肉食比例低于平民。因自然地理环境的差异，导致刘家洼遗址先民食物结构比例与其他遗址先民略有差异[60]。

陕西省延安市寨头河与史家河战国时期戎人墓地先民的食谱相似，主要为粟、黍等 C_4 类作物，动物蛋白摄入较少。结合考古学资料可知，寨头河与史家河墓地先民形成以农业种植为主、农牧混合的经济模式[61]。

新疆维吾尔自治区塔城地区沙湾市大鹿角湾墓地人群的食物结构为，主粮为粟、黍等 C_4 植物和小麦等 C_3 植物，并辅以马、羊等食草动物的肉类和奶制品。食物来源多样，表明了文化和民族的多样性，不同的人群聚集在此，使得文化和生存模式进行融合互动[62]。

内蒙古自治区赤峰地区战国时期水泉和大山前墓地人群的食物结构，以粟、黍等作物为主和以粟类副产品为食的动物，反映了其生存方式为以种植粟类作物为基础的农业和家畜饲养业，也存在着渔猎经济[63]。

山西省长治市屯留区余吾墓地东周至汉代人群主要以 C_4 类食物为主，但也有一定量的 C_3 食物的摄入，肉食摄入较低，不同个体对肉食资源的占有量有较大差异。结合考古发现，东周时期小麦开始在山西地区推广，东汉时期小麦对先民食物结构的影响加强[64]。

山西省大同市金茂园墓地北魏人群的食物结构为以粟、黍等 C_4 植物为主以及以粟黍副产品为食的家畜。少数个体则以 C_3、C_4 混合饮食，饮食中含有更多来自家畜和淡水鱼的蛋白质，形成以粟、黍为基础的农业经济和多样化的畜牧业[65]。

内蒙古自治区鄂尔多斯市福路塔墓地战国至汉代人群的食物结构主要以粟、黍农业和家畜（如猪）为基础，猪、狗主要依赖 C_4 类食物，牛、羊等动物主要依赖 C_3 类食物。研究发现，从西周晚期到汉代，鄂尔多斯高原周边地区农业经济向北推进，稳定性不断加强，可能是秦汉帝国向边境扩张的动力[66]。

赵春燕等对近十年国内外锶同位素分析研究成果进行简要回顾和总结，对锶同位素研究的局限性进行分析，展望锶同位素分析方法在研究古代人类迁移行为的实践中，还需不断摸索、逐渐完善，并需要在考古学文化的框架内解决考古研究的问题。目前国内锶同位素考古研究中存在的问题，需要正视局限性，对于在人类迁移研究中的重难点需要重视[67]。

河北省邯郸市磁县南城墓地人群牙釉质的锶同位素比值显示，该遗址居民中存在较大比例的迁移个体，结合考古学分析，该人群可能从胶东半岛迁移过来，亦有可能从燕山以南或华北平原北部地区，也不排除来自于山西地区[68]。

陕西省延安市黄陵县寨头河和史家河墓地的人群牙釉质的锶同位素比值显示，大部分先民有可能是非本地人[69]。

新疆维吾尔自治区吐鲁番市胜金店墓地居民的臼齿颊侧微磨耗食性分析表明，该人群中年龄较大的个体摄入更高比例的植物类食物，与不同生计方式的人群进行比较，胜金店墓地人群的食物结构以肉类食物为主，其生计模式以游牧业为主，兼营种植类经济[70]。

（六）古代骨骼DNA研究

付巧妹团队回顾古DNA研究，认为古DNA的研究范围在时间和地理上迅速扩大，并发现古人类和现代人类之间的相互作用以及现代人类人口动态，并对未来的古DNA研究进行展望[71]。

宁超等研究者分析了新石器时代晚期龙山文化相关的中国中部四个个体的基因组数据，提供了中国古代近亲交配的直接证据，揭示了龙山种群之间的近亲繁殖，可能进一步表明龙山社会家庭是建立在核心家庭之外的延伸之上[72]。

塔里木盆地最早发现的干尸全基因组测序表明，塔里木盆地的干尸就是当地土著居民，其祖先属于古北亚欧人。该先民的食谱主要是奶制品和小米、小麦等植物。同时，准噶尔盆地的干尸的祖先属于西伯利亚草原的阿凡纳谢沃人群[73]。

新疆西部地区下坂地墓地线粒体序列显示，该遗址均属于两个不同的西欧亚线粒体DNA，表明从西欧亚人进入新疆西部的移民是青铜时代中期和晚期草原牧民早期扩张的结果，与来自中亚的土著人口混合[74]。

西藏拉托唐古墓地出土的人骨全基因组显示，距今3000年以内青藏高原西南部人群的遗传历史具有连续性，距今700年前后的拉托唐古墓地居民与距今3150～1250年前的古代尼泊尔居民以及现代中国西藏居民母系遗传关系较近[75]。青藏高原高海拔古人群和低海拔古人群存在遗传上的差异，同时相较于其他人群具有较为密切的遗传关系；揭示了古代人群在青藏高原上的两次人群扩散；表明青藏高原古今人群具有遗传连续性[76]。

晋南地区横水西周墓地古代人群的古基因组学分析表明，横水人群可能在周王朝分封的时候，从北方迁移到晋南地区，在保留父系血统的同时，又不断地与当地人群进行文化和基因的交流，并对现代东亚人群的遗传成分有一定的贡献[77]。

通过北部藏缅人群和粟黍种植有关的基因组研究表明，新石器时代的大规模移民来自黄河中上游流域。南部藏缅人和奥斯特拉西亚人的遗传谱系深受水稻种植发展的影响，表明从东向西的迁移是通过内陆和沿海路线进行的[78]。

古DNA研究显示，南北方汉族的祖先人群主要是由新石器时代南北方农业人群混合形成的，由北向南呈现梯度混合模式；在农业传播、汉藏语言和相关技术等方面证明了汉藏同源的观点[79]。泛欧亚语系发源地在中国北方地区，扩散源于中国北方起源的粟黍农业的传播以及粟黍农人的迁徙。此项研究通过语言学、考古学和遗传学三方面证据的融合交叉，可以更加全面还原人群的迁徙、生业模式等方面[80]。

（七）古代人骨体质人类学的回顾与展望

古代人类生物遗存研究是体质人类学的重要构成部分，这一领域在中国已有百余年发展历史，恰逢中国考古学发展百年，第三届中国考古学大会人类骨骼考古学专业委员会对近些年在古 DNA 分析、古人类学、骨骼形态学、古病理学、骨骼同位素分析以及人口与性别研究等方面的研究进行了成果报告并展开讨论。中国的人类骨骼考古全面发展，学科内部融合以及与考古学的结合得到长足进步，学术领域不断扩展，学术成就得到国内外学术界的高度评价。

王明辉对人类骨骼考古研究进行盘点，认为学科内各领域在深度和广度上都有较明显的提升，人类骨骼考古学研究继续坚持以考古学为导向，力图解决考古学问题，学科各领域联系和融合性增强，逐渐呈现各领域研究相融合的趋势，人类骨骼考古的理论反思和公众服务意识增强。同时，认为目前古代人种研究尚未完成，相关研究还需要进一步细化，需要反思人种学类型的划分以及不同个体的差异等问题，还需进一步整合多学科研究成果继续，加强与考古学结合[81]。

何嘉宁对近十年来中国古代人骨遗存的体质人类学研究进行回顾，指出研究对象部位重头骨轻其他部位，研究材料性别重男轻女、重成年轻未成年，研究时期重早轻晚等问题需要改善，在今后的研究方法需要对多种技术手段进行整合、多学科跨学科的合作，精进基础研究，使用多种数理统计等方法，以及加强鉴定标准的制订和更新[82]。

通过肌腱、韧带起止点改变开展行为重建研究，以及结合骨骼测量，古病理学观察等方法来探讨古代居民的生存策略，进一步延伸到关于社会分层或政治更替等社会问题进行研究，成为人类骨骼考古的重要研究领域[83]。

贺云翱对人类骨骼考古学的研究方法、研究内容等方面进行阐述，对人类骨骼考古学及人类生命考古学广阔前景报以肯定[84]。

在人类骨骼考古学欣欣向荣、蒸蒸日上的同时，张雅军也指出了存在的一些问题，如现代蒙古人种四大主要类型是否符合中国考古出的人骨材料，以及中国先秦古代人群种族类型没有相应的数据范围；对种族和民族的概念混淆；在牙齿人类学研究中，研究者忽视考古信息和其他学科的相关研究成果，只是简单的、机械的对应；在古病理研究中缺乏综合性的时空架构的比较研究，缺乏古代群体的流行病学比较研究，在疾病诊断、数据积累方面仍处于初始阶段；古 DNA 分析和应用的局限性被忽略；与考古学的结合不足等。这些不足需要今后的研究者继续加以改进[85]。

（八）出版、实验室建设等

吉林大学考古学院张全超教授译著并出版《人类骨骼考古学》（原书第二版），该书是著名生物考古学家夏洛特·A.罗伯茨教授（Charlotte A. Roberts）所著，是为英国乃至全世界的考古学家所撰写的使用手册，系统介绍了考古遗址出土人类遗骸的发掘、保管、研究等诸多内容[86]。

丁士海教授著《人体骨学研究》是一部系统介绍人类骨骼解剖、骨骼测量、性别鉴定、年龄鉴定与种族差异的专著，对体质人类学工作者具有一定参考价值，是作者从事骨学研究 60 余年研究成果的系统总结，堪称鸿篇巨制[87]。

　　复旦大学文物与博物馆系董惟妙的《哈密盆地史前居民食谱》主要对哈密盆地青铜时代和早期铁器时代的三个重要遗址开展同位素食谱分析，分析了先民生计形态差异，总结了不同时期、不同环境下哈密盆地史前居民的食物利用、生计选择差异，并探讨了其背后的可能的原因[88]。

　　此外，近些年研究材料不断丰富，研究队伍不断扩大，研究条件不断改善，在国内高校具备人类学实验室亦越来越多，如北京大学体质人类学实验室[89]、吉林大学考古学院生物考古实验室、中山大学社会学与人类学系生物人类学实验室[90]、西北大学文化遗产学院体质人类学实验室[91]、郑州大学历史学院人骨考古实验室[92]、四川大学人类学实验室、山东大学人类学和古 DNA 实验室、河北师范大学历史文化学院考古实验中心[93] 等，各人类学实验室收集了大量的各地考古出土各个时期的人类骨骼，为开展人类骨骼考古学相关教学和人类学研究工作等方面提供了充分的材料。

三、余　语

　　2021 年对于人类骨骼考古学学界来说既是令人激动人心的一年，又是令人难过的一年，2021 年 12 月 4 日，中国科学院院士、古人类学家、解剖学家、中国科学院古脊椎动物与古人类研究所研究员、原副所长吴新智先生因病逝世，享年 93 岁[94]。吴新智先生毕生从事古人类学、体质人类学、灵长类学、解剖学及相关学科的研究、教学与科学传播工作。他的逝世是中国学术界的重大损失。

　　2021 年，是中国共产党成立 100 周年，也是中国现代考古学诞生 100 周年，回望这一年，研究者们突破各种不便，积极创新，成绩斐然，使学科发展更进一步。近些年来，人类骨骼考古研究中采用了多种方法，但也产生了一些发展中的问题，研究者需要重视某些方法的局限性，勇于创新，加强多学科研究融合，加深与考古学结合，更好地为考古学服务。同时，加快全国人骨研究数据库建设，进一步强化中国人类骨骼考古研究走向世界的脚步。总之，我们坚信，中国人类骨骼考古研究具有光明的未来。

　　附记　本研究得到中华文明探源研究"中华文明起源进程中的古代人群与分子生物学研究"（课题编号：2020YFC1521607）资助。

注　释

［1］　王明辉：《人类骨骼考古学》，见王巍主编：《中国考古学大辞典》，上海：上海辞书出版社，2014 年，第 674 页。

［2］　王俞方：《内蒙古敖汉旗兴隆沟遗址出土人骨研究》，中国社会科学院大学硕士学位论文，2021 年。

［3］　胡春佰、陈永志、张红星、李春雷：《内蒙古察右前旗旗杆山东汉晚期鲜卑墓葬颅骨研究》，《文物春秋》2021 年第 2 期，第 11-22、96 页。

［4］　赵东月、吕正、邢福来、苗轶飞、陈靓：《统万城遗址出土人骨颅面测量性状》，《人类学学报》

2021 年 8 月 26 日网络首发，第 1-10 页。

［ 5 ］ 李鹏珍：《山西大同东信广场北魏墓地人骨研究》，吉林大学博士学位论文，2021 年。

［ 6 ］ 崔贺勋：《山西大同华宇墓地北魏时期人骨研究（2019 年度）》，吉林大学硕士学位论文，2021 年。

［ 7 ］ 李佳欣：《山西大同御府墓地北魏时期人骨研究》，吉林大学硕士学位论文，2021 年。

［ 8 ］ 雷帅、陈靓、郭智勇：《山西临汾下靳墓地出土颅骨的人类学特征》，《文博》2021 第 5 期，第 103-112 页。

［ 9 ］ 周亚威、张晓冉、顾万发：《郑州孙庄遗址仰韶文化居民的颅骨形态》，《人类学学报》2021 年第 4 期，第 611-627 页。

［ 10 ］ 孙蕾、曹艳鹏、张海：《河南平粮台和郝家台遗址龙山文化的颅骨形态学分析》，《江汉考古》2021 年第 5 期，第 128-133 页。

［ 11 ］ 张燕、赵东月、刘化石、高寒：《四川会理县猴子洞遗址 2017 年出土人骨研究》，《四川文物》2021 年第 6 期，第 104-116 页。

［ 12 ］ 陈盛、范雪春：《壳丘头遗址人骨观察》，《福建文博》2021 年第 3 期，第 2-6 页。

［ 13 ］ 李鹏珍、孙晓璠、王龙、张群：《新疆吐鲁番加依墓地青铜—早期铁器时代人群体质量研究》，《草原文物》2021 年第 1 期，第 114-119 页。

［ 14 ］ 张雅军、张旭：《新疆且末县加瓦艾日克墓地人骨研究》，《人类学学报》2021 年第 6 期，第 981-992 页。

［ 15 ］ 同［ 12 ］。

［ 16 ］ 同［ 10 ］。

［ 17 ］ 同［ 3 ］。

［ 18 ］ 同［ 4 ］。

［ 19 ］ 同［ 5 ］、［ 6 ］、［ 7 ］。

［ 20 ］ 同［ 14 ］。

［ 21 ］ 税午阳、邓擎琼、吴秀杰、纪元、李小群、周明全：《颅面复原技术在体质人类学中的应用》，《人类学学报》2021 年第 4 期，第 706-720 页。

［ 22 ］ a. Ji Q, Wu W, Ji Y, et al. 2021. Late Middle Pleistocene Harbin cranium represents a new Homo species. *The Innovation*, 2(3),100132: 1-2.

b. Ni X, Ji Q, Wu W, et al. 2021. Massive cranium from Harbin in northeastern China establishes a new Middle Pleistocene human lineage. *The Innovation*, 2(3), 100130: 1-7.

c. Shao Q, Ge J, Ji Q, et al. 2021. Geochemical provenancing and direct dating of the Harbin archaic human cranium. *The Innovation*, 2(3), 100131: 1-7.

［ 23 ］ 魏偏偏、赵昱浩、何嘉宁：《辽宁建平古人类肱骨形态结构分析》，《人类学学报》2021 年第 6 期，第 943-954 页。

［ 24 ］ 郭林、赵凌霞、郑远文、张立召、杜抱朴、戴犁、蔡回阳、王新金：《贵州毕节韦家洞古人类遗址年代测定及人牙的形态学意义》，《人类学学报》2021 年第 6 期，第 931-942 页。

［ 25 ］ Wei P, Weng Z, Carlson K J, et al. 2021. Late Pleistocene partial femora from Maomaodong, southwestern China. *Journal of Human Evolution*, 155, 102977: 1-5.

［26］ Zhang Y, Lu H, Zhang X, et al. 2021. An early Holocene human skull from Zhaoguo cave, Southwestern China. *American Journal of Physical Anthropology*, 175: 599-610.

［27］ Xing S, Martinón-Torres M, Deng C, et al. 2021. Early Pleistocene hominin teeth from Meipu, southern China. *Journal of Human Evolution*, 151, 102924: 1-18.

［28］ a. Wu X, Pei S, Cai Y, et al. 2021. Morphological description and evolutionary significance of 300 ka hominin facial bones from Hualongdong, China. *Journal of Human Evolution*, 161, 103052: 1-21.
b. Xing S, Wu X J, Liu W, et al. 2021. Middle Pleistocene human femoral diaphyses from Hualongdong, Anhui Province, China. *American Journal of Physical Anthropology*, 174: 285-298.

［29］ Wu X J, Bae C J, Guo X C, et al. 2021. Neurocranial abnormalities in the Middle Pleistocene Homo erectus fossils from Hexian, China. *International Journal of Osteoarchaeology*, 31: 285-292.

［30］ 侯侃、林留根、甘恢元、闫龙、朱晓汀：《江苏兴化蒋庄遗址良渚文化墓地的古人口学》，《人类学学报》2021 年第 2 期，第 239-248 页。

［31］ 肖雨妮：《滕州大韩东周墓地大中型墓葬出土人骨研究》，山东大学硕士学位论文，2021 年。

［32］ 邹梓宁：《新疆沙湾加尔肯加孜墓群青铜至铁器时代人骨研究》，吉林大学硕士学位论文，2021 年。

［33］ 赵东月、刘昊鹏、杨磊：《沣西新城曹家寨清代墓地古人口学初步研究》，《人类学学报》2022 年第 1 期，第 11-22 页。

［34］ 魏东、王永迪、吴勇：《新疆下坂地墓地青铜时代人群的病理与创伤现象研究》，《边疆考古研究》（第 28 辑），北京：科学出版社，2021 年，第 441-453 页。

［35］ 熊建雪、陈国科、殷杏、蒙海亮、杨谊时、陶驿辰、谭婧泽、李辉、文少卿：《黑水国遗址汉代人群的上颌窦炎症》，《人类学学报》2021 年第 5 期，第 776-786 页。

［36］ Yang S, Mao R, Zhang Q, et al. 2021. A Bronze Age mandibular anomaly from Gansu, China. *International Journal of Osteoarchaeology*, 31: 475-484.

［37］ 孙蕾：《河南淇县宋庄东周墓葬一例殉人骨骼上发现疑似类风湿关节炎》，《人类学学报》2022 年第 2 期，第 248-260 页。

［38］ Zhang X, Zhan X, Ding Y, et al. 2022. A case of well-healed foot amputation in early China (8th-5th centuries BCE). *International Journal of Osteoarchaeology*, 32(1): 132-141.

［39］ You S, Li M, Hou X, et al. 2022. First case of juvenile primary bone malignant neoplasm in ancient China: A skeleton from the Northern Wei Dynasty (386-534 CE). *International Journal of Osteoarchaeology*, 32(1): 182-191.

［40］ Zhou Y, Lu Y, He J, et al. 2022. Bioarchaeological insights into disability: Skeletal dysplasia from the Iron Age northern China. *International Journal of Osteoarchaeology*, 32(2): 367-377.

［41］ Li H, He L, Gibbon V E, et al. 2021. Individual centred social-care approach: Using computer tomography to assess a traumatic brain injury in an Iron Age individual from China. *International Journal of Osteoarchaeology*, 31: 99-107.

［42］ Zhang W, Zhang Q, McSweeney K, et al. 2021. Violence in the first millennium BCE Eurasian steppe: Cranial trauma in three Turpan Basin populations from Xinjiang, China. *American Journal of Physical Anthropology*, 175: 81-94.

［43］ 雷帅、郭怡：《生物考古学视野下人类的牙齿与饮食》，《人类学学报》2021 年 8 月 31 日网络首发，第 1-13 页。

［44］ 雷帅、陈靓、翟霖林：《西安鱼化寨史前婴幼儿乳齿的特征》，《人类学学报》2021 年第 2 期，第 208-225 页。

［45］ 周亚威、张晓冉、顾万发：《郑州汪沟遗址仰韶文化居民的牙齿磨耗及口腔健康状况》，《人类学学报》2021 年第 1 期，第 49-62 页。

［46］ 申亚凡、赵永生、方辉、陈雪香：《济南大辛庄遗址商代居民的牙齿疾病》，《人类学学报》2021 年第 4 期，第 628-643 页。

［47］ 张旭：《太湖地区新石器时代的拔牙习俗》，见中国社会科学院考古研究所科技考古中心编：《科技考古》（第六辑），北京：科学出版社，2021 年，第 169-176 页。

［48］ 张玥：《中国新石器时代至明清时期人类骨骼病理初步研究》，辽宁大学硕士学位论文，2021 年，第 63-80 页。

［49］ 胡耀武：《稳定同位素生物考古学的概念、简史、原理和目标》，《人类学学报》2021 年第 3 期，第 526-534 页。

［50］ 陈相龙：《中原地区新石器时代生业经济的发展与社会变迁：基于河南境内碳、氮稳定同位素研究成果的思考》，《南方文物》2021 年第 1 期，第 179-190 页。

［51］ 施崇阳、郭怡：《通过食谱分析探讨田螺山与梁王城遗址先民对渔业资源的利用》，《人类学学报》2022 年第 2 期，第 308-318 页。

［52］ 刘晓迪、王然、胡耀武：《桂林市甑皮岩与大岩遗址人和动物骨骼的碳氮稳定同位素研究》，《考古》2021 年第 7 期，第 83-95+2 页。

［53］ 张全超、孙语泽、侯亮亮、吉平、朱永刚：《哈民忙哈遗址人和动物骨骼的 C、N 稳定同位素分析》，《人类学学报》2022 年第 2 期，第 261-273 页。

［54］ Yi B, Liu X, Yan X, et al. 2021. Dietary shifts and diversities of individual life histories reveal cultural dynamics and interplay of millets and rice in the Chengdu Plain, China during the Late Neolithic (2500-2000 cal. BC). *American Journal of Physical Anthropology*, 175: 762-776.

［55］ 赵东月、吕正、张泽涛、刘波、凌雪、万杨、杨帆：《通过稳定同位素分析云南大阴洞遗址先民的生业经济方式》，《人类学学报》2022 年第 2 期，第 295-307 页。

［56］ Tao D, Liu F, Ren G, et al. 2021. Complexity of agricultural economies in the Yiluo region in the late Neolithic and bronze age (3500-221 BC): An integrated stable isotope and archaeobotanical study from the Tumen site, North China. *International Journal of Osteoarchaeology*, 31(6): 1079-1094.

［57］ 周立刚、韩朝会、孙蕾、呼国强：《河南淇县宋庄东周墓地人骨稳定同位素分析——东周贵族与殉人食谱初探》，《人类学学报》2021 年第 1 期，第 63-74 页。

［58］ Zho Y, Fu R, Zheng L, et al. 2021. Social stratification during the Eastern Zhou Dynasty of China (771-476 bce): Mortuary and stable isotopic analyses of the Shangshihe cemetery. *International Journal of Osteoarchaeology*, 31(6): 1001-1029.

［59］ 陶大卫、张国文、周亚威、陈朝云、韩国河：《生物考古所见两周时期官庄聚落的人群与社会》，《人类学学报》2021 年第 2 期，第 320-327 页。

［60］ 魏潇洋、种建荣、孙战伟、陈靓、雷帅、凌雪：《刘家洼遗址春秋时期芮国先民生活方式初

探——基于人骨稳定同位素分析》，《第四纪研究》2021年第5期，第1466-1474页。

［61］a. 刘柯雨、孙周勇、孙战伟、邵晶、陈靓、凌雪：《黄陵寨头河与史家河墓地人骨的碳氮稳定同位素》，《人类学学报》2021年12月2日网络首发，第1-10页。

b. 刘柯雨：《黄陵寨头河与史家河墓地人骨稳定同位素研究》，西北大学硕士学位论文，2021年。

［62］Wang X, Shang X, Smith C, et al. 2022. Paleodiet reconstruction of human and animal bones at the Dalujiao cemetery in Early Iron Age Xinjiang, China. *International Journal of Osteoarchaeology*, 32(1): 258-266.

［63］刘晓迪、魏东、王婷婷、张昕煜、胡耀武：《内蒙古东南部战国时期的农业经济及人群融合》，《人类学学报》2021年第5期，第764-775页。

［64］侯亮亮、薛鹏锦、王晓毅、陈靓：《东周至两汉时期小麦在山西的推广：以屯留余吾墓地人骨的稳定同位素分析为例》，《边疆考古研究》（第28辑），北京：科学出版社，2021年，第455-471页。

［65］Zhang G, Hou X, Li S, et al. 2021. Agriculturalization of the Nomad-Dominated Empires of the Northern Wei Dynasty in Pingcheng city (398-494 ad): A stable isotopic study on animal and human bones from the Jinmaoyuan cemetery, China. *International Journal of Osteoarchaeology*, 31: 38-53.

［66］Hou L, Hu C, Wu T, et al. 2021. Human subsistence strategy in the Ordos Plateau, Inner Mongolia, China, during the Qin and Han dynasties: Using stable isotope analysis. *International Journal of Osteoarchaeology*, 31(5): 833-845.

［67］a. 赵春燕：《近十年古代人类迁移研究的成果与展望》，见中国社会科学院考古研究所科技考古中心编：《科技考古》（第六辑），北京：科学出版社，2021年，第21-30页。

b. 吴晓桐、张兴香：《关于锶同位素考古研究的几个问题》，《人类学学报》2021年12月2日网络首发，第1-16页。

［68］侯亮亮、魏东、Michael P.Richards：《磁县南城墓地先商文化时期人群来源多元化的锶同位素证据》，《第四纪研究》2021年第1期，第235-246页。

［69］同［61］b。

［70］杨诗雨、张群、王龙、张全超：《新疆吐鲁番胜金店墓地人骨的牙齿微磨耗》，《人类学学报》2022年第2期，第218-225页。

［71］Liu Y, Mao X, Krause J, Fu Q. 2021. Insights into human history from the first decade of ancient human genomics. *Science*, 2021 September 24, 373(6562): 1479-1484.

［72］Chao Ning, Fan Zhang, Yanpeng Cao, et al. 2021. Ancient genome analyses shed light on kinship organization and mating practice of Late Neolithic society in China. *iScience*, 24(11), 103352: 1-3.

［73］a. Zhang F, Ning C, Scott A, et al. 2021. The genomic origins of the Bronze Age Tarim Basin mummies. *Nature*, 599: 256-261.

b. Smriti Mallapaty. 2021. DNA reveals surprise ancestry of mysterious Chinese mummies. *Nature*, 599:19-20. doi: https://doi.org/10.1038/d41586-021-02948-y.

c. Paula N. 2021. Doumani Dupuy.The unexpected ancestry of Inner Asian mummies. *Nature*, 599:204-205. https://doi.org/10.1038/d41586-021-02872-1.

［74］Ning C, Zheng H X, Zhang F, et al. 2021. Ancient Mitochondrial Genomes Reveal Extensive Genetic

Influence of the Steppe Pastoralists in Western Xinjiang. *Frontiers in Genetics*, 12: 740167.

［75］ 丁曼雨、何伟、王恬怡、夏格旺堆、张明、曹鹏、刘峰、戴情燕、付巧妹：《中国西藏拉托唐古墓地古代居民线粒体全基因组研究》，《人类学学报》2021 年第 1 期，第 1-11 页。

［76］ 王恬怡：《青藏高原及部分周边地区古代人群线粒体基因组研究》，西北大学硕士学位论文，2021 年。

［77］ 杨宣：《晋南地区横水西周墓地古代人群的基因组学研究》，吉林大学硕士学位论文，2021 年。

［78］ Guo J, Wang W, Zhao K, et al. 2022. Genomic insights into Neolithic farming-related migrations in the junction of east and southeast Asia. *American Journal of Biological Anthropology*, 177(2): 328-342.

［79］ a. 文博中国：《古 DNA 解析东亚人群形成史》，《大众考古》2021 年第 3 期，第 90 页。

b. Wang C C, Yeh H Y, Popov A N, et al. 2021. Genomic insights into the formation of human populations in East Asia. *Nature*, 591: 413-419.

［80］ a. Robbeets M, Bouckaert R, Conte M, et al. 2021. Triangulation supports agricultural spread of the Transeurasian languages. *Nature*, 599: 616-621.

b. Bellwood P. 2021. Tracking the origin of Transeurasian languages. *Nature*, 599(7886): 557-558. doi: 10.1038/d41586-021-03037-w. PMID: 34759333.

［81］ a. 王明辉：《全面开花，共同推进人类骨骼考古发展——2020 年人类骨骼考古研究盘点》，见中国社会科学院考古研究所科技考古中心编：《科技考古》（第六辑），北京：科学出版社，2021 年，第 63-80 页。

b. 王明辉：《中国古人种学研究的回顾与反思》，见中国社会科学院考古研究所科技考古中心编：《科技考古》（第六辑），北京：科学出版社，2021 年，第 45-62 页。

［82］ 何嘉宁：《中国古代人骨体质人类学的研究进展与展望》，《人类学学报》2021 年第 2 期，第 165-180 页。

［83］ 张晓雯、赵永生、王芬：《人类骨骼考古中的行为重建》，《东南文化》2021 年第 3 期，第 12-19 页。

［84］ 贺云翱：《人类骨骼考古学是探讨人自身历史的重要领域》，《大众考古》2021 年第 4 期，第 1 页。

［85］ 张雅军：《有关人类骨骼考古学研究的几点思考》，见中国社会科学院考古研究所科技考古中心编：《科技考古》（第六辑），北京：科学出版社，2021 年，第 215-222 页。

［86］ ［英］夏洛特·A. 罗伯茨著，张全超、李默岑译：《人类骨骼考古学》（原书第二版），北京：科学出版社，2021 年。

［87］ 丁士海：《人体骨学研究》，北京：科学出版社，2021 年。

［88］ 董惟妙：《哈密盆地史前居民食谱》，上海：复旦大学出版社，2021 年。

［89］ 何嘉宁：《北京大学考古文博学院体质人类学实验室 | 实验室介绍系列》，人类学学报公众号，2021 年 6 月 8 日，https://mp.weixin.qq.com/s/ud-EGuzB0iBKcZrrRciWRQ。

［90］ 李法军：《中山大学社会学与人类学学院人类学系生物人类学实验室 | 实验室介绍系列》，人类学学报公众号，2021 年 7 月 13 日，https://mp.weixin.qq.com/s/9c72lr3E26CD6Iur1IfLjg。

［91］ 陈靓：《西北大学文化遗产学院体质人类学实验室 | 实验室介绍系列》，人类学学报公众号，2021 年 10 月 1 日，https://mp.weixin.qq.com/s/rCC5WqrTGywA51sswzFLRg。

［92］ 周亚威：《郑州大学历史学院人骨考古实验室 | 实验室介绍系列》，人类学学报公众号，2021 年 8 月 19 日，https://mp.weixin.qq.com/s/S3X1gZGbLcLMUlqgL-1xmw。

［93］ 牛东伟、赵海龙:《河北师范大学历史文化学院考古实验中心 | 实验室介绍系列》，人类学学报公众号，2021 年 6 月 24 日，https://mp.weixin.qq.com/s/_xsg9GQDZT3dUzVVD4TQBw。

［94］《斯人已去，音容长存——沉痛悼念吴新智院士》，《人类学学报》2021 年第 6 期，第 927-930 页。

Academic Inventory of Human Osteoarchaeology in 2021: Explain People with Bones, Find Bones and Trace

DU Zhen-yuan[1]　　WANG Ming-hui[2]

(1. School of history, Capital Normal University; 2. The Institute of Archaeology, Chinese Academy of Social Sciences)

Abstract: The year 2021 is an atmosphere of joy everywhere throughout the year. The research has been very successful and fruitful in many fields and aspects. We have expanded the scope of traditional morphological research in both time and space; further demonstrated the evolution of ancient humans using the latest research methods and morphological illustrations; demonstrated the health problems of ancient humans in several rare cases; focused on demographic issues such as population size, sex ratio, and body mass of ancient societies; and achieved significant results in stable isotope and ancient DNA research of human bones using cross-disciplinary. At the same time, some problems have emerged in certain studies, which require researchers to pay attention and solve difficulties to make the archaeological study of human bones go further.

Key Words: Human Osteoarchaeology; skeletal morphology; paleopathology; stable isotopes; ancient DNA

以骨论古，讲骨论今

——2022年人类骨骼考古学年度盘点

安令雨　　王明辉

（中国社会科学院考古研究所）

摘要：本文回顾了 2022 年人类骨骼考古学的研究成果和进展。尽管受到疫情的影响，研究者们仍然克服困难取得了丰硕的研究成果。研究领域涵盖了古代人类骨骼形态学、古病理学、人骨同位素研究、古人口学、古 DNA 和分子古生物学、古人类学以及综合研究等。同时，本文还介绍了一些具体研究案例和重要发现，如古病理学特殊病理现象的研究、人骨同位素研究对古代人群生业模式的解读、古人类学对新化石证据的解释及古 DNA 和分子生物学对古代人群基因交流的研究等。最后，还介绍了人类骨骼考古学学科相关出版物和实验室建设以及与法医人类学在社会上的应用意义。总的来说，2022 年的人类骨骼考古学研究为我们提供了更多关于古代人类生活方式和健康状况的新视角和新认识。

关键词：人类骨骼考古学　形态学研究　古病理学　稳定同位素分析　古 DNA

一、引　　言

人类骨骼考古学是一门以出土人骨为研究对象，使用多学科交叉研究手段，对人类骨骼进行形态学、解剖学、病理学、创伤学，生物学、物理学、遗传学等多学科方向的分析研究，探索考古学研究视角和范式下，包括人类起源与进化，古代人群的体质特征，生产和生活方式、健康和疾病状况，社会习俗、人口结构和人群变迁、遗传和亲缘关系等方面的问题。目前主要前沿的方向涉及到了古人类学、骨骼形态学、古基因组学、古病理学、骨化学考古等多个分支方向[1]。

2022 年，受到疫情的部分影响，各地的考古工作经受了重重考验，涉及到现场提取、观察、采样和分析的人类骨骼考古学研究也同样面临诸多难题，但在研究者们执着的学术热情和认真的工作态度下，本年度依旧取得了丰硕的研究成果，内容涵盖了古代人类骨骼形态学研究、古病理研究、人骨同位素研究、古人口学研究、古 DNA 和分子古生物学、古人类学以及综合研究等领域。不断更新的研究技术手段和方法范式，以及不断建设的人才培养平台，为中国考古学研究提供更多视角。

二、古代人类骨骼形态学

对骨骼形态学的研究，主要是颅骨形态的分析和测量以及特殊变异现象的分析，也兼有其他肢骨的研究。

2022年，大量出土人骨的性别年龄数据和特征被记录和研究，包括新疆和静县巴音布鲁克机场墓葬群[2]、新疆加依墓地[3]、新疆石河子十户窑墓群[4]、内蒙古毛庆沟与饮牛沟墓地[5]、内蒙古锡林郭勒盟乃仁陶力盖遗址[6]、沈阳孝信汉村墓地[7]、山西大同御昌佳园墓地[8]、鲁中南地区大汶口文化人群[9]、陕西澄城县鲁家河西塬墓地[10]、陕西咸阳蒲家寨墓地[11]、浙江良渚钟家港新石器时代遗址[12]、云南段家坪子墓地[13]等墓地或遗址的出土人骨进行了详尽的形态学记录。对于颅骨形态的研究，主要使用观察测量及统计学的结合分析，探讨当时人群形态特征等一系列问题。

红山文化人群中存在大量颅骨枕部变形的情况，但通过对比牛河梁遗址和田家沟墓地出土人骨与其他同时期不同考古学文化人群的体质特征差异后，发现红山文化人群体质类型仍然属于高颅阔面的古东北类型，与古蒙古高原类型存在较大差异[14]。

三门峡马上石河春秋墓地人群的颅骨特征研究显示，上石河春秋墓地虢人应属于蒙古人种类别；体质特征与现代亚洲蒙古人种的南亚类型最为相似，其次为东亚类型。与古代组对比，上石河组与古中原类型的仰韶合并组、马腾空组、庙底沟组关系最近[15]。

西安统万城遗址出土人骨的颅骨特征是以亚洲蒙古人种为主体，在形态上既存在古人种类型的差异，又表现出多种古人种类型融合的特点，另外还有个体表现出少量欧罗巴人群的性状。统万城遗址居民颅面特征的多态性与融合性，和古代人群演化的历时性特点相吻合，与统万城历史上频繁的人群往来相关，欧罗巴人种因素可能来自粟特人的影响[16]。

陕西周原遗址齐家村东墓地出土成人个体的颅骨研究采用了R型因子分析＋系统聚类、主成分分析和系统发育网络三种方法分析这一墓地人群的亲缘关系，结果显示该组居民属于蒙古人种东亚类型。结合商周王朝更替的考古学背景，周原齐家村东居民应为商朝灭亡后西迁至此的殷遗民。商周两族在体质特征上存在差异：同周人相比，商人和殷遗民具有更低更宽的颅面形态[17]。

新疆哈密地区拉甫却克墓地历史时期成年人颅骨研究采用多元统计及生物距离的方法来评估人群结构，并对哈密绿洲地带青铜时代晚期到历史时期的人群变迁进行初步探索，结果显示，拉甫却克人群既有与欧亚大陆东部人群颅面部特征相近的个体，也有表现出东西方混合特征的个体，且从青铜时代晚期至早期铁器时代，哈密人群在体质特征上存在连续性；而早期铁器时代到历史时期，随着欧亚大陆东部人群遗传贡献的增加，哈密人群体质特征发生明显变化[18]。

内蒙古和林格尔新店子和林西井沟子游牧人群股骨中部的生物力学比较分析研究显示，井沟子组的男女性均从事骑马活动，两侧股骨受力较为一致，在两侧不对称性程度和骨干横断面形状上的男女差异不大；土城子组女性作为典型的农业人群代表，其下肢骨整体的活动强度较大，几乎与同组的男性和井沟子组男性相当，组内的性别差异相对较小，骨干横断面形状的显著性差异说明，土城子组内部男性和女性的行为活动方式存在明显的性别分工[19]。

通过对新疆罗布泊地区楼兰城郊古墓及其周边遗址中人骨的颅骨测量值多元统计分析，发现构成汉代楼兰人种的主体成分应是欧罗巴人种中的"地中海东支类型"，同时还有少量蒙古人种，历史时期的楼兰人群与时代更早的罗布泊地区人群差异较大，后者为"古欧洲类型"。通过此分析结果推测，汉代楼兰人的族源与南帕米尔高原古塞人的迁徙有关[20]。

三、古 病 理 学

古病理学方面，2022 年多项案例报道的形式呈现了非常见病理，同时也有古代流行疾病的源流考证和发展历史等综合性研究。

河南淇县宋庄东周墓地的一例殉人骨骼上的多处关节呈对称性侵蚀，经 X 射线检验显示其侵蚀病理处伴随骨质疏松，虽然无法完全排除其他可能性，但是对比多种关节疾病的不同骨骼病变特征后认为，该殉人骨质病变更倾向于类风湿关节炎[21]。

河南荥阳市高村乡官庄一例东周时期肱骨发育不全，通过肉眼观察、X 射线影像和病理筛选等方法的古病理学研究表明，该女性个体右侧肱骨短于左侧，推测该个体可能是分娩创伤导致肱骨近端生长点受损，或在儿童期生长板遭受创伤导致肱骨生长发育停滞[22]。

周原齐家东墓地发现一例足部截肢病理现象，一例 50~70 岁的成年男性个体左侧胫骨和腓骨远端三分之一处缺失，表面重塑有明显愈合迹象，该个体同时患有骨关节炎和其他口腔疾病，推测其可能遭受了"刖刑"即中国古代刑法中对膝关节的一种惩罚性截肢[23]。

山东高青县胥家村南遗址北朝至隋唐时期人群的牙釉质发育不全、多孔性骨肥厚、眶顶板筛孔样变及骨膜炎 4 种生存压力指标的个体患病率进行对比研究及相关性检验，发现该人群四种疾病的出现率较其他同时期人群比较高，显示其面临的生存压力较大[24]。

陕西西安北沈家桥遗址中发现的女性侏儒症患者身材异常矮小，活动能力和劳动能力有限。结合考古证据和历史纪录，推测此人一生过着正常的生活，受到了良好的待遇。这一罕见的侏儒症病例不仅丰富了我们对北方古代中国人骨骼发育不良的认识，也表明了古代社会对残疾人的人道主义态度[25]。

北魏时期一例 14~17 岁未成年骨骼个体肱骨上发现了恶性骨肿瘤，经过 CT 断层扫描显示其在左股骨骨干远端三分之一处发现骨生长；病变上同时存在成骨细胞和溶骨突，其最有可能的诊断结果为骨肉瘤，这个特殊案例丰富了研究者对骨肉瘤及其他恶性肿瘤在古代流行病学上的认识[26]。

统万城遗址中发现了两个外耳道骨质损坏的成年个体，在使用显微 CT 进行扫描后发现其中一例的乳突部分变得平滑，疑似是外耳道胆脂瘤，另一个个体则体现出疑似外耳道感染，因耳部疾病在古病理学案例中相对少见，因此本案例的报道具有提供案例填补缺环的重要作用[27]。

新疆沙湾加尔肯加尕遗址发现一例公元前6世纪至公元前4世纪、年龄35～45岁的个体膝关节融合术。经过外观、X射线和CT断层扫描显示，该个体右侧股骨和胫骨在膝关节处融合，髌骨与右侧股骨外侧髁融合，研究者认为该现象可判断为膝关节强直，原因可能与骑马游牧的生活属性相关，自遭受伤害到去世前该男性个体得到了很好的照顾和护理[28]。

有学者对性病梅毒的古病理学综合研究，系统总结了包括梅毒在内的多种密螺旋体属疾病的古病理学研究历史，从疾病史、病理学、诊断标准、传播假说和未来研究几个方面，详细说明了该疾病的古病理学研究进程和研究前沿，并举出大量案例，丰富了我们对这一疾病的古病理学和古代流行病学认识[29]。

有学者收集了48处遗址的古代人群龋病的研究结果，对中国新石器时代人群龋病与生业经济关系进行研究。他们将这些遗址分为南、北方采集渔猎遗址，以及旱作农业、旱稻混作农业和稻作农业遗址，分别统计每个生业模式下人群的患龋率、龋齿率。研究认为，南方狩猎采集者的龋齿患病率高于北方狩猎采集者及农业人群。而在农业人群中，旱作农业人群的龋齿患病率最高，其次是旱稻混作农业，稻作农业龋齿发病率最低，这样的差异性可能来源于不同类型的植物作物摄取对龋齿发病率有不同影响，而从时间尺度上看，新石器时代晚期龋病率的增加和社会复杂化背景下食物加工方式的改变有关[30]。

四、人骨同位素研究

人骨的同位素研究，旨在通过人骨中所提取的骨胶原或是牙釉质中获取的羟基磷灰石，利用化学方法测定其中的碳、氮、氧、锶同位素富集含量，可重建该地区人群的生业模式、饮食习惯、人群迁徙行为等。

陕西延安黄陵寨头河和史家河墓地中出土人骨的C、N稳定同位素分析显示，两个人群均主要摄入粟、黍等C_4类植物，除个别个体外，两个墓地人群的动物蛋白摄入较少，且两性间无明显差异。研究还表明，寨头河墓地与史家河墓地先民饮食结构差异较小，两地戎人联系紧密。最后，结合其他考古资料以及文献发现，寨头河与史家河墓地先民吸收关中农业文化后，利用当地良好的自然环境发展农业，形成了以农业种植为主、农牧混合的经济模式[31]。

河北冀北山地和张家口地区的白庙遗址出土人骨的C、N同位素研究显示，其主要以粟、黍以及粟作农副产品饲养的家畜为主要食物，而畜牧业产品作为补充食物。结合地域背景和考古学文化分析，这可能与新石器时代本地的生业传统以及该人群本身所具有的北方畜牧业为主的生计方式有关[32]。

内蒙古哈民忙哈遗址人骨和动物骨骼的C、N稳定同位素分析显示，陆生野生动物的食物结构主要基于C_3植物类食物和少量的C_4农作物，而犬科动物则主要依赖C_4食物，是家养动物一个重要特征，即与人同食。C_4类粟黍农作物和以此饲喂的动物是该遗址先民的主要食物来源，其中粟黍农作物在食物结构中的地位尤其重要。在该遗址中，女性摄入相对较多的粟黍和相对较少的肉类，与男性在食物结构上存在显著差异[33]。

山西大同金茂府北魏墓群人骨和随葬的羊、牛骨骼的 C、N 同位素研究发现，人类个体的主要的植物摄入以 C_4 类植物为主，与大同操场城北魏太官粮储遗址炭化粟的稳定同位素值进行比较分析显示，金茂府人群主要以粟类食物为生。不同性别和不同年龄之间的 $\delta^{13}C$ 和 $\delta^{15}N$ 值无显著性差异。然而，不同性别的肋骨氮值富集程度则存在明显的差异，男性在死亡前 2～5 年左右时间内的 $\delta^{15}N$ 值普遍高于女性，这可能和他们的生活习惯相关[34]。

蒙古西北部 3 个遗址点的匈奴墓葬群的 C、N 稳定同位素分析显示，不同等级墓葬各种阶层身份的人均摄入一定量的 C_4 类植物，其中两处遗址中贵族墓葬和其随葬墓的各项数据趋同，表明他们共享同样的饮食方式，而另一个遗址 Salkhitiin Am 发现的平民人骨碳、氮同位素值明显偏低，可能与不同的饮食传统相关[35]。

田螺山遗址与梁王城遗址先民的稳定同位素研究中，引入了 FRUITS 模型软件分析两个遗址中先民的渔业资源利用。结果显示，两遗址的渔业资源在食谱中的比重都在 10%～30% 之间。其中，田螺山遗址淡水渔业资源在食谱中占 5%～20% 左右，海水渔业资源在 10% 以下；梁王城遗址渔业资源在食谱中占 5%～22% 左右。但渔业资源是食谱中的组成部分，但不是主要部分，是肉食资源的补充。而比较两个遗址的模型，则发现鱼类始终作为重要的野生资源被利用，反映了人类获取野生资源水平的变化[36]。

云南省广南县大阴洞遗址出土人骨样本的 C、N 稳定同位素分析显示，该遗址居民主要以 C_3 类植物为主，其 $\delta^{15}N$ 值显示其营养级别较高。该人群食谱存在两性差异，男性相比于女性摄入的植物蛋白更多。结合相关考古发现，大阴洞遗址居民可能主要经营稻作农业，兼营狩猎；对动物资源的利用可能具有多样性，并通过采集、渔猎及家畜饲养补充食物来源[37]。

新疆天山地区察吾呼文化人群，即和静县莫呼查汗墓地以及遗址出土的人和动物骨骼的 C、N 稳定同位素研究显示，该地人群的植物性食物以 C_3 类为主，其较高的氮值表明该人群摄入的动物蛋白量很大，结合考古学研究，推测该遗址居民的生计模式以放牧为主，羊等动物资源可能构成了其主要的食物来源，食谱中少量的植物性食物，尤其是 C_4 来源食物可能来自与山谷外从事粟黍种植的人群的交换所得[38]。

除案例研究外，有研究者们还对现有的研究领域，进行了一定的回顾、总结和展望，例如尝试在生物考古学的学科范式下总结人类牙齿和饮食研究，其中，重点回顾了牙齿中微量元素和稳定同位素测定，与古代人类生业模式、人员迁徙流动等的关系[39]。在锶同位素考古的讨论中，主要介绍了锶同位素的组成生物锶的来源问题，并详细分析了锶同位素研究中出现的几大问题，包括骨骼和牙本质样本的成岩污染问题、不同地区的锶同位素重叠现象、牙齿和骨骼的锶同位素混合效应和不能识别移民后代这几个方面；最后还讨论了如何识别人群来源地和去向的技术难点[40]。而对于一定区域范围内人群的生业生计模式的汇总与讨论也为该方向提供了结合多学科背景的宏观研究视角，如针对拓跋鲜卑人群生计方式的总结性研究，通过整合历史文献记载与多个遗址的稳定同位素分析结果，详细分析了拓跋鲜卑人群饮食和生活在时空范围变化中的不断演变，从最初的畜牧业为主到农业逐渐占据主要地位的生业模式改变，体现了该人群在南下过程中不断与当地定居人群的融合，这对中华多元统一文明的形成具有重要意义[41]。

五、古人口学研究

古人口学是依托于人口学视角和方法论，对遗址中发现的人骨遗存进行静态数据的收集与动态数据的估算研究，静态数据为人骨鉴定的性别、年龄等数据，动态数据则涉及到人口规模、平均死亡寿命等。

陕西西咸新区沣西新城曹家寨墓地清代平民的人口结构研究，结合历史与考古学背景，发现曹家寨墓地中男女性别比例失衡，男性个体远多于女性，二者死亡高峰都位于中年期，与人群劳动和生育行为有关[42]。

同时，新方法的引入让人骨材料的古人口学解释变得更为丰富。有学者对一批先秦时期人骨开展古人口学研究，首次使用了由美国学者 Jesper Boldsen 等研发的"过渡分析法"（Transition Analysis，简称为 TA），或称为"转换分析法"，与传统人类骨骼考古方法进行比较，性别年龄估算的准确性仍有待提高[43]。这一方法的最新阶段 TA3 被运用在陕西省洛川县月家庄墓地一批墓葬中，利用多种人骨标志物进行统计运算，得到该墓地人群的年龄，与传统方法比较，转换分析法所得的最高寿命、平均死亡年龄高于传统方法，对于老年个体缺失这一问题的解决相对有效[44]。

六、古 DNA 研究

对于分子古生物学术界而言，2022 年度年度重要事件是瑞典科学家斯万特·帕博（Svante Paabo）获得了诺贝尔生理学或医学奖，他的重要研究成果，是将 DNA 测序技术引入人类进化中，开创了古基因组学的先河，他设计实验从尼安德特人骨骼中成功提取出了 DNA，并首次获得了已灭绝的人类"近亲"的 DNA 序列，通过揭示现代人类与已灭绝的古人类之间的遗传差异，为进一步探讨人类演化奠定了基础[45]。

2022 年，中国的古代人群 DNA 与遗传研究取得了十分丰富的成果。云南马鹿洞遗址"蒙自人"女性的 DNA 遗传学分析显示，她属于亚洲早期现代人，线粒体遗传世系属于一种未知的 M9 支系，表明该古人类个体可能代表了早期与中国两大农业人群的共同祖先有遗传关联的狩猎—采集者，他们之间有晚更新世的最近共同祖先，这是目前华南和东南亚最古老的人类古 DNA 研究[46]。

陕北地区龙山时代包括石峁遗址等 172 例居民样本的古基因组分析显示，其与陕北本地仰韶时代晚期庙梁和五庄果墚人群的遗传联系最为紧密，体现了其遗传的连续性，而石峁人群与龙山时代同时期的陶寺人群具有最紧密的母系遗传联系，可看出石峁人群与周边人群具有广泛互动[47]。

青海热水墓群哇沿水库遗址唐代吐蕃时期 10 个古代个体的全基因组测序，揭示了古吐蕃人的遗传结构，在证实了吐蕃人群为汉藏语系人群的基础上，也从遗传学层面发现其向青藏高原东部扩散迁徙的趋势[48]；

北周阿史那皇后的古 DNA 测序显示，突厥阿史那部的族源可追溯到欧亚大陆东北亚，今中国东北至俄罗斯贝加尔地区，具有东北亚传统[49]。

新疆 39 个遗址中捕获的 201 例新疆古代人类基因组揭示了新疆 5000 年来的人群构成，结果显示新疆人群在不同时期分别受到欧亚大陆不同人群的影响，具有明显的遗传亚结构特征，到了历史时期则出现较强的遗传连续性，通过将考古学与遗传学深度结合，进一步展现出了新疆人群与欧亚大陆东西部其他古代人群的交流融合[50]。

中国科学院古脊椎动物与古人类研究所付巧妹研究员及其团队发布了对 DNA 获取技术的技术评述，回顾了近年古 DNA 技术发展史和有效技术突破，并介绍了最新的 DNA 捕获技术，即涉 DNA 或 RNA "探针" 从大量受污染的样本中钓取目标古 DNA，该团队利用这项最新技术成功获取了 30 个南方古代人群基因组用以揭示东亚和东南亚人群遗传史[51]。

吉林大学崔银秋教授及其团队发布了对古代病原微生物基因组研究的技术性总结，叙述了近十年我国古代病原微生物基因组水平的研究进展。通过对古代人群样本中获取的宏基因组进行筛查，使得引发古代疫情的相关病原体的基因组得以重建，这同时为研究人类疾病传播提供了新视角[52]。

七、古人类学研究和新化石证据的发现

古人类学研究主要聚焦于新化石材料与理论性研究。

湖北郧县人 3 号头骨的发现是本年度最受国内外关注的新闻。与严重变形的郧县人 1 号、2 号头骨相比，郧县人 3 号头骨保存完整，其直立人形态特点更加明确，是目前欧亚内陆发现的同时代最完整的古人类头骨化石，形态结构上保存了重要解剖学特征。其年代上，郧县人处于 200 万年前的重要演化时间节点上，为探讨东亚直立人的来源和演化模式提供了详实而关键的化石证据。该发现入选当年中国 "六大考古新发现" 以及 2022 年度全国十大考古新发现[53]。

用最新的 CT 技术和镜像原理对许家窑人颅骨化石开展再研究，并将 1978 年发掘的许家窑人颅骨完整地复原，为观测其整体的形态提供了重要的标本材料。结合颅内膜和公式法推算出许家窑人颅容量为 1700ml，为中更新世颅容量最大的古人类[54]。

在现代人起源理论上，随着中晚更新世中国和世界范围内化石证据的不断增多，对原有的理论的更新成为古人类研究新的热点。在中国，随着对许家窑、许昌、华龙洞、夏河、哈尔滨等古人类化石的系统研究，研究者认为中晚更新世古人类化石形态的多样性，提示了其对现代人的贡献应各不相同，但具体的规律还有待进一步的认识与探讨[55]。

从世界范围来看，随着尼安德特人、丹尼索瓦人等古人类化石的发现，以及分子古生物学技术的不断发展，一方面，对于现代人起源的 "多地区演化模型" 和 "近期非洲起源理论模型" 以及 "连续进化附带杂交模型" 的理论来源追溯更为明晰[56]，另一方面，新化石证据的出现和新测年结果的发展，也刷新了关于现代人起源中不同人群在各主要区域出现时间、在迁徙扩散中与古老人群的交流模式、晚更新世晚期现代人演化复杂场景等方面的认识[57]。

更多新材料的出现和更多精细技术的使用，使古人类研究中各个时空范围内的问题有了更多诠释空间。松花江人2号颅骨的人工变形研究，将颅骨的人工变形时间推迟至近万年左右[58]。对马鹿洞人股骨使用微计算机断层扫描获取和评估横截面结构，通过回归分析与更新世晚期和全新世早期人类相比较，发现其时代位于旧石器时代早期和中晚期之间[59]。田园洞、招果洞、奇和洞三个地点的古人类样本的肱骨形态学研究显示，与同时代的尼安德特人相比，东亚地区晚更新世和全新世早期人类的肱骨形态的不对称性更为显著，可能与欧亚大陆技术变革有关[60]。山东沂源直立人牙齿化石的扫描电镜结果显示其存在不同程度的牙齿磨耗，可能存在人工拔牙导致的痕迹，是东亚地区更新世最早的拔牙行为记录[61]。

八、古代人群健康状况的观察研究

针对古代人群健康的观察，除了直接的病理现象外，还包括一系列判断标准，如体质特征变化、牙齿健康，生存压力等方面。

河南郑州青台遗址新石器时代的人群罹患龋齿个体统计分析中发现，该遗址居民患龋率高发，且两性存在差异，女性龋齿率高于男性，可能与女性孕期生理变化、食物选择及性别分工等有关。在解剖学部位上，该人群上颌龋齿率高于下颌，臼齿颌面龋为最容易患病部位，可能与该人群中碳水化合物比例较高有关，涉及到了旱作农业的生业模式对该疾病的影响[62]。

河南邓州八里岗遗址出土的仰韶早、晚期不同时段的人骨体质特征研究对比显示，女性身高在这一时间内下降，男性型下肢功能活动度降低。古病理研究则指出该人群的龋病发生率显著增加，创伤减少。推测该人群体质变化与这个人群的文化发展过程中，农业经济逐渐成熟，居址逐渐固定，食物加工技术进步有关系，此外，女性的一系列体质变化可能反映了其社会地位逐渐下降[63]。

甘肃张掖黑水国遗址人骨牙齿疾病研究显示，龋齿患病表明该地区人群属于农牧混合经济人群，但其牙齿前侧磨耗严重与狩猎采集人群的磨耗形式类似，因此推测这部分人群中有并非本地人的外来移民，而黑水国本身的自然环境可能使撕咬食物需要长期用到牙齿前侧部分，也可能是当地居民喜爱偏干燥、坚硬的事物导致，由此发现特殊的饮食习惯和生活方式[64]。

新疆吐鲁番胜金店墓地中13例臼齿颊侧微磨耗形态的研究显示，该人群中年龄较大的个体摄入更高比例的植物类食物，且胜金店人群中牙齿磨耗不存在两性上的显著差异，男性摄入植物类食物的比例略高于女性。在与传统农业人群和游牧人群的对比研究中，发现胜金店墓地人群的事物结构仍以肉食类食物为主，反映其游牧业与种植业兼营的生业模式[65]。

九、古代社会的特殊习俗及其在人骨上的体现

在人类骨骼考古学研究中，古代人类的社会习俗所反映在人骨上的证据，即一些特殊的行为习惯、人工变形等，同时也包括一些反映当时人群生理、心理状态的行为，一直是研究者们十分关心的现象。

海岱地区新石器时代遗址出土人骨材料拔牙情况显示，北辛文化人群最早出现拔牙现象，主要为双侧上颌侧门齿，结合考古学和民族学材料，凿、敲和击打是该地区拔牙的主要方式。在拔牙结束后也并没有通过放入其他填充物对原有牙位空间进行填充，这种现象在进入龙山时代后逐渐衰落[66]。

四川会理猴子洞新石器时代遗址的拔牙习俗研究，填补了西南地区拔牙习俗的空白。猴子洞遗址先民拔牙出现率没有明显的性别和社会等级差异，但拔牙行为与年龄密切相关，应是成年的标志。该地区拔牙习俗与中国新石器时代人群拔牙模式基本相同，但也同时受到东南亚地区的影响[67]。

天津蓟州区桃花园墓地明清时期缠足女性的足骨形变现象量化研究，将全部女性个体的足骨变形方式、程度、对称性进行了统计和分析，发现双侧足变形呈对称分布，且缠足对于足跗骨形态有所影响，主要体现在整体尺寸的缩小和关节面的改变。经过年龄统计，这一群体至少在 18 岁时已经缠足，而 25 岁后足骨发生形变，35 岁后形变更加明显。缠足行为和墓葬陪葬品的多少并无直接相关性，更可能是与社会观念相关[68]。

甘青地区新石器时代颅骨钻孔的案例研究，采取了实验考古的方法，在充分观察、收集资料的基础上，用不同方式和不同材质工具，在猪的颅骨上进行钻孔试验，发现两个被观察的有愈合迹象的钻孔案例是出自经验丰富的熟练"医师"之手，表明史前羌人已经熟练地掌握了给予颅骨钻孔的技术，但为什么接受此类手术仍不得而知[69]。

新疆吐鲁番地区加依墓地的母婴合葬现象研究，先通过墓葬中遗骸的生物学信息，即人骨性别年龄及相关病理现象，以及埋藏位置信息，判断该 4 座墓葬中个体关系应当为母亲和其婴儿。而其中，3 座墓葬中的母婴个体为分娩后死亡，1 座墓葬中的母亲和胎儿个体死于孕期或者分娩过程中。造成这些个体死亡的直接原因可能是难产和产褥期疾病，并且营养不良和感染性疾病等因素也增加了他们的死亡风险。同时从难产婴儿与母体的合葬行为中，也可解读出新疆青铜-铁器时代先民对母婴之间"联结"的人文关怀思想[70]。

十、理 论 思 考

2022 年，一些学者针对中外人骨考古学学科多年来存在的一些问题展开了反思和回顾。

受到复旦大学邀请在中国访学的学者贝丽姿总结了欧美生物考古学的研究进展，通过回顾学科发展史的形式将"将生物考古学""人类骨骼考古学"等学科概念出现的各个时间节点和内涵，详细介绍了生物考古在欧美地区的三个发展时期以及对未来该学

科发展提出一些设想[71]。

有学者对出土人骨性别年龄鉴定方法的相关问题进行了回顾总结，针对髋骨形态、耳状面和牙齿磨耗等多种判断方法，进行了年龄性别判断准确性的比较，为后续的研究工作提供具有现实意义的参考[72]。

在人类骨骼考古学的背景下，通过三维虚拟技术重建人体，包括几何距离测量、生物力学分析等不同技术的发展，对史前人类起源与演化、古代先民社会生活面貌、医疗状况、移民与迁徙以及个体生活等相关问题展开研究。三维虚拟技术的进一步推广将有助于拓展国内历史和考古等学科研究的深度[73]。

在医学考古学和科技考古视野下，人类骨骼考古学学科方法，包括对疾病的认识、治疗手段的研究和对整个人群体质特征的把握，分别给不同领域的问题研究提供更科学，更贴近个体本身的视角，丰富了学科内涵[74]。

十一、人骨考古学出版物

由北京大学考古文博学院、辽宁省考古研究院编著，由北京大学已故教授吕遵谔先生主编的《金牛山古人类遗址》考古报告，对辽宁省营口市大石桥西南灰岩山丘的洞穴遗址 1984 年发现古人类活动的遗迹遗物，进行了详细的描述、记录和严谨的研究。该洞穴中发现了大量哺乳动物化石，人类用火遗迹等，最重要的发现为包括头骨在内的五十余件古人类化石标本，现被命名为“金牛山人”。金牛山古人类遗址的发现和发掘是我国东北地区乃至中国旧石器时代考古学和古人类学研究的一项重要成果[75]。

山西大学考古文博学院副教授侯亮亮的专著《殷土芒芒——先商文化人群的生业及迁移活动研究》从稳定同位素的视角，对豫北冀南地区多处先商文化时期遗址出土的人和动物骨骼的 C、N、Sr、H 同位素进行了研究，重建了当时人群的生业模式、动物饲喂方式等，讨论了相关人群的迁移活动。研究表明，先商文化时期多元化的人群迁徙过程中，先商人群对中原的生业经济和文化传统适应较快，适应性较强，这可能是先商文化充满活力的原因[76]。

浙江大学艺术与考古学院教授郭怡的专著《同位素视角下长三角地区先民生业模式与文明化进程》以长三角地区新石器时代诸考古学文化出土生物遗存为研究对象，包括人类、动物骨骼及植物遗存，介绍多种稳定同位素方法，试图探讨先民生业模式、文化发展与文明的演进。该著作运用人类骨骼考古、古 DNA、动植物考古、环境考古等多种范式，对生业模式变化与文化嬗变之间的关系进行阐释[77]。

十二、实验室人才建设与学科社会实践

随着人骨考古学学科的不断发展，2022 年人类骨骼实验室建设在各大高校和研究所不断完善，北京大学、吉林大学、中山大学、西北大学、郑州大学、四川大学、山东大学、河北师范大学等生物人类学或生物考古学实验室不断推陈出新，引入最新技术设备对人类骨骼材料进行分析。同时，厦门大学生物人类实验室按照多学科发展思路，构建了古 DNA 与人类骨骼考古交叉实验室，主要研究领域为人类进化遗传学、群体遗传学、分子人类学、古人类学、生物考古学、法医人类学、法医物证学和语言学，从而使研究问题聚焦在人群的起源与演化、混合和迁徙，多时空框架下人群的生业和健康等，成为该校第一批文科重点实验室。郑州大学"中华源"考古实验室在本年度获批了河南省高校哲学社会科学实验室，为首批取得资格的实验室中唯一的考古方向实验室，其人类骨骼方向在过去一年成果丰硕。

与此同时，人类骨骼考古结合法医人类学技术，对一些社会问题的关注具有现实意义。中央民族大学民族与社会学院李海军副教授及其研究团队，接受八路军研究会巍巍太行专项基金"让抗战烈士回家"邀请，前往抗战时期太行山根据地山西黎城孔家峧村、宽嶂村对 30 具八路军无名战士遗骸进行鉴定工作，实现"带抗日英雄回家"[78]。

中山大学社会学与人类学学院李法军教授及其团队，受邀去往云南省禄劝县对当年一处落水洞中发现的红军烈士遗骸进行搜寻、发掘和鉴定，最终发现了 21 具遗骸，目前已安葬于新修缮的烈士陵园中，魂归故里[79]。

在 12 月 13 日国家公祭日，吉林大学考古学院张全超教授及其团队再次来到吉林省辽源市辽源矿工陈列馆，对馆内的遇难矿工遗骸进行新一轮的防腐处理工作，该研究和保护项目自 2015 年起延续至今，且不断创新保护手段和研究方法[80]。

十三、结　语

通过对 2022 年中国人类骨骼考古学研究的回顾，我们得以深入了解古代人类的生活方式和健康状况。这一领域的跨学科研究为我们揭示了人类起源和进化、古代人群生产生活方式、相关疾病的产生原理，社会习俗以及基因交流等重要问题提供了宝贵的线索和见解。

在充满挑战的 2022 年，研究者们取得了显著的研究进展。他们运用形态学、病理学、生物学等多个学科的知识和方法，结合最新技术，通过研究古人类骨骼，透骨见人，试图并且也成功建立了多个人群的生活方式重建，也通过更新材料和证据对本学科的理论进行完善。

此外，一些具体的研究案例和重要发现，不仅提供了对古代人类生活的深入认识，也为理解人类文明的演化和发展提供了重要线索。同时，相关的出版物和实验室建设，以及与法医人类学的结合在社会问题上的应用，为人类骨骼考古学的学科发展和实践应用提供了有力支持。

综上所述，2022 年的人类骨骼考古学研究为我们提供了全新的视角和深入的认识。这些研究不仅对人类学和考古学领域具有重要意义，并且使研究者乃至整个社会得以更好地理解人类的起源、进化的一系列重要问题，以及更深入地了解文明发展的各个历史进程。未来，我们期待着更多的研究和发现，为人类骨骼考古学带来更深入的认识和启示。

注　释

［1］ 王巍：《中国考古学大辞典》，上海：上海辞书出版社，2014年，第674页。

［2］ 王安琦、张全超、朱永明：《新疆和静县巴音布鲁克机场墓葬群出土人骨研究》，《边疆考古研究》（第31辑），北京：科学出版社，2022年，第304-318页。

［3］ 王安琦：《新疆吐鲁番加依墓地青铜—早期铁器时代人骨研究》，吉林大学博士学位论文，2022年。

［4］ 聂颖：《新疆石河子十户窑墓群青铜—铁器时代人骨研究》，吉林大学博士学位论文，2022年。

［5］ 杨诗雨、朱泓：《毛庆沟墓地与饮牛沟墓地出土人骨的再研究》，《草原文物》2022年第1期，第113-124页。

［6］ 高婷：《内蒙古锡林郭勒盟乃仁陶力盖遗址出土人骨研究》，吉林大学硕士学位论文，2022年。

［7］ 吴静：《沈阳孝信汉村墓地人骨研究》，辽宁大学硕士学位论文，2022年

［8］ 阮孙子凤：《山西大同御昌佳园墓地北魏时期人骨研究》，吉林大学硕士学位论文，2022年。

［9］ 梁坤：《鲁中南地区大汶口文化的性别考古分析》，山东大学硕士学位论文，2022年。

［10］ 任雪杰：《陕西澄城县鲁家河西塬墓地出土人骨的骨骼考古研究》，西北大学硕士学位论文，2022年。

［11］ 韩如月：《陕西咸阳蒲家寨墓地出土人骨研究》，西北大学硕士学位论文，2022年。

［12］ 费晔：《浙江良渚钟家港新石器时代遗址出土人骨研究》，吉林大学硕士学位论文，2022年。

［13］ 吕正：《云南昭通段家坪子墓地出土人骨颅面形态研究》，西北大学硕士学位论文，2022年。

［14］ 王明辉：《红山文化古代居民的体质特征——兼论古代变形颅习俗》，《北方文物》2022年第6期，第69-78页。

［15］ 郑立超、王一鸣、周亚威：《三门峡义马上石河春秋墓地的颅骨特征》，《华夏考古》2022年第2期，第114-122页。

［16］ 赵东月、吕正、邢福来、苗轶飞、陈靓：《统万城遗址出土人骨颅面测量性状》，《人类学学报》2022年第41卷第5期，第816-825页。

［17］ 李楠、何嘉宁、李钊、孙晨曦：《从周原遗址齐家村东墓地颅骨看商周两族体质差异》，《华夏考古》2022年第3期，第107-114页。

［18］ 贺乐天、王永强、魏文斌：《新疆哈密拉甫却克墓地人的颅面部测量学特征》，《人类学学报》2022年第41卷第6期，第1017-1027页。

［19］ 魏偏偏、张全超：《内蒙古和林格尔土城子农业人群与林西井沟子游牧人群股骨中部的生物力学对比》，《人类学学报》2022年第41卷第2期，第238-247页。

［20］ 周亚威、何昊、朱泓：《楼兰人种考》，《北方文物》2022年第4期，第82-89页。

［21］ 孙蕾：《河南淇县宋庄东周墓葬一例殉人骨骼上发现疑似类风湿关节炎》，《人类学学报》2022年第41卷第2期，第248-260页。

［22］ 周亚威、王惠、丁思聪、陈博：《东周一例人体肱骨发育不对称的病理分析》，《人类学学报》2023年第42卷第1期，第87-97页。

［23］ 李楠、李成伟、何嘉宁：《西周时期一例疑似刖刑的病例》，《人类学学报》2022年第41卷第5期，第826-836页。

［24］ 宋美玲、刘文涛、游海杰、郭明晓、赵永生：《山东高青县胥家村南遗址北朝至隋唐时期人群

的生存压力分析》,《第四纪研究》2023 年第 43 卷第 1 期,第 256-265 页。

［25］ Zhou Y, Lu Y, He J, et al. 2022. Bioarchaeological insights into disability: Skeletal dysplasia from the Iron Age northern China. *International Journal of Osteoarchaeology*, 32(2): 367-377

［26］ You S, Li M, Hou X, et al. 2022. First case of juvenile primary bone malignant neoplasm in ancient China: A skeleton from the Northern Wei Dynasty (386-534 CE). *International Journal of Osteoarchaeology*, 32(1): 182-191.

［27］ Zhao D, He L, Xing F. 2023. Skeletal evidence for two external auditory canal disorder cases from medieval China. *International Journal of Osteoarchaeology*, 33(1): 170-177.

［28］ Zhang W, Wang A, Zou Z, et al. 2022. The impaired nomad: A bioarchaeological study on an Early Iron Age case of knee ankylosis from the Jiaerkenjiaga Cemetery, Northwestern China. *International Journal of Osteoarchaeology*, 32(2): 493-508.

［29］ 周亚威、高国帅:《性病梅毒的古病理学研究回顾》,《人类学学报》2022 年第 41 卷第 1 期,第 157-168 页。

［30］ 冉智宇:《中国新石器时代龋病与生业经济关系研究》,《考古》2022 年第 10 期,第 110-120 页。

［31］ 刘柯雨、孙周勇、孙战伟、邵晶、陈靓、凌雪:《黄陵寨头河与史家河墓地人骨的碳氮稳定同位素》,《人类学学报》2022 年第 41 卷第 3 期,第 419-428 页。

［32］ 陈相龙、王明辉、王鹏:《河北张家口白庙墓地东周人群华夏化的生业经济基础》,《第四纪研究》2022 年第 42 卷第 4 期,第 1136-1147 页。

［33］ 张全超、孙语泽、侯亮亮、吉平、朱永刚:《哈民忙哈遗址人和动物骨骼的 C、N 稳定同位素分析》,《人类学学报》2022 年第 41 卷第 2 期,第 261-273 页。

［34］ 周丽琴、吕晓晶、崔贺勋、古顺芳、张国文、侯亮亮:《北魏平城地区的农耕化:山西大同金茂府北魏墓群人和动物的 C、N 稳定同位素分析》,《第四纪研究》2022 年第 42 卷第 6 期,第 1749-1763 页。

［35］ Zhou L, Mijiddorj E, Erdenebaatar D, et al. 2022. Diet of the Chanyu and his people: Stable isotope analysis of the human remains from Xiongnu burials in western and northern Mongolia. *International Journal of Osteoarchaeology*, 32(4): 878-888.

［36］ 施崇阳、郭怡:《通过食谱分析探讨田螺山与梁王城遗址先民对渔业资源的利用》,《人类学学报》2022 年第 41 卷第 2 期,第 308-318 页。

［37］ 赵东月、吕正、张泽涛、刘波、凌雪、万杨、杨帆:《通过稳定同位素分析云南大阴洞遗址先民的生业经济方式》,《人类学学报》2022 年第 41 卷第 2 期,第 295-307 页。

［38］ 董惟妙、安成邦、张铁男、阿里甫江·尼亚孜:《骨骼同位素揭示的天山南麓中部地区察吾呼文化人群生业模式——以和静县莫呼查汗遗址为例》,《第四纪研究》2022 年第 42 卷第 1 期,第 80-91 页。

［39］ 雷帅、郭怡:《生物考古学视野下人类的牙齿与饮食》,《人类学学报》2022 年第 41 卷第 3 期,第 501-513 页。

［40］ 吴晓桐、张兴香:《关于锶同位素考古研究的几个问题》,《人类学学报》2022 年第 41 卷第 3 期,第 535-550 页。

［41］ 张国文、易冰:《拓跋鲜卑生计方式综合研究》,《考古》2022 年第 4 期,第 104-115 页。

［42］赵东月、刘昊鹏、杨磊：《沣西新城曹家寨清代墓地古人口学初步研究》，《人类学学报》2022年第41卷第1期，第11-22页。

［43］侯侃：《过渡分析在先秦时期人骨年龄估计中的应用》，《人类学学报》2022年第41卷第3期，第439-449页。

［44］李楠、孙战伟、赵艺蓬、何嘉宁、凌亮优、成芷菡、冉智宇：《年龄鉴定的转换分析法及其在月家庄墓地人骨中的应用》，《人类学学报》2023年第42卷第1期，第75-86页。

［45］陈彪、朱玥玮、王燕、陈羽、李婷婷、于菲凡、吴又进：《斯万特·帕博：因人类进化遗传学研究获2022诺贝尔生理学或医学奖》，《科技导报》2023年第41卷第3期，第95-104页。

［46］Zhang X, Ji X, Li C, et al. 2022. A Late Pleistocene human genome from Southwest China. *Current Biology*, 32(14): 3095-3109.

［47］Xue J, Wang W, Shao J, et al. 2022. Ancient Mitogenomes Reveal the Origins and Genetic Structure of the Neolithic Shimao Population in Northern China. *Frontiers in Genetics*, 13: 909267.

［48］Zhu K, Du P, Li J, et al. 2022. Cultural and demic co-diffusion of Tubo Empire on Tibetan Plateau. *iScience*, 25(12): 105636-105636.

［49］Yang X M, Meng H L, Zhang J L, et al. 2023. Ancient genome of Empress Ashina reveals the Northeast Asian origin of Göktürk Khanate. *Journal of Systematics and Evolution*, 61(6): 1056-1064.

［50］Kumar V, Wang W, Zhang J, et al. 2022. Bronze and Iron Age population movements underlie Xinjiang population history. *Science*, 376(6588): 62-69.

［51］Liu Y, Bennett E A, Fu Q. 2022. Evolving ancient DNA techniques and the future of human history. *Cell*, 185(15): 2632-2635.

［52］崔银秋、张昊、武喜艳、孙冰、周慧：《古代病原微生物基因组的研究进展》，《人类学学报》2022年第41卷第4期，第764-774页。

［53］陆成秋、万晓峰、谢守军、黄旭初、柳毅、邢松、高星、罗志刚、顾圣鸣、陈安林：《2022年湖北郧阳学堂梁子（郧县人）遗址考古收获》，《江汉考古》2023年第1期，第2、5-9页。

［54］Wu X J, Bae C J, Friess M, et al. 2022. Evolution of cranial capacity revisited: A view from the late Middle Pleistocene cranium from Xujiayao, China. *Journal of Human Evolution*, 163: 103119.

［55］刘武、吴秀杰：《中更新世晚期中国古人类化石的形态多样性及其演化意义》，《人类学学报》2022年第41卷第4期，第563-575页。

［56］倪喜军：《新证据下的现代人起源模型》，《人类学学报》2022年第41卷第4期，第576-592页。

［57］邢松：《现代人出现和演化的化石证据》，《人类学学报》2022年第41卷第6期，第1069-1082页。

［58］Yin Q, Li Q, Zhang H, et al. 2022. A 10 ka intentionally deformed human skull from Northeast Asia. *International Journal of Osteoarchaeology*, 32(4): 932-937.

［59］Wei P, Ma S, Carlson K J, et al. 2022. A structural reassessment of the Late Pleistocene femur from Maludong, southwestern China. *American Journal of Biological Anthropology*, 178(4): 655-666.

［60］Zhao Y, Wei P, Zhang X, et al. 2022. Structural properties of humeral diaphyses of East Asian modern humans from the Late Pleistocene to Early Holocene. *American Journal of Biological Anthropology*, 178(3): 461-475.

［61］ Sun C, Xing S, Martin Frances L, et al. 2014. Interproximal grooves on the Middle Pleistocene hominin teeth from Yiyuan, Shandong Province: New evidence for tooth-picking behavior from eastern China. *Quaternary International*, 354: 162-168.

［62］ 原海兵、顾万发、魏青利、吴倩、丁兰坡、曹豆豆：《郑州青台遗址新石器时代中晚期人群龋齿的统计与分析》，《人类学学报》2022 年第 41 卷第 2 期，第 226-237 页。

［63］ 何嘉宁、李楠、张弛：《邓州八里岗仰韶时期居民的体质变迁》，《人类学学报》2022 年第 4 期，第 686-697 页。

［64］ Xiong J, Chen G, Yang Y, et al. 2022. Mixed economy and dried foods: Dental indicators reveal Heishuiguo Han Dynasty population's environmental adaptation to the semi-arid region of northwestern China. *International Journal of Osteoarchaeology*, 32(6): 1186-1197.

［65］ 杨诗雨、张群、王龙、张全超：《新疆吐鲁番胜金店墓地人骨的牙齿微磨耗》，《人类学学报》2022 年第 41 卷第 2 期，第 218-225 页。

［66］ 赵永生、张晓雯、董文斌、王芬、曾雯：《海岱地区史前居民的拔牙习俗》，《人类学学报》2022 年第 41 卷第 5 期，第 837-847 页。

［67］ 赵东月、王铭、张燕、刘化石：《四川会理猴子洞新石器时代遗址拔牙风俗初探》，《第四纪研究》2022 年第 42 卷第 4 期，第 1094-1107 页。

［68］ 李法军、邱林欢、赵晨、盛立双：《天津蓟州区桃花园墓地明清时期缠足女性的足骨形变》，《人类学学报》2022 年第 41 卷第 4 期，第 674-685 页。

［69］ Yang S, Sun Y, Dong H, et al. 2023. Trepanation during the late Neolithic Age from the Mapai cemetery in the Gan-Qing region, northwestern China—A bioarchaeological and experimental study. *International Journal of Osteoarchaeology*, 33(1): 70-82.

［70］ 王安琦、张雯欣、邹梓宁、王龙、张全超：《新疆吐鲁番加依墓地的母婴合葬现象》，《人类学学报》2022 年第 41 卷第 1 期，第 1-10 页。

［71］ 贝丽姿、詹小雅：《欧美生物考古学的进展与思考》，《南方文物》2022 年第 4 期，第 44-52 页。

［72］ 韩涛：《出土人骨性别年龄鉴定方法的相关问题研究》，《边疆考古研究》（第 32 辑），北京：科学出版社，2022 年，第 317-336 页。

［73］ 魏偏偏：《三维虚拟技术与古代历史研究》，《学术月刊》2022 年第 54 卷第 9 期。

［74］ 赵丛苍、曾丽、祁翔：《医学考古学视野下的商周军事医疗救治初探》，《考古与文物》2022 年第 4 期，第 65-71 页。

［75］ 北京大学考古文博学院：《金牛山古人类遗址》，北京：文物出版社，2021 年。

［76］ 侯亮亮：《殷土芒芒——先商文化人群的生业及迁移活动研究》，上海：上海古籍出版社，2022 年。

［77］ 郭怡：《同位素视角下长三角地区先民生业模式与文明化进程》，杭州：浙江大学出版社，2021 年。

［78］ 《太行山八路军无名烈士遗骸法医人类学首次鉴定在黎城进行》，太行英雄网，2022 年 9 月 30 日，http://taihangsummit.com/6ce563b56b/。

［79］ 《88 年后入土为安　云南禄劝隆重安葬 21 具红军烈士遗骸》，中国新闻网，2023 年 5 月 6 日，https://www.chinanews.com.cn/gn/2023/05-06/10002650.shtml。

［80］《科研人员正助力"万人坑"侵华罪证长久保存，改成"科研人员通过技术手段保存"万人坑"侵华罪证》，新华网，2022 年 12 月 12 日，http://www.news.cn/2022-12/12/c_1129202801.htm。

Paraphrasing the Past Through Bones: A Review of Human Osteoarchaeology in 2022

AN Ling-yu　　WANG Ming-hui

(The Institute of Archaeology, Chinese Academy of Social Sciences)

Abstract: This article reviews the research achievements and advancements in Human Osteoarcheology in 2022. *Human osteoarcheology* is an interdisciplinary field involving morphology, pathology, biology, etc. It aims to explore various aspects of human origins and evolution, characteristics of ancient populations, lifestyles, health conditions, social customs, population structure, and genetic relationships. Research directions include paleoanthropology, skeletal morphology, ancient genomics, paleopathology, and archaeological bone chemistry. Despite the challenges posed by the pandemic, researchers have made significant progress in their studies. The research field covers ancient human skeletal morphology, paleopathology, human bone isotope studies, paleodemography, ancient DNA and molecular paleobiology, paleoanthropology, and integrated research.

Additionally, this article presents specific research cases and significant findings, such as the study of unique pathological phenomena in paleopathology, the interpretation of ancient population subsistence patterns through human bone isotope research, the explanation of new fossil evidence in paleoanthropology, and the study of genetic interactions in ancient populations through ancient DNA and molecular biology. Finally, it introduces publications and laboratory construction related to human skeletal archaeology and the application of combining forensic anthropology with social issues.

In summary, the research in human skeletal archaeology in 2022 provides new perspectives and insights into ancient human lifestyles and health conditions.

Key Words: Human Osteoarcheology; morphological research; paleopathology; stable isotope analysis; ancient DNA

中国动物考古前沿研究报告

吕 鹏

（中国社会科学院考古研究所）

摘要： 无论是针对具体遗址还是区域性研究，中国动物考古研究都呈现出持续推进的良好势头，它从资源、技术和生业等方面为中国历史研究提供了科学的实证。中国动物考古的持续发展与多学科合作研究的理念和实践、与学科建设日渐规范化、与知识结构不断填补薄弱环节等密切相关。中国动物考古研究要不断推向前进，我们还需要在动物考古专业人才的培养、标本库和数据库建设等诸多方面持续发力、久久为功。

关键词： 动物考古　前沿报告　动物资源　驯化

一部人类文明史，就是一部人类对资源进行开发和利用的历史，动植物驯化以及由此产生的农业和畜牧业是人类继对火的控制和利用之后第二次重大的能源进步[1]。如何看待动植物驯化对于人类社会的影响，美国法学教授詹姆斯·C. 斯科特的认识与传统观点大相径庭，在他看来：从狩猎—采集走向农业是人类的悲剧，建立在谷物种植之上的早期国家对人类而言是祸而非福[2]。这样的认识并非首创，对于将动物驯化及其影响作为重要研究内容的动物考古而言，我们需秉承科学的态度，通过对动物遗存的科学发掘和理性研究以揭示人类掌控和利用动物资源的历史，并力图为人类社会的发展提供历史镜鉴和有益方案。

在过去的一年里，自然科学方法的进步提振了动物考古研究的进展。美国 *Science* 期刊评选出全球 2022 年度十大科学突破，其中，研究人员从格陵兰岛永久冻土中提取出具有 200 万年历史的环境 DNA 研究位列其中，这些动植物 DNA 可以用于重建冰河时代的生态系统，这是迄今发现的最古老的 DNA，比之前提取自西伯利亚猛犸象骨头的 DNA[3] 还要早 100 万年，这一成就将完全改变我们研究进化史的方式[4]。

多学科合作刷新和深化了我们对于古代生业和社会的认知。胡松梅等应用动物考古、古 DNA 和年代学研究方法对陕西靖边庙梁遗址出土动物遗存进行研究，得到了迄今为止直接测年数据年代最早的一批绵羊和普通牛的数据，认为中国牧业经济在距今 4400～4100 年的龙山文化早期已出现在陕北地区，该遗址还出土了经古 DNA 研究检测出的奥氏马标本，纠正了"中国全新世野马全是普氏野马"的传统认知[5]。任萌等应用蛋白质组学、植物微体化石、稳定同位素等方法对宁夏中卫常乐墓地（西汉末期至东汉早期）出土饮食遗存进行研究，发现饼分为由小米直接加工的"胡饼"和在小米粉中添加肉食的"烧饼"，肉串为炙烤的羊肉串，肉干由牛肉制成[6]。

在此，笔者立足于传统意义上的骨骼形态学研究，从具体遗址、特定区域或文化、特定动物、埋藏或随葬动物、驯化、骨器、贝丘遗址、埋葬和随葬、提取和保护等 8 个方面系统回顾 2022 年度中国动物考古前沿研究。

一、具体遗址的动物考古研究

2022 年度，从生业角度开展动物考古研究的新石器时代以来的遗址具体包括：安徽三江坝[7]、河南沟湾[8]、河南望京楼[9]、河南西金城[10]、湖南千家坪[11]、吉林长山[12]、辽宁水泉[13]、内蒙古大山前第Ⅰ地点[14]、内蒙古元上都西关厢[15]、北京大葆台[16]、青海哇沿水库[17]、陕西木柱柱梁[18]、山西西关[19]、西藏小恩达[20]、新疆达勒特古城[21]、新疆石城子[22]、新疆哈勒哈西特[23]、四川蜀王府[24]、重庆开县故城[25]、浙江鱼山和乌龟山[26]、浙江凡石桥[27]等。在此，笔者大体按年代早晚顺序列举重要考古遗址动物考古研究如下。

（一）河南沟湾遗址

河南淅川沟湾遗址公布了仰韶文化时期动物遗存的研究结果，该遗址可分为四期，分别为仰韶文化一期（距今 7000～6500 年）、二期（距今 6500～6000 年）、三期（距今 6000～5300 年）、四期（距今 5300～5000 年）。通过对动物遗存进行定性定量研究，确认动物种属包括：硬骨鱼纲有青鱼、鳡鱼，两栖纲有蛙，爬行纲有乌龟、中华鳖，鸟纲有雉，哺乳纲有中华竹鼠、褐家鼠、熊、狗、猪獾、花面狸、猫、猪、小鹿、梅花鹿、鹿（未定种）、黄牛、水牛、绵羊/山羊、犀牛、亚洲象。家养动物包括狗和猪，依据可鉴定标本数统计结果，家养动物占哺乳动物总数的 80.18%，其中猪占 77.98%，依据最小个体数统计结果，家养动物占哺乳动物总数的 46.36%，其中猪占 41.82%，表明家猪为主要的肉食来源。家养动物所占比例历时性变化的结果表明，仰韶文化第一和二期中野生动物稍多于家养动物，表明狩猎—采集与家畜饲养持重，仰韶文化第三和四期中家养动物占据绝对高的比例，表明家畜饲养已成为主要的获取和利用动物资源的方式。根据动物的生态习性可对古环境进行复原，研究者根据喜温动物（如犀牛、亚洲象和竹鼠）见于仰韶文化第一至三期，推测在此期间气候温暖湿润，至仰韶文化第四期时气候转为干冷[28]。

（二）浙江鱼山遗址

浙江宁波鱼山遗址出土动物遗存来自于河姆渡和良渚文化时期，以河姆渡文化早期地层出土动物遗存数量最多、种属最丰富，确认动物种属包括：鱼纲有硬头海鲶、花鲈（未定种）、石首鱼（未定种）、鲻、鲤（未定种），爬行纲有龟鳖类动物，鸟纲有白枕鹤、白尾海雕、东方白鹳，哺乳纲有狗、赤狐、黄鼬、野猪、家猪、梅花鹿、麋鹿、水牛（未定种）。家养动物包括狗和猪，水牛是否驯养存在疑问。研究者就动物的生态习性对古环境进行复原，认为遗址周边有咸水和淡水环境，存在着丰富的野生动植物资源可资利用，鱼山先民主动依赖湿地环境，依据可鉴定标本数的统计结果，家养动物在哺乳动物中所占比例为16.13%，表明其生业方式以渔猎为主、家畜饲养方式为辅[29]。

（三）浙江乌龟山遗址

浙江宁波乌龟山遗址出土动物遗存来自于河姆渡文化三期早段、河姆渡文化三期晚段、河姆渡文化四期至良渚文化，其中以河姆渡文化三期早段出土动物遗存数量最多，确认动物种属包括：腹足纲，软甲纲，硬骨鱼纲有鲶（未定种）、乌鳢、花鲈、棘鲷（未定种）、石首鱼（未定种）、鲻、鲤，软骨鱼纲有鳐（未定种），爬行纲有龟鳖类动物，两栖纲有蛙（未定种），鸟纲有环颈雉、豆雁、针尾鸭、白枕鹤、苍鹭、海雕（未定种）、鹄、东方白鹳，哺乳纲有猕猴、貉、狗、黄鼬、猪獾、水獭、海豚（未定种）、野猪、家猪、梅花鹿、麋鹿、水牛（未定种）、兔（未定种）。家养动物包括狗和猪，依据可鉴定标本数的统计结果，各分期家养动物在哺乳动物中所占比例分别为19.30%、25.00%、33.33%，乌龟山先民以渔猎方式为主，家畜饲养方式所占比重很低[30]。

（四）陕西木柱柱梁遗址

陕西神木木柱柱梁遗址属于龙山文化晚期。通过对动物遗存进行定性定量研究，确认动物种属包括：两栖纲，爬行纲有中华鳖，鸟纲有雕、环颈雉、雕鸮、鸟（未定种），哺乳纲有褐家鼠、中华鼢鼠、蒙古兔、狐、貉、狼、狗、虎、黄鼬、狗獾、野猪、家猪、奥氏马、野驴、骆驼、狍、鹿（未定种）、黄牛、山羊、绵羊、鹅喉羚。奥氏马（*Equus ovodovi*）为已灭绝动物种属，迄今已在黑龙江肇东古河道、黑龙江洪河、宁夏沙塘北塬等遗址通过古DNA检测得出，这就纠正了中国野马全部为普氏野马的认识，推翻了奥氏马在晚更新世末期（距今1.2万年前）灭绝的认识，认为该物种一直可以存活到新石器时代末期[31]。家养动物包括狗、猪、黄牛、绵羊和山羊，依据最小个体数的统计结果，家养动物占哺乳动物总数的81.55%，其中又以家养食草动物的数量最多，家养食草动物占哺乳动物总数的60%以上（其中又以绵羊所占比例最高、约占哺乳动物总数的34%），研究表明：木柱柱梁史前先民以畜牧经济为主，同时从事农业和采集—狩猎业[32]。

（五）辽宁水泉遗址

辽宁建平水泉遗址2020年度发掘出土夏家店下层动物遗存经定性定量研究，确认动物种属均属哺乳纲，包括东北鼢鼠、狗、家猪、绵羊、黄牛、马（未定种）。家养动物包括狗、猪、黄牛和绵羊，依据可鉴定标本数的统计结果，家养动物在哺乳动物中所占比例为96.56%，其中，又以猪的数量最多，次之以绵羊、狗和黄牛。就动物资源的利用方式而言，猪是主要的肉食来源，绵羊除提供肉食外、还提供奶和毛等次级产品，狗为人类的伙伴或助手，家畜饲养业呈现出以家猪为主的特点，狩猎方式所占比重较小[33]。

（六）河南望京楼遗址

河南新郑望京楼遗址为二里头和二里岗文化时期一处重要的城址。通过对二里头文化时期（主要是二里头文化第三和四期，距今约 3650～3450 年）出土动物遗存进行定性定量研究，确认动物种属包括：瓣鳃纲有珍珠蚌（未定种）、丽蚌，鸟纲有雉，哺乳纲有兔、狗、虎、家猪、野猪、小鹿、梅花鹿、狍、黄牛、绵羊、山羊。家养动物包括狗、猪、黄牛、绵羊和山羊，依据可鉴定标本数统计结果，家养动物在二里头文化第三期和第四期分别占同期哺乳动物总数的 96.10% 和 60.67%，依据最小个体数的统计结果，家养动物分别占 82.34% 和 93.26%，其中以猪的比例最高，其在哺乳动物中所占比例均在 50% 以上；对各种家养动物的利用方式存在不同：猪是主要的肉食来源，绵羊是羊毛来源；家养动物种类和比例在不同等级聚落间存在不同，大型聚落中家养动物的种类更为丰富，以绵羊为例，其数量比例和尺寸大小随聚落等级降低而减少和变小，展示了不同等级聚落对于动物资源掌控的强弱以及流通[34]。通过对二里岗文化时期（距今约 3250～3100 年）出土动物遗存进行定性定量研究，确认动物种属包括：腹足纲有中华圆田螺、珍珠蚌（未定种）、丽蚌（未定种），鸟纲有雉，爬行纲有龟，哺乳纲有竹鼠、兔、貉、狗、猪、梅花鹿、狍、黄牛、绵羊、山羊，家养动物包括狗、猪、黄牛、绵羊和山羊，依据可鉴定标本数的统计结果，家养动物在哺乳动物中所占比例在 93% 以上，家养动物中以猪的数量最多，其次为黄牛、绵羊、狗，山羊仅出现于二里岗上层一期，望京楼先民对各种家养动物的利用方式存在不同：猪是主要的肉食来源，绵羊是羊毛来源，黄牛可能已被役用[35]。

（七）新疆哈勒哈西特遗址

新疆新源哈勒哈西特墓地为新疆西北地区青铜时代晚期的一处重要遗址，研究者对于距今 3300～3000 年左右的动物遗存进行了定性定量研究，认为家养动物包括黄牛、绵羊、山羊、马和狗，野生动物主要为各种鹿科动物，依据可鉴定标本数的统计结果，家养动物在哺乳动物中所占比例在 89% 以上，其中又以黄牛所占比例最高（占53.73%），结合植物考古的研究结果，认为该遗址生业方式以畜牧业为主，兼营狩猎和种植业；依据动物群的死亡年龄结构对动物资源的开发方式和季节进行研究后认为，大量黄牛、羊和马的幼年个体被宰杀可能与乳制品和肉制品的利用有关，羊毛和畜力开发并非主流，大量的家养动物在秋末冬初时被宰杀[36]。

（八）新疆石城子遗址

新疆奇台石城子遗址是一处两汉时期的戍边城址。通过对 2014 年、2016 年和 2017 年出土动物遗存进行定性定量研究，确认动物种属包括：鸟纲有里海鸥、家鸡，哺乳纲有草兔、狗、马、家猪、马鹿、狍、黄牛、绵羊、山羊、骆驼。家养动物包括狗、猪、黄牛、绵羊、山羊、马和鸡。依据可鉴定标本数的统计结果，家养动物在哺乳动物中所占比例在 95% 以上，其中以绵羊为主的家羊所占比例约为 60%，生业方式呈现出鲜明的以畜牧业为主的特点；就动物资源的利用方式看，家养动物主要是用作肉食，野生动物是补充性肉食来源，马、牛和骆驼骨骼上病理现象表明它们已被用于畜力开发；依据遗址中罕见新生动物个体的考古现象，研究者认为部分动物或动物产品是通过交易的方式从周边聚落获得的[37]。

（九）新疆达勒特古城

新疆博乐达勒特古城为新疆北部为数不多保存较好的古代城址，其内城建于喀喇汗王朝时期（840~1212 年），外城建于西辽时期（1124~1218 年），废弃于 14 世纪晚期。研究者对 2017 年发掘出土动物遗存进行定性定量研究，确认动物种属包括：鸟纲，哺乳纲有啮齿类（未定种）、兔（未定种）、狗、马、驴、野猪、家猪、骆驼、鹿（未定种）、梅花鹿、马鹿、狍、牛（未定种）、黄牛、羚羊（未定种）、岩羊、盘羊、北山羊、绵羊、山羊。家养动物包括狗、猪、黄牛、绵羊、山羊、马、驴和骆驼，依据可鉴定标本数的统计结果，家养动物在哺乳动物中所占比例约为 97.8%，依据最小个体数的统计结果，家养动物约占 86.4%，就历时性统计结果看，家养动物整体及内部比例在早期（10~12 世纪）和晚期阶段（13~14 世纪）整体变化不大，且均以羊的数量最多、比例最高（约占 60% 以上），不同发掘区域早期和晚期动物种群构成和比例存在不同，反映了城市的发展变化；达勒特古城先民对动物资源进行了多样性开发和利用，以肉食资源为主，还包括羊毛和畜力开发（马、牛、骆驼）等多个方面[38]。

（十）内蒙古元上都西关厢遗址

研究者就元上都西关厢遗址 2016 年度发掘出土动物遗存进行定性定量研究，结合文献资料对元代牧区畜牧业进行研究。确定动物种属包括：腹足纲有脉红螺，鱼纲有鲢鱼，鸟纲有鸟（未定种），哺乳纲有狗、马、驴、猪、骆驼、鹿、黄牛、绵羊、山羊、羚羊、兔、鼠兔、鼢鼠，家养动物包括绵羊、山羊、黄牛、马、驴、狗、猪和骆驼，依据可鉴定标本数的统计结果，家养动物在哺乳动物中所占比例高达 99% 以上，依据最小个体数的统计结果，家养动物约占 94%，其中羊的比例最高、约占哺乳动物总数的60% 以上；西关厢先民生业方式以游牧方式为主，定居型的家畜饲养及狩猎方式所占比重很低；对动物资源的利用方式以肉食为主，还包括次级产品开发（羊奶、羊毛、牛奶等）、游牧助手（狗）、骨料来源（绵羊、黄牛的距骨，狗的股骨）、交通运输（马、驴、骆驼）、祭祀用牲（可能用马奶祭祀）等多个方面[39]。

二、特定区域或文化的动物考古研究

无论是传统意义上的中原地区还是边疆地区，动物考古研究都有新的进展，本年度开展动物考古研究的区域包括西藏地区、辽西地区、北方地区、陕北南部地区、内蒙古中南部地区、甘青地区、海岱地区、安徽地区等。

西藏地区动物考古研究相对滞后，就目前研究而言，西藏地区在新石器时代晚期已经驯化和饲养了牦牛和绵羊（最早见于距今 4000~3000 年的曲贡遗址），它们提供了肉食、皮毛和畜力等资源，狗（最早见于距今 4000~3000 年的曲贡遗址）具有宠物伙伴、狩猎助手、警卫和随葬等多种功能，家猪（最早见于距今 5000～4000 年的卡若遗址）和家马（可能最早出现于早期金属时代）是从外地引入并发挥了实际功用，西藏地区新石器时代晚期家畜饲养和狩猎方式并存并重，遗址中出土的猴面和鸟首陶制品、秃鹫等动物遗存具有鲜明的地域特色[40]。

辽西地区夏家店下层文化时期东南部平原丘陵区域以家猪饲养业为主，少见针对家养食草动物的畜牧业活动，西北区丘陵区域针对家养食草动物开展的畜牧活动与家猪饲养业并重；辽西地区和辽东半岛夏家店下层文化时期以家猪为代表的家畜饲养业占有较高的比重，这可能与这些区域发达的种植业有关，河套地区气候干旱、不适宜发展大规模的种植业，以家养食草动物为主的畜牧业是食物资源的重要补充[41]。

研究者从人口、生业与社会的互动关系出发对中国北方地区史前畜牧业进行历时性研究，研究认为中国北方地区在仰韶文化中晚期已形成农业社会，但野生动物比家养动物（主要是猪和狗）在生业方式中发挥了更大的作用，家猪饲养水平较低，造成这种局面的原因在于猪与人存在饮食竞争关系以及人口压力较小，龙山文化时期畜牧业得到了发展，家养动物的种类中增加了食草动物并迅速成为人类肉食的主要来源，除环境和动物生态因素之外，人口激增以及社会迅速复杂化导致了农业和畜牧业的快速发展[42]。

陕北地区是研究史前畜牧业转型的重要区域，研究者通过对陕北南部北洛河上游地区出土仰韶至龙山文化时期动物遗存进行定性定量研讨，探讨了陕北南部和北部地区史前畜牧业发展状况的异同，研究认为：陕北南部北洛河上游地区仰韶时期以养猪业为代表的家畜饲养业已成为获取动物资源的主要方式，狩猎方式仍为重要的辅助方式；龙山时期家养动物中新增了以羊为代表的家养食草动物，陕北南部地区仍以猪为主的家养动物种类，而陕北北部地区羊的数量和比例超过了家猪[43]。

环境因素是造成内蒙古中南部地区生业方式转变的原因之一，研究者认为该地区阿善文化的生业方式是以农业为基础、以狩猎为辅的混合形态，龙山时期老虎山文化对狩猎方式有所强化、永兴店文化进一步发展了农业方式，该地区新石器时代晚期生业方式与中原地区旱作农业存在不同，这是一种粗犷型旱作农业经济，随着龙山晚期气候更为干冷，当地生业在保持农业持续发展的前提下，进一步强化了畜牧方式，并于商代前期初步形成畜牧经济，这就为游牧经济的出现奠定了基础[44]。

距今 4200 年左右气候环境的巨变对中国史前生业造成了重要影响，中国西北地区辛店文化由农耕社会转型为游牧社会，中美联合洮河考古项目通过对辛店和灰嘴圪两处辛店文化遗址进行研究后认为：辛店文化有着复杂的文化和生业传统，它在保留以种植小米和饲养家猪的农业传统的基础上，有选择性地纳入了包括羊、黄牛和小麦等在内的新的生产力要素，这是对原有生业方式的延续和拓展，而并非生业和文化的全面转变[45]。

宋艳波通过对海岱地区新石器时代考古遗址出土动物遗存进行收集、鉴定、量化和分析，对海岱史前先民获取和利用动物资源的方式进行了系统梳理和综合研究，她依次公布了后李、北辛、大汶口、龙山文化时期各考古遗址动物考古研究最新成果，依据动物生态习性对古环境进行复原，对以六畜为代表的家养动物的出现和利用进行分析，系统揭示以获取和利用动物资源为中心的史前生业方式的演变，探讨海岱先民对动物资源的仪式性使用，她认为海岱地区史前畜牧业的重大转变发生在大汶口文化中晚期，对动物资源仪式性使用最早出现于北辛文化时期、至龙山文化时期达到顶峰[46]。

研究者对海岱地区岳石文化先民获取和利用动物资源的方式进行研究，认为多元化家畜（包括狗、猪、牛和羊）饲养方式是在龙山文化的基础上发展形成的，岳石文化先民对动物资源的利用以制作工具、提供肉食为主，还包括皮毛开发、占卜、祭祀和娱乐玩耍等多种方式[47]。

研究者通过历史文献对明代安徽地区养马业进行研究，安徽地区是明代官马民牧的重要区域，该地区养马业的兴衰与朝廷的鼓励政策有关，但其背后与环境的变迁也有关系：草场规模及面积较小，加之明代后期草场的侵占和垦种，导致牧场面积缩减、草料不足，自然环境和湿热的气候也影响了马匹的品质，最终导致明代后期官马民牧的政策宣告结束[48]。

三、特定动物的动物考古研究

除对传统研究对象猪、黄牛等持续研究之外，研究者对软体动物、鱼类和鼠类动物开展研究并取得富有新意的研究结果。

王华应用牙齿的萌出和磨蚀等级以及线性牙釉质发育不全发生的位置与生命周期的对应关系，对陕西铜川瓦窑沟（仰韶文化半坡类型，距今约6300～5700年）、陕西华县泉护村（仰韶文化庙底沟类型，距今约5800～5500年）和河南邓州八里岗（仰韶文化中期，距今约5600～5000年）出土家猪的屠宰季节进行研究，研究结果表明：仰韶文化时期家猪多出生在春季的4月、5月，为一年一生，史前先民对家猪的屠宰集中在冬季至来年春季，这是一种立足于家猪的生态习性而产生的应对资源的季节性匮乏的策略[49]。

河南郑州青台遗址是一处仰韶文化晚期（约距今5300年）大型聚落遗址，家养动物种类包括猪和狗，家猪在哺乳动物种群中占有最高比例、为主要的肉食来源，绝大部分家猪是在居址内被屠宰和消费的，属于自给自足的家猪饲养和消费模式，白倩等根据猪的死亡年龄结构推测青台史前先民屠宰家猪的季节集中在秋冬季[50]。

林明昊对于黄牛的畜力开发进行了系统的动物考古研究，他首先对历史文献、甲骨文、壁画及绘画、考古文物和痕迹等方面的证据进行系统梳理，依据骨骼生物力学沃尔夫定律，长期压力（如牵引）会导致骨骼形态的显著变化以及病变的产生，由此，他主要应用病变指数（PIr）和形态测量学方法对中国新石器时代至青铜时代黄牛骨骼（主要是掌骨和跖骨）形态进行比对以检验黄牛是否被应用于牵引之用，研究认为：二里头文化至商代早期中心聚落中精英阶层已开始使用黄牛的牵引力，商代晚期黄牛的牵引力在更大的空间范围内（如扩展到了胶东半岛）得到了应用，特别是雌性黄牛，这与当时大量雄性黄牛被用于仪式性活动密切相关[51]。

余翀通过对中国新石器时代晚期至青铜时代黄牛体型大小的变化以评估养牛业的发展状况，研究发现：新石器时代晚期至青铜时代早期黄牛的体型逐渐变小，其原因在于人为提升黄牛的繁殖速率，从而使雌性黄牛生育年龄提前以及体重减轻，人类的这种繁殖管理行为导致黄牛后代的尺寸持续变小；青铜时代早期至晚期黄牛的整体体型变大，黄牛的数量和比例也有明显的增长，雄性/阉割黄牛个体比例增高，这反映了青铜时代先民主要是基于肉食来源来开发和利用黄牛资源，对次级产品（如：乳制品和畜力）的开发和利用相对有限[52]。

尤悦等通过对河南濮阳马庄遗址龙山文化晚期出土动物遗存进行定性定量研究，认为家养黄牛在新石器时代末期晚段已经出现在以马庄遗址为代表的河济地区，黄牛的死亡年龄结构以未成年个体为主，表明黄牛主要是作为肉食来源[53]。

董亚杰等通过蜗牛组合定量重建中国北方地区2万年以来的年温度和季节性气候变化，研究表明距今8000～4000年前是温暖期，距今4000年以来呈现出明显的降温趋势，研究还发现夏季和冬季对年均温度变化幅度的贡献度大于春季和秋季[54]。

李梓杰系统梳理了中国南方考古遗址出土的海月科贝类遗存，对中国东南沿海先民开发和利用海月资源的状况进行研究，认为：史前时期海月主要是作为肉食来源，而在广东和台湾地区存在用海月制作农具和装饰品的行为；历史时期海月除作为肉食之外，还被开发为药材（唐代已开始）和"明瓦"一类的建筑材料（南宋时期已开始），明瓦作为海月最为主要的利用方式，可能源于中国东南沿海，后随着葡萄牙和西班牙的海上殖民活动扩展到印度果阿和菲律宾马尼拉地区[55]。

余翀在鱼类骨骼考古研究上颇有成果，她在中山大学建立了包括中国近海鱼类和常见淡水鱼类的国内最大规模的现生鱼类骨骼标本库。依据将今论古的原则，她对广东高明古椰遗址出土的距今5900～5400年的、以鱼类为主的动物遗存进行研究，认为古椰遗址动物遗存主要为鱼纲和爬行纲动物，其中，鱼纲动物包括黄颡鱼属、中国花鲈、鲻科、尖吻鲈、石首鱼科、棘鲷属和各种鲤科鱼类，这些鱼纲动物均为现在亚热带地区常见的鱼种，表明古椰先民在河口地区捕鱼，尚未从事远洋捕捞，中国花鲈标准长度集中在25～55厘米且多为未成年个体，推测它们主要生活在河口和内湾，根据中国花鲈和鲻科鱼类洄游的特点，推测捕鱼季节多在春季至初秋时节[56]。

研究者从历史地理学角度对黄河鲤鱼进行研究，黄河鲤鱼遍布黄河流域上中下游地区，但著名的场地往往是区域中心或节点城市，这与黄河沿线的历史地理条件密切相关，为保留其美味而形成的以野外捕捞为主的获取方式，造成黄河鲤鱼产业未能形成规模化经营，随着当代交通运输能力的大发展，黄河鲤鱼才由地方性特产逐步发展成规模化产业[57]。

北京汉代路县故城遗址J4中出土1件褐家鼠头骨，研究者认为这是东汉初年彭宠部属用褐家鼠尸体荼毒井水时的遗留[58]，但其证据似不充分。

王子今结合考古遗物、历史文献和动物考古研究成果，认为北方地区在战国时期已经获得了关于原产西域驴的动物和畜牧知识、并在秦汉时期以"奇畜"引入，随着张骞凿空西域，驴作为交通运输的动力被大量引入，并在社会经济生活中发挥了重要的作用[59]。

四、埋葬和随葬动物的动物考古研究

埋葬和随葬动物的考古现象多与动物的仪式性使用有关，但并未完全如此，河南沟湾遗址出土完整猪骨可能是掩埋死猪的行为。研究者对山西陶寺、甘肃磨沟、河南殷墟孝民屯、陕西少陵原、陕西孔头沟、四川金沙、陕西秦始皇陵陪葬坑 K0006、陕西吴山、江苏拉犁山汉墓 M1、甘肃吐谷浑王族墓以及北方地区等随葬和埋葬动物遗存的考古现象进行了动物考古研究，并就祭牲的喂饲方式、文化内涵等进行了解读。

河南淅川沟湾遗址仰韶文化三期（距今 6000～5300 年）3 个兽骨坑中各埋葬有 1 具完整的成年雌性家猪骨架，其中 K15 内为怀有 7 个猪仔的孕晚期雌猪，这就为家猪繁育史提供了重要的考古实证，研究者并不认为该随葬猪骨为祭祀遗存，认为这是将病死或难产死亡雌猪埋葬的现象[60]。

夏宏茹等从陶寺文化随葬猪下颌骨由早期的多见于高等级墓葬，转向晚期的底层人群也加以使用的考古现象出发，认为其内涵有着历时性的变化：陶寺文化早期以肉食或财富为基础、并体现地位和血缘的内涵，陶寺文化中期体现了和合理念，陶寺文化晚期更多体现了辟邪护身的含义[61]。

王华等对甘肃临潭磨沟墓地（齐家文化晚期至寺洼文化，年代为公元前 1600～前 1400 年）随葬动物遗存进行研究，随葬动物种属中既有猪、黄牛、羊、狗和马等家养动物，也包括鹿、羊亚科、猕猴、熊猫、圣水牛、猞猁和鹰等野生动物，随葬动物种类多样且包括大量的野生动物的现象与同期中原地区祭牲逐步制度化存在明显不同，距今 1500 年前随葬动物由猪下颌骨向牛科和鹿科动物的转变与该地区生业的发展状况并不同步，显示出文化礼俗的持续性和滞后性[62]。

李志鹏对河南安阳殷墟孝民屯遗址商墓中随葬动物的考古遗存进行动物考古研究，商墓随葬动物可分为两类：一类是完整的动物（全牲），哺乳动物中最常见的是狗，其次是马，偶见猪、羊、鹿、兔、猴等，此外，还包括鱼等，它们作为祭牲的内涵并不相同，犬牲均以未成年个体为主，且腰坑中要比同期墓葬填土中犬牲的年龄更小；一类是不完整的动物，动物种属包括猪、羊和牛，以猪和羊的组合最为常见，选用部位偏好左侧前腿，反映了当时丧葬礼俗中存在牲体礼[63]。

陕西西安少陵原遗址出土马骨经动物考古和碳氮同位素研究，研究者通过随葬马匹的饲料构成探讨西周王朝的养马业，研究发现出于繁殖后代的需要，雌马多在厩舍饲养，饲料来源为粟和黍的副产品，幼马以母乳和野草为食、3 岁以后对粟和黍副产品的摄入量剧增，这是周人有计划对马匹进行饲养和管理的体现[64]。

刘一婷等就陕西岐山孔头沟遗址宋家墓地（时代为西周时期）3 座马坑内 14 匹马骨的性别、年龄、肩高、骨骼异常等进行动物考古研究，研究结果表明：葬马的数量和体格与马坑的等级有关，等级越高葬马数量越多、体格越强；就死亡年龄而言，西周葬马存在"老配壮"（以 15 岁左右退役的老马配服役期的青壮年马）的葬俗[65]。

金沙遗址是成都平原商周时期一处重要的都邑性遗址，何锟宇等对位于四川成都金沙遗址第 I 区梅苑地点东北部祭祀区出土动物遗存进行研究，发现动物种属包括马、牛、虎、猪獾、黑熊、犀牛、亚洲象、野猪、水鹿、赤麂和小鹿，祭牲主要是野生动物，其中以亚洲象门齿、野猪犬齿和鹿角为主，体现了祭祀活动中对动物野性和力量的追求，暗示祭祀活动应为祈祷战争胜利而举行的战前祭祀[66]。

李悦等通过对陕西西安秦始皇陵陪葬坑 K0006 中 24 匹殉马进行动物考古研究，研究结果表明这些马都是体型高大的成年雄马，它们身前被用于骑乘或牵引，由此可见马在秦帝国军政和葬俗中具有极高的地位[67]。

杨苗苗等对陕西宝鸡吴山遗址 7 座祭祀坑（时代为秦至西汉早期）中出土的 28 具马骨进行动物考古研究后发现：其死亡年龄除 1 例为 3 岁左右外、其余均为 2 岁及以下的马驹，这与秦至西汉早期用马驹记载的历史文献和考古发现（如陕西凤翔血池遗址）一致[68]。

李凡等对江苏拉犁山东汉墓 M1 随葬动物进行研究，结果表明动物种属包括鸡、普通牛、绵羊、猪等家养动物以及兔、狐、貉、鹿、鼬科动物等野生动物，野生动物的使用可能与墓葬等级较高存在相关性，骨骼部位以右侧股骨多见，反映了葬俗中的人为选择和倾向，动物死亡年龄结构比较分散，随葬动物可能是作为肉食奉献给墓主的，显示了墓主及其家族对动物等资源的掌控[69]。

沙琛乔等对甘肃武威唐代吐谷浑王族 4 座墓葬中殉牲进行研究，认为殉牲皆在墓道之内，殉牲包括马和羊两类，尤以整体殉葬的马为主，也存在烧葬和烧殉的现象，在典型的中原式唐墓中，以吐蕃族整马殉葬的丧葬形式表达了吐谷浑民族特有的丧葬信仰，这是不同民族文化融合交汇的物化体现[70]。

卢月珊对中国北方地区先秦时期葬马遗存进行了历时性和共时性分析，认为葬马遗存在夏代萌芽，经西周和春秋时期发展后，至战国时期繁荣；葬马遗存在甘宁、内蒙古中南部、岱海、内蒙古东部、冀北地区呈现了不同的地域和时代特点，在结合生业和墓葬背景的基础上，认为葬马遗存受到了生业、文化、观念、等级及社会发展等多种因素的影响[71]。

暴力与献祭是古代国家的两个重要母题，法国学者勒内·基拉尔认为祭牲是用来替代凶手的亲人或其他相关人员中的"替罪羊"，由此，用祭牲献祭的行为源自杀死"替罪羊"（血亲复仇）以祭祀死者在天之灵的行为，从而化解族群内部矛盾，阻断暴力的进程，使社会秩序重新恢复[72]。

五、驯化的动物考古研究

关于动物驯化对人类社会产生的影响，多位学者从不同的角度予以了探讨。家禽起源为本年度研究的热点，中国早在距今 7000 年以前就已对鹅进行驯化、家鸡在公元前 1650～前 1250 年才在泰国中部地区被驯化等研究引发热议。中国古代家养动物的饲料、阉割、兽医等方面的研究也有新的认识得出。

赵序茅从人类与动植物相伴而行的大视野出发，认为人类是自然的一部分，人类对动植物的驯化和饲养加速了人类文明的进程，人类应当充分认知自身和野生以及家养动植物之间的关系，善待每一个物种，共同构建人与自然生命共同体[73]。

人类社会由采集—狩猎社会、经"广谱革命"后进入驯化农业阶段，李水城探讨驯化和农业起源对人类社会的影响，认为世界若干分散地区独立驯化出特有的作物品种，农业的起源和发展使人类社会以前所未有的高速度发展，因此，驯化是人类发展的历史大趋势[74]。

美国动物考古学家梅琳达·A. 泽德关于动物驯化途径（Pathways to animal domestication）的论文经中文翻译，这是一篇结合动物学、遗传学和考古学等探讨动物驯化多种途径的经典文献，认为驯化是人类与动植物互利共生的一个过程，驯化弱化了自然选择的作用，但会引发新的选择压力，从而造成被驯化动物在生理和形态上发生改变，驯化导致的某些变化是持久的、不可逆的，动物驯化的途径大体可分为共生、捕食和定向三类，动物驯化史研究对于当前动物饲养和品种改良以及动物保护等具有重要现实意义[75]。

瑞士苏黎世联邦理工学院农业科学研究小组的研究人员及其他研究团队发现：家猪、家马、野马和大猩猩能够准确分辨出同伴和人类的正负面情绪，当接收到负面情绪的声音时，家猪将不再"沉浸式"进食，当接收到积极、平和的声音时，家猪将会更加平静、放松，但是，野猪却是例外，它并没有这种"察言观色"的能力，它听到声音时（声音无论来自同类还是异类，音调无论是高还是低）都会反应剧烈[76]。

蔡新宇等同样认为家养动物驯化研究有助于了解动物遗传机制、人类演化和社会发展，同时能够为保护动物种质资源提供理论指导和遗存材料，他在介绍世界范围内驯化起源的实践和地点、驯化途径和驱动因、家养动植物的扩散和品种选育的基础上，基于考古学和分子遗传学提出研究家养动物驯化起源的方法，并以家猪和家鸡为例介绍了中国主要家养动物驯化起源研究的进展[77]。

家养动物为人类提供了稳定而充裕的物质资源和精神源泉，人类基于自身需求对家养动物进行了长期的人为选择和培育，研究者以黄牛、绵羊、山羊和鸡为例，综述了世界范围内家养动物由其野生祖先到品种形成的历程[78]。

家禽的驯化是一个持续的过程，世界上主要的家禽包括鸡、鸭、鹅、珍珠鸡、日本鹌鹑、鸵鸟、鸽子和火鸡，家鸡起源于东南亚丛林，家鸭起源于东南亚和中国的绿头鸭，人类行为对家禽施加了影响，改变了家禽的生理和行为，但家禽与其野生祖先之间仍可进行交配并繁育后代[79]。

日本北海道大学江田真毅对浙江宁波田螺山遗址（距今 7000～5500 年）出土 232件鹅骨遗存进行骨骼形态、年龄结构、同位素和年代学研究，认为距今 7000 年前鹅已经在中国被驯化，这比家鸡起源的时间要早，这有助于推动家禽驯化研究[80]。

针对 89 个国家超过 600 处遗址出土鸡类相关遗存的多学科研究认为，家鸡直至公元前 1650～前 1250 年才出现在泰国中部地区，其驯化与农作物种植的起源存在紧密联系[81]，但张亚平院士的研究团队敏锐地指出该认识显然是忽视了中国出土的考古证据[82]。云南被认为是世界上家鸡驯化起源的中心地区之一，有研究对云南鸡品种的已开展遗传学研究进行了综述[83]。

"畜以饲为食"，饲料对于畜牧业发展的重要性不言而喻，但少有关于中国古代饲料的研究，李群等主编的《中国饲料科技史研究》基于历史时期中国农业和畜牧业的发展状况，历时性探讨了中国古代饲料科技起源、产生和发展的历史进程[84]，本书在引用考古资料上存在未能及时关注最新考古发现、引用资料未加核验等问题。

任乐乐等通过对河西走廊地区属于西城驿文化的甘肃酒泉火石梁和缸缸洼遗址出土动物遗存进行鉴定和放射性碳素测年，得到家养绵羊／山羊的年代为距今 4060～3840年、家养黄牛为距今 3970～3830 年，从而认为甘青地区早期游牧型畜牧业始于距今

4000 年前，由此推翻了早先报道的沉积型粪嗜真菌孢子在距今 5600 年前大幅增加是源自家养食草动物的观点，本研究认为这些孢子源自家猪或野生动物，不应视为对家养食草动物所进行畜牧活动加强的证据[85]。

解洪兴通过对山西天马—曲村北赵村晋侯墓地 M113 出土青铜猪尊进行研究，认为猪尊短而上翘的短尾是周代先民有意去除猪尾以防止阉割感染的技术，这比北魏贾思勰《齐民要术》中有关猪去势技术的文字记载早了一千多年[86]。

秦汉时期兽医学已成为一门较为独立、系统的学科，从而推动了畜牧业的繁荣，舒显彩根据历史文献和考古资料，认为秦汉牲畜常见的疾病包括内科（瘟疫、"病中""咳涕"）和外科（创伤、眼疾、皮肤病等）疾病，兽医采用药物法、手术法、熏烤法和巫术法来治疗牲畜[87]。

六、骨器的动物考古研究

骨器制作是中国古代重要的手工业门类之一，研究者从作坊分布、原料来源、制作工艺、文化内涵等多个方面开展动物考古研究。以下按时代先后分别叙述如下。

张乐等在宁夏青铜峡鸽子山遗址第 10 地点发现 1 件由 6～11 岁雌性马鹿右侧上犬齿制成的装饰品，其年代大体为距今 1.3 万～1.2 万年，其表面雕刻有 14 道横向平行刻槽和 4 道交叉"井"字纹，齿根端部残留有对钻的孔径，可能是由 2～3 位工匠以多种石制工具分别雕刻而成（其中 1 人惯用左手），它是迄今发现旧石器时代制作最精致、刻划最复杂的鹿牙装饰品，它与北美民族志记录中同类装饰品的用途和固定方式较为一致[88]。

朱君孝等通过实验考古的方法对陕西西安米家崖遗址（包括仰韶晚期、庙底沟二期和客省庄二期）出土骨器进行研究，认为米家崖遗址骨器制作呈现以"因材作器"模式为主的特点，制作步骤包括选料、制备骨料、制坯和细加工等 4 个环节，大量器物只用 1～2 个环节就可制成，制作方法有砸击、劈裂、切割、刮削、钻孔和打磨等，制作工具主要是石刀、蚌刀和砺石等，骨料湿度越高则原料的利用率和成品率就越高，根据骨器表面痕迹以左斜向为主，认为制作者为右利手[89]。

河南安阳洹北商城制骨作坊出土的骨器主要是骨笄，反映了当时规模化的骨笄制造业，此外，骨器还包括骨针、骨锥、骨匕、骨角镞等，骨料来源是黄牛肢骨，鹿角主要用以制作角器，骨料和鹿角料多采用剥片取料的加工技术，该技术目前仅见于洹北商城时期[90]。

河南安阳殷墟遗址出土骨笄数量及种类较多，兼具实用与象征功能，陈翔发现骨笄仅出现在殷墟遗址少数贵族墓葬中，且大多为女性墓葬，或可说明殷墟常见的丧葬习俗为死后不束发，随葬骨笄是身份与地位的象征，居址中出土大量骨笄说明商人对此类器物的偏爱，这是下七垣文化的传统延续，并有着明显的层级区分[91]。

陕西西安唐长安城西市位于廓城偏北、皇城之西南，目前发现制骨遗存 7 处，其中，可以确定制骨作坊 3 处，分别位于南大街中部街南和街北以及南大街西端街南，制骨手工业作坊呈现"前店后坊"或"前店后场"的格局，应属民营制骨手工业作坊，该格局为唐代出现的新生事物，反映了唐代社会经济的发展和商品交换的活跃，2006 年发掘南大街北侧制骨作坊，出土有骨器、骨器半成品、骨料、骨废料和制作骨器的工具以及食余垃圾等制骨遗存多达 1400 余件，骨料来源以黄牛为主，选用骨骼部位以掌骨和跖骨多见，肢骨也占有很大的比重，象牙、鹿角和蚌壳分别是牙器、角器和蚌器的主要骨料来源[92]。

蔡宁等通过对陕西宝鸡周原遗址云塘制骨作坊的居址和墓葬两类遗迹中出土遗物等进行研究，认为陶器分期表明二者年代均为西周早期至晚期，骨废料的出土状况表明二者存在绝对共时关系，铜器族徽可证明二者为同一族群，由此证明云塘制骨作坊为殷移民"居葬合一"的堆积形态[93]。

七、贝丘遗址的动物考古研究

福建壳丘头遗址新石器时代文化的年代为距今 6500～5500 年，是福建境内最早的新石器时代遗址之一，该遗址距离海岸线较近，周围存在可供采集的野果类资源、可供渔猎的陆生类和海生类动物资源，基于丰富而多样的自然环境和温暖湿润的气候条件，壳丘头先民的生业活动非常多样，如：以贝为食，用凹石加工贝类，用牡蛎制作耜，制作夹砂陶器，在陶器上制作贝齿纹，贝壳小洞可能是房址的柱洞[94]。

八、动物遗存的埋藏、提取和保护

动物埋藏学起步于 20 世纪初期，杜雨薇等系统综述了动物埋藏学的研究方法和思路，认为当前新技术（包括 GIS 图像分析法、三维重建、几何形态测量、显微摄影测量等）的发展有助于更精准分辨出人类与食肉动物活动的特点，现实模拟技术推动新埋藏学的产生和发展，但需要根据不同遗址及动物埋藏特点"因地制宜"提出研究方案，我国需要大力推广系统的动物埋藏研究体系[95]。

华南地区出土于贝丘和洞穴遗址的动物骨骼表面往往覆盖有钙质胶结物，从而影响对其骨骼形态的鉴定和量化分析，陈曦等采用不同浓度的醋酸溶液（脊椎动物骨骼所用醋酸浓度约为 10%、软体动物壳体约为 5%）通过不同时长的浸泡对钙质胶结物进行处理并取得了良好的效果，该方法简单易行、快速高效，但对于骨骼中残留骨胶原蛋白的影响尚需评估[96]。

何毓灵等针对河南安阳洹北商城制骨作坊的发掘采用了一套精细化发掘和研究的方案，具体步骤包括逐层精细发掘、三维信息采集、现场鉴定提取、填土干筛浮选、实验考古模拟、关联遗存解析、全面整理研究等，该方案有助于全面、高效、精准、客观地提取制骨作坊的科学信息[97]。

四川广汉三星堆遗址出土大量象牙的提取和保护问题是关系相关研究和展示工作的重要问题，肖庆等在较为全面考察目前脆弱文物提取方法的基础上，采用高分子绷带对象牙进行固型处理，并详细地记录了该提取和保护方案的各个步骤，认为该方案具有较高的推广和应用价值[98]。

九、新　设　课　题

以 2022 年度国家社科基金课题为例，内有 2 项动物考古的专项研究，分别是戴玲玲的《动物考古学视角下辽西地区夏家店下层文化时期的生业研究》和林明昊的《中国北方地区家牛使役的起源研究》。

十、结　　语

中国动物考古研究持续推进，一是与多学科合作研究的理念和实践有密切关系，在自然科学方法和历史文献加持下，中国动物考古研究的深度和广度得以不断提升，二是与中国动物考古的学科建设日渐规范化有关，研究者从采样、到保护、到测试、再到研究都提出了极具科学性的方案，三是与中国动物考古不断填补薄弱环节有关，研究的时间维度不断向前向后延伸、空间范围不断向边疆地区迈进、特定动物遗存（如鸟类和鱼类动物）的研究短板不断被弥补。

中国动物考古研究要不断推向前进，我们还需要在动物考古专业人才的培养、动物骨骼形态学研究的精度、进一步提升学术影响力、标本库和数据库建设、成果的公众化和科普化等方面持续发力、久久为功。

附记　本研究得到国家重点研发计划"中国北方旱作农业起源、形成与发展研究"（项目编号：2022YFF0903500）、国家社会科学基金一般项目"郑州地区仰韶文化中晚期畜牧业的动物考古学研究"（项目批准号：21BKG041）、国家社会科学基金重大项目"陶寺遗址考古发掘研究报告（2012—2021）"（项目批准号：22&ZD242）、国家社会科学基金重大项目"2013—2018 年度河南巩义双槐树遗址考古资料整理与综合研究"（项目批准号：19ZDA227）、2023 年度中国社会科学院创新工程项目"中原与边疆：动物考古学比较研究"（项目批准号：2101010111802）、国家重点研发计划"中华文明起源进程中的生业、资源与技术研究"（课题编号：2020YFC1521606）资助。

注　释

[1]　滕海键：《人类开发利用能源的历史进程与启示》，《光明日报》2020 年 9 月 19 日第 14 版。

[2]　詹姆斯·C. 斯科特著，田雷译：《作茧自缚：人类早期国家的深层历史》，北京：中国政法大学出版社，2022 年。

[3]　van der Valk, T., P. Pečnerová, D. Díez-del-Molino, A. Bergström, J. Oppenheimer, S. Hartmann, G. Xenikoudakis, J. A. Thomas, M. Dehasque, E. Sağlıcan, F. R. Fidan, I. Barnes, S. Liu, M. Somel, P. D. Heintzman, P. Nikolskiy, B. Shapiro, P. Skoglund, M. Hofreiter, A. M. Lister, A. Götherström and L. Dalén. 2021. Million-year-old DNA sheds light on the genomic history of mammoths. *Nature*, 591(7849): 265-269.

［4］ Kjær, K. H., M. Winther Pedersen, B. De Sanctis, B. De Cahsan, T. S. Korneliussen, C. S. Michelsen, K. K. Sand, A. Jelavić, A. H. Ruter, A. M. A. Schmidt, K. K. Kjeldsen, A. S. Tesakov, I. Snowball, J. C. Gosse, I. G. Alsos, Y. Wang, C. Dockter, M. Rasmussen, M. E. Jørgensen, B. Skadhauge, A. Prohaska, J. Å. Kristensen, M. Bjerager, M. E. Allentoft, E. Coissac, I. G. Alsos, E. Coissac, A. Rouillard, A. Simakova, A. Fernandez-Guerra, C. Bowler, M. Macias-Fauria, L. Vinner, J. J. Welch, A. J. Hidy, M. Sikora, M. J. Collins, R. Durbin, N. K. Larsen, E. Willerslev and C. PhyloNorway. 2022. A 2-million-year-old ecosystem in Greenland uncovered by environmental DNA. *Nature*, 612(7939): 283-291.

［5］ 胡松梅、杨瞳、杨苗苗、邵晶、邸楠：《陕北靖边庙梁遗址动物遗存研究兼论中国牧业的形成》,《第四纪研究》2022 年第 42 卷第 1 期，第 17-31 页。

［6］ Ren, M., R. Wang and Y. Yang. 2022. Diet communication on the early Silk Road in ancient China: multi-analytical analysis of food remains from the Changle Cemetery. *Heritage Science*, 10(1).

［7］ 盖钰涵、姬美娇：《安徽长丰县三江坝商代遗址出土动物遗存的鉴定与分析》，见朱岩石主编：《考古学集刊》（第 26 集），北京：社会科学文献出版社，2022 年，第 192-201 页。

［8］ 侯彦峰、张建、曹艳朋、靳松安：《河南淅川沟湾遗址仰韶时期的动物遗存》，《人类学学报》2022 年第 41 卷第 5 期，第 913-926 页。

［9］ a. 尤悦、陈相龙、余翀、戴玲玲、柴小羽、吴倩：《河南新郑望京楼遗址出土的动物骨骼及其反映的家养动物的差异化》,《人类学学报》2022 年第 41 卷第 3 期，第 406-418 页。
b. 吴倩：《望京楼遗址二里岗文化城址出土动物骨骼研究》,《华夏考古》2022 年第 3 期，第 63-69、78 页。

［10］ a. 王良智：《博爱西金城遗址出土圆田螺的采集季节分析》，见山东大学考古系：《博爱西金城》，北京：科学出版社，2022 年，第 377-386 页。
b. 宋艳波、王青：《博爱西金城遗址出土哺乳动物研究》，见山东大学考古系：《博爱西金城》，北京：科学出版社，2022 年，第 361-376 页。

［11］ 袁家荣：《第六章（千家坪遗址）动物鉴定与讨论》，见湖南省文物考古研究院、科技考古与文物保护利用湖南省重点实验室：《桂阳千家坪》，北京：科学出版社，2022 年，第 457-488 页。

［12］ 吕小红：《吉林省梨树县长山遗址 2016 年出土动物遗存研究》，吉林大学硕士学位论文，2022 年。

［13］ 师宏伟、贾鑫、王闯：《辽宁省建平县水泉遗址动物考古研究——兼论距今 4000 年前后北方长城沿线地区动物资源的利用策略》,《第四纪研究》2022 年第 35 卷第 1 期，第 32-46 页。

［14］ 汤卓炜、朱延平、郭治中、王立新、蔡大伟：《附录四 内蒙古喀喇沁旗大山前遗址第Ⅰ地点动物遗存》，见赤峰考古队：《大山前第Ⅰ、Ⅱ地点发掘报告》，北京：故宫出版社，2022 年，第 651-773 页。

［15］ 吕鹏、郭鹏鹏、塔拉、岳够明、徐焱、宝力格：《元代牧区畜牧业的考古证据——元上都西关厢遗址的动物考古学研究》,《南方文物》2022 年第 2 期，第 162-168 页。

［16］ 匡缨：《从北京大葆台汉墓出土的动物骨骼看汉代田猎活动》，见北京考古遗址博物馆：《大葆台西汉墓出土文物研究文集》，北京：文物出版社，2022 年，第 121-126 页。

［17］ 杨苗苗、胡松梅：《附录二 青海都兰哇沿水库考古发掘出土动物遗存分析》，见青海省文物考古研究所、陕西省考古研究院：《青海都兰哇沿水库 2014 年考古发掘报告》，北京：科学出版社，2022 年，第 238-308 页。

［18］ 杨苗苗、胡松梅、郭小宁、王炜林、杨瞳：《陕西神木木柱柱梁遗址动物遗存研究》，《人类学学报》2022 年第 41 卷第 3 期，第 394-405 页。

［19］ 侯彦峰：《附录三 黎城西关墓地出土动物骨骼鉴定报告》，见山西省考古研究院、长治市文物旅游局、黎城县文博馆：《黎城楷侯墓地》，北京：文物出版社，2022 年，第 191-207 页。

［20］ 张正为、陈祖军、扎西旺加、泽巴多吉、徐海伦、刘梦凝、吕红亮、刘歆益：《青藏高原东部新石器时代的狩猎生业——西藏昌都小恩达遗址 2012 年出土动物遗存分析》，见西藏自治区文物保护研究所：《西藏文物考古研究》（第 4 辑），北京：科学出版社，2022 年，第 119-170 页。

［21］ 李悦、黄泽贤、党志豪、陈婷、程若馨：《10～14 世纪丝绸之路中段古代城市动物利用初探——以新疆达勒特古城 2017 年出土动物遗存为例》，《第四纪研究》2022 年第 42 卷第 1 期，第 47-58 页。

［22］ 董宁宁、孙晨、田小红、吴勇、袁靖：《新疆奇台石城子遗址的动物资源利用》，《西域研究》2022 年第 2 期，第 127-136+172 页。

［23］ C. Yu, Y. You, J. Luo, Q. Ruan. 2022. The Late Bronze Age pastoralist settlement at Halehaxite in the Tianshan Mountains, Xinjiang, China, a zooarchaeological perspective. *Journal of Archaeological Science: Reports*, 103595.

［24］ 成都市文物考古研究院、山东大学历史文化学院：《成都东华门明代蜀王府遗址出土动物遗存研究》，北京：科学出版社，2022 年。

［25］ 《附录二 重庆开县故城遗址 2008 出土的动物遗存研究》，见中山大学人类学系、宜昌博物馆：《开县故城：2006—2008 年考古发掘报告》，北京：科学出版社，2022 年，第 178-189 页。

［26］ 董宁宁、朱旭初、雷少：《浙江宁波镇海鱼山、乌龟山遗址动物遗存研究》，《南方文物》2022 年第 6 期，第 161-170 页。

［27］ 宋姝、陈云、罗汝鹏：《湖州凡石桥南宋遗址出土动物遗存鉴定与研究》，见浙江省文物考古研究所：《浙江省文物考古研究所学刊》（第十二辑），北京：文物出版社，2022 年，第 330-340 页。

［28］ 同［8］。

［29］ 同［26］。

［30］ 同［26］。

［31］ 蔡大伟：《古 DNA 与中国家马起源研究》，北京：科学出版社，2021 年，第 126-127 页。

［32］ 同［18］。

［33］ 同［13］。

［34］ 同［9］a。

［35］ 同［9］b。

［36］ 同［23］。

［37］ 同［22］。

［38］ 同［21］。

［39］ 同［15］。

［40］ 益西多吉：《西藏地区史前动物利用与鸟兽遗存情况简述》，《文物鉴定与鉴赏》2022 年第 7 期，

第 111-115 页。

［41］ 师宏伟、贾鑫、王闯：《辽宁省建平县水泉遗址动物考古研究——兼论距今 4000 年前后北方长城沿线地区动物资源的利用策略》，《第四纪研究》2022 年第 35 卷第 1 期，第 32-46 页。

［42］ Shi, T. 2022. Understanding the transition to agropastoralism in North China: Archaeobotanical and zooarchaeological evidence. *Archaeological Research in Asia*, 29: 100345.

［43］ 王倩雯、吴祎、黄泽贤、宗天宇、翟林霖、李悦：《陕北南部史前生业经济初探——以北洛河上游考古调查出土动物遗存为例》，《第四纪研究》2022 年第 42 卷第 6 期，第 1709-1722 页。

［44］ 张瑞强：《环境视域下新石器时代晚期内蒙古中南部农业研究——兼论早期畜牧业的起源》，《农业考古》2022 年第 1 期，第 20-28 页。

［45］ Jaffe, Y., A. Hein, A. Womack, K. Brunson, J. d'Alpoim Guedes, R. Guo, J. Zhou, J. Ko, X. Wu, H. Wang, S. Li and R. Flad. 2022. Complex Pathways Towards Emergent Pastoral Settlements: New Research on the Bronze Age Xindian Culture of Northwest China. *Journal of World Prehistory*, 34(4): 595-647.

［46］ 宋艳波：《海岱地区新石器时代动物考古研究》，上海：上海古籍出版社，2022 年。

［47］ 郭荣臻、曹凌子：《岳石文化动物遗存初论》，《农业考古》2022 年第 4 期，第 30-36 页。

［48］ 郝红暖：《明代安徽地区的马政及其环境影响初探》，《中国农史》2022 年第 6 期，第 63-74 页。

［49］ 王华：《考古材料所见仰韶时代家猪饲养的季节性》，见山东大学《东方考古》编辑部：《东方考古》（第 19 集），北京：科学出版社，2022 年，第 188-199 页。

［50］ 白倩、吕鹏、顾万发、魏青利、吴倩：《仰韶时期饲养家猪的策略研究——来自青台遗址家猪死亡季节的证据》，《南方文物》2022 年第 4 期，第 220-226 页。

［51］ a. Lin, M. 2022. *Origins of Cattle Traction and the Making of Early Civilisations in North China*. Springer.

b. Lin, M., F. Luan, H. Fang, H. Xu, H. Zhao, S. Hu, Y. Qian, X. Ma and G. Barker. 2022. Bulls for sacrifice, cows for work? Morphometric models suggest that female cattle were used for traction in the Chinese Bronze Age Late Shang dynasty (ca. 1300-1046 BCE). *The Holocene*, 32(1-2): 70-80.

［52］ Yu, C., H. Zhao, S. Hu, M. Yang, X. Guo and C. Ng. 2022. A passion for beef: Post-domestication changes in cattle body size in China from the Late Neolithic to the Late Bronze Age. *Frontiers in Ecology and Evolution*, 10.

［53］ 尤悦、袁广阔、刘朝彦、崔宗亮、陈相龙、梁蒙、臧硕、刘天洋、王凯迪：《河南濮阳古河济地区马庄遗址黄牛的出现和利用》，《第四纪研究》2022 年第 42 卷第 4 期，第 1108-1117 页。

［54］ Dong, Y., N. Wu, F. Li, D. Zhang, Y. Zhang, C. Shen and H. Lu. 2022. The Holocene temperature conundrum answered by mollusk records from East Asia. *Nature Communications*, 13(1): 5153.

［55］ 李梓杰：《中国东南沿海考古遗址出土海月研究》，见澳门考古学会：《澳门考古学研究论集》（第一辑），澳门：澳门考古学会文化公所出版，2022 年，第 154-180 页。

［56］ a. Yu, C. and Y. Cui. 2022. Body size and age estimation of Chinese sea bass (Lateolabrax maculatus) and evidence of Late Neolithic fishing strategies, a case study from the Guye site. *Frontiers in Ecology and Evolution*, 1054.

b. 余翀：《考古遗址出土中国花鲈与尖吻鲈骨骼的辨识——以古椰遗址为例》，《南方文物》

2022 年第 2 期，第 155-161 页。

[57] 武强：《历史地理变迁语境下的黄河鲤鱼研究》，《中国农史》2022 年第 5 期，第 52-66、77 页。

[58] 王照魁、武仙竹、封世雄、孙勐：《北京路县故城遗址 T3003J4 出土的褐家鼠遗存及其情境分析》，《第四纪研究》2022 年第 42 卷第 2 期，第 603-612 页。

[59] 王子今：《丝路西来的“驴”》，《中华读书报》，2022 年 7 月 20 日第 13 版。

[60] 侯彦峰、张建、曹艳朋、靳松安：《河南淅川沟湾遗址仰韶时期的动物遗存》，《人类学学报》2022 年第 41 卷第 5 期，第 913-926 页。

[61] 夏宏茹、高江涛：《试析陶寺墓地随葬猪下颌骨现象》，《中原文物》2022 年第 5 期，第 52-60 页。

[62] 王华、毛瑞林、周静：《甘肃临潭磨沟墓地仪式性随葬动物研究》，《考古与文物》2022 年第 6 期，第 118-125 页。

[63] 李志鹏：《殷墟孝民屯遗址商墓随葬动物再研究》，《南方文物》2022 年第 4 期，第 227-233 页。

[64] 菊地大树、觉张隆史著，刘呆运、张嘉欣、尤悦译，刘羽阳校：《西周王朝的牧业经营》，《南方文物》2022 年第 4 期，第 234-241 页。

[65] 刘一婷、谢紫晨、王洋、种建荣、雷兴山：《陕西岐山孔头沟遗址马坑出土马骨的鉴定与研究》，《南方文物》2022 年第 6 期，第 171-179 页。

[66] 何锟宇、郑漫丽：《金沙遗址祭祀区动物遗存所见祭祀活动》，《中华文化论坛》2022 年第 1 期，第 144-153、160 页。

[67] Li, Y., L. Wu, C. Zhang, H. Liu, Z. Huang, Y. Han and J. Yuan. 2022. Horses in Qin mortuary practice: new insights from Emperor Qin Shihuang's mausoleum. *Antiquity*, 96(388): 903-919.

[68] 杨苗苗、游富祥、胡松梅、杨瞳：《吴山祭祀遗址祭祀坑殉牲的初步研究》，《中国国家博物馆馆刊》2022 年第 7 期，第 58-66 页。

[69] 李凡、邓惠、李志鹏、赵晓伟：《徐州拉犁山汉墓 M1 出土动物遗存及相关问题探讨》，《南方文物》2022 年第 4 期，第 242-250 页。

[70] 沙琛乔、陈国科、刘兵兵：《甘肃武威唐代吐谷浑王族墓葬群殉牲习俗初探》，《敦煌研究》2022 年第 4 期，第 23-35 页。

[71] 卢月珊：《中国北方地区先秦时期葬马遗存研究》，吉林大学硕士学位论文，2022 年。

[72] 勒内·基拉尔著，周莽译：《祭牲与成神：初民社会的秩序》，北京：生活·读书·新知三联书店，2022 年。

[73] 赵序茅：《回眸：人类文明与动植物关系史》，《光明日报》2022 年 8 月 20 日第 10 版。

[74] 李水城：《驯化与农业起源》，《光明日报》2022 年 9 月 13 日第 11 版。

[75] 梅琳达·A.泽德著，胡清波译：《动物驯化途径》，《南方文物》2022 年第 6 期，第 180-192 页。

[76] a. Maigrot, A.-L., E. Hillmann and E. F. Briefer. 2022. Cross-species discrimination of vocal expression of emotional valence by Equidae and Suidae. *BMC Biology*, 20(1): 106.

b. Briefer, E. F., C. C. R. Sypherd, P. Linhart, L. M. C. Leliveld, M. Padilla de la Torre, E. R. Read, C. Guérin, V. Deiss, C. Monestier, J. H. Rasmussen, M. Špinka, S. Düpjan, A. Boissy, A. M. Janczak, E. Hillmann and C. Tallet. 2022. Classification of pig calls produced from birth to slaughter according to their emotional valence and context of production. *Scientific Reports*. 12(1): 3409.

c. Salmi.R, C. E. Jones and J. Carrigan. 2022. Who is there? Captive western gorillas distinguish human voices based on familiarity and nature of previous interactions. *Animal Cognition*, 25(1): 217-228.

［77］蔡新宇、毛晓伟、赵毅强：《家养动物驯化起源的研究方法与进展》，《生物多样性》2022 年第 30 卷第 4 期，第 1-18 页。

［78］Isik, R. 2022. Ancestry and Admixture Studies in Worldwide Livestock.In: B. SÖZÜBEK and K. BELLİTÜRK. Ankara (eds.) *Innovative agricultural practices in soil, plant and environment*, Iksad publishing house. pp. 261-284.

［79］Siegel, P. B., C. F. Honaker and C. G. Scanes. 2022. Domestication of poultry. *Sturkie's Avian Physiolog*. pp. 109-120.

［80］Eda, M., Y. Itahashi, H. Kikuchi, G. Sun, K.-h. Hsu, T. Gakuhari, M. Yoneda, L. Jiang, G. Yang and S. Nakamura. 2022. Multiple lines of evidence of early goose domestication in a 7,000-year-old rice cultivation village in the lower Yangtze River, China. *Proceedings of the National Academy of Sciences*, 119(12): e2117064119.

［81］Peters, J., O. Lebrasseur, E. K. Irving-Pease, P. D. Paxinos, J. Best, R. Smallman, C. Callou, A. Gardeisen, S. Trixl, L. Frantz, N. Sykes, D. Q. Fuller and G. Larson. 2022. The biocultural origins and dispersal of domestic chickens. *Proceedings of the National Academy of Sciences*, 119(24): e2121978119.

［82］Peng, M.-S., J.-L. Han and Y.-P. Zhang. 2022. Missing puzzle piece for the origins of domestic chickens. *Proceedings of the National Academy of Sciences*, 119(44): e2210996119.

［83］Alsoufi, M. and G. Changrong. 2022. Genetic Diversity and Evolution of Yunnan Chicken Breeds of China. In: Campos de Araújo and R. T. Maia M. l. (eds.) *Population Genetics*. London, United Kingdom, IntechOpen. pp. 1-18.

［84］李群、杨虎：《中国饲料科技史研究》，长春：吉林大学出版社，2022 年。

［85］Ren, L., Y. Yang, M. Qiu, K. Brunson, G. Chen and G. Dong. 2022. Direct dating of the earliest domesticated cattle and caprines in northwestern China reveals the history of pastoralism in the Gansu-Qinghai region. *Journal of Archaeological Science*, 144: 105627.

［86］解洪兴：《西周猪尊断尾钩沉——家猪去势术超越 1300 年的实证》，《农业考古》2022 年第 1 期，第 202-204 页。

［87］舒显彩：《秦汉时期牲畜常见疾病与医治方法考论》，《农业考古》2022 年第 1 期，第 205-214 页。

［88］Zhang, Y., L. Doyon, F. Peng, H. Wang, J. Guo, X. Gao and S. Zhang. 2022. An Upper Paleolithic Perforated Red Deer Canine With Geometric Engravings From QG10, Ningxia, Northwest China. *Frontiers in Earth Science*, 10.

［89］a. 朱君孝、冯维伟、张翔宇、柴怡、吴凡：《西安米家崖遗址出土骨器的实验考古研究》，《考古与文物》2022 年第 5 期，第 113-120 页。

b. 朱君孝、冯维伟、张翔宇、柴怡、王艳鹏、吴凡：《西安米家崖遗址出土骨器初步研究》，《中原文物》2022 年第 4 期，第 78-86 页。

[90] 何毓灵、李志鹏:《洹北商城制骨作坊发掘方法的探索及收获》,《中原文物》2022 年第 2 期,第 2、102-107、145 页。

[91] 陈翔:《殷墟骨笄的种类、源流与功能》,《考古》2022 年第 1 期,第 98-108 页。

[92] 何岁利、盖旖婷:《唐长安西市遗址制骨遗存与制骨手工业》,《南方文物》2022 年第 4 期,第 139-150 页。

[93] 蔡宁、种建荣、雷兴山:《陕西周原云塘制骨作坊“居葬合一”论》,《四川文物》2022 年第 2 期,第 91-98 页。

[94] 刘太远:《靠海吃海 壳丘头先民与环境的互动》,《大众考古》2022 年第 1 期,第 49-52 页。

[95] 杜雨薇、丁馨、裴树文:《浅议古人类活动遗址的动物埋藏学研究方法》,《人类学学报》2022 年第 41 卷第 3 期,第 523-534 页。

[96] 陈曦、袁增箭:《华南史前遗址动物骨骼钙质胶结物的醋酸处理法》,见南京师范大学文物与博物馆学系:《东亚文明》(第 3 辑),北京:社会科学文献出版社,2022 年,第 251-258 页。

[97] 同[90]。

[98] 肖庆、王冲、谢振斌、任俊锋、郭建波、郭汉中:《潮湿环境下古象牙的现场提取与保护——以三星堆遗址三号坑出土象牙为例》,《四川文物》2022 年第 1 期,第 106-112 页。

Frontier Report on the Development of Zooarchaeology in China

LYU Peng

(The Institute of Archaeology, Chinese Academy of Social Sciences)

Abstract: Zooarchaeological research in China continues to advance. From archaeological sites to specific region, Zooarchaeological researches provides scientific evidences for the study of Chinese history from the aspects of resources, technology and subsistence. The development of Zooarchaeology in China is closely related to the concept and practice of multidisciplinary cooperative research, the standardization of the discipline and the continuous filling of blanks. In order to make progress in Zooarchaeological research in China, we need to make continuous efforts in the cultivation of professionals in Zooarchaeology, the construction of specimen banks and databases, and so on.

Key Words: Zooarchaeology; frontier report; animal resources; domestication

河南洛阳皂角树遗址家畜饲养方式研究

——兼论二里头文化时期的家畜饲养

陈相龙[1]　李志鹏[1]　赵晓军[2]　袁　靖[1]

（1. 中国社会科学院考古研究所；2. 二里头夏都遗址博物馆）

摘要：二里头文化时期，中原腹地诞生了以二里头为都邑的广域王权国家。为了系统认识二里头王国的生业经济状况，本研究对皂角树遗址猪和黄牛进行了碳、氮稳定同位素分析，并在此基础上讨论了洛阳盆地两种动物饲养方式的特点及相关问题。皂角树遗址 5 例猪的（n＝5）的 $\delta^{13}C$、$\delta^{15}N$ 平均值是 $-10.8\pm3.2‰$、$6.3\pm0.7‰$。除有 1 例 $\delta^{13}C$ 值较低的猪主要以 C_3 植物为食外，其他猪的食物则以秸秆、谷糠之类的粟作农业副产品为主。6 例黄牛的 $\delta^{13}C$ 与 $\delta^{15}N$ 均值分别为 $-8.6\pm1.0‰$、$4.7\pm1.5‰$，说明黄牛的食物基本以 C_4 植物等粟作农业的副产品为食。考虑到黄牛的 $\delta^{13}C$ 相对于猪略高且更加集中，我们认为皂角树遗址黄牛的饲养应比猪更加依赖于粟作农业，且饲养方式更加稳定。结合二里头、王圪垱等遗址的情况我们认为，洛阳盆地二里头文化时期先民更加重视对黄牛的饲养，这可能与黄牛之于交通运输的重要意义有关。

关键字：皂角树　黄牛　饲养方式　二里头文化

作为早期广域王权国家诞生的核心区域，以洛阳盆地为中心的中原腹地是中国新石器—青铜时代文化最发达的地区之一，也是探索中华文明起源与早期发展的关键地区之一。龙山晚期至二里头文化时期是中华文明发展过程中的一个关键时段，原来的新石器时代多个地区考古学文化大多走向衰落，仅余以洛阳盆地为中心的中原腹地继续发展，张弛称之中国新石器时代传统文化核心区最黑暗时段的文化孤岛[1]。聚落考古的调查与研究进一步揭示，洛阳盆地在公元前二千纪前期曾发生了剧烈的社会变革。仰韶时代后期逐渐建立起来的三级聚落系统历经龙山时代的发展，在公元前 1800 年前后，骤然演变成了以二里头为核心的四级聚落系统[2]。二里头文化形成之后强势崛起完成了对环嵩山地区的文化整合，文化影响力逐渐突破了地理单元的限制，遍布黄河中游及邻近地区[3]。

二里头文化的崛起与二里头都邑的出现是中华文明史上的重要转折点，中原腹地龙山晚期多个竞争性聚落群所代表的"邦国林立"的社会格局被"国上之国"的广域王权国家这种新型政治实体所取代[4]。二里头广域王权国家的诞生背后有着诸多的政治、经济与文化动因，其中生业经济是关键因素之一，也是支撑二里头王国完成较大范围内文化整合的前提和基础。因此，生业经济研究是理解二里头文化繁荣发展与二里头广域王权国家诞生的重要内容。近年来，针对二里头、望京楼、南洼等遗址的植物考古、动物考古、食性分析等相关研究已经证实，二里头文化时期中原腹地大中型聚落的生业经济继续保持了龙山晚期的传统，即以多品种农作物同时种植、多种家养动物共同饲养为特点的复杂化的农业经济。其中，粟和黍是主要的粮食作物，稻亦非常重要，另有大豆和小麦的种植，猪、狗、黄牛和绵羊是主要家畜，亦有少量山羊[5]。粟作农业经济不仅为二里头文化先民提供了主食，也为家养动物，尤其是猪、狗与黄牛供给了主要的饲料[6]。尽管如此，我们对小型聚落生业经济的认识还不够。为此，本研究以河南洛阳皂角树遗址出土动物遗存为研究对象，在揭示遗址家猪与黄牛饲养方式的基础上，重点分析二里头文化时期不同等级聚落家养动物饲养方式的特点。

一、考古背景与样品处理

（一）遗址介绍

皂角树遗址（34°33′N，112°35′E）位于河南省洛阳市南郊关林镇皂角树村北，北距二郎庙村 300 米，海拔 137～141 米，面积 3 万余平方米。该遗址坐落于洛河与伊河流入洛阳盆地时共同塑造的二级阶地的北缘，西南依龙门山，东北紧邻古河道（或为洛河故道）、东南靠近伊河。1992～1993 年，洛阳市文物工作队对该遗址进行发掘，揭露了一批房址、灰坑、窑、水井及 1 处墓葬，并基于陶器的类型学研究确认该遗址以二里头文化为主体[7]。

（二）样品选取与实验方法

皂角树遗址样品包括猪 5 例、黄牛 6 例。其中 3 例猪骨来自墓葬，4 例来自灰坑或地层，黄牛的样品 2 例来自墓葬，4 例来自灰坑。遗址动物样品出土单位等详细信息参见表 1。

每例样品取约 1 克样品，机械去除样品表面的污染物后，加入 0.5molL⁻¹ 盐酸于 5℃下浸泡，每隔 2 天换新鲜酸液，直至样品酥软无气泡为止。去离子水清洗至中性，置入 pH＝3 的溶液中，70℃下明胶化 48 小时，浓缩并热滤，冷冻干燥后即得胶原蛋白。最后称重，计算胶原蛋白得率（骨胶原重量 / 骨样重量），列于表 1。

样品胶原蛋白中 C、N 元素含量和稳定同位素的测定在中国农业科学院农业环境与可持续发展研究所同位素实验室完成。测试仪器为 ElementarVario 元素分析仪串联 Isoprime100 稳定同位素质谱仪。元素含量的测定，采用磺胺（Sulfanilamide）作为标准。C、N 稳定同位素比值的测试，采用 IEAE-600、IEAE-N-2、IEAE-CH-4、USGS-40 和 USGS-41 以及实验室自制骨胶原标样（δ¹³C＝−14.7‰，δ¹⁵N＝7.0‰）为标准。其中，USGS-40 和 USGS-41 进行 C、N 稳定同位素比值校正，其他标样用作进程监测。C

同位素的分析结果以相对美国南卡罗莱纳州（Caroline）白垩系皮迪组箭石 C 同位素丰度比（PDB）的 $\delta^{13}C$ 表示，N 同位素的分析结果以相对氮气（N_2，气态）的 $\delta^{15}N$ 表示。样品的 C、N 含量以及 C、N 稳定同位素比值皆列于表 1。

表1　河南洛阳皂角树遗址动物骨骼样品出土信息及骨胶原测试数据结果

Table 1　Stable carbon and nitrogen isotope data and related details of animal bones at Zaojiaoshu, Luoyang in Henan

实验编号	单位	种属	部位	C（‰）	N（‰）	C：N	$\delta^{13}C$（‰）	$\delta^{15}N$（‰）
SIA01511	T1403④下 M64-1	猪	下颌	41.9	14.7	3.3	−9.0	6.8
SIA01512	T1403④下 M64-2	猪	肩胛	41.9	14.9	3.3	−9.4	7.2
SIA01513	T0205 H29-3	猪	下颌	40.7	13.9	3.4	−9.2	5.6
SIA01514	T1006 M2 填土 -11	猪	下颌	41.5	14.7	3.3	−16.6	5.6
SIA01516	T2208③下 H108①-14	猪	肩胛	40.5	14.5	3.3	−9.6	6.4
SIA01518	T0201 H35-18	黄牛	桡骨	41.3	14.7	3.3	−6.9	2.0
SIA01519	T1403③下 M64-20	黄牛	下颌	39.6	14.3	3.2	−9.3	6.0
SIA01520	T0205 H29-25	黄牛	肱骨	42.1	15.0	3.3	−9.1	5.3
SIA01521	T0205 H29-26	黄牛	下颌	39.8	13.9	3.3	−9.6	4.7
SIA01522	T0201④-27	黄牛	髋骨	40.7	14.5	3.3	−8.3	4.2
SIA01523	T1403④下 M64-28	黄牛	下颌	33.7	12.0	3.3	−8.6	5.9

二、研究结果

本研究所选样品骨胶原的 C、N 含量范围分别为 33.7%～42.1%，12.0%～15.0%，和 C/N 摩尔比值介于 3.2～3.4 之间[8]。根据未污染骨胶原的 C、N 含量与 C/N 摩尔比值范围，所有样品均可以用于食谱重建（图 1）。

稳定同位素分析方法自 1984 年应用于中国考古学研究以来[9]，取得了大量研究成果，目前已成为讨论先民食谱与家畜饲养方式的主要研究方法之一。我们曾撰文对该方法的基本原理、应用范围与学术史进行综述，另有学者曾著述对该方法进行了详细的介绍，此处不再赘述[10]。最近，我们对洛阳盆地史前时代的稳定同位素背景值进行了梳理，指出当时本地自然环境中 C_3 植物为绝对主导、C_4 植物较少；本地多个考古遗址植物浮选出土的农作物遗存中，虽有少量的水稻和小麦等 C_3 谷物，但仍以粟、黍这类 C_4 植物为主[11]。因此，通过对人骨和动物 $\delta^{13}C$ 值进行分析即可讨论粟作农业在先民和家畜食物结构中的贡献。

近些年来，王欣又对环嵩山地区瓦店、王城岗、新砦、程窑等龙山晚期至二里头文化时期遗址出土的炭化农作物粟、黍、稻米等进行了较为系统的植物同位素研究，其中炭化粟和黍 $\delta^{13}C$ 的平均值分别是（−8.9±0.3）‰（n=17）、（−9.6±0.2）‰（n=17），粟

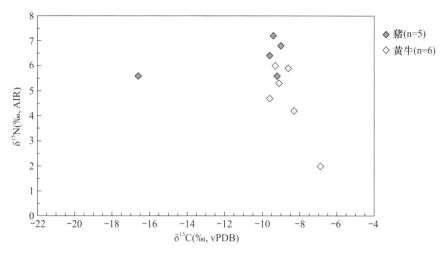

图1　河南洛阳皂角树遗址动物骨胶原δ¹³C与δ¹⁵N散点图

Figure 1　Plot of stable carbon and nitrogen isotope values of animal bone collagen at

Zaojiaoshu site, Luoyang in Henan

和黍的总平均值为（−9.2±0.5）‰（n=34），炭化稻米的δ^{13}C平均值为（−24.7±0.7）‰（n=17）[12]。考虑到稻米的δ^{13}C与自然界C$_3$植物δ^{13}C相近。如果将−9.2‰和−24.7‰作为以粟为主体的C$_4$类植物和稻米等C$_3$植物的δ^{13}C值，那么分别以100%的C$_4$和C$_3$类食物的人和动物骨胶原δ^{13}C大约为−5.2‰与−19.4‰左右，两类食物兼食的个体骨胶原δ^{13}C应大致介于−19.4‰与−5.2‰之间。如果用简单的二元方程来计算[13]，那么同时进食50%比例C$_3$、C$_4$类食物的动物，其δ^{13}C应在−12.3‰左右。这些认识，是我们对皂角树及相关遗址动物饲养方式进行重建的背景。

皂角树遗址5例猪（n=5）的δ^{13}C值分布范围与平均值分别是−16.6‰～−9.0‰、（−10.8±3.2）‰，δ^{15}N分布范围与平均值分别是5.6‰～7.2‰、（6.3±0.7）‰。检查数据可知，有1例出土于墓葬填土中的猪，δ^{13}C值较低，主要以C$_3$类食物为食，兼有一些C$_4$类食物。其他猪的食物则以秸秆、谷糠之类的粟作农业副产品为主。6例黄牛的δ^{13}C与δ^{15}N均值分别为（−8.6±1.0）‰、（4.7±1.5）‰，分布范围分别为−9.6‰～−6.9‰、2.0‰～6.0‰，说明黄牛的食物基本以C$_4$植物等粟作农业的副产品为食。考虑到黄牛的δ^{13}C略高且集中，黄牛的饲养可视为依附于粟作农业的家畜饲养活动。与其他骨骼相比，出土于M64的黄牛下颌的同位素比值与其他黄牛似乎并没有明显的差异。

三、讨　　论

（一）家猪的饲养

仰韶文化时期，随着农业社会的建立，中原地区形成了以粟和黍为谷物、同时种植少量稻米和大豆的旱作农业经济系统[14]。作为主要的家畜，猪与农业经济的关系非常密切，其食物也主要来自与粟和黍有关的粟作农业副产品、厨房垃圾等日常生产与生活中产生的废弃物[15]。为了进一步理解二里头文化时期家畜饲养方式的特点，我们收集了洛阳盆地仰韶晚期至二里头文化时期猪和黄牛这两种主要家畜的碳、氮稳定同位素数据进行对比分析，其中包括仰韶晚期中沟遗址、龙山末期至二里头文化早期王圪垱遗址[16]、二里头文化二里头遗址[17]，以及本研究的皂角树遗址。

从图2可以看出，仰韶晚期至二里头文化时期，中沟 [$\delta^{13}C = (-8.1 \pm 1.9)$‰、$\delta^{15}N = (6.7 \pm 1.9)$‰，n = 5] 最为集中，家猪主要以粟作农业相关食物为食。皂角树遗址5例家猪 [$\delta^{13}C = (-10.8 \pm 3.2)$‰、$\delta^{15}N = (6.3 \pm 0.7)$‰，n = 5] 的 $\delta^{13}C$ 虽然偏差较大，但具体分析数据可知，其中有4组数据集中在 −9.6‰～−9.0‰、5.6‰～7.2‰范围内，反映了皂角树遗址家猪与粟作农业经济的紧密关系。与上述两个遗址相比，王圪垱遗址分布范围略大 [$\delta^{13}C = (-11.7 \pm 2.9)$‰、$\delta^{15}N = (8.0 \pm 0.9)$‰，n = 11]，二里头遗址猪骨的碳、氮同位素数据分布范围最广 [$\delta^{13}C = (-10.9 \pm 3.4)$‰、$\delta^{15}N = (7.6 \pm 1.4)$‰，n = 44]。其中，二里头遗址猪骨 $\delta^{13}C$ 低于 −12.3‰ 占 50%，这种现象反映了二里头猪群食物结构的多样性与来源的多元化。

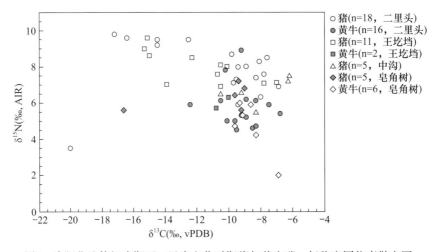

图2　洛阳盆地仰韶晚期至二里头文化时期猪与黄牛碳、氮稳定同位素散点图

Figure 2　Plot of $\delta^{13}C$ and $\delta^{15}N$ of pigs and catte from Late Yangshao to Erlitou cultures periods in Luoyang Basin

从二里头文化时期三个遗址家猪饲养的情况来看，二里头遗址显然最为复杂，皂角树遗址猪群数量虽然有限，整体上反映出双槐树家猪食物来源较二里头遗址略少。王圪垱遗址猪群的饲养方式的复杂程度介于二者之间。考虑到二里头文化时期，洛阳盆地已经形成了四级聚落系统，社会复杂化达到了前所未有的程度，我们推测家猪群体食物来源或与遗址的规模有关。二里头遗址是二里头聚落系统的都邑，王圪垱与皂角树遗址现存面积分别为10万平方米、3万余平方米，如果按照洛阳盆地中东部聚落考古的分级标准，两个遗址相当于以二里头为中心的四级聚落系统中第四等级的普通村落[18]。

对于二里头遗址家猪饲养方式多样化与来源复杂化，我们曾结合碳、氮、氢、氧与锶同位素研究推测二里头遗址存在较高比例外来的家养动物[19]，其中部分还被用于祭祀等高等级仪式性活动，并进一步提出当时存在以二里头遗址为中心的家畜资源的供给渠道[20]。王圪垱与皂角树遗址在二里头聚落系统中，应处于弱势地位，家养动物可视为基本源于本地饲养。考虑到王圪垱遗址炭化稻米的绝对数量较多、出土概率高达53%，王圪垱少数 $\delta^{13}C$ 较低的家猪或与进食了大量稻米类食物有关。王圪垱遗址家猪食物结构复杂程度高于皂角树遗址，应主要与稻米之于农业生产的重要程度有关。

（二）黄牛的饲养

龙山晚期，在东西方文化交流日益加深的背景下，黄牛与绵羊在黄河中游地区广泛传播，从而引起了中原地区家畜饲养业的重大变革。黄牛作为一种食草动物，虽然与东亚本土驯化的杂食性的猪和狗在进食习性上差异巨大，但传入北方旱作农业区之后，却表现出了对于粟作农业经济的高度依赖。陶寺[21]、辛章[22]、西金城[23]、瓦店[24]、郝家台[25]等农业核心区黄牛食物中均呈现出了较高比例的粟作农业产品，这种情况甚至还见于北方长城沿线"生态交错带"的神圪垯壕[26]、沙塘北塬[27]等粟作农业边缘区考古遗址。因此，我们曾提出龙山晚期中原地区黄牛饲养业可视为粟作农业经济的衍生产业[28]。

就洛阳盆地来看，王圪垱（$\delta^{13}C=-10.8‰$ 与 $-10.4‰$、$\delta^{15}N=5.7‰$ 与 $6.3‰$，n=2）、皂角树 [$\delta^{13}C=(-8.6\pm1.0)‰$、$\delta^{15}N=(4.7\pm1.5)‰$，n=6] 与二里头遗址 [$\delta^{13}C=(-9.3\pm1.4)‰$、$\delta^{15}N=(6.0\pm1.1)‰$，n=23] 二里头文化时期的黄牛主要以粟作农业副产品为食。无论是作为都邑的二里头遗址，还是作为普通村落的皂角树和王圪垱遗址，黄牛的饲养对于粟作经济的依赖是一贯的，基本没有差别。如果以 $\delta^{13}C$ 高低来衡量可知，黄牛食物中粟类食物的比例甚至要高于家猪。这种现象反映了养牛业与粟作农业关系异常紧密。我们推测，龙山晚期之后，尤其是二里头文化时期，随着人口增长与家养动物品种增多，人畜之间在农业产品的使用上存在一定的矛盾，秸秆、谷糠等农业副产品的产量需要在满足燃料、建筑材料等人们日常生产生活需求的同时，尽可能地向家畜饲养业输送饲料。此种情况下，相对于养猪业，人们更加倾向于用营养价值更高的粟类食物饲养黄牛。也就是说，相比其他家畜，人们似乎更加重视对于黄牛的饲养管理，其背后的原因我们尝试在下文做一些推测。

前文已述，公元前二千纪前期，强势崛起于洛阳盆地的二里头文化统一了中原腹地，并在二里头遗址立都。二里头文化与夏代的存续时间与分布范围高度吻合，它的出现打破了万邦林立的社会格局，将中华文明推进至广域王权国家时期。二里头文化诸遗址人群食物结构的研究结果表明，二里头文化时期继承并发展了龙山晚期农业经济复杂化的趋势[29]。虽然生计方式本身似乎并没有质的飞跃，但从黄牛遗骸的数量比例和饲养方式来看，二里头先民显然提升了对黄牛饲养的重视程度，其背后的原因值得深入思考。如果将这一现象与二里头王国诞生的背景结合起来考虑，或许能帮我们找到部分答案。

二里头及相关遗址六十余年来的发掘与研究揭示出的宫室建筑、祭祀坑、墓葬形制、青铜制品、绿松石器、牙璋等遗存彰显了二里头王国辉煌的王朝气象、发达的控制网络和高超的政治文明[30]。陈星灿、刘莉等学者早已指出，由于资源禀赋的限制，二里头遗址手工业生产需要的金属矿料、绿松石、玉料、白陶等原材料皆有复杂的流通网络[31]。需要强调的是，相比这些贵重物品，王都居民日常所需的生业资源，体量更加庞大、种类更加复杂。其中，至少部分生业资源同样需要从二里头王国控制和影响的地区调配。如此以来，如何实现手工业原材料和生业资源在较大范围内跨地域流通，成为二里头精英阶层直面的问题。

二里头聚落系统所辖地域范围辽阔、交通条件与资源禀赋千差万别。相关资源由临河而居的普通村落向聚落中心与都邑汇聚，可以利用自然水系临河。与水力运输不同之处，黄牛的饲养与畜力开发，则可助力物资通过区域内的陆路交通快速流通。根据二里头遗址发掘报告公布的数据，遗址 2 岁以下黄牛的比例仅为 44%，相当多的黄牛在成年之后才被宰杀，一些黄牛肢骨上还发现了可能因劳役而产生的病变。与此同时，考古学家在二里头发现了双轮车的车辙[32]。这些现象表明，二里头文化时期先民对于养牛业重视程度的提升，极有可能与黄牛使役、用于交通运输有关。值得注意的是，黄牛在二里头聚落系统相关遗址出现的频率较高，即便是皂角树与王圪垱这类普通村落，也发现了家养黄牛的证据。结合上文对同位素结果的分析可以认为，二里头文化时期，中原腹地黄牛饲养被普遍推广，而且遗址间黄牛的饲养方式一致性较强，这可能与黄牛的畜力等动物产品被普遍重视有关。

交通工具的发展，拓展了二里头聚落系统控制的地域范围、加强了二里头王国内部的政治经济联系，也为文化传播和互鉴提供了便利。引重致远除了人力以外，二里头文化时期对于黄牛饲养与役用的重视亦可为帮助王国管理者有效管控生业、矿产等重要资源及其产品和相关财富的再分配，也使得聚落之间的物资流通、信息交流与人群迁移等更加通畅。生产力的提升，不仅仅意味着人们可以创造出更多财富，也同样会刺激管理财富分配的生产关系层面的调整，从而引起社会结构出现革命性变化。就二里头文化时期而言，黄牛的饲养以及与之相关的交通工具的发展，则可以助力王权实现财富（包括人与物品）在较大空间内快速流通，推动更大区域的文化整合与族群融合。由此我们认为，生业经济的繁荣、交通技术与手工业技术的发展支撑了二里头广域王权国家的诞生与快速发展，其中基于农业经济复杂化、黄牛畜力开发等基础上的生产力的提升尤其对广大地域范围内资源整合、社会结构的重构与社会复杂化进程的提速可能有非同寻常的助力作用。

四、结　论

为了更加系统、全面地认识二里头文化时期的生业经济状况，本研究对皂角树遗址出土的猪与黄牛进行了碳、氮稳定同位素分析，并在重建两种家畜饲养方式的基础上，与二里头、王圪垱遗址进行了比较。我们认为，皂角树遗址猪和黄牛的饲养与粟作农业关系非常密切，两种动物的饲料基本源自粟、黍等农作物的秸秆、谷糠等谷草。通过对比，我们发现二里头文化时期不同规模、等级的遗址或同一遗址内部家猪饲养差异较大，而黄牛的饲养则在不同规模、等级的遗址间或同一遗址内部一致性较强。结合聚落等级与相关动植物考古研究，我们认为洛阳盆地二里头文化时期人们普遍重视对黄牛的饲养，更倾向于用粟类食物来饲养黄牛，这种情况或与黄牛作为役畜，在二里头系统内帮助王国管理者实现生业、矿产等重要资源及其产品和相关财富的流通有关。

注　释

［1］张弛：《龙山—二里头：中国史前文化格局的改变与青铜时代全球化的形成》，《文物》2017年第6期，第50-59页。

［2］a. 陈国梁：《合与分：聚落考古视角下二里头都邑的兴衰解析》，《中原文物》2019年第4期，第71-80页。

b. 中国社会科学院考古研究所、中澳美伊洛河流域联合考古队：《洛阳盆地中东部先秦时期遗址：1997-2007年区域系统调查报告》，北京：科学出版社，2019年。

［3］许宏：《二里头与中原中心的形成》，《历史研究》2020年第5期，第4-11页。

［4］许宏：《公元前2000年：中原大变局的考古学观察》，见山东大学东方考古研究中心编：《东方考古》（第9集），北京：科学出版社，2012年，第186-204页。

［5］a. 袁靖：《中国新石器时代至青铜时代生业研究》，上海：复旦大学出版社，2020年。

b. 赵志军、刘昶：《偃师二里头遗址浮选结果的分析和讨论》，《农业考古》2019年第6期，第7-20页。

［6］陈相龙：《中原地区夏商时期生业经济与社会变迁》，《南方文物》2022年第6期，第203-214页。

［7］洛阳文物工作队：《洛阳皂角树》，北京：科学出版社，2002年。

［8］a. DeNiro MJ. 1985. Postmortem preservation and alteration of in vivo bone collagen isotope ratios in relation to palaeodietary reconstruction. *Nature*, 317(6040): 806-809.

b. Ambrose SH. 1990. Preparation and characterization of bone and tooth collagen for isotopic analysis. *Journal of Archaeological Science*, 17(4): 431-451.

［9］蔡莲珍、仇士华：《碳十三测定和古代食谱研究》，《考古》1984年第10期，第949-955页。

［10］a. 陈相龙：《碳、氮稳定同位素分析方法与农业考古研究新进展》，《农业考古》2017年第6期，第13-25页。

b. 屈亚婷：《稳定同位素食谱分析视角下的考古中国》，北京：科学出版社，2019年。

c. 陈相龙：《食性分析研究历程》，见王伟光、王巍主编：《中国考古学百年史（1921—2021）》（第四卷），北京：中国社会科学出版社，2021年，第1373-1387页。

［11］陈相龙、吴业恒、李志鹏：《从中沟与王圪垱遗址看公元前三千纪前后洛阳盆地的生业经济》，《第四纪研究》2019年第39卷第1期，第197-208页。

［12］王欣：《黄河中游史前农田管理研究：以植物稳定同位素为视角》，北京：中国社会科学出版社，2023年。

［13］同［9］。

［14］a. 张俊娜、夏正楷、张小虎：《洛阳盆地新石器——青铜时期的炭化植物遗存》，《科学通报》2014年第59卷第34期，第3388-3397页。

b. 赵志军：《新石器时代植物考古与农业起源研究》，《中国农史》2020年第3期，第3-13页。

c. 陈相龙：《中原地区新石器时代生业经济的发展与社会变迁》，《南方文物》2021年第1期，第179-190页。

［15］ a. 同［14］c。

b. Zhang Q, Hou Y, Li X, Styring A, Lee-Thorp J. 2021. Stable isotopes reveal intensive pig husbandry practices in the middle Yellow River region by the Yangshao period (7000-5000 BP). *PloS One*, 16(10): e0257524.

［16］ 同［11］。

［17］ a. 许宏、袁靖编：《二里头考古六十年》，北京：中国社会科学出版社，2019页。

b. 陈相龙、李志鹏、赵海涛：《河南偃师二里头遗址1号巨型坑祭祀遗迹出土动物的饲养方式》，《第四纪研究》2020年第40卷第2期，第407-417页。

［18］ 同［2］。

［19］ a. 赵春燕、李志鹏、袁靖、赵海涛、陈国梁、许宏：《二里头遗址出土动物来源初探：根据牙釉质的锶同位素比值分析》，《考古》2011年第7期，第68-75页。

b. 司艺、李志鹏、胡耀武、袁靖、王昌燧：《河南偃师二里头动物骨胶原的H、O稳定同位素分析》，《第四纪研究》2014年第34卷第1期，第196-203页。

［20］ 李志鹏：《中原腹地龙山文化到二里头文化时期先民的肉食消费再研究》，《南方文物》2021年第5期，第155-166页。

［21］ 陈相龙、袁靖、胡耀武、何驽、王昌燧：《陶寺遗址家畜饲养策略初探》，《考古》2012年第9期，第75-82页。

［22］ 侯亮亮、邓惠、郭怡、赵杰、陈小三、陈涛、陶大卫：《稳定同位素和植物微体化石证据所见山西忻定盆地4000 a BP前后的生业经济》，《中国科学：地球科学》2020年第50卷第3期，第369-379页。

［23］ 杨凡、王青、王芬：《河南博爱西金城遗址人和动物骨的碳氮稳定同位素分析》，《第四纪研究》2020年第40卷第2期，第418-427页。

［24］ 陈相龙、方燕明、胡耀武、侯彦峰、吕鹏、宋国定、袁靖、Richards MP：《稳定同位素分析对史前生业经济复杂化的启示：以河南禹州瓦店遗址为例在》，《华夏考古》2017年第4期，第70-79页。

［25］ Li W, Zhou L, Lin Y, Zhang H, Zhang Y, Wu X, et al. 2021. Interdisciplinary study on dietary complexity in Central China during the Longshan Period (4.5-3.8 kaBP): New isotopic evidence from Wadian and Haojiatai, Henan Province. *The Holocene*, 31(2): 258-270.

［26］ 陈相龙、郭小宁、王炜林、胡松梅、杨苗苗、吴妍、胡耀武：《陕北神圪垯墕遗址4000a BP前后生业经济的稳定同位素记录》，《中国科学：地球科学》2017年第47卷第1期，第95-103页。

［27］ 陈相龙、杨剑、侯富任、王晓阳：《宁夏隆德沙塘北塬遗址生业经济研究》，《南方文物》2020年第2期，第134-143页。

［28］ 同［14］c。

［29］ 同［6］。

［30］ 赵海涛、许宏：《中华文明总进程的核心与引领者：二里头文化的历史位置》，《南方文物》

2019 年第 2 期，第 57-67 页。

［31］ 刘莉、陈星灿：《中国早期国家的形成：从二里头和二里岗时期的中心和边缘之间的关系谈起》，见北京大学中国考古学研究中心、北京大学震旦古代文明研究中心编：《古代文明》（第 1辑），2002 年，上海古籍出版社，第 71-134 页。

［32］ 中国社会科学院考古研究所：《二里头：1999～2006》，北京：文物出版社，2014 年。

Feeding Practices of Domestic Animals at Zaojiaoshu in Luoyang, Henan

CHEN Xiang-long[1]　　LI Zhi-peng[1]　　ZHAO Xiao-jun[2]　　YUAN Jing[1]

(1. The Institute of Archaeology, Chinese Academy of Social Sciences;

2. Erlitou Site Museum of the Xia Capital)

Abstract: The Erlitou culture in the Central Plains was regarded as the first large area monarchical polity with the Erlitou site as its capital during the first half of the second millenium BC. In order to systematically understand the subsistence of Erlitou culture, this study conducted stable carbon and nitrogen isotope analysis on pigs and cattle at the Zaojiaoshu site, and discussed feeding practices of the these domesticates after comparison with situations at other sites in Luoyang Basin. Pigs (n = 5) displayed an averaged $\delta^{13}C$ value of -10.8 ± 3.2‰, and $\delta^{15}N$ value of 6.3 ± 0.7 ‰. Most of them mainly fed on millet by-products, with one exception whose $\delta^{13}C$ was -16.6 ‰. Compared to pigs, relatively higher $\delta^{13}C$ of cattle (-8.6 ± 1.0‰, n = 6) indicate closer relationship between cattle feeding and millet farming. When considering the similar situations at Erlitou, Wanggedang and other sites in this region, we hypethsize that Erlitou culture farmers in Luoyang Basin paid more attention to the cattle husbandry, which may be related to the significance of cattle in transportation during this period for the first large area monarchical polity.

Key Words: Zaojiaoshu; cattle; feeding practices; Erlitou culture

中原地区早期城市化进程中
磨制石器生产地位的变迁

翟少冬

（中国社会科学院考古研究所）

摘要： 本文首先讨论了判定遗址上存在石器生产活动的标准，认为制作石器的工具和石器生产过程的副产品是判断一个遗址上是否存在石器生产活动的直接证据，而制石场所的确立还至少需要有一个制作石器的活动面的发现，根据这个活动面周围的遗迹现象来判断石器生产场所的性质和石器加工的相关内容。其次，根据这个标准讨论了陶寺、二里头和殷墟三个遗址上的磨制石器生产活动情况，认为陶寺到殷墟时期，中原地区早期城市化程度加深，城市规划越来越清晰，手工业种类也越来越齐全，但威望产品的生产却逐渐成为城市手工业的重点，精英阶层还将威望产品的生产放置在紧挨宫殿区的地方，以控制其生产。究其原因，本文认为不是资源与聚落之间的距离，而是手工业产品的价值和社会意义才是造成日用石器生产被抛弃的原因。此外器物的物理属性也是原因之一。这种磨制石器生产在城市布局中的地位变化表明了中国早期城市发展中的精英战略。

关键词： 磨制石器生产　早期城市化进程　地位变迁

一、引　言

　　磨制石器在中国于新旧石器过渡时期就已经出现[1]，并且在农业的形成与发展过程中发挥了重要作用。从距今 1 万年前后，中国南北方出现植物耕作行为，到距今 6000～5000 年长江中下游地区稻作农业经济的确立和距今 4000 年前后外来的小麦逐渐取代北方的小米成为旱作农业的主体农作物，中国南稻北麦的农业生产格局基本奠定[2]。与农业起源的过程相一致，磨制石器在出现后也随着农业的发展逐渐取代打制石器成为人们日常的主要生产工具[3]。农业经济确立的过程也是社会复杂化加剧的过程，随着社会复杂化的加剧，城市和国家开始出现，磨制石器手工业生产在城市中的地位也随着这一过程发生变化。在长江流域，浙江桐庐方家洲遗址[4]发现的大量与石器加工有关的遗存表明玉石器生产在马家浜、崧泽时期已经是一个很重要的手工业生产部门。虽然此时长江下游玉石分野已经开始，但玉石器的生产还没有分开，同一遗址上还会同时出现玉器和石器加工。同时，石器贸易流行，对峡江地区和宁镇地区石制品的研究表明，峡江地区和宁镇地区的石器分别在大溪和北阴阳营文化时期曾经是远距离贸易交换的产品，为农业发达的江汉平原和环太湖地区提供了农业发展所必需的生产工具，促进了当地的经济发展[5]。浙江桐庐沈家畈[6]、嘉兴西曹墩[7]等石器加工地点和良渚遗址群内塘山[8]玉器加工地点的发现则说明长江流域的玉石器生产可能在这一时期出现了转型。良渚文化时期玉石分野，软玉完成了从"财富性"到"权力性"的价值跃迁[9]，磨制石器这种财富性和权力性都不具备的器物生产可能已经从良渚这样的城市功能中分离出去，玉器等威望产品的加工成为城市精英阶层的关注对象。而在中原地区，玉器生产取代磨制石器生产的过程可能略晚。本文将通过比较陶寺、二里头和殷墟三个中国早期城市化关键节点遗址上的石器生产来探讨中原地区磨制石器生产在中国早期城市化进程中的地位变迁。

二、判断石器生产活动和生产场所存在的证据

考斯汀（Costin）认为，讨论一个遗址是否存在石器生产只看是否存在成品石器是不够的，因为成品石器有可能从其他遗址输入，所以除成品石器外，还需要看是否发现原材料、石屑、石片、生产石器的工具等石器生产的副产品[10]。磨制石器的生产存在一个流程，打、琢、磨、钻孔等工艺会发生在不同石器制作上[11]。每个工艺步骤都会使用一些工具，也都会有副产品产生。打片阶段需要石锤，可能也需要石砧，会产生石片和石屑；琢的阶段也会用到石锤，更多的石屑会产生；打片和琢之后，或者仅仅打片之后，一些石器的坯子就制作好了。石坯需要经过打磨才会最终制成磨制石器，而磨石则是打磨石器必备的工具。对于有些石器如石刀来说，钻孔也常常是必备的步骤。钻孔需要钻头，会产生钻芯。这些石锤、磨石、钻头等制作石器的工具和石片、石屑、石坯等石器制作过程的副产品就成为判断一个遗址上是否存在石器生产活动的直接证据。另外，根据遗址上发现的不同种类的制作工具和副产品，还可以判断遗址上存在哪些步骤的石器生产活动，例如，石片的发现意味着打片行为的存在，石屑意味着打片或是琢的行为存在，而磨石的发现则意味着磨的活动的存在，钻头的发现则意味着可能有钻孔活动的发生。

目前多个遗址上发现大量石器生产的副产品和制石工具。湖北枝江红花套遗址发现上万件大溪文化晚期至屈家岭文化时期的石料、废料、石器成品、残次品、小石片、碎屑等，制石工具有石锤、砺石、石砧、尖状器等，这些发现表明红花套遗址上存在石器生产活动，该遗址曾经是石器的生产地点[12]。沈家畈遗址出土1.5万余件良渚文化时期的石器成品和半成品、毛坯等石器加工不同阶段的石制品及石料、石砧、石锤、磨石等石器生产所需的工具，表明遗址上存在石器加工活动[13]。浙江嘉兴西曹墩遗址出土大量良渚文化时期与石器加工相关的遗物，包括136件砺石，有的扁平，有的条状，有的呈多棱形，有的含多个磨面，有的有深磨槽，还有大量石料、半成品、边角料、残

石器，表明遗址上存在石器加工活动，并且灰沟南侧可能是主要的石器加工区，因为砺石、石料、残石器主要出土于灰沟南侧[14]。灰嘴遗址上发现数以千计的龙山至二里头文化时期白云岩和鲕粒灰岩的石片、石料、石铲坯、半成品、石片、石屑等，表明是一个以生产白云岩和鲕粒灰岩石铲为主的石器生产地点[15]。两城镇遗址发现大量日常使用的工具器坯和镞、矛的器坯、石料、石核、石片、石屑等石器加工过程的产品和磨石、石锤、石钻、石锯等制作石器的工具，表明遗址上曾存在大量的石器生产活动[16]。

此外，一些遗址上不仅发现石器生产的副产品和石器加工工具，还发现了与石器生产相关的场所，展现了不同的石器生产方式。

辽西地区兴隆洼和赵宝沟文化时期的许多房址内都发现有石器、石料、石坯，如南台子 F2[17]、小山 F1、F2[18]、赵宝沟 F7[19]，这些石制品在房址中的某个区域集中分布，其他区域还有磨盘、磨棒、陶器、兽骨、窖穴、墓葬等遗物或遗迹，李新伟认为这些遗址的房址内存在有功能分区，有生活区、工作区、储藏区和仪式区，工作区包括食物加工和石器加工，可能还有骨器加工等，此时期的细石器生产出现初步专业化[20]。内蒙古高原南缘新石器时代中期遗址中也发现有石核、石叶、石料、废片出土于房址中的情况，如内蒙古裕民遗址 F3、F6[21]，河北尚义四台遗址 F1、F2[22]。这些遗址上的石制品都是和其他生产生活用品共同出土于房址内，生产生活没有明显区分，石器生产方式算不上专门的手工业作坊，属于家户式生产方式。

峡江地区大溪文化至屈家岭文化时期的石器生产则表现出另外一种方式。湖北宜昌杨家湾大溪文化中晚期遗址在 1981 年的发掘中于遗址东北部发现一处面积 1000 平方米以上的花岗岩原生台面，其上遍布有用作石料的大小砾石、石片、石核、石坯和成形的石器，可能是一处石器制作场所[23]，属于利用户外天然地形作为石器制作场所。巴东官渡口遗址也发现一处石器制作场所，有石料、半成品和部分成品堆积在一起，面积 20 平方米[24]，但不清楚这个场所的具体情况。

浙江桐庐方家洲遗址和良渚遗址群内的塘山遗址发现有与玉石器加工相关的场所遗迹。方家洲遗址出土砾石原料、石器半成品、石片、石锤、石砧、磨石、海量废弃石片等与玉石加工有关的石制品 2 万余件，还发现 3 座底部有柱痕的灰坑，其中一座近方形的 H30，坑内出土有石片、坯料、石砧、砾石、红烧土块，坑底一角还发现一个深 50 厘米的柱痕，可能与玉石制造有关[25]。塘山遗址出土 400 余件良渚晚期的制玉工具，包括砂岩的砺（磨）石，凝灰岩的切磋用石和黑石英的雕刻用石，另外还发现百余件带有切割痕迹的玉料、管钻内芯和残玉器。没有发现确定是作坊的室内场所，但发现 3 处用石块砌成特殊形状的遗迹，在不到 1 平方米的范围内，用若干较平整的石块布列成一处"工作台"，有的平整放置，有的直立出入土中，围成一个小空间。在其东侧还有近 10 块同一平面的块石[26]。不同于北方地区和峡江地区，这里玉石器的制作场所虽然不确定是户外还是室内，但都经过人工搭建。塘山遗址平整的工作台也许是因为本身是一处制玉遗址的关系，但对于我们分析石器生产场景具有重要参考意义。

河南黄山遗址则提供了判断玉石器加工作坊的参考标准。该遗址发现大量与玉石器加工有关的遗存，其中主要是仰韶文化中晚期和屈家岭文化时期的。仰韶文化中晚期发现建筑 24 座，包括长方形木骨泥墙多间套式长房、墙基式、柱列式和圆形地面式。

木骨泥墙式长房为"前坊后居"或"坊居合一"式建筑，多发现有磨石墩、玉石器、制玉砂岩质工具及少量的骨器和独山玉料，一些地面有磨玉石残留的"砂石浆"沉积。长房主要用来居住，并有磨制玉石器作坊的功能，还生产骨镞和骨锥。柱列式建筑包括带围墙的大作坊和长方形、圆形作坊，作坊内发现较多的砂岩制玉石工具和一些玉石器半成品、废品、坯料、石核，有的屋外还有较厚的"砂石浆"沉积。另外，部分灰坑内出土较多玉石料。房址内发现的制玉石工具包括磨石墩、钻杆帽、钻头、锤、磨石棒、磨石片，还发现有玉料和石耜琢坯。屈家岭文化时期建筑22座，17座为残存柱洞的柱列式、长方形墙基式、圆形半地穴式建筑，5座为长方形柱列式工棚作坊和露天式作坊，活动面上均发现排列有序的磨石墩。大中型墓葬中发现有制玉石的工具、玉料和玉石坯料。制石工具包括陀螺形钻头、菱形薄片式钻头、钻杆帽、磨石墩、磨石棒等。还发现有打制的器坯、琢制的器坯、粗磨器坯等，包括石耜琢坯[27]。虽然目前还没有发现类似黄山制玉作坊这样单纯制作日常石器的作坊，但黄山制玉作坊无疑为我们提供了判断制石作坊的标准。

以上发现可以看出，石器生产副产品和制石工具的发现可以表明遗址上存在石器生产活动，但还难以确定石器生产的场所形式。石器生产场所的形式多样，上面列举的制石场所形式的不同，也许是由于地域、年代、生产阶段、产品的不同所致，但也说明石器生产形式可以是天然地形、露天工棚，也可以是家户生产，确定的室内作坊形式目前没有发现，但也不是没有可能。而制石场所的确立除了石器生产副产品和制石工具外，至少还需要有一个制作石器的活动面，根据这个活动面周围是否有柱洞和柱洞的分布，是否属于一所房子，以及其他相关遗迹现象来判断石器生产场所的形式。而生产场所上具体的生产内容则需要根据石器生产副产品和制石工具在活动面上的空间位置来判定。

三、陶寺遗址的石器生产

陶寺遗址自1978年第一次发掘以来，发现了大量的石器，包括斧、锛、凿、楔、刀等日常使用的工具，磬、钺等威望物品，璧、环等装饰品，箭头等武器和钻头、石锤等生产石器的工具。其中，威望物品、装饰品和武器主要出自墓葬，而占出土石制品一半的日用工具则主要发现于居住区。这些石制品年代分属于早、中、晚期，但主要属于早期和晚期[28]。此外，遗址上还出土了上万件石片、石坯和磨石。石坯种类包括斧、锛、凿、铲、刀、厨刀、纺轮、箭头、钺和琮。这些石坯和石片分属于陶寺各期，但主要属于陶寺晚期[29]。大量石器生产副产品和相关工具的发现表明陶寺遗址上存在大规模的磨制石器生产活动。

陶寺出土的成品石器主要由角岩和变质砂岩制成，另外还有一些大理岩、页岩、砂岩和灰岩。大理岩主要用来制作仪式用器和装饰品，页岩用来制作箭头；最常用的变质砂岩和角岩主要用来制作日用工具和箭头；砂岩主要用来制作磨石和钻头[30]。和成品石器的情况相似，石坯和石片的岩性主要也是变质砂岩和角岩，另有少量的大理岩、砂岩和页岩[31]。陶寺的磨制石器生产主要是变质砂岩和角岩制成斧、锛、凿、刀、铲等日用工具的生产。

陶寺遗址的石器生产也是武器的生产。陶寺大规模的石器生产和位于其南面7公里的大崮堆山遗址密切相关[32]。大崮堆山遗址是一处陶寺文化时期的石器制造场，于1988年和1989年发掘，发现11000多件石制品，包括石片、石坯和石锤，其中石片的数量最多。石坯中数量最多的是矛形坯，其余为刀形坯、铲形坯、凿形坯。另外还发现一些石锤。这些石制品都由大崮堆山发现的角岩或变质砂岩制成。石片的尺寸普遍大于陶寺遗址发现的石片尺寸。因此，大崮堆山遗址被认为是陶寺石器的石料来源地，也是石器粗加工的场所，大崮堆山制好的石坯可能被带到陶寺进一步加工成石器[33]。这里的矛形坯在陶寺遗址也有发现，而矛形坯被认为可能是石镞的坯子[34]。因此，陶寺不仅生产斧、锛、凿、刀、铲等日用石质工具，也生产武器石镞。

陶寺遗址上也发现有可能是石器生产的场所。2008年的一次调查和试掘发现了一个活动面，这个活动面上有两块磨石、一个矛形坯、几个石块和几片陶片，一条小路连接着活动面和一个陶寺晚期的房基F1。这个活动面也许是F1院子的一部分。调查中还发现一些生产地点，其中包括5个早期、12个中期和15个晚期的地点[35]。这些地点的分布不同时期也有所不同（图1）。陶寺早期，5个生产地点几乎都分布在早期城墙外

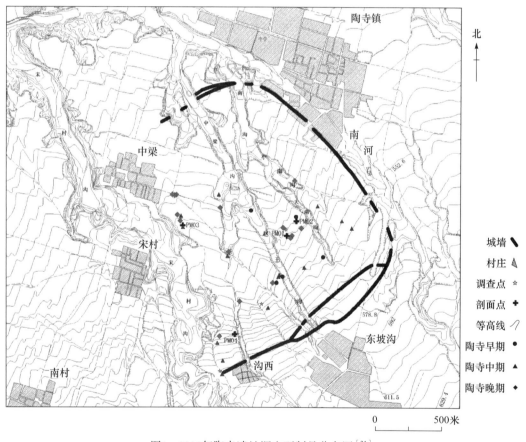

图1　2008年陶寺遗址调查石制品分布图[31]

Figure 1　Lithic distribution at the Taosi site based on the investigation data in 2008[31]

面，中期的 12 个地点则都分布在中期城墙的里面，晚期时虽然城墙没有了，但石器生产的地点数量却增多了，在遗址上的分布范围也更广。这种石器生产地点在空间上的变化表明，从早期到晚期磨制石器生产和陶寺精英阶层之间的关系发生了变化。石器生产地点从分布于城墙之外变迁到城墙之内，表明精英阶层对石器生产的控制可能加强。但陶寺晚期石器生产地点数量上的增加表明，陶寺的石器生产可能并不完全依附于精英阶层，精英阶层也没有完全控制石器生产，因为石器生产并没有随着陶寺精英阶层的衰落而萎缩，相反，比早中期更加繁荣了。

总之，陶寺遗址上曾存在大规模的石器生产，生产的形式有哪些目前还不清楚，但连接 F1 的石器生产活动面的存在说明至少存在以家庭为单位的石器生产活动。遗址上生产的产品主要是日常使用的工具和武器，生产可能在一定程度上受精英阶层的控制。

四、二里头遗址和殷墟的磨制石器生产

二里头遗址发现 60 余年来，许多重要发现面世，包括宫城城墙、宫殿基址、不同规模的墓葬、绿松石和制铜围垣作坊，还有一些玉器和青铜器，近年来还发现了井字形道路[36]。从二里头遗址的布局来看，它有明显的城市规划，手工业作坊有专门的区域（彩版四）。绿松石作坊紧挨宫殿区南城墙，铸铜作坊位于宫殿区以南 300 米，宫殿区位于遗址中心偏东南。在宫殿区和祭祀区分别发现 2 处制骨作坊和 5 处骨器加工地点。与绿松石作坊和铸铜作坊这些威望产品位于遗址中心位置不同，遗址上还没有发现大规模的日用石质工具的作坊，仅在宫殿区东北部、西南部、作坊区东北部等存在多处石器加工地点[37]。根据已发表的考古报告，二里头遗址上仅发现石片和石坯 283 件，但出土有 1532 件石器成品[38]。与陶寺遗址相较，石片和石坯的数量太少，表明二里头遗址上日用石器的生产活动可能并不很多，石器生产工业可能并不是二里头手工业经济的一个重要组成部分。二里头所需的日用石器可能需要从周围遗址进口，如部分鲕粒灰岩的石铲可能从南面 20 公里的灰嘴进口[39]。另外，二里头遗址存在石器改制重新利用的现象，如将石镰改制成石刀[40]，说明二里头节约使用石器工具，这可能是由于遗址上石器生产的不足而造成石器工具的短缺。二里头威望产品作坊的出现和日用工具生产活动的减少表明精英阶层可能更重视威望产品的生产，而减少了对日用石器的生产。

殷墟作为晚商的都城，和二里头相比，有着更大的遗址面积和更清晰的布局。宫殿区位于遗址的中心位置，被洹河和一条壕沟环绕，王室墓地位于遗址西北部。布局最清晰的手工业作坊广泛分布在遗址上四个手工业区——中部、西部、东部和南部手工业区[41]（彩版五）。中部手工业区在宫殿区内，位于中部手工业区内的是殷墟第四期的制玉作坊和铸铜作坊，制玉作坊主要是制作仪式使用的玉石制品。面积最大的南部手工业区内是铸铜、制骨和制陶作坊，年代从殷墟一期开始一直到四期，骨器作坊的年代则从二期开始一直到四期，主要生产骨笄和骨镞。制陶作坊分工明确，有专门生产泥质灰陶和夹砂陶器的作坊。在此区域西南约 280 米处的北徐家桥村北发现的商代墓葬中，近百座墓出土有石条形器及小型柄形器半成品，少者 1 件，多者上百件，在墓地中的分布相对集中，发掘者认为这批墓的墓主人生前是从事石器制作的工匠，他们所在的部族是专门从事玉石器生产的[42]。这些石条和石柄形器出土时都是表面磨光，沾有朱砂的，仅是一端有的磨成斜刃状，有的带有毛渣，未经打磨。但是仅这些材料还不太好判断这些石条和柄形器的性质，以及他们和石器生产的关系。即使生产石器，生产什么性质的石器也不清楚。两条道路发现于南部手工业区的北部和宫殿区的南部，显示了宫殿区里的精英阶层和南部手工业区的手工业者之间的紧密关系。西部手工业区内是铜器和骨器生产，从殷墟三期沿用到四期。东部手工业区内是铜器和骨器生产，从殷墟早期开始一直到晚期。尽管殷墟有许多手工业作坊，但是一直都没有日用石器作坊发现。当然不排除随葬石条石柄形器的墓葬附近有制玉石的作坊的可能[43]。殷墟宫殿区出土了上千件石镰和石刀，但除了 12 件没有开刃的石刀坯以外，殷墟没有石片和石坯出土[44]。因此，与二里头和陶寺相比，殷墟日用磨制石器的生产活动可能并不普遍。如果有一些石器生产活动的话，也只局限于石刀坯刃部的磨制。日用石器的生产可能几乎被精英阶层抛弃了，他们可能将更大的精力放在了威望产品的生产上。

五、讨　　论

从大量的石片、石坯、石屑和工具广泛分布在陶寺遗址上，到仅十几件石器半成品发现于殷墟，表明日用石器的生产从陶寺到殷墟时期地位发生了变化，从备受精英阶层重视到被抛弃，精英阶层将关注点转移到了威望产品的生产。造成这种转变的原因之一可能是聚落和石料资源之间的距离增加了。陶寺位于为其提供丰富变质砂岩和角岩资源的大崮堆山北部仅 7 公里，而二里头位于有着丰富石料资源的嵩山 20 公里，殷墟位于石料资源产区的太行山以东 20 公里。然而，比较一下铜和绿松石资源与二里头和殷墟之间的距离，就会发现石料资源和遗址之间的距离远没有铜和绿松石资源与遗址之间的距离远，所以距离可能并不是一个影响精英阶层抛弃石器生产的重要因素。二里头和殷墟与铜和绿松石资源之间的距离都要大于 20 公里。太行山的铜矿是二里头时期的一个重要的铜料来源，但其位于二里头遗址西北约 300 公里[45]。殷墟时期，其铜料资源可能来自云南东部和四川南部地区[46]。二里头遗址的绿松石则可能来自于湖北[47]。可以看出，对于二里头和殷墟来说，铜和绿松石资源与聚落的距离远大于石料资源与聚落的距离。二里头遗址和殷墟铜器和绿松石作坊的发现说明，尽管这些器物的原料来源可能较远，但并不妨碍精英阶层对这些威望产品的重视。这表明不是资源的距离，而是器物的价值和社会意义才是促使精英阶层对某个手工业感兴趣的关键。

日用石制品生产在聚落内减少的同时，威望产品的生产却增加了。但并不是所有日用产品在聚落中的生产都减少了。尽管在二里头遗址还没有发现日用陶器生产的作坊，但在陶寺遗址发现了制陶区域[48]，在殷墟南部手工业区也发现 34 座生产日用泥质灰陶的陶窑[49]。因此日用陶器的生产和日用石器的生产不同，从陶寺到殷墟时期，没有随着社会复杂程度的加深而衰落。这可能和陶器易碎的特征有关，易碎使得对大量的陶器成品进行长距离的运输变得比较困难。殷墟存在日用陶器的生产意味着不仅手工品的价值和社会意义是精英阶层考虑在城市中建立手工业生产的重要因素，器物的物理属性也是考虑的要素之一。

六、结　论

作为早期文明的一个重要特征，城市在中国的出现自 20 世纪 70 年代以来一直是学界讨论的焦点[50]。张光直先生认为中国的城市最早出现于二里岗文化时期[51]，大多数学者认为二里头、郑州和偃师商城、殷墟都是中国最早的都城[52]。新的考古发现为我们提供了更多的材料。何驽认为基于丰富的考古发现，陶寺应该被认为是最早的城市之一，因为它有大规模的夯土城墙、宫殿基址、有上千座随葬不同数量和种类随葬品墓葬的大型墓地、精美的玉器、漆器、彩陶等[53]。最近，Renfrew 和刘斌撰文讨论了良渚遗址的考古发现，包括城墙、水坝、宫殿建筑和有随葬精美玉器的高等级墓葬的墓地。他们认为，良渚是中国新石器时代晚期的一个城市社会，可能也是东亚最早的国家[54]。可以发现，依据最新的考古发现，中国早期城市出现的时间被逐渐向前推到了新石器时代晚期，在长江流域早到良渚文化时期，在中原地区早到陶寺时期。在中原地区，陶寺、二里头和殷墟可以看作早期城市化进程中的三个不同阶段的代表。

比较美索不达米亚商业和经济驱动下的早期城市化进程，张光直认为中国早期城市首先主要是精英阶层获取政治权力的工具[55]。在中国，商业城市直到东周时期才出现，这时市场进入到城墙内，商业成为城市的主要功能之一[56]。二里头和殷墟手工业作坊的发现使学者们对经济在城市中的作用更感兴趣，尽管这些手工业作坊是国家控制的、为精英阶层生产威望产品的[57]。除了国家控制的手工业外，非国家控制的日用工具的手工业在城市中的地位也成为关注的对象。

陶寺到殷墟时期，中原地区从最初的城市出现到大邑商，中国早期城市化程度加深，城市规划越来越清晰，手工业种类越来越齐全。这一时期，农业已经成为中原地区的主要生计方式，社会组织形式变得更加复杂，手工业生产的组织形式也随着社会的复杂化有所改变。精英阶层逐渐转向威望产品的生产，并且将威望产品的生产放在紧挨宫殿区的地方，以控制其生产。手工业作坊区在空间上的聚集现象首先出现在二里头遗址，这种布局模式被殷墟所继承并进一步发展[58]。日用石器是农业和建筑所必需的工具，它们的生产却被精英基层逐渐忽视，从陶寺时期遗址上大规模的石器生产到殷墟几乎没有石器生产的迹象。这种变化表明，磨制石器的生产随着城市化进程的加深逐渐被精英阶层抛弃，城市发展所需的日用石器的生产可能仅保留在城市周围的次级聚落，如灰嘴。磨制石器生产在城市布局中地位的变化说明了中国早期城市发展中的精英战略。

附记　本研究得到国家重点研发计划"中华文明起源进程中的生业、资源与技术研究"（项目编号：2020YFC1521606）资助。

注　释

[1]　向金辉：《中国磨制石器起源的南北差异》，《南方文物》2014 年第 2 期，第 101-109 页。

[2]　赵志军：《中国古代农业的形成过程——浮选出土植物遗存证据》，《第四纪研究》2014 年第 34 卷第 1 期，第 73-84 页。

［ 3 ］ 翟少冬：《华北地区磨制石器制作工艺考察》，《中原文物》2015 年第 1 期，第 24-29 页。

［ 4 ］ 方向明：《方家洲：新石器时代的专业玉石制造场》，《中国文化遗产》2012 年第 6 期，第 66-72 页。

［ 5 ］ 张弛：《大溪、北阴阳营和薛家岗的玉、石器工业》，见北京大学考古学系编：《考古学研究》（四），北京：科学出版社，2000 年，第 55-76 页。

［ 6 ］ 《桐庐分水沈家畈遗址考古发掘专家论证会召开》，浙江文物微信公众号，2023 年 5 月 16 日。

［ 7 ］ 赵晔、时西奇：《浙江嘉兴西曹墩遗址发现良渚文化时期加工遗存》，《中国文物报》2021 年 4 月 30 日第 8 版。

［ 8 ］ 王明达、方向明、徐新民、方忠华：《塘山遗址发现良渚文化制玉作坊》，《中国文物报》2002 年 9 月 20 日第 1 版。

［ 9 ］ 陈天然：《"剖璞辨玉"——环太湖地区新石器时代晚期玉器材质及价值判断研究》，北京大学博士研究生学位论文，2022 年。

［10］ COSTIN, C. L. 1991. Craft specialization: issues in defining, documenting and explaining the organization of production. *Archaeological Method and Theory*, 3: 1-56.

［11］ 佟柱臣：《新石器的工艺特征》，《中国新石器研究》，成都：巴蜀书社，1998 年，第 1733-1736 页。

［12］ 张弛、林春：《红花套遗址新石器时代的石制品研究》，《南方文物》2008 年第 3 期，第 68-77 页。

［13］ 同［ 6 ］。

［14］ 同［ 7 ］。

［15］ 中国社会科学院考古研究所河南省第一工作队：《2002—2003 年河南偃师灰嘴遗址的发掘》，《考古学报》2010 年第 3 期，第 393-422 页。

［16］ 中美联合考古队：《两城镇：1998—2001 年发掘报告》，北京：文物出版社，2016 年，第 1352-1370 页。

［17］ 内蒙古文物考古研究所：《克什克腾旗南台子遗址》，《内蒙古文物考古文集》（第二辑），北京：中国大百科全书出版社，1997 年，第 53-57 页。

［18］ 中国社会科学院考古研究所内蒙古工作队：《内蒙古敖汉旗小山遗址》，《考古》1997 年第 6 期，第 481-506 页。

［19］ 中国社会科学院考古研究所：《敖汉赵宝沟——新石器时代聚落》，北京：中国大百科全书出版社，1997 年，第 35-46 页。

［20］ 李新伟：《仪式圣地的兴衰：辽西史前社会的独特文明化进程》，上海：上海古籍出版社，2017 年，第 68-69、95 页。

［21］ 内蒙古自治区文物考古研究所、乌兰察布市博物馆、化德县文物管理所：《内蒙古化德县裕民遗址发掘简报》，《考古》2021 年第 1 期，第 26-50 页。

［22］ 张家口市文物考古研究所：《河北尚义县四台新石器时代遗址发掘简报》，《考古》2018 年第 4 期，第 3-15 页。

［23］ 林邦存：《宜昌杨家湾遗址的重要考古发现和研究成果》，《中国文物报》1994 年 10 月 23 日第三版。

［24］ 王然：《巴东官渡口新石器时代、商周辑汉代遗址》，《中国考古学年鉴》（1995），北京：文物

出版社，1997 年。

［25］　同［4］。

［26］　同［8］。

［27］　河南省文物考古研究院、南阳市文物考古研究所：《河南南阳市黄山新石器时代遗址》，《考古》2022 年第 10 期，第 3-28 页。

［28］　中国社会科学院考古研究所、山西省临汾市文物局：《襄汾陶寺：1978—1985 年考古发掘报告》，北京：文物出版社，2015 年，第 306-348、671-796 页。

［29］　严志斌：《陶寺文化石制品研究——以 HG8 为中心》，见中国社会科学院考古研究所编：《二十一世纪的中国考古学》，北京：文物出版社，2005 年，第 357-374 页。

［30］　同［28］。

［31］　翟少冬、王晓毅、高江涛：《山西陶寺遗址石制品及相关遗迹调查简报》，《考古学集刊》（19），2013 年，第 1-26 页、图 2。

［32］　山西省考古研究所：《山西襄汾县大崮堆山石器制造场遗址 1988—1989 年的发掘》，《考古》2014 年第 8 期，第 7-19 页。

［33］　翟少冬：《山西襄汾大崮堆山遗址石料资源利用模式初探》，《考古》2014 年第 3 期，第 58-67 页。

［34］　何驽：《陶寺遗址石器工业性质分析》，《三代考古》（七），科学出版社，2017 年，第 355-366 页。

［35］　同［31］。

［36］　赵海涛、许宏、王振祥、孙慧男、卜莹莹：《二里头遗址发现 60 年的回顾、反思与展望》，《中原文物》2019 年第 4 期，第 45-55 页。

［37］　赵海涛、李飞：《二里头都邑的手工业考古》，《南方文物》2021 年第 2 期，第 126-131 页。

［38］　中国社会科学院考古研究：《二里头（1999—2006）》，北京：文物出版社，2014 年，第 126-136、1374 页。

［39］　LIU L, ZHAI S D, CHEN X C. 2013, Production of ground stone tools at Taosi and Huizui: A comparison in A. Underhill. (ed.) *A companion to Chinese Archaeology*, Hoboken, NJ, John Wiley & Sons Inc. pp. 278-299.

［40］　中国社会科学院考古研究所：《偃师二里头 1959—1978 年发掘报告》，北京：中国大百科全书出版社，1999 年，第 177-179 页。

［41］　何毓灵：《论殷墟手工业布局及其源流》，《考古》2019 年第 6 期，第 75-88 页。

［42］　安阳市文物考古研究所：《2002 年安阳北徐家桥村北商代遗址发掘简报》，《中原文物》2017 年第 5 期，第 4-13 页。

［43］　同［41］。

［44］　李济：《殷墟有刃石器图说》，《历史语言研究所集刊》（第二十三本·下册），1952 年，第 523-619 页。

［45］　刘莉、陈星灿：《城：夏商时期对自然资源的控制问题》，《东南文化》2000 年第 3 期，第 45-60 页。

［46］　金正耀：《论商代青铜器中的高放射成因铅》，《考古学集刊》（15），北京：文物出版社，2004

年，第 269-278 页。

［47］ 叶晓红、任佳、许宏、陈国梁、赵海涛：《二里头遗址出土绿松石器物的来源初探》，《第四纪研究》2014 年第 34 卷第 1 期，第 212-223 页。

［48］ 何驽：《都城考古的理论与实践——从陶寺遗址和二里头遗址都城考古分析看中国早期城市化进程》，《三代考古》（三），北京：科学出版社，2009 年，第 3-58 页。

［49］ 同［41］。

［50］ BAIROCH P. 1988. *Cities and economic development from the dawn of the history to the present.* Chicago: University of Chicago Press. pp. 1-70.

［51］ CHANG K C. 1976. *Early Chinese civilization: anthropological perspectives.* Cambridge: Harvard University Press.

［52］ 董琦：《中国先秦城市发展史概述》，《中原文物》1995 年第 1 期，第 73-78 页。

［53］ 同［48］。

［54］ RENFREW C, LIU B. 2018. The emergence of complex society in China: the case of Liangzhu. *Antiquity*, 92 (364): 975-990.

［55］ 张光直：《关于中国初期"城市"这个概念》，《文物》1985 年第 2 期，第 61-67 页。

［56］ a. 同［52］。

b. FALKENHAUSEN L. 2008. Stages in the development of 'cities' in Pre-Imperial China, in J. Marcus, J A Sabloff. (ed.) *The ancient city: new perspectives on urbanism in the old and new world.* Santa Fe, N. M: School for Advanced Research Press. pp. 209-228.

c. 许宏：《先秦城市考古学研究》，北京：北京燕山出版社，2000 年，第 10-12 页。

［57］ 杜金鹏：《殷墟宫殿区玉石手工业遗存探讨》，《中原文物》2018 年第 5 期，第 27-37 页。

［58］ 同［41］。

Status Change of Ground Stone Tools Production During the Early Urbanization in Central China

ZHAI Shao-dong

(The Institute of Archaeology Chinese Academy of Social Sciences)

Abstract: This article firstly discussed the evidences to determine that stone artifacts production ever happened at a site. The direct evidence are the tools for producing the stone artifacts and the byproducts made during the production, while at least an activities surface is needed to determine a place for producing stone artifacts. Then according to the standards to analyze the characteristic of the production place and its types of the production activities. Secondly, the ground stone tools production situations at Taosi, Erlitou and Yinxu were discussed based on the evidences. It was supposed that early urbanization were greater and greater from Taosi to Yinxu period in Central Plain and the layout of a city was also clearer and clearer with more and more craft types. However, prestige goods productions gradually became the focus in a city and were resettled in the places close to the palace district in order to be controlled by the elite. For the reasons, this article considered that the economic and social values of the craft products rather than the distance between the resources and the settlement were the keys to explain why the daily stone tools production was neglected during urbanization. In addition, the physical characteristic was also one of the reasons. This status change of ground stone tools production in the layout of a city showed the elite strategy during the early urbanization in China.

Key Words: ground stone tools production; early urbanization; status change

成都商业街船棺葬出土漆床的多视角影像三维重建应用

张 蕾

（中国社会科学院考古研究所）

摘要： 成都商业街船棺葬是中国战国时期古蜀国墓葬遗址，年代为公元前 400 多年，是古蜀国考古的又一重大发现，为研究古蜀国历史、文化及丧葬制度提供了极其重要的实物资料。出土的数以百计的大量精美漆器，将成都作为我国著名的漆器生产中心的历史向前推移了三四百年。其中出土的大型漆床是其重要的代表文物。但由于漆床形制较大，传统的线图或照片不能完整的展现器物的全貌。加之其构件较多，有复杂的组装关系，用实物进行拼搭操作困难。我们希望通过多视角影像三维重建技术的应用，能够获得精确的文物三维数据，实现漆床完整的三维展示，并辅助后续的支撑设计、应力分析等。

关键词： 成都商业街船棺葬　古代巴蜀文化　大型漆床　多视角影像三维重建三维建模

一、项目开展目的

（一）项目中文物的基本概况和研究价值

成都市商业街大型船棺合葬墓，其年代为公元前 400 多年，它以其宏大的规模、独特的墓葬形制、大量丰富的随葬器物等为研究古代蜀国晚期历史提供了重要科学资料，在进一步研究古代巴蜀的文化中具有极大的历史价值。

墓葬出土漆器尤为珍贵，均为木胎漆器，色彩亮丽，纹饰斑斓，种类繁多，是中国战国漆器中仅见的精品[1]。根据对商业街船棺葬随葬漆器的研究，可以了解漆器工艺在成都的发展，推测最迟在战国早期，蜀人的漆器工艺已经非常发达了，甚至可以和同时期楚国的漆器工艺媲美，这就把成都漆器工艺的发达时间提早了两三百年。其中商业街船棺葬出土的大型漆床是其重要的代表文物。但由于漆床形制较大，传统的线图或照片不能完整的展现器物的全貌。加之其构件较多，有复杂的组装关系，用实物进行拼搭操作困难。我们希望通过多视角影像三维重建技术的应用，能够获得精确的文物三维数据，实现漆床完整的三维展示，并辅助后续的支撑设计、应力分析等。

（二）项目完成的技术支持

多视角影像三维重建技术近年来在文博、考古领域得到了越来越广泛的应用，具有很好的发展前景。多视角影像三维重建技术是以普通数字相机作为影像获取工具，从不同角度围绕被拍摄物体以最佳成像焦距拍摄多幅数字影像，其设备成本低，操作简便。然后通过三维建模软件根据计算机视觉原理，对获取的全部数字影像进行相互匹配，能够自动生成点云和纹理，而且点云和纹理严格对应，精度很高，建模效果很好，能够节省大量的人力、物力和时间。针对出土漆床构件形制大且种类多的特点，多视角影像三维重建技术在拍摄和数据采集方面，具有应变灵活的优势。

二、技术应用内容及方法

（一）通过多视角影像三维重建技术，获取出土漆床的影像资料

由于漆床木质构件形制较大、造型多样、无法规范摆放，我们在使用高清相机对漆床的每个构件进行多视角三维拍摄时，利用报纸的不同版面图案，作为构件正反两面多视角拍摄的背景，以满足后期软件在进行三维建模空间运算和匹配时的技术要求（图1～图4）。这种拍摄方式灵活，可以满足大型漆床不同形制构件的多视角影像拍摄和三维数据获取。

图1　漆床构件1正面多视角影像三维拍摄

Figure 1　3D multi-view images of front side of painted bed component 1

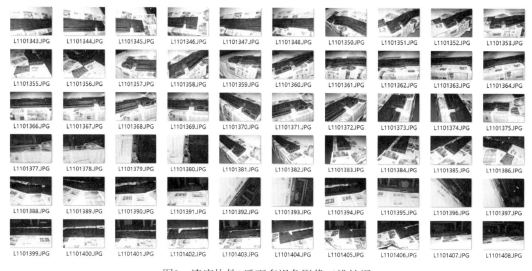

图2 漆床构件1反面多视角影像三维拍摄

Figure 2 3D multi-view images of back side of painted bed component 1

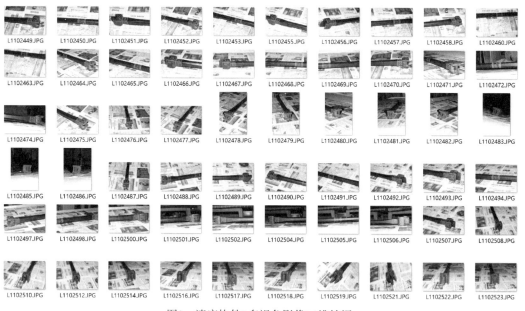

图3 漆床构件2多视角影像三维拍摄

Figure 3 3D multi-view images of painted bed component 2

（二）使用Agisoft Photoscan软件进行数据处理

目前在考古领域中被广泛使用的三维重建软件是 Agisoft PhotoScan。Agisoft PhotoScan 是一款基于影像自动生成高质量三维模型的优秀软件。将拍摄并调整好的一组照片全部添加，在工作流程中设置相应的参数，依此进行对齐照片、建立密集点云、生成网格和生成纹理的处理，最终形成完整的文物三维模型重建（图5、图6）。可以在三维模型的视图中选择相机（位置）、标记、区域、轨迹球、资讯的显示或隐藏，进行相关数据的查阅与展示。

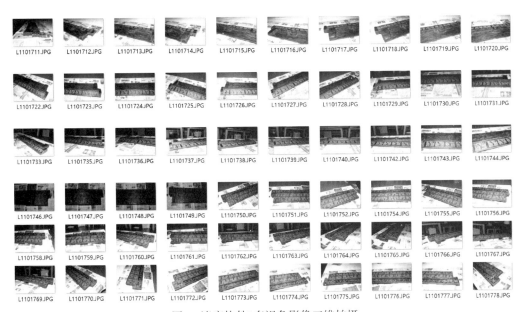

图4　漆床构件3多视角影像三维拍摄

Figure 4　3D multi-view images of painted bed component 3

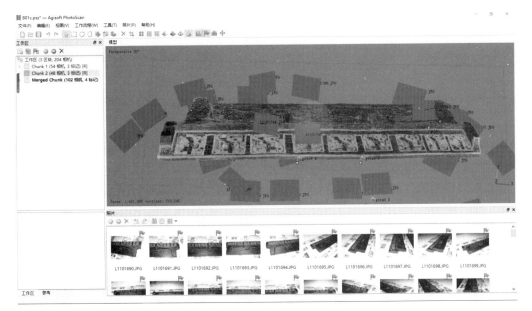

图5　漆床构件3的三维影像重建

Figure 5　3D reconstruction of multi-view images of painted bed component 3

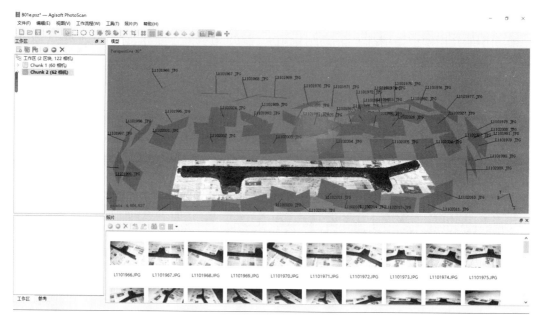

图6　漆床构件4的三维影像重建

Figure 6　3D reconstruction of multi-view images of painted bed component 4

（三）使用3D Studio Max软件完成文物的三维建模

　　3D Studio Max，常简称为 3d Max 或 3ds MAX，是基于 PC 系统的 3D 建模渲染和制作软件。我们将 Agisoft Photoscan 软件处理生成的三维影像文件导入 3D Studio Max 软件，根据漆床结构将各构件的三维影像进行组合，生成搭建完成的漆床三维建模图像，并对漆床和背景进行渲染。漆床的三维数字影像，可以在相应的三维软件中进行全方位的观看，展示和三维测量数据的查阅（彩版六）。

三、项目成果及展望

　　目前通过成都商业街船棺葬遗址出土漆床的多视角影像三维重建的应用，我们完成了漆床的三维影像建模，也获得了漆床的完整三维数据，对漆床后续的数字展示和开展更深入细致的研究工作有了一个良好的技术支撑，也对此类文物三维重建的后续开展提供了很好的案例。

　　目前三维重建技术不仅能够完全满足考古遗址和考古文物信息提取的精度要求，更因其使用的便捷性和灵活性，越来越多地被运用到考古研究、博物馆展示和文化遗产保护中来，取得了很好的成果。随着技术的发展和新设备的使用，三维影像重建必将在考古工作中发挥越来越广泛的作用。

注　释

［ 1 ］　施劲松：《商业街船棺葬遗址》，见《中国大百科全书》总编委会：《中国大百科全书·考古学
（第二版）》，北京：中国大百科全书出版社，2009 年。

The Application of Three-D Reconstruction of Multi-view Images of Lacquer Beds Unearthed from Boat Coffins in the Chengdu Commercial Street

ZHANG Lei

(The Institute of Archaeology, Chinese Academy of Social Sciences)

Abstract: The Chengdu commercial street boat coffin burial site is a tomb site of the ancient Shu State in the Warring States period of China, dating back to over 400 BC. It is another major archaeological discovery of the ancient Shu State, providing extremely important physical materials for the study of the history, culture and funeral system of the ancient Shu State. The hundreds of exquisite lacquerwares unearthed in the site have pushed forward the history of Chengdu as a famous lacquerware production center in China for three to four hundred years. The large painted bed unearthed among them is an important representative antiquity. However, due to the large size of the lacquer bed, traditional diagrams or photos cannot fully display the full view of the object. In addition, there are many components and complex assembly relationships, making it difficult to assemble with physical objects. We hope to obtain accurate 3D data of antiquity through the application of multi-view image 3D reconstruction technology, achieve the complete 3D display of paint bed, and assist in subsequent support design, stress analysis, etc.

Key Words: the Chengdu commercial street boat coffin burial; Ancient Ba-Shu culture; Large painted bed; Three-D reconstruction of multi-view images; 3D modeling

浅谈生物距离研究中
多元统计分析方法的选择

张 旭

（中国社会科学院考古研究所）

摘要： 在利用颅骨测量性状对古代人群进行生物距离研究过程中，目前被广泛使用的多元统计分析方法包括依据各测量性状平均值计算人群间欧氏距离、标准化欧氏距离、马氏平方距离以及利用个体测量值进行修正马氏平方距离的计算。本文利用上述 4 种多元统计分析方法分别对所选对比组人群进行了生物距离的计算，并将古 DNA 分析所得人群间亲缘关系结果作为副证，拟对生物距离研究中多元统计分析方法的最优选择进行尝试性讨论。经本文研究发现：在 4 种距离计算方法所得结果中，距离最小和最大的对比组是一致的，特别是距离最小者，经古 DNA 分析证实他们之间存在着一定的基因流动或可能拥有着共同的祖先。此外，利用个体测量值进行人群间（特别是小样本量人群）的修正马氏平方距离计算结果与古 DNA 分析结果具有相对较高的一致性，但若对比组未刊布个体测量值时，亦可选择运用测量性状平均值进行人群间的马氏平方距离的计算，结果与古 DNA 分析结果也较为一致；而不同于上述 2 种方法，运用欧氏距离或标准化欧氏距离计算所得结果与古 DNA 分析结果却存在一定的差异。

关键词： 生物距离　多元统计分析　修正马氏平方距离

一、引　言

生物距离（Biodistance）计算是人类骨骼考古学研究的重要内容之一。由于基因型变异可能会造成骨骼形态与测量性状的改变[1]，当两组或多组人群之间被证实拥有着较小的生物距离时，便能够推测他们之间存在着一定的基因流动（Gene Flow）或者可能拥有着共同的祖先，故以考古发掘出土人骨（含牙齿）的观测数据为基础开展人群之间生物距离推算，是探索其生物学亲缘关系较为有效的方法，能够阐释不同人群的亲缘关系、遗传分化，从而进一步解答古代居民的社会结构、人群活动、婚后居住制度（Postmarital Residence）等相关考古学问题。

目前学术界对于生物距离的推算主要借助于古 DNA 分析、非测量性状观察、测量性状统计等方法提取的相关数据来完成。其中，对颅骨测量性状进行多元统计分析是被广泛使用的方法之一。相关研究表明[2]，颅面部的大小与形态由多个基因决定，具有偏高的遗传性，虽然，颅骨的大小还会受到气候因素的影响，但除非是居住在特别寒冷的环境中，否则颅骨的形态受遗传因素的影响比气候因素更为显著[3]。起初，研究者所使用的多元统计分析方法主要为依据各颅骨测量性状平均值计算人群间的欧氏距离（ Euclidean Distances，简称 D_E ），但伴随着统计学的发展，有学者指出：一些颅骨测量项目（即变量）之间存在较强的相关性，直接使用欧氏距离会导致聚类结果与真实情况产生偏离，因此提出了标准化欧氏距离（ Normalized Euclidean Distance，简称 D_{EN} ），但经论证后发现，该方法等同于马氏距离（ Mahalanobis Distances，简称 D_M ）在极限状态（ Limiting Case ）下进行计算，故马氏距离被认为是排除变量之间相关性更好的办法，而后又有研究指出，在人类骨骼考古学研究中，马氏平方距离（ Square of Mahalanobis Distances，简称 D_M^2 ）比马氏距离更适用于生物距离的计算。但上述距离的计算皆不是针对人群分化（ Population divergence ）无偏差的估计，因此，一些学者对马氏平方距离进行了完善与修订，其中，索雷夫·舍沃德（ Thorleif Sjøvold ）提出修正马氏平方距离（ Corrected Mahalanobis D^2，简称 D_{CM}^2 ）以及验证其结果是否具有统计学意义的零假设（ Null Hypothesis ）检验[4]，由于该方法是根据颅骨测量项目的个体测量值进行计算，而非平均值，因此被认为是对人群间生物距离的无偏估计（ Unbiased Estimator ），且更适用于小样本量人群的相关研究。

在我国，依据颅骨测量性状进行欧氏距离的计算早已被广泛运用于人类骨骼考古学研究中，但马氏距离起初仅是被相关专著提及[5]，直到 2013 年才有学者使用间接手段基于马氏距离系数进行聚类分析[6]，2017 年有学者通过比较欧氏和马氏距离计算结果后发现，直接用马氏距离对人群间生物距离进行推算的结果并不理想，特别是使用测量性状平均值来计算人群间的生物距离容易偏离真实情况[7]。2022 年有学者使用马氏平方距离探讨人群颅面部形态的差异性，并利用多元方差分析（ Multivariate Analysis of Variance，MANOVA ）进行统计结果的显著性检验[8]。但截至目前，通过计算修正马氏平方距离来进行人群间生物距离的探讨并未广泛开展。鉴于此，本文拟选取一组小样本量的古代人群颅骨测量性状，利用包括修正马氏平方距离在内的 4 种多元统计方法，将其与已知的古代对比组人群进行生物距离的计算，并提取该人群的古 DNA 信息，用其分析结果辅证本文生物距离的计算结果，从而探讨上述 4 种多元统计分析方法在生物距离研究中的选择优先级。

二、材料与方法

（一）研究材料

本文选取的古代人群采集自山东烟台砣矶岛大口遗址，因该遗址古代居民的颅骨保存情况极差，本文仅从中选择了 3 例保存完整的成年个体（M12、M20、M22）进行了颅骨线性测量数据的采集。其中，2 例个体（M20、M22）成功获取了碳十四测年数据，结果表明：M20 矫正年代为 4156～3984 BP、M22 矫正年代为 4417～4236 BP，均属于山东龙山文化时期。

对照组人群主要选取了由吉林大学朱泓教授研究团队提出的先秦时期我国六大人种类型的代表人群，即生活在黄河中下游地区的古中原类型——陕西华县仰韶组[9]，内蒙古长城地带的古华北类型——内蒙古大甸子 I 组[10]，黄河流域上游地区的古西北类型——甘肃磨沟齐家组[11]，东北地区的古东北类型——吉林后套木嘎（6 期）组[12]，东南沿海地带的古华南类型——广西甑皮岩组[13]，以及蒙古高原地区的古蒙古高原类型——内蒙古新店子组[14]。

（二）研究方法

颅骨测量性状方面，依据马丁（Martin）[15]、霍威尔斯（Howells）[16]、邵象清[17]等人介绍的测量标准，本文共选择了 17 项测量性状，包括颅长、颅宽、颅高、最小额宽、颧宽、右侧眶宽（mf-ek）、右侧眶高、鼻宽、鼻高 9 项线性测量项目，鼻颧角、总面角 2 项角度测量项目，同时，本文还选择了颅长宽指数、颅长高指数、颅宽高指数、额顶宽指数、眶指数、鼻指数 6 项测量指数项目。

本文对上述颅骨测量性状进行了以下 3 方面分析。

第一，利用主成分分析法（Principal Component Analysis，PCA）精简变量数量，即提取 7 组对比组人群的 17 项颅骨测量性状中累计贡献率达 60% 以上的主成分，将其包含的颅骨测量性状作为精简后变量。该分析使用 IBM SPSS Statistics 21.0 软件完成。

第二，以精简后的颅骨测量性状为基础，利用平均值进行欧氏距离（D_E）、标准化欧氏距离（D_{EN}）、马氏平方距离（D_M^2）的计算，利用个体测量值进行修正马氏平方距离（D_{CM}^2）的计算。其中，欧氏距离的计算使用 IBM SPSS Statistics 21.0 软件完成，马氏平方距离由本文作者自己编写 R 语言脚本完成，标准化欧氏距离和修正马氏平方距离计算使用 Microsoft Excel 16.16.27 软件完成。

第三，提取大口组先民的牙齿标本，进行基因组水平分析，利用外类群 f3（Outgroup-f3）检验法[18]计算大口组与已知的 25 组古代人群之间的等位基因共享水平，用以佐证生物距离的计算结果。所涉及的古 DNA 提取、文库构建等工作内容均严格按照标准进行[19]。外类群 f3 检验使用 Admixtools 包中的 qp3Pop v435 软件完成。

三、结　　果

（一）主成分分析

对本文所选的 7 组对比组人群的 17 项颅骨测量性状进行主成分分析前，首先对其进行了 KMO 检验和巴特利特检验（表 1）。根据检验结果可知：KMO 值为 0.535（＞0.5），同时巴特利特检验的显著性为 0，明显小于 0.001，表明各对比组的变量之间存在相关性，因此，对其进行主成分分析是有统计学意义。

表1　KMO和巴特利特检验
Table 1　Kaiser-Meyer-Olkin and Bartlett's test

KMO 取样适切性量度		0.535
Bartlett 的球形度检验	近似卡方	2176.641
	自由度	136
	显著性	0.000

对本文所选的 7 组对比组人群的 17 项颅骨测量性状进行主成分分析（表 2）后，共提取了主成分特征值大于 1 的 6 个主成分因子，其累计贡献率达到 80.943%（＞80%）。根据既往研究发现，提取主成分累计贡献率 60%～70% 的数据即可完成变量的精简，基于此，本文提取了前 4 位主成分（累计贡献率 65.999%）所代表的 13 个颅骨测量性状作为精简后变量，即第 1 主成分包括的 4 个颅骨测量性状：颅长宽指数、颅宽、颅长、颅宽高指数；第 2 主成分包括的 3 个测量性状：颅长高指数、颅高、鼻颧角；第 3 主成分包括的 4 个测量性状：右侧眶宽、鼻高、颧宽、总面角；第 4 主成分包括的 2 个测量性状：鼻宽和鼻指数。

表2　主成分分析
Table 2　Principal component analysis

解释的总方差 Total Variance Explained		主成分 Component					
		1	2	3	4	5	6
提取平方和载入	特征值	4.738	2.623	2.184	1.674	1.439	1.102
	方差的百分比 / %	27.873	15.432	12.850	9.844	8.462	6.481
	累计贡献率 / %	27.873	43.305	56.155	65.999	74.462	80.943
成分矩阵 Component Matrix							
8.:1. 颅长宽指数		−0.974	−0.133	0.035	−0.085	−0.049	0.051
8. 颅宽		−0.820	−0.279	0.300	0.083	−0.068	0.022
1. 颅长		0.738	−0.233	0.406	0.204	0.020	−0.050
17.:8. 颅宽高指数		0.681	0.658	−0.159	0.055	0.018	0.048
17.:1. 颅长高指数		−0.119	0.894	−0.269	0.004	0.060	0.053
17. 颅高		0.443	0.780	0.036	0.158	0.054	0.019
77. 鼻颧角		−0.188	−0.517	−0.319	0.290	0.147	0.143
51. 眶宽 R		−0.100	−0.025	0.826	0.070	−0.180	0.046
55. 鼻高		−0.013	−0.089	0.766	−0.202	0.275	0.119
45. 颧宽		−0.244	−0.499	0.505	0.186	−0.021	0.143

续表

解释的总方差	主成分 Component					
Total Variance Explained	1	2	3	4	5	6
72. 总面角	0.062	−0.349	0.399	−0.274	−0.225	−0.065
54. 鼻宽	0.102	−0.031	0.199	0.870	−0.010	0.115
54.:55. 鼻指数	0.098	0.047	−0.386	0.858	−0.204	−0.001
52. 眶高 R	0.028	0.034	0.247	−0.052	0.903	0.001
52:51 眶指数 R	0.114	0.029	−0.394	−0.101	0.871	−0.064
9. 额骨最小宽	−0.140	−0.081	0.215	0.112	−0.053	0.912
9.:8. 额顶宽指数	0.641	0.195	−0.178	0.027	0.024	0.678

提取方法：主成分分析

（二）生物距离系数计算

对本文所选的 7 组对比组人群精简后的 13 项颅骨测量性状分别进行欧氏距离、标准化欧氏距离、马氏平方距离、修正马氏平方距离 4 种方法进行计算（表 3），根据结果可知：

第一，大口组与 6 组对照组的欧氏距离系数由小到大依次是：大甸子 I 组（10.043）＜甑皮岩组（12.058）＜华县组（12.280）＜磨沟组（14.143）＜后套木嘎组（16.041）＜新店子组（35.455）。标准化欧氏距离系数由小到大依次是：大甸子 I 组（6.265）＜甑皮岩组（8.050）＜华县组（8.947）＜磨沟组（10.614）＜后套木嘎组（15.592）＜新店子组（34.933）。两种计算方法的结果所反映的生物距离相对大小是一致的，即大口组与大甸子 I 组为代表的古华北类型古代居民的颅面形态最为近似，其次是甑皮岩组为代表的古华南类型、华县组为代表的古中原类型、磨沟组为代表的古西北类型和后套木嘎组为代表的古东北类型，与新店子组为代表的古蒙古高原类型居民颅面形态相似度最小。

第二，大口组与 6 组对照组的马氏平方距离系数由小到大依次是：大甸子 I 组（6.972）＜磨沟组（7.011）＜华县组（10.205）＜甑皮岩组（17.991）＜后套木嘎组（19.853）＜新店子组（44.028）。修正马氏平方距离系数由小到大依次是：大甸子 I 组（1.285）＜磨沟组（2.228）＜华县组（3.657）＜甑皮岩组（9.115）＜后套木嘎组（12.332）＜新店子组（33.013）。两种计算方法的结果所反映的生物距离相对大小是一致的，即大口组与大甸子 I 组为代表的古华北类型古代居民的颅面形态最为近似，其次是磨沟组为代表的古西北类型、华县组为代表的古中原类型、甑皮岩组为代表的古华南类型和后套木嘎组为代表的古东北类型，与新店子组为代表的古蒙古高原类型居民颅面形态相似度最小。

第三，本文所选的 4 种距离的计算结果均表明：大口组与大甸子 I 组为代表的古华北类型居民的生物距离最小，其中，对修正马氏平方距离所得结果进行显著性检验可知，p 值为 0.229（p 值＞0.05），即"二者之间存在差异"的假设不具有统计学意义，换言之，二者之间的颅面形态不存在显著性差异。同时，大口组与新店子组为代表的先秦时期古蒙古高原类型居民的生物距离最大，且显著性检验 p 值小于 0.001，即他们之间存在显著性差异，换言之，二者之间的颅面形态差异明显。由此可知，在最小距离值和最大距离值的计算方面，4 种计算公式达成了一致，并且结果也符合假设性检验。

第四，通过本文研究发现，除最小值和最大值之外，4 种公式计算得出的大口组与其余各对比组之间生物距离的相对大小略有差异。主要表现在大口组与磨沟组为代表的古西北类型和与甑皮岩组为代表的古华南类型古代居民之间生物距离的相对大小。通过欧氏距离和标准化欧氏距离计算所得结果表明，大口组与甑皮岩组的距离仅次于其与大甸子 I 组，且对标准化欧氏距离所得结果进行显著性检验可知，p 值为 0.244（p 值＞0.05），即二者之间的颅面形态不存在显著性差异；而相比之下，大口组与磨沟组的距离则相对较远，且对标准化欧氏距离所得结果进行显著性检验可知，p 值为 0.003（p 值＜0.05），即二者之间的颅面形态存在显著性差异。通过马氏平方距离和修正马氏平方距离计算所得结果表明，大口组与磨沟组的距离仅次于其与大甸子 I 组，且对修正马氏平方距离所得结果进行显著性检验可知，p 值为 0.111（p 值＞0.05），即二者之间的颅面形态不存在显著性差异；而相比之下，大口组与甑皮岩组的距离则相对较远，且对修正马氏平方距离所得结果进行显著性检验可知，p 值为 0.007（p 值＜0.05），即二者之间的颅面形态存在显著性差异。值得注意的是，显著性检验表明上述结果均具有统计学意义。

表3 大口组居民与6组对照组人群之间的生物距离系数计算

Table 3 Calculation of biodistance between Dakou people and 6 comparative groups

对比组	D_E	D_{EN}	$p\text{-}D_{EN}$	D_M^2	D_{CM}^2	$p\text{-}D_M^2/D_{CM}^2$
与华县组	12.280	8.947	0.050	10.205	3.657	0.065
与大甸子 I 组	10.043	6.265	0.195	6.972	1.285	0.229
与磨沟组	14.143	10.614	0.003	7.011	2.228	0.111
与后套木嘎组	16.041	15.592	＜0.001	19.853	12.332	＜0.001
与甑皮岩组	12.058	8.050	0.244	17.991	9.115	0.007
与新店子组	35.455	34.933	＜0.001	44.028	33.013	＜0.001

（三）古DNA分析

本文从大口遗址出土人骨中成功提取了 2 例基因组覆盖度大于 0.01x 且污染率低于 0.05 的男性个体进行基因组水平分析，并利用外类群 f3（Outgroup-f3）检验法计算大口组与 25 组古代人群之间的等位基因共享水平（表 4）。其中外类群为居住在赤道非洲及刚果森林中的姆布蒂人（Mbuti），当检验值 F3 越大表明对比人群之间的遗传共享越多。根据表 4 所示的外类群 f3 检验结果可知：

表4 大口人群的外类群f3检验

Table 4 The Outgroup-f3 statistics of Dakou people

对比组		F3 值
新石器时代早期类（EN）	Shandong_Coastal 山东沿海组（扁扁洞、博山、小荆山、小高遗址）	0.315954
	Yumin 裕民组	0.313022
	Wuqi+Zhalainuoer 扎赉诺尔组	0.311664
	Jiangjialiang 姜家梁组	0.306601
	Liangdao 亮岛组	0.300235
	Qihe 奇和洞组	0.29065
新石器时代中期类（MN）	Miaozigou 庙子沟组	0.336384
	Hongshan 红山组	0.316934
	Yangshao 仰韶文化组	0.314136
	Haminmangha 哈民忙哈组	0.309726
新石器时代晚期类（LN）	Longshan 龙山文化组	0.321149
	Qijia 齐家文化组	0.321103
	Mogou 磨沟组	0.320432
	Shimao 石峁组	0.319582
	Wuzhuangguoliang 五庄果墚组	0.312931
	Xiajiadian_Lower 夏家店下层组	0.308538
	Xitoucun+Tanshishan 溪头村昙石山合并组	0.305697
	Suogang 锁港组	0.28929
新石器时代之后类（AN）	Yellow River Basin 黄河地区青铜-铁器组	0.318531
	Xiajiadian_Upper 夏家店上层组	0.311928
	Dacaozi 大槽子组	0.310392
	Xindianzi 新店子组	0.309279
	Xianbei 鲜卑组	0.308098
	Chuanyun_Historic 穿云组	0.297248
	Jinggouzi 井沟子组	0.287679

第一，大口人群分别与新石器时代早期山东沿海组、中期的庙子沟组、晚期的龙山文化组拥有着较多遗传共享，表明他们的遗传关系较为紧密，其中，其与庙子沟组的F3 值（0.336384）最大。根据相关颅骨测量性状研究表明庙子沟组古代居民的颅面形态特征属于朱泓教授划分的先秦时期古华北类型[20]，而通过前文使用 4 种方法计算大口组与对照组之间的生物距离可知，大口组与大甸子 I 组为代表的古华北类型居民的生物距离最小，表明二者之间的颅面形态最为近似，这完全符合本文古 DNA 的分析结果，

但遗憾的是由于庙子沟组没有刊布个体测量值，所以没有办法基于测量性状对其与大口组之间的生物距离进行计算。

第二，在新石器时代中期类的 f3 检验中，大口组与仰韶文化组的 F3 值为0.314136，在新石器时代晚期类的 f3 检验中，大口组与磨沟组 F3 值为 0.320432，与溪头村昙石山合并组 F3 值为 0.305697。相关颅骨测量性状研究表明，磨沟组古代居民的颅面形态特征属于朱泓教授划分的古西北类型[21]、仰韶文化组属于古中原类型[22]、昙石山组属于古华南类型[23]，即大口组与上述三组人群为代表的先秦时期古代人群颅面形态近似关系由近到远依次为：古西北类型、古中原类型、古华南类型，这与马氏平方距离和修正马氏平方距离计算结果较为一致，却不同于欧氏距离和标准化欧氏距离的计算结果。同样遗憾的是，由于昙石山组没有刊布个体测量值[24]，所以没有办法基于测量性状进行生物距离的计算。

第三，新石器时代之后类的 f3 检验中，大口组与井沟子、新店子组的 F3 值相对较小，相关颅骨测量性状研究表明[25]，上述两组人群均拥有着属于朱泓教授划分的古蒙古高原类型颅面形态，大口组与他们之间偏小的 F3 值则表明他们的颅面形态的相似度不高，这符合前文使用 4 种方法计算得出的生物距离结果。

四、讨论与小结

通过本文研究发现，运用马氏平方距离和修正马氏平方距离计算所反映的大口组与各对照组之间的颅面形态近似关系与古 DNA 分析结果较为一致，即大口组与大甸子 I 组、庙子沟组为代表的先秦时期古华北类型居民的颅面形态最为相似，其次是磨沟组为代表的古西北类型，华县仰韶组为代表的古中原类型，以及甑皮岩组、昙石山组为代表的古华南类型。不同之处在于两种计算方法的计算对象不同，马氏平方距离是通过各测量性状的平均值来进行计算，而修正马氏平方距离则是通过每一例个体的测量数据来进行计算。另外，值得注意的是，运用欧氏距离和标准化欧氏距离计算所得结果，能够推测出大口组与古华北类型居民的颅面形态最为相似，与古蒙古高原类型居民颅面形态相似度最低，但在计算大口组与磨沟组、甑皮岩组之间的生物距离时产生了一定的偏差。早在 1975 年，索雷夫·舍沃德（Thorleif Sjøvold）在提出修正马氏平方距离时曾指出根据测量性状探讨人群亲缘关系时，如果使用测量性状的平均值作为计算依据，即便是宏观马氏距离的计算，其结果也并不理想，而近年来我国学者也曾针对这一问题进行论证并提出若排除变量选取是否合适这一因素外，造成这种误差的原因可能是与数据来源有关，即使用平均值来计算人群间生物学距离，的确容易造成与真实情况的偏差[26]。

需要说明的是，本文并没有在 4 种距离计算结果基础上进一步开展聚类分析，原因是聚类方法的不同会导致最终可视化结果存在差异，即便是基于同一种距离的计算结果虽然已有学者指出[27]，相比重心法（Centroid）、组内联结法（Within-groups linkage）等聚类方法，离差平方和法（Ward）更适合人群之间的聚类分析，但在聚类分析过程中，因方法适用性不同所造成聚类可视化结果的差异很难被完全排除。

综上可知，经本文研究发现所选的 4 种距离计算方法，距离值最小和最大的结果能够达成共识。但是利用个体测量值进行人群间的修正马氏平方距离计算的结果与古 DNA 分析结果具有相对较高的一致性，可被应用于人群间特别是小样本量人群之间生物距离的推算；但若对比组未刊布个体测量值时，亦可选择运用测量性状平均值进行人群间马氏平方距离的计算；而运用欧氏距离或标准化欧氏距离推算生物距离则容易造成与真实情况的偏差。

附记　本研究得到国家社会科学基金青年项目"山东砣矶岛大口遗址出土人骨研究"（项目批准号：17CKG022）、2023 年度中国社会科学院创新工程项目"古 DNA 技术的应用和人骨的综合研究"（项目批准号：2023KGYJ015）资助。

注　释

［1］　Jane E B, Douglas H U. 1994. *Standards for data collection from human skeletal remains*. Fayetteville, AR: Arkansas Archeological Survey.

［2］　a. Rector A, Ravindranath D, Ravindranath D, et al. 2002. Heritability of anthropometric phenotypes in caste populations of Visakhapatnam, India. *American Journal of Human Biology*, 11(1):103-104.
　　　b. Carson E A. 2006. Maximum likelihood estimation of human craniometric heritabilities. *American Journal of Physical Anthropology*, 131(2):169-180.

［3］　Lia B, François B, Tsunehiko H, et al. 2010. The relative role of drift and selection in shaping the human skull. *American Journal of Physical Anthropology*, 141(1):76-82.

［4］　Torstein S. 1975. Some notes on the distribution and certain modifications of Mahalanobis' generalized distance (D2). *Journal of Human Evolution*, 4(6):549-558.

［5］　陈铁梅：《定量考古学》，北京：北京大学出版社，2005 年。

［6］　侯侃：《山西榆次高校新校区明清墓葬人骨研究》，吉林大学硕士学位论文，2013 年。

［7］　张林虎、朱泓：《基于多元统计分析方法进行古代人群生物学距离研究的初步探索——以新疆地区为例》，《边疆考古研究》（第 21 辑），北京：科学出版社，2017 年，第 269-286 页。

［8］　贺乐天、王永强、魏文斌：《新疆哈密拉甫却克墓地人的颅面部测量学特征》，《人类学学报》2022 年第 6 期，第 1017-1027 页。

［9］　颜訚：《华县新石器时代人骨的研究》，《考古学报》1962 年第 2 期，第 85-104 页。

［10］　潘其风：《大甸子墓葬出土人骨的研究》，见中国社会科学院考古研究所编：《大甸子——夏家店下层文化遗址与墓葬发掘报告》，北京：科学出版社，1998 年，第 224-322 页。

［11］　赵永生：《甘肃临潭磨沟墓地人骨研究》，吉林大学博士学位论文，2013 年。

［12］　肖晓鸣：《吉林大安后套木嘎遗址人骨研究》，吉林大学博士学位论文，2014 年。

［13］　张银运、王令红、董兴仁：《广西桂林甑皮岩新石器时代遗址的人类头骨》，《古脊椎动物与古人类》1977 年第 1 期，第 4-17 页。

［14］　张全超：《内蒙古和林格尔县新店子墓地人骨研究》，北京：科学出版社，2010 年。

［15］　Rudolf M. 1928. *Lehrbuch der Anthropologie*. Jena: Verlag von Gustav Fischer.

［16］　William W H. 1973. *Skull Shapes and the Map*. Cambridge, MA: Harvard University Press.

［17］ 邵象清：《人体测量手册》，上海：上海辞书出版社，1985 年，第 34-56 页。

［18］ Nick P, Priya M, Luo Y, et al. 2012. Ancient admixture in human history. *Genetics*, 192(3): 1065-1093.

［19］ Clio D S, Oleg B, Guido B, et al. 2013. Ancient DNA reveals prehistoric gene-flow from Siberia in the complex human population history of north East Europe. *PLoS Genetics*, 9(2): e1003296.

［20］ 朱泓：《内蒙古长城地带的古代种族》，《边疆考古研究》（第 1 辑），北京：科学出版社，2002 年，第 213-301 页。

［21］ 同［11］。

［22］ 朱泓：《中原地区的古代种族》，见吉林大学边疆考古研究中心编：《庆祝张忠培先生七十岁论文集》，北京：科学出版社，2004 年，第 549-557 页。

［23］ 朱泓：《中国南方地区的古代种族》，《吉林大学社会科学学报》2002 年第 3 期，第 5-12 页。

［24］ 韩康信、张振标、曾凡：《闽侯昙石山遗址的人骨》，《考古学报》1976 年第 1 期，第 121-129 页。

［25］ a. 张全超：《内蒙古和林格尔县新店子墓地人骨研究》，北京：科学出版社，2010 年。
　　　 b. 朱泓、张全超：《内蒙古林西县井沟子遗址西区墓地人骨研究》，《人类学学报》2007 年第 2 期，第 97-106 页。

［26］ 同［7］。

［27］ 同［7］。

Some Notes on the Selection of Multivariate Statistical Analysis Methods in Biological Distance Estimation

ZHANG Xu

(The Institute of Archaeology, Chinese Academy of Social Sciences)

Abstract: The widely used multivariate statistical analysis methods in the estimation of the biological distances among ancient populations using cranial metric traits include the calculation of Euclidean Distance, Normalized Euclidean Distance and the Square of Mahalanobis Distances among populations based on the mean values of each trait, as well as the calculation of the Corrected Square of Mahalanobis Distances using individual measurements. The 4 multivariate statistical analysis methods were used in this study to estimate the biological distances of the selected comparison groups, and the results of the kinship between the populations obtained from ancient DNA analysis were used as secondary evidence to discuss the optimal choice of multivariate statistical analysis methods in biological distance studies. As found in this paper, the shortest distance group, in particular, was proven by ancient DNA study to have some gene flow between them or to share a common ancestor. Furthermore, the results of using individual measurements to calculate the Corrected Square of Mahalanobis Distances among populations (especially for small sample size) are in relatively high agreement with the results of ancient DNA analysis; however, if individual measurements are not published in the comparison group, we can also use the average of measured traits to calculate the Square of Mahalanobis Distances between populations, and the results are also in agreement. In contrast, the results of Euclidean or normalized Euclidean Distances deviated partially from the results of DNA.

Key Words: Biological distance; Multiple statistical analysis; Corrected Mahalanobis D^2

实验室考古的研究对象和研究内容

刘　勇

（中国社会科学院考古研究所）

摘要： 本文对实验室考古的研究对象进行了梳理，认为实验室考古的研究对象是具有叠压复杂、材质脆弱、具有组合关系、出土后易发生物理化学变化等特征的出土遗存，认为打包技术、包装材料、起吊设备、运输设备、实验室设备等因素制约着实验室考古研究对象的选取。实验室考古的研究内容是全面揭示研究对象的考古学信息并有效保护研究对象本体，对同类别遗存的实验室考古研究模式进行探索，为田野考古发掘现场出土遗存的保护工作提供技术参考。

关键词： 实验室考古　研究对象　研究内容

实验室考古是对叠压复杂、材质脆弱、具有组合关系、出土后易发生物理化学变化的一类出土遗存进行异地迁移、室内清理、遗存提取、信息采集和应急保护等研究的一种考古学研究模式，即以遗存的异地迁移为研究前提，以最大限度获取遗存信息为目的，以考古学研究为指导、同时兼顾出土遗存保护。

实验室考古作为一个新的学术理念，能够很快在学术界传播、认可，得益于考古界近年来的思想活跃、文物保护意识加强[1]。考古发掘出土遗存多种多样，保存状态千差万别。实验室考古如何选取适宜的出土遗存（研究对象），实验室考古能做什么（研究内容），是值得探讨的问题。本文在前人研究的基础上，拟就上述两个问题展开讨论，拟对实验室考古理论建设增砖添瓦。

一、实验室考古的研究对象

实验室考古研究对象是适于进行实验室考古研究的考古发掘出土遗存，是实验室考古的研究载体。总结实验室考古研究对象特征、讨论实验室考古研究对象受制约因素，有利于在众多考古发掘出土遗存中择取适宜进行实验室考古研究的出土遗存。

（一）实验室考古研究对象的特征

实验室考古的发展历程中，已有学者对实验室考古研究对象的特征进行了讨论。杨忙忙等人在北周武帝孝陵的实验室微型发掘研究中，认为微型发掘的研究对象是脆弱文物、微小文物、复杂文物、遗迹及微痕迹文物[2]。黄晓娟等人在马家塬M4木棺的实验室考古研究中，认为其研究对象是具有排列结构复杂、图案花纹精细、材质多样且由数量众多的小件构件组成的质地脆弱的遗物[3]。杨军昌等人在萧后冠饰的实验室考古研究中，认为该冠具有重要性、复杂性、脆弱性特征，不宜在现场继续清理[4]。随着实验室考古案例的增多，涉及研究对象日益丰富，据相关报道来看，多为就涉及具体案例的研究对象进行相关讨论，对实验室考古研究对象普遍特征进行总结的不多。笔者在前人研究的基础上，总结出实验室考古研究对象应具有叠压复杂、材质脆弱、具有组合关系、出土后易发生物理化学变化等特征。

1. 叠压复杂

叠压复杂是指遗存出土时堆积相对集中，有多层遗存相互叠压的遗迹单位，如灰坑、墓葬等。叠压复杂的遗存，在考古发掘现场短时间内不便清理和提取，因为考古发掘现场时间紧迫性，可采取异地迁移回室内进行后续相关工作。

1936年，中央研究院历史语言研究所在河南安阳殷墟第十三次发掘中，在灰坑H127中发现了许多龟版。刚开始准备就地清理提取，但单坑中遗物的排列并不像平常那样杂乱，所以不能以普通的方法处理这特殊的现象。石璋如和王湘二人亲手剔剥了一天，只清理了一层。时值六月中旬，气候酷暑，新出土的脆弱的龟版，经不起暴晒，而且坑中层层叠叠的龟版叠压（图1）。于是用套箱法将甲骨坑H127运到南京中央研究院历史语言研究所，把应在田野的发掘工作，搬到室内来做[5]。

图1　河南安阳殷墟甲骨坑H127[6]

Figure 1　Yin ruins oracle bone pit H127 in Anyang city, Henan province

山西翼城大河口西周墓地M5010保存完好，结合大河口墓地已发掘墓葬的随葬品情况，初步推测该墓遗存丰富、叠压复杂。为研究如何全方位提取遗存信息及保护好出土遗存，2010年11～12月，考古队对该墓进行了整体套箱，先暂存中国社会科学院考古研究所安阳工作站，后运抵山东大学文化遗产研究院进行实验室考古研究（图2）[7]。

2015年，在江西南昌海昏侯刘贺墓的发掘中，因主棺内遗存叠压情况严重，多位国内著名汉代考古学者和文物保护专家依据现场的出土状况和环境条件，主张对主棺及其他重要出土遗存进行现场包装、异地迁移的方式，在室内环境可控的前提下，全面实施实验室考古发掘清理和处置保护程序[9]。海昏侯刘贺墓主棺的清理充分利用实验室考古环境可控、节奏可控、时间可控及仪器设备的优势，根据遗存原始出土状态，保护和记录处置对象所蕴含的信息，并对不同材质的文物尤其是脆弱质文物及痕迹进行有效保护，为考古学综合研究提供了更为详实的数据信息和实物资料（图3）[10]。

图2　山西翼城大河口西周墓地M5010[8]

Figure 2　Dahekou cemetery M5010 of the Western Zhou in Yicheng county, Shanxi province

图3　江西南昌西汉海昏侯刘贺内棺[11]

Figure 3　Marquis of Haihun LIU He's inner coffin of the Western Han Dynasty in Nanchang city, Jiangxi province

2. 材质脆弱

材质脆弱是指遗存经过长时间埋藏，遗存基体发生化学变化，使其机械强度降低，受外力后易损坏的现象。铜、铁等金属质遗存会锈蚀，木质遗存中的木材会劣化，玻璃质遗存会腐蚀，这些材质脆弱的遗存出土时形貌依然保存着，但十分脆弱，在田野考古现场发掘和提取难度非常大。

　　谢尔塔拉墓地位于内蒙古自治区呼伦贝尔市海拉尔区，是呼伦贝尔草原 9～10 世纪的室韦墓葬遗存[12]。谢尔塔拉 M11 椁盖纵向平铺在椁侧板上，由三块木板组成，其长约 190 厘米、宽约 110 厘米，面积约 2 平方米，保存相对较为完整，经长时间埋藏，墓葬坍塌，导致椁盖中部陷落、表面不平整，干燥断裂为若干小木块，不易直接整体提取。若单个提取小木块再进行拼凑，势必打乱椁盖的原始位置关系，对进一步研究造成不利影响。为了将椁盖保存下来且不影响下一步清理，考古队将 M11 整体套箱运回室内进行实验室考古研究，将该椁盖进行整体揭取（图 4）[13]。

　　海昏侯五号墓出土的玻璃席（图 5），基体已经基本锈蚀，保存状况十分脆弱，大部分已成粉状，给发掘清理和提取带来巨大挑战。在室内进行的背面发掘整体保留玻璃席的方法在田野考古现场是无法做到的。只有在室内进行实验室考古研究，才能将清理至玻璃席位置的五号墓整体翻转清理背面，进而保留玻璃席[15]。将五号墓发掘彻底，弄清了玻璃席下方的遗存情况，又不影响玻璃席的保存，这也是实验室考古的最大优点所在。

图4　内蒙古呼伦贝尔谢尔塔拉M11椁盖[14]

Figure 4　The coffin lid from the Xieertala M11 tomb in Hulun Buir, Inner Mongolia

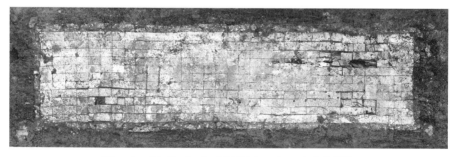

图5　江西南昌西汉海昏侯墓园M5出土玻璃席[16]

Figure 5　A glass mat was unearthed from the M5 in Marquis of Haihun's
Cemetery of the Western Han Dynasty in Nanchang city, Jiangxi province

河北行唐故郡遗址 CMK2 车马坑出土了 5 辆车，这 5 辆车分别被套箱异地迁移至室内进行实验室考古研究[17]。五号车是一辆独辀双轮马车，其左右两轮被拆下后分别斜靠在车厢两侧，车轮上部分紧靠车厢外侧，是研究东周时期车制的重要实物资料，车轮材质为木质髹漆，经过长时间埋藏，车轮木质腐朽不存，轮毂内被泥土填充，部分辐条及车牙被泥土填充，车轮整体轮廓尚存，成为"漆土质"遗存，这类遗存外形保存较好，但整体机械强度较低。研究者使用薄荷醇临时固型结合刚性支撑技术对五号车左轮进行了完整提取和保护（图 6），为此类较大平面脆弱质遗存的整体提取和保护提供了技术参考[18]。

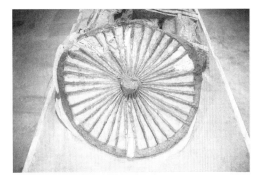

图6　河北行唐故郡遗址CMK2五号车左轮（加固后）[19]

Figure 6　The left wheel remains of CMK2 No. 5 chariot in the Gujun site of Xingtang county, Hebei Province

3. 具有组合关系

具有组合关系是指遗存本体在出土时各组成部件的排布具有一定规律性。出土遗存的位置信息是考古学研究的重要方面，具有组合关系的一类遗存，其在整个遗址中的位置信息和内部相对位置信息对研究该遗存历史文化内涵非常重要。所以保留这类遗存的组合关系，是考古学研究的需要。

2002 年春，中国社会科学院考古研究所二里头工作队在清理 3 号基址南院的墓葬时，于其中 3 号墓（编号为 02VM3）墓主骨架上发现了 1 件大型绿松石器（图 7）。因现场技术条件有限，难以仔细清理，为确保其不受损坏，在获取了墓葬基本材料后，发掘者将这件绿松石器整体套箱起取，运回室内[20]。后将这件绿松石龙形器进行了室内清理和仿制复原[21]。

图7　河南偃师二里头遗址02VM3出土的绿松石龙形器（东—西）[22]

Figure 7　Dragon-shaped turquoise object was unearthed from the 02VM3 on the Erlitou site in Yanshi district, Henan province

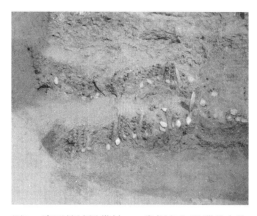

图8 陕西韩城梁带村M19青铜鱼和玛瑙珠串饰及贝类出土状况[25]

Figure 8 Bronze fish and agate bead string and molluscs was unearthed from the M19 on Liangdai village site in Hancheng city, Shannxi pravince

陕西韩城梁带村 M19 为单墓道长方形竖穴土圹墓，有一椁两棺，椁室内壁用草席和织物覆盖，并在周壁悬挂大量组合串饰（图8），这些串饰排列有序，保存基本完整[23]。根据串饰的出土情况推测，这些串饰应是椁室的装饰物，因未经盗扰，基本保持原始状态，类似串饰这种具有特定组合关系的遗物，它们的排列情况具有重要的学术意义，研究者根据串饰具体埋藏情况，相应使用套箱法和粘提法分别将这些串饰进行了整体异地迁移，并在室内进行了清理和保护[24]。

简牍是一类重要的具有组合关系的遗存，前人在简牍的整体提取和清理保护方面积累了大量工作经验。李玲认为战国楚墓出土的竹简细长均匀、表面平整、边缘光滑，成束或多根在一起，每枚竹简之间必然存在着先后顺序，起取时应保存它们的原始状态[26]。广州南越国宫署遗址 J264 出土一批竹简，发掘者将木简和第六节井圈整体提取，达到了保井、保简的目的[27]。江西南昌西汉海昏侯刘贺墓西藏椁北侧出土一批竹简，现场清理时，发现竹简保存状况非常复杂，工作人员采用整体提取的方式，将保留了原始堆积状况的竹简分区域搬迁至实验室[28]。四川成都天回老官山汉墓发现一批竹简（图9），成都文物考古研究院和荆州文物保护中心采用"托板插入法"现场提取整堆竹简，进入实验室内清理，全面采集和记录了出土竹简相关信息[29]。

图9 四川成都天回老官山M3北Ⅱ底室竹简（M3：121）及竹简编织残片[30]

Figure 9 Bamboo slip and spun scraps of bamboo box was unearthed from the M3 on Laoguanshan in Tianhui, Chengdu city, Sichuan province

　　南京博物院等单位在江苏省扬州市西湖镇司徒村曹庄发掘了两座古代砖室墓，其中 M2 为隋炀帝萧后墓[31]。萧后墓棺椁东侧出土一件保存比较完整的冠（图 10），鉴于该冠的重要性、复杂性、脆弱性，不宜在现场继续进行全面清理，联合考古队决定将其整体提取后进行实验室考古清理，取得了一系列重要成果[32]。

图10　江苏扬州曹庄M2萧后冠出土状况[33]

Figure 10　Crown of Empress Xiao was unearthed from the M2

on Caozhuang site in Yangzhou city, Jiangsu province

　　甘肃省文物考古研究所和陕西省考古研究院对甘肃张家川马家塬战国墓地 M4 木棺进行了整体打包（图 11），提取至室内进行清理和保护，通过实验室考古比较完整地了解了马家塬 M4 人体装饰和服饰基本状况、比较完整地揭示了珠饰的排列和结构、对腰部带饰的组合关系有了清楚的了解[34]。

图11　甘肃张家川马家塬战国墓地M4木棺正射影像[35]

Figure 11　The orthographic projection of wooden coffin the M4

on Majiayuan site in Zhangjiachuan county, Gansu province

4. 出土后易发生物理、化学变化

图12　青海都兰热水墓群2018血渭一号墓出土
铜甲胄片[38]

Figure 12　Bronze armour was unearthed from the
2018 Excavation of Xuewei Tomb No.1 on Reshui
tomb cluster in Dulan county, Qinghai province

出土后易发生物理、化学变化是指遗存出土后因周围环境突变，原有相对稳定的埋藏状态因环境突变而被打破，导致遗存本体发生开裂、卷曲等物理变化和变色、粉化等化学变化。具有这种特征的遗存，通常对氧气、温度、湿度、光照等环境因素变化较为敏感，如青铜器、漆木器等。

青海都兰热水墓地2018血渭一号墓主墓室东北部出土铜甲胄片若干片（图12）[36]，外形尚存，但基体矿化严重，不宜在考古发掘现场进行清理和提取，考古工作者对这些铜甲胄片堆积整体套箱异地迁移回室内进行进一步相关研究[37]。

山西翼城大河口西周墓地M1为霸伯墓，该墓出土大量漆木器（图13）[39]，在考古现场初步判断其木质胎骨部分腐朽不存，只保留了器表的髹漆层，预加固后使用套箱法将这批漆木器运回室内进行实验室考古研究工作[40]。

图13　山西翼城大河口西周墓地M1二号壁龛出土漆木罍[41]

Figure 13　Lacquered wood *Lei* was unearthed from the M1 niche No.2 on
Dahekou tomb cluster in Yicheng county, Shanxi province

5. 小结

实验室考古研究对象的特征，最少需具备叠压复杂、材质脆弱、具有组合关系、出土后易发生物理化学变化以上 4 种特征的一种，但又不局限于一种，如热水墓群 2018 血渭一号墓出土铜甲胄同时具备叠压复杂和具有组合关系的特征、江西南昌西汉海昏侯墓园五号墓出土玻璃席同时具备材质脆弱和具有组合关系的特征。至少具有上述 4 种特征之一的遗存，可以考虑将该遗存异地迁移回室内进行实验室考古研究。

实验室考古研究对象从最初的单个灰坑、壁画等简单遗存，逐步涉及墓葬整体、车马坑等体量较大的复杂遗存；从最初个别案例到现在大量实验室考古案例的实施，实验室考古研究对象不仅在种类上逐步广泛，在体量上亦不断增大[42]。推动其进步的原因，首先是考古工作者考古研究和文物保护意识的提升以及学术研究理念的发展，其次就是提取技术的进步和提取设备的不断升级。

近年来，随着考古发掘任务的增多，许多在考古现场来不及发掘的遗存被整体打包运回室内，因为种种原因没有及时进行室内清理和有效保护，造成遗存提取回来后因保存不力而损坏。所以笔者建议，能在考古发掘第一现场发掘的遗存尽量在现场及时进行发掘和保护，以降低取回后在保存过程中造成损坏的风险，特别是具有材质脆弱和出土后易发生物理化学变化特征的遗存。

（二）实验室考古研究对象的制约因素

实验室考古不是万能的，不是所有满足叠压复杂、材质脆弱、具有组合关系、出土后易发生物理化学变化等特征的遗存都能对其进行实验室考古研究。实验室考古研究对象受打包技术、包装材料、起吊设备、运输设备、实验室设备等因素的制约。

打包是遗存异地迁移的首要工作，打包技术的进步，直接推动着异地迁移工作的进步。如木质套箱法的发明，给异地迁移大体量遗存提供可能。近年来对砖室墓整体搬迁，其基础就是用钢架结构对墓葬整体进行打包[43]。要对相关出土遗存进行实验室考古研究，其基础就是将其打包运回室内，所以说打包技术是制约实验室考古研究对象的首要因素。

包装材料的发展，也推动着实验室考古异地迁移工作的进步。1936 年，中央研究院在殷墟对 H127 进行打包时，底面、侧面和盖皆用木板为包装材料，里面填土[44-45]。但是木板的抗压能力是有限的，针对大型墓葬，单独的木质底板已不能满足提取对象的重量要求，现在提取 5 吨以上的大型遗存（墓葬、车马坑等），在换装木质底板的基础上，在底面焊接一圈槽钢作为支撑框架，大大丰富了实验室考古的研究对象。早期的实验室考古鲜有整体搬迁整个墓葬的，随着套箱包装材料的发展、吊装和运输设备的进步，现在搬迁大型遗存（墓葬、车马坑）已成为可能。

实验室设备主要涉及实验室空间和翻转设备。将遗存包装、起吊、运输后，首先需要一个足够大的实验室空间来盛放研究遗存；其次，因为涉及到室内清理过程中套箱的翻转，实验室内还需设置翻转设备。针对体量较大的研究对象，普通办公楼已不能满足实验室考古的需求。海昏侯墓实验室考古操作间、山东大学青岛校区博物馆实验室考古操作间、呼伦贝尔市蒙古族源科研中心实验室考古操作间都是专门针对实验室考古的需求建设的，其高度可以满足体量较大的研究对象进行翻箱操作。如果实验室空间不够、翻转设备承载力不足，便无法进行体量较大遗存的实验室考古研究。

所以实验室考古研究对象的界定，以叠压复杂、材质脆弱、具有组合关系、出土后易发生物理化学变化等特征为基础，同时受打包技术、包装材料、实验室设备等因素的制约。

二、实验室考古的研究内容

实验室考古的研究内容是对遗存考古信息全面揭示并有效保护遗存本体，对同类别遗存的实验室考古研究模式进行探索，为田野考古发掘中同类别遗存的提取、保护和研究提供技术参考。具体包括遗存的堆积状态，遗迹的形貌、材质、分布范围，遗物的形貌、材质、制作工艺、产地，遗存和田野考古现场其他遗存的伴存关系等。

（一）遗存的堆积状态

遗存的堆积状态是指针对叠压复杂的遗存，遗物和遗物之间、遗物和遗迹之间、遗迹和遗迹之间的叠压打破关系，堆积状态是遗存信息的重要方面。在实验室考古研究过程中，通过室内翻转设备、可控的室内环境、适宜的提取技术等手段对遗存进行全方位发掘，可以最大程度在保护遗存本体的前提下探明遗存的堆积状态。

河北行唐故郡二号车马坑五号车的实验室考古过程中，使用薄荷醇临时固型并结合刚性支撑技术对两轮进行了整体提取[46]，再通过全方位发掘探明了两轮被卸下后靠在车厢两侧放置，并明确了五号车的车体结构，并对其进行了复原[47]。

（二）遗迹的形貌、材质、分布范围

遗迹的形貌、材质、分布范围是蕴含考古学信息的重要方面，但因为遗迹的不明显性往往被忽略或轻视。随着自然科学技术的发展，一些肉眼不可见的信息逐步通过科技手段被获取。

例如在陕西米脂卧虎湾汉墓 M103 的实验室考古过程中，研究者使用紫外荧光照相技术获取了肉眼不可见的墓主人骨骼分布范围，再现了当时的埋藏状况[48]。

遗迹的形貌、材质、分布范围等考古学信息的获取技术，是实验室考古目前和今后一个重要的研究内容，及时关注自然科学技术的发展，为最大程度获取遗迹的考古学信息提供技术参考。

（三）遗物的形貌、材质、制作工艺、产地

遗物的形貌、材质、制作工艺、产地是考古学研究的重要方面，实验室考古研究过程中，通过精细化全方位发掘，借助多样化的遗存提取手段，可以在保护遗物的前提下不影响继续发掘，为获取遗物的考古学信息提供了技术支撑。

同时，借助扫描电镜能谱仪、X 射线荧光光谱仪等设备可以获取遗物的材质信息[49]，通过精细化发掘和相关科学分析手段可以揭示遗物的制作工艺[50]，通过同位素方法可

以研究遗物的产地等，皆是实验室考古的重要研究内容。

（四）遗存和田野考古现场其他伴存遗存的关系

实验室考古的研究对象皆来自于田野考古发掘现场，作为实验室考古研究对象的遗存与其在田野考古现场时的伴存遗存关系密切，重视这两者的伴存关系，可以避免实验室考古的研究对象脱离考古大背景，做到实验室考古与田野考古密切联系，做好实验室考古研究的同时为田野考古提供详实的资料。实验室考古的研究成果也要汇聚到田野考古发掘报告中去，为考古学综合研究提供材料和数据支撑。

三、结　　语

本研究认为，实验室考古研究对象是适于进行实验室考古研究的考古发掘出土遗存，其具有叠压复杂、材质脆弱、具有组合关系、出土后易发生物理化学变化等特征，是实验室考古的研究载体，同时又受到打包技术、包装材料、起吊设备、运输设备、实验室设备等因素的制约。

实验室考古的研究内容是对遗存考古信息全面揭示并有效保护遗存本体，对同类别遗存的实验室考古研究模式进行探索，为田野考古发掘中同类别遗存的提取、保护和研究提供技术参考。

厘清实验室考古的研究对象和研究内容，为田野考古发掘中遇到的重要遗存的保护提供理论支撑。同时，实验室考古的研究对象和研究内容，随着时代的发展在不断发展变化，伴随着考古学研究和相关学科的进步不断丰富和深刻。

附记　本研究得到 2023 年度中国社会科学院创新工程项目"实验室考古创新研究"（项目批准号：2021KGYJ022）资助。

注　释

［1］　杜金鹏、杨军昌、李存信：《实验室考古的成绩与问题》，《江汉考古》2016 年第 5 期，第 122-128 页。

［2］　杨忙忙、张勇剑：《实验室微型发掘方法在北周武帝孝陵发掘中的应用》，《文物保护与考古科学》2010 年第 3 期，第 49-54 页。

［3］　甘肃省文物研究所、陕西省考古研究院：《甘肃张家川县马家塬战国墓地 M4 木棺实验室考古简报》，《考古》2013 年第 8 期，第 2、25-35 页。

［4］　杨军昌、束家平、党小娟、柏柯、张煦、刘刚、薛柄宏：《江苏扬州市曹庄 M2 隋炀帝萧后冠实验室考古简报》，《考古》2017 年第 11 期，第 66-76 页。

［5］　石璋如：《殷墟最近之重要发现附论小屯地层》，《考古学报》1947 年第 2 期，第 6-9 页。

［6］　唐际根、巩文：《殷墟九十年考古人与事（1928—2018）》，北京：社会科学文献出版社，2018 年，第 27 页。

［7］　山东大学文化遗产研究院、中国社会科学院考古研究所、山西大学北方考古研究中心、北京科

技大学科技史与文化遗产研究院：《山西翼城大河口 M5010、M6043 实验室考古简报》，《江汉考古》2019 年第 2 期，第 2-16 页。

［ 8 ］ 同［ 7 ］。

［ 9 ］ 李存信：《全新理念下海昏侯墓的考古——论海昏侯墓葬主棺箱体包装设计理念与实施方法》，《南方文物》2018 年第 2 期，第 135-138 页。

［10］ 中国社会科学院考古研究所、江西省文物考古研究院：《江西南昌西汉海昏侯刘贺墓主棺实验室考古发掘》，《文物》2020 年第 6 期，第 4-16 页。

［11］ 同［10］，第 7 页。

［12］ 中国社会科学院考古研究所、呼伦贝尔民族博物馆、海拉尔区文物管理所：《海拉尔谢尔塔拉墓地》，北京：科学出版社，2006 年，第 66 页。

［13］ 刘勇、陈坤龙、韩向娜、李存信：《出土脆弱木质遗存的整体提取与修复——以谢尔塔拉 M11 椁盖为例》，《江汉考古》2018 年第 4 期，第 100、117-121 页。

［14］ 同［13］，第 118 页。

［15］ 刘勇、杨军、李文欢、李存信、韩向娜、陈坤龙：《考古出土脆弱复杂遗存的整体提取与保护——以海昏侯墓园五号墓为例》，《文化遗产研究》（第 4 辑），北京：科学出版社，2021 年，第 133-140 页。

［16］ 刘勇、杨军、陈坤龙、陈熄：《南昌西汉海昏侯墓园 M5 出土玻璃席制作工艺及相关问题研究》，《南方文物》2021 年第 6 期，第 237 页。

［17］ 河北省文物研究所、中国社会科学院考古研究所、石家庄市文物研究所、行唐县文物保护管理所：《河北行唐县故郡东周遗址》，《考古》2018 年第 7 期，第 44-66 页。

［18］ 刘勇、张春长、李存信、齐瑞普、张鹏、闫炜：《河北行唐故郡遗址出土脆弱质车轮提取研究》，《文物保护与考古科学》2022 年第 34 卷第 5 期，第 81-88 页。

［19］ 同［18］，第 83 页。

［20］ 中国社会科学院考古研究所二里头工作队：《河南偃师市二里头遗址中心区的考古新发现》，《考古》2005 年第 7 期，图版第 6 页。

［21］ 李存信：《二里头遗址绿松石龙形器的清理与仿制复原》，《中原文物》2006 年第 4 期，第 92-98 页。

［22］ 同［20］，第 15-20 页，图版第 5-7 页。

［23］ 陕西省考古研究所、渭南市文物保护考古研究所、韩城市文物旅游局：《陕西韩城梁带村遗址 M19 发掘简报》，《考古与文物》2007 年第 2 期，第 3-14 页。

［24］ 赵西晨、黄晓娟、张勇剑、宋俊荣：《陕西韩城梁带村西周墓葬出土串饰的提取和保护》，《文物》2011 年第 8 期，第 73-76 页。

［25］ 同［23］，第 6 页。

［26］ 李玲：《战国楚墓出土漆木器竹简的现场保护》，《中国文物修复通讯》第 12 期，第 17-19 页。

［27］ 广州市文物考古研究所、中国社会科学院考古研究所、南越王宫博物馆筹建处：《广州市南越国宫署遗址西汉木简发掘简报》，《考古》2006 年第 3 期，第 3-13 页。

［28］ 江西省文物考古研究院、江西省博物馆、荆州市文物保护中心、北京大学出土文献研究所、中国社会科学院古代史研究所、荆州博物馆：《江西南昌西汉海昏侯刘贺墓出土竹简室内清理保

护》，《文物》2020 年第 6 期，第 17-24、40 页。

［29］ 成都文物考古研究院、荆州文物保护中心：《成都天回老官山汉简现场提取和室内清理》，《江汉考古》2023 年第 2 期，第 144-157 页。

［30］ 同［29］，第 145 页。

［31］ 南京博物院、扬州市文物考古研究所、苏州市考古研究所：《江苏扬州市曹庄隋炀帝墓》，《考古》2014 年第 7 期，第 71-77 页。

［32］ 同［4］。

［33］ 同［4］。

［34］ 同［3］。

［35］ 同［3］，第 33 页。

［36］ 中国社会科学院考古研究所、青海省文物考古研究所：《青海都兰县热水墓群 2018 血渭一号墓》，《考古》2021 年第 8 期，第 45-70 页。

［37］ 韩建华：《从"九层妖塔"到吐蕃化的阿柴王陵》，澎湃新闻，2021 年 12 月 2 日，https://m.thepaper.cn/newsDetail_forward_15564824。

［38］ 同［36］，第 66 页。

［39］ 山西省考古研究院、临汾市文物局、翼城县文物旅游局联合考古队、山西大学北方考古研究中心：《山西翼城大河口西周墓地一号墓发掘》，《考古学报》2020 年第 2 期，第 177-290 页。

［40］ 中国社会科学院考古研究所文化遗产保护研究中心、山西省考古研究所翼城大河口考古队：《山西翼城县大河口西周墓地 M1 实验室考古简报》，《考古》2013 年第 8 期，第 12-24 页。

［41］ 同［40］，第 16 页。

［42］ 刘勇：《实验室考古研究综述》，《科技考古》（第六辑），北京：科学出版社，2021 年，第 177-214 页。

［43］ 潘寸敏、高赞岭：《河南登封唐庄宋代壁画墓的整体搬迁保护》，《文物修复与研究》2016 年，第 548-552 页。

［44］ 陈存恭、陈仲玉、任育德：《石璋如先生口述历史》，北京：九州出版社，2013 年，第 113-117 页。

［45］ 同［5］。

［46］ 同［18］。

［47］ 李存信、齐瑞普、闫炜、张春长：《通过实验手段分析和复制遗物在文化遗产保护中的应用——以行唐故郡二号车马坑 5 号车辆实验室考古程序为例》，《自然与文化遗产研究》2021 年第 6 期，第 50-62 页。

［48］ 黄晓娟、赵西晨、严静：《陕北米脂出土汉代玉覆面和玉鞋的实验室清理及复原研究》，《文物保护与考古科学》2018 年第 30 卷第 1 期，第 32-39 页。

［49］ 刘勇、许琼、韩建华、李默涵、梁宏刚、白文龙：《热水墓群 2018 血渭一号墓出土印章的科学分析与相关研究》，《江汉考古》2022 年第 6 期，第 104-110 页。

［50］ 同［16］，第 21、236-241 页。

Research Object and Research Content of Laboratory Archaeology

LIU Yong

(The Institute of Archaeology, Chinese Academy of Social Sciences)

Abstract: This paper sorts out the research objects of laboratory archaeology, and believes that the research objects of laboratory archaeology are unearthed remains with complex superposition, fragile materials, combination relations, and easy physical and chemical changes after excavation, and believes that packaging technology, packaging materials, lifting equipment, transportation equipment, laboratory equipment and other factors restrict the selection of laboratory archaeological research objects. The research content of laboratory archaeology is to fully reveal the archaeological information of the research object and effectively protect the ontology of the research object, explore the laboratory archaeological research model of the same category of remains, and provide technical reference for the protection of the remains unearthed at the field archaeological excavation site.

Key Words: Laboratory archaeology; research object; research content

王城岗遗址聚落选址的地貌背景

廖奕楠

（中国社会科学院考古研究所）

摘要： 分析古代遗址的地貌背景是探讨聚落选址的基础，同样也是对遗址环境考古研究的主要内容之一。河南省登封市的王城岗遗址是探索"夏墟"的重要遗址，被誉为"禹都阳城"，在探索中华文明起源的研究历程中扮演着极其重要的角色。通过对王城岗遗址及邻近区域的地貌学考察，在对王城岗遗址的地貌单元进行精确测量和详细描述的基础上，结合已发表的相关研究成果，进而分析王城岗遗址区所在的地貌环境背景并探讨史前人地关系。王城岗遗址文化层之下的生土层即为晚更新世的马兰黄土层，遗址的分布范围跨越了颍河及其支流五渡河交汇处的三级阶地和二级阶地。平坦而开阔的河流阶地面，能为大型聚落的发展提供广阔的空间场所和理想的土地资源，王城岗遗址优越的自然环境条件也为遗址龙山晚期文化的繁荣发展提供了重要的基础。

关键词： 王城岗遗址　地貌　颍河　河流阶地　人地关系

一、引　　言

地貌作为环境要素里面一个重要组成部分，是人类立足之本。地貌格局的变化影响地球上气候的变化，也可以通过改变大气环流的模式从而影响水文、生物、土壤等环境要素在地表的分布。史前人类的生产与生活离不开充足的水源和适宜的地貌条件，水文和地貌环境的变化对人类生活产生直接的影响。从地貌类型来看，河流地貌是人类最为重要的活动区域之一，人类逐水而居，河流水系不仅能给人类提供生活必需的水资源和水生资源，通过淤积、下切等过程形成的河流阶地、冲积平原等地貌单元因其地形开阔、土壤肥沃等特征往往是早期人类营建聚落和开展农业活动的重要场所。因此，许多史前文明的诞生与发展都依赖于河流提供充足的淡水资源优越的地貌环境[1-2]。

对古代遗址地貌背景的分析是探讨聚落选址的基础，同样也是开展史前人地关系的重要内容。国内外围绕古代遗址的地貌环境背景这一研究课题已经开展了许多的研究。Turrero 等[3]对西班牙西北部地区旧石器时代的聚落开展环境考古的研究表明，研究区旧石器时期遗址的选址除了受海拔和坡度两个地形因素的影响，同时也受离河距离远近的影响；王海斌等[4]通过对陶寺遗址的地貌学考察，发现遗址所在的黄土台地高于平原地面，既有利于设防又能有效规避水患，周遭的宽浅沟谷又可以提供丰富稳定的水资源，因而成为营建古城的理想场所；王辉等[5]通过对后李文化的诸多遗址的地层与地貌进行系统梳理，重建了后李文化时期的地貌特征，研究发现当时后李文化遗址的地貌特征是山前地带的河漫滩或者低阶地的位置；Lv 等[6]对山西地区的环境考古研究发现，太原盆地仰韶时代至夏商时期的聚落呈现为"环盆分布"模式而临汾盆地仰韶时代至夏商时期聚落呈现为"满盆分布"模式，而不同聚落分布模式的背后与当时的盆地中央是否存在大型水体有密切关系。中原地区作为中华文明起源的核心区域之一，古代遗址的环境考古研究已有较好的基础，然而，若要系统梳理宏观区域的人地关系理论仍需要大量的研究个案进行补充。

本文以中原地区颍河上游的王城岗遗址为研究对象，通过对王城岗遗址区域开展详细的地学考古调查，笔者对遗址区所处的各个地貌单元进行了精确的测量并绘制了遗址及其周边区域的东西向与南北向的地层剖面图。在此基础上，以地貌学视角探讨了王城岗遗址早期人类聚落选址及其先民对当时自然环境的利用。

二、研究区概况

颍河发源于豫西的嵩山南部，在现今登封市石道乡石道村以西。颍河在登封盆地自西向东流入白沙水库，其上游河段存在多条南北走向的支流，五渡河即为其中一条支流。王城岗遗址位于河南省登封市告成镇的西部，坐落在颍河北岸的河流阶地上，地理坐标为北纬 34°24′9″，东经 113°7′24″，海拔 268 米（彩版七，1）。遗址东部和南部与五渡河和颍河紧邻，北靠王岭尖，南望箕山，西望嵩山，遗址北部有一条名为竹园沟的古冲沟，其源于王岭尖并向东汇入五渡河（彩版七，2）。王城岗遗址地势西北较高，东南略低，整体平坦开阔。

王城岗遗址在裴李岗时期（8600～7000a BP）就有人类活动，遗址东侧发现有少量裴李岗文化的灰坑和墓葬，但裴李岗文化遗迹分布范围较小[7]。仰韶时期（7000～5000a BP）先民主要在遗址西南侧活动，在八方村东南侧一带发现有少量仰韶文化遗存。龙山时期（5000～4000a BP）尤其是龙山晚期是遗址最为繁荣的文化时期，发现有王城岗小城与大城等城址及其密切相关的环壕遗存，同时明确了遗址的聚落形态特征[8-9]。王城岗龙山晚期的大城有较为完善的城墙和环壕系统，遗址北城墙断续复原长 370 米，城墙北部 7～8 米处还有一条与城墙平行的壕沟，口宽 8～10 米，深 6～7 米，北壕沟向东直通五渡河，向西与西城壕北段相连，目前的西壕沟复原长 500 多米，北壕沟东西长 630 米[10]。通过钻探尚未发现南城壕和东城壕，推测王城岗遗址龙山晚期大致是以人工开凿的北城壕和西城壕与南面的颍河和东面的五渡河共同构成的具有防御与排水灌溉功能的城壕体系[11]。夏商时期（4000～3000a BP），遗址文化遗迹减少，分布范围也缩小[12-13]。总的来说，王城岗遗址在裴李岗时期和仰韶时期是普通的小型聚落，龙山晚期是当时颍河上游地区的最为重要的中心聚落，到夏商时期变为普通聚落[14]。

王城岗遗址在 1977 年、2002 年进行了多次发掘。考古发掘工作多次开展过后，赵志军和方燕明[15]在王城岗遗址开展了植物考古研究，证实了王城岗先民在龙山晚期已经形成了以粟、黍、豆、稻等作物种植为主的农业生产模式。同时，伴随着遗址的考古发掘，还开展了一系列多学科的研究工作，如植物大遗存、动物骨骼鉴定、孢粉分析、植硅体分析、气候复原及地貌演化等环境方面的相关研究[16-17]。王城岗遗址在以往的工作开展中有较好的研究基础，但是环境考古研究工作的开展仍不全面，就地貌环境研究而言，以往对于遗址地貌环境仅进行了定性的描述，有待开展定量的测量以及分析。

三、方法与结果

笔者以王城岗遗址所在区域为中心，在遗址附近的颍河及其支流五渡河的交汇区域开展了详细的野外调查。首先，根据区域的地貌概况设计了考察路线。考察路线基本涵盖了研究区内所有的地貌类型。在野外调查过程中，观察、测量、记录了多处河流阶地剖面。用 RTK 测量与记录各个剖面的经纬度与海拔高度，用激光测距仪测量剖面所在地貌单元的海拔高度和地层厚度。野外调查的重点剖面信息见表1。

表1　研究区重点剖面信息汇总
Table 1　Summary of the important location in the region

编号	位置	名称	经度	纬度	海拔（米）
1	王岭尖	王岭尖	113°7′7″	34°24′28″	328
2	王城岗遗址探方	T4271	113°7′25″	34°23′10″	268
3	五渡河 T1 阶地	WT1	113°7′42″	34°23′55″	249
4	五渡河 T3 阶地	WT3	113°7′36″	34°24′12″	255.1
5	颍河 T2 阶地	YT2a	113°7′28″	34°23′49″	250.2
6	颍河 T2 阶地	YT2b	113°7′38″	34°23′52″	250.5
7	颍河 T3 阶地	YT3	113°7′22″	34°23′50″	254.5

将野外考察得到的研究区的重点剖面标注在标准地图上，根据标准地图提供的各点位之间的水平距离等数据信息绘制底图，然后根据底图绘制出彩版七。结合重点剖面的海拔高度数据以及地层信息[18]，绘制出王城岗遗址东西向地层剖面图（图1）和南北向地层剖面图（图2）。根据王城岗遗址东西向与南北向的地层剖面图，

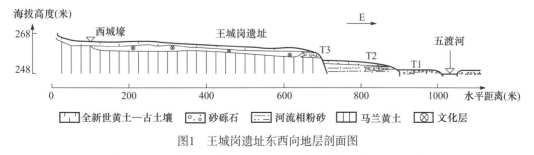

图1　王城岗遗址东西向地层剖面图

Figure 1　Profile map from east to west of the Wangchenggang site

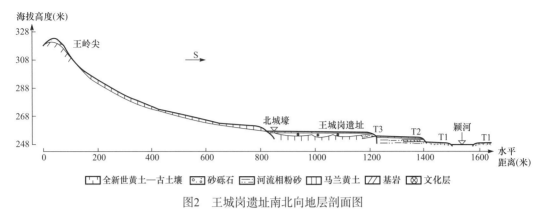

图2　王城岗遗址南北向地层剖面图

Figure 2　Profile map from north to south of the Wangchenggang site

可以准确定位遗址所在的地貌部位并获取相关的地层信息，从而为聚落选址等人地关系问题的讨论提供地貌背景。

四、讨　　论

（一）王城岗遗址所处的地貌背景

王城岗遗址位于嵩山东南麓的颍河及其支流五渡河的交汇处，地跨颍河的 T3 阶地和 T2 阶地。王城岗遗址西北部的王岭尖位为区域内海拔最高的地点，王岭尖最高处的海拔高度为 328 米，与王城岗遗址的高差约为 60 米。野外调查观测到王岭尖存在厚约 1～2 米的第三纪砾石层，该层砾石层揭示了遗址区附近第三纪的河流过程。第三纪砾石层的上部覆盖了薄层的全新世沉积，下部有基岩出露（图 2）。遗址区北部的竹园沟发源于王岭尖，该冲沟先向南流随后向东汇入五渡河，竹园沟宽度约 12～20 米，目前沟底高出王城岗遗址 10 米左右。竹园沟两侧地层中的河流相沉积位于马兰黄土层与全新世沉积之间，具体的发育年代可以通过进一步的测年分析得知。遗址东侧为颍河的支流五渡河，五渡河沿河发育了三级阶地，T3 阶地和 T1 阶地为堆积阶地，T2 阶地的侵蚀较为严重，在野外难以辨认。T3 阶地海拔高度约 8～10 米，阶地地层从上至下依次为全新世黄土—古土壤层、王城岗龙山时期文化层、马兰黄土层，在靠近五渡河的地层剖面中能看到马兰黄土顶部存在砾石层透镜体。遗址南侧为颍河干流，干流北岸沿河发育了 T3 阶地、T2 阶地、T1 阶地，河拔高度依次为 8～10 米、3～4 米、1.5～2 米，沿河的三级阶地均为堆积阶地。

王城岗遗址主要位于颍河及其支流五渡河交汇的河流阶地之上，根据遗址的东西向及南北向地层剖面图，可以看出遗址龙山时期的文化层主要分布在颍河的 T3 阶地，文化层之下的生土层即为马兰黄土。这层马兰黄土层含少量钙结核，未见有流水搬运的次生现象，仅在靠近五渡河和颍河附近的 T3 阶地中上部有指示流水过程的砾石层或河漫滩相沉积。野外调查过程中，笔者对遗址区东南侧 T2 阶地面钻孔发现王城岗龙山文化层之下为粉细砂层，而遗址区西南侧 T2 阶地面的钻孔发现王城岗龙山文化层之下为马兰黄土层。钻孔区域地层的差别表明遗址东南区与西南区在全新世早中期地貌环境差异较大，其中遗址西南区 T2 阶地为陆地环境，东南区 T2 阶地为滨河漫滩。

（二）王城岗遗址龙山时期古地貌重建

王城岗遗址在龙山晚期时为颍河流域的中心聚落，也是遗址文化面貌最为鼎盛的时期。Liao 等[19]根据遗址附近的地层剖面信息结合年代数据对王城岗遗址晚更新世以前的地貌环境进行了重建，研究发现颍河在 4.5～3.8ka BP 期间处于广泛加积的过程，河床水位不断升高，沉积物的粒度特征也反映出这一层的颗粒物明显粗于典型的黄土沉积物颗粒，粒度分布曲线显示为明显的河流相沉积，且这一时期的水动力较强。纵观整个颍河流域，这一次加积过程在颍河中游瓦店遗址附近也有体现[20]。

由此可见，王城岗遗址在龙山晚期的地貌与水文环境与现在大不相同。遗址南部的颍河与东部的五渡河都处在泛滥加积的过程之中，当时的 T2 阶地还未形成，龙山时期的河床水位至少在目前的 T2 阶地面以上，根据目前 T2 阶地的河拔高度可知当时的河床水位起码高出目前河床水位 3～4 米。此外，由于龙山时期王城岗先民生活的地面为现在地层中的马兰黄土层的顶部，这一地层距离目前的地表低 2～3 米，由此可以推算出龙山晚期的先民所在地面距离当时河床水位的高差要比现在小 5～7 米。

（三）王城岗遗址的聚落选址

上文详细分析了王城岗遗址的地貌背景并重建了遗址龙山时期的古地貌环境，这为分析王城岗遗址的聚落选址问题提供了基础。根据图 1 和图 2 可以看出遗址文化层之下为马兰黄土层，且遗址区的马兰黄土未经流水作用的改造，也就是说王城岗先民在该区域营建聚落时原始地面一直为陆地环境，遗址区的地貌环境十分稳定。即便颍河在晚更新世以来存在多次加积过程，河水也未曾涌入过遗址区。稳定的地貌环境是先民选址需要考虑的重要因素之一。此外，遗址北侧的竹园沟是一条晚更新世—全新世发育的古代冲沟，竹园沟的走向也值得探讨。竹园沟从王岭尖向北流出一段距离后并未继续往北冲入遗址区，而是在遗址区北侧突转向东汇入了五渡河。笔者在野外调查期间发现古冲沟转向处的地层底部为厚层的次生马兰黄土，上部为全新世的黄土古土壤层，其中次生马兰黄土的上部有砾石层透镜体。这一地貌现象是自然原因所致还是人为干预而成现在仍然存疑，然而无论是自然因素还是人为因素，都为古冲沟南侧的王城岗遗址区较为稳定的地貌环境奠定了基础。

王城岗遗址的选址体现了当时先民对自然环境的思考，根据图 1 与图 2 可以清晰地看到遗址位于两河交汇处的河流阶地之上，北部有海拔较高的王岭尖作为天然的屏障。通过对王城岗遗址区域地层的分析与古地貌环境进行重建，尤其是对颍河龙山时期的河床水位与遗址古地面的水平高差的推算，可以更好地理解王城岗遗址龙山时期水稻种植以及环壕聚落选址的地貌环境基础。遗址南部和东部均为河流区，一方面，有利于先民取水与用水，另一方面，河流也可作为天然的环壕，起到防御的作用。此外，遗址所在的 T3 阶地面平坦而开阔，能为大型聚落的发展提供广阔的空间场所和理想的土地资源。王城岗遗址优越的自然环境基础也为文化的繁荣发展提供了重要的基础。

注 释

［1］ Woodward J, Macklin M, Fielding F, et al. 2015. Shifting sediment sources in the world's longest river: a strontium isotope record for the Holocene Nile. *Quaternary Science Reviews*, 130: 124-140.

［2］ Macklin M G, Lewin J. 2015. The rivers of civilization. *Quaternary Science Reviews*, 114: 228-244.

［3］ Turrero P, Domínguez-Cuesta M J, Jiménez-Sánchez M, et al. 2013. The spatial distribution of Palaeolithic human settlements and its influence on palaeoecological studies: a case from Northern Iberia. *Journal of Archaeological Science*, 40(12): 4127-4138.

［4］ 王海斌、莫多闻、李拓宇：《陶寺古城形成与选址的环境与文化背景研究》，《水土保持研究》2014 年第 21 卷第 3 期，第 302-308 页。

［5］ 王辉、兰玉富、刘延常，等：《后李文化遗址的地貌学观察》，《南方文物》2018 年第 4 期，第 77-84 页。

［6］ Lv J, Mo D, Zhuang Y, et al. 2019. Holocene geomorphic evolution and settlement distribution patterns in the mid-lower Fen River basins, China. *Quaternary International*, 521: 16-24.

［7］ 河南省文物考古所：《登封王城岗与阳城》，《文物》1992 年第 1 期。

［8］ 安金槐、李京华：《登封王城岗遗址的发掘》，《文物》1983 年第 3 期。

［9］ 方燕明、刘绪：《河南登封市王城岗遗址 2002、2004 年发掘简报》，《考古》2006 年第 9 期，第 3-15 页。

［10］ 方燕明、郝红星：《追寻"禹都阳城"河南登封王城岗遗址考古发现历程》，《大众考古》2017 年第 2 期，第 21-32 页。

［11］ 北京大学考古文博学院编：《登封王城岗考古发现与研究：2002—2005》，郑州：大象出版社，2007 年。

［12］ 方燕明：《登封王城岗遗址聚落形态再考察》，《中原文物》2007 年第 5 期，第 30-33 页。

［13］ 同［11］。

［14］ 同［12］。

［15］ 赵志军、方燕明：《登封王城岗遗址浮选结果及分析》，《华夏考古》2007 年第 2 期。

［16］ 同［7］。

［17］ 靳桂云、方燕明、王春燕：《河南登封王城岗遗址土壤样品的植硅体分析》，《中原文物》2007 年第 2 期。

［18］ Liao Y, Lu P, Mo D, et al. 2023. Evolution of fluvial landscapes since the late Pleistocene at the Wangchenggang site of theYing River Basin, Central China: Implications for the development and change of prehistoric settlements. *Geoarchaeology*, 6: 1-14.

［19］ 同［18］。

［20］ 王辉、张海、张家富，等：《河南省禹州瓦店遗址的河流地貌演化及相关问题》，《南方文物》2015 年第 4 期。

Landform Background of Settlement Selection at the Wangchenggang Site

LIAO Yi-nan

(The Institute of Archaeology, Chinese Academy of Social Sciences)

Abstract: Analyzing the landform background of ancient sites is fundamental to understanding settlement selection and is also one of the main topics in archaeological research on site environments. The Wangchenggang site in Dengfeng City, Henan Province, is an important site for exploring the Xia Dynasty known as the "Capital of the Great Yu". It plays a crucial role in the study of the origins of Chinese civilization. By conducting a geomorphological investigation of the Wangchenggang site, and through precise measurement and detailed description of the site's landform units, in combination with published related research findings, the landform background of the Wangchenggang site is analyzed, and the relationship between ancestor and the landscape is explored. The loess layer beneath the cultural strata of the Wangchenggang site is the Malan Loess from the late Pleistocene. The site's distribution spans the third and second terraces at the confluence of the Ying River and its tributary, the Wudu River. The flat and open terraces provide ample space and ideal land resources for the development of the settlements. The favorable natural environment of the Wangchenggang site also laid an essential foundation for the prosperity of the late Longshan culture.

Key Words: the Wangchenggang site; landform; the Ying river; river terrace; Human-land relationship

人类骨骼考古学中的埋藏学

聂 颖

（中国社会科学院考古研究所）

摘要： 埋藏学最初是作为古生物学的一个分支学科创建的，主要侧重于第四纪以前脊椎动物化石堆积和形成过程的研究。随着这八十余年来的发展，埋藏学在生物地层学、进化演化研究中也起到了重要作用，并在地质学、植物学、法医人类学和考古学等多个领域有了广泛的应用，埋藏学在史前考古学、动物考古学中应用极大地推动了其发展。本文讨论了埋藏学对考古发掘发现的人类骨骼标本形成的影响，作为人类骨骼考古学的研究对象骨骼标本不仅揭示了所代表人群的生理属性，也体现个人作为社会文化历史创造者的历史。对人类骨骼的埋藏学研究有助于恢复墓葬等考古遗址形成过程和人类骨骼考古研究分析之间的关系，对人类骨骼标本形成历史的了解，也会帮助考古学者最大限度了解人类骨骼形成的自然背景和当时的社会历史文化。

关键词： 人类骨骼考古　埋藏学　死亡考古学

一、引　　言

众所周知，考古发掘出土的人类遗骸绝大多数仅留存骨骼部分。从存活着的人群到成为为考古学提供研究的人类骨骼样本，整个过程可以分为骨骼样本代表的人群和被外力改变后留存的骨骼样本。骨骼样本代表的是人群中从生者到死者的部分；被外力改变后留存的骨骼样本是死者经历一系列外界作用力、研究者们最终得到研究样本。加拿大体质人类学家罗伯特划分出八个步骤来说明影响人类遗骸最终状态的过程[1]（图1）。以往国内研究里，研究者们都能注意到埋葬方式、发现、发掘、保存对样本的影响，并且在后续研究中试图规避这些问题。如新石器时代仰韶文化遗址里，未成年个体的瓮棺葬，从选址、葬式都不同于成年人[2]。未成年个体，特别是婴幼儿，其骨骼质地薄弱，易碎，就算被发现，在发掘过程中也极易被破坏；或者难以分类辨认，混入动物骨骼之中。陈铁梅先生认为，考古出土人骨的研究可以看作一个统计学中抽样的过程，实际性别比到人骨性别鉴定报告可能会出现系统性偏差[3]。造成考古遗址出土人类骨骼样本这种偏差的既有主体上生者到死者的选择，这涉及到骨学悖论[4]中的"选择的死亡"

这一观点；也有客体外力作用下对人类骨骼样本的筛选，这可以从埋藏学变化过程摸索出一定可遵循的规律，也有研究者发现、发掘及保存过程中有意识或者无意识对人类骨骼样本的随机筛选趋势。研究者如何更加客观准确地对待考古出土人类骨骼样本，是为后续研究，特别是古人口学和古病理学提取有效可靠信息的基石。

| 生者 | 死者 | 埋葬方式 | 埋葬学过程 | 发现 | 发掘 | 保存 | 为研究目的进行的筛选 |

图1　从存活人群到被研究标本的发展过程

Figure 1　Eight stages in the history of human skeleton

二、埋藏学的发展

埋藏学（Taphonomy）一词最早由苏联古生物学家叶菲列莫夫（I. A. Efremov）于1940年提出[5]，该词源于希腊语，词根 taphos 是埋葬的意思，nomos 是规律、方法的意思，本意是指"专门研究生物死亡、破坏、风化、搬运、堆积和掩埋的整个过程，以及在这一过程中所受到的各种各样因素影响而发生变化的一门科学"[6]。埋藏学最初是作为古生物学的一个分支学科创建的，是研究有机生物遗体和遗迹通过地质作用和生物作用，从生物圈进入到岩石圈的变化过程的学科，主要侧重于第四纪以前脊椎动物化石堆积和形成过程的研究。埋藏学的研究不仅限于化石种属，还包括形成化石的过程和过去生命体活动的迹象，如脚印、粪便化石、植物孢粉、牙印、消化痕迹、昆虫破坏、石器切割、踩踏痕迹、植物根系作用等，这些方面研究是确定化石年代、重建古生物行为的重要证据，也是复原古生态系统的重要考察条件。这就说明了，埋藏学另外一个重要目的是重建过去的所有细节，研究"再加工"的过程和原因，这就使其成为一门多学科的综合性研究，扩大了埋藏学的应用范围。随着这八十余年来的发展，埋藏学在生物地层学、进化演化研究中也起到了重要作用，并在地质学、植物学、法医人类学和考古学等多个领域有了广泛的应用。

20世纪70年代开始，欧美考古学家认识到正确阐释人类对有机物质的"再加工"的埋藏学过程的重要性，埋藏学在古人类学和考古学，特别是史前考古学领域的应用尤为突出，逐渐建立了史前考古埋藏学[7]。80年代起，动物考古学迅速发展起来，埋藏学结合动物考古学研究成为重要特点。更多学者使用埋藏学理论方法解析考古动物群形成过程，以动态看待古人类、动物与环境之间的关系。1989年，尤玉柱先生编写出版了我国第一本关于埋藏学的专著《史前考古埋藏学》，详细系统介绍了埋藏学的发展、原理及应用，将埋藏学和古人类学研究结合在一起，使古人类活动与重建古环境的互动关系更紧密。此后一系列关于埋藏学研究的文章相继发表，埋藏学对考古动物群的研究也由死亡年龄分布、骨骼单元分布，越来越多地关注骨骼表面痕迹、对古人类的捕猎、食肉行为的深入分析，极大地推动了我国旧石器时代考古发展。

埋藏学在新石器时代及历史时期考古研究中应用，则由钱耀鹏先生等定义为："考古埋藏学，通过实物遗存的埋藏特征及其形成环境、过程、条件和原因等因素，以获取人类行为过程和行为模式的信息资料，进而探索支配人类行为模式的思维方式或意识形态。"[8] 钱耀鹏先生等认识到，几乎所有的人工遗存都是人类特定意识作用下的产物，无论是有意还是无意，皆包含了人类对自然和社会环境的理解。埋藏学涉及的埋藏环境、条件、过程和特征等，能够反映出隐藏在明显象征符号（如墓葬形制，随葬品等）下意识形态下的死亡认知，不同文化背景对人类遗骸的丧葬习俗处理步骤各异。如对遗体的特殊处理，在特定季节下葬，不同的下葬点选择等，都反映了古代人类对死亡、魂魄的观点等。在此认知上，钱耀鹏先生等根据磨沟墓地的田野实践提出"堆积相"这个概念，把"堆积单位"这一田野考古发掘中的最小单位的定义由地层关系建立的年代学限制突破，从埋藏学角度提出区分堆积单位。"相"既包含同一物质的不同物理、化学状态，也可以表明物质内部的各种元素的状态。"堆积相"指的是堆积单位的物质构成及其内部结构，被指代为特定人文遗迹遗物的最小单位的内部，但影响其产生的因素除了人为作用，还有不可忽视、一言蔽之的自然作用。由此堆积相的分类至少可以分为自然沉积相和人为堆积相，还有由两种因素共同作用的混合相。人类思维活跃，其体现的人类活动，在时间的洗礼下更显复杂，堆积相的分类还需在以后的实践中完善。

三、埋藏学在人类骨骼考古学的应用

生物考古学研究的材料是考古发掘发现的有机生命体的标本组合，标本组合的组成和形成受到一系列因素影响，标本组合（此处特指骨骼标本组合）揭示了所代表的生命体的生物生活史，也体现了个体作为文化创造实体的一部分的历史。研究者力图通过骨骼标本组合获取数据，最大限度地复原史前人类及其生活背景，但研究者可获得的信息种类和数据质量在不同情况下差别巨大。如何看待个体死亡状态和丧葬习俗会影响最终研究结果，这就要求研究者尽可能地广泛了解骨骼标本组合形成的沉积学条件和过程。在这一背景下，人类骨骼考古学的埋藏学概念是"研究有机生命体在死亡后，由人类、动物或自然因素等作用改变其状态，并使其进入到地质沉积作用的一系列物理和化学过程"[9]。众所周知，考古发现的遗迹遗物很难保存完好，埋藏学研究方法论提供了一个思路，研究者可以研究变化中的多个事件和过程，以期探索决定骨骼标本组合形成的因素和条件。

埋藏学研究方法论明确地将骨骼标本组合的形成与更大单位的考古遗址形成过程联系起来，了解墓葬的各种元素与标本组合骨骼化之间的多变的动态关系，是解读古代人类认知中的"死亡"的重要部分。随着越来越多的人类骨骼考古学者参与到考古发掘实践中，对死亡的处理被看作社会与政治背景下的身份体现，因此，埋葬环境的重要性得到的关注日渐增加。人类骨骼考古学者在面对保存不佳和残缺不全的骨骼标本组合时，由过去遗憾丢失了一些信息的态度，逐渐转变为认为此状态可能隐含了其他有意义的信息。在保存不佳、破碎、个体混乱的骨骼标本组合中，埋藏学研究就显得尤其重要。首先，研究者需要分辨出人为和非人为改变。其次，在人类行为是改变的主要因素时，想要辨别这些行为背后的意图，就必须结合埋藏学、人类骨骼考古学以及历史社会文化背景进行分析。在人类骨骼考古学中，埋藏学的研究范围是从人类死亡时到被研究分析时，这一过程中改变人类遗骸状态的自然作用、文化事件。这期间包括埋藏、分解、风化、成岩作用、动物作用以及人类在过去和现在有意无意的活动[10]。在这些影响因素中，墓地是直接影响人类遗骸状况最重要的决定项。考古发掘出来的骨骼标本组合，不管是出土于保存完好的墓葬，还是混乱破碎的残骨堆，都不是随机产生的遗迹遗物。埋葬习俗在同一文化人群内部和不同文化人群之间皆有差异，了解这点对研究者解读骨骼标本组合背后所代表的古代人群和理解他们想表达的意图十分重要。我们首先要明白，骨骼标本组合一直都是变化的，大致可以分为四个阶段：①生前存活阶段；②死亡发生阶段，新的死者；③死亡后阶段；④被发现阶段[11]。

图 2 所列的后世人类发现的骨骼标本组合形成步骤，这些变化不仅深受埋藏作用影响，也清晰地反映了骨骼标本所属古代人群对死亡的态度和认知，发现者和研究者对原始材料的选择和态度也对最终进行使用的骨骼标本组合起到决定作用[12]。

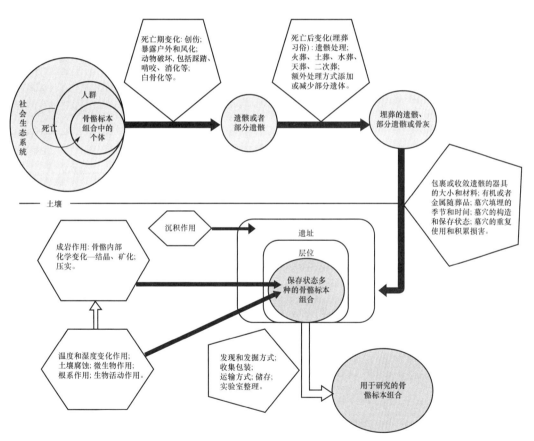

图2　考古发掘的骨骼标本组合形成步骤

Figure 2　Taphonomic stages in the history of an archaeological human skeleton

四、骨骼标本组合与死亡考古学

对于人类骨骼考古学研究者来说，最理想的工作状态是通过研究保存完好、完整的骨骼组合来探索古代人群，每一个个体都是在一个独立的墓穴中发现，墓穴中带有规律标准的特定随葬品，按性别或者社会背景区分；这些墓穴按照埋葬习俗规定在一起组成墓葬群，这些墓葬的内部关系可能体现为：亲属关系、宗教或族属、社会阶级和职业等等。但实际上，纵观考古史，墓主的生理性别和随葬品的性别不总是匹配的，武器也会出现在女性墓葬中，如妇好墓中随葬的百余件青铜兵器[13]；而新石器时代的男性墓葬也偶尔出土陶纺轮的现象存在[14]。所以埋葬习俗的实践、仪式和政治、历史背景之间的联系，与人类骨骼考古学研究者的工作密不可分，埋葬习俗决定埋葬的是什么，是整个遗骸还是只有部分，是骨灰，或者是因意识或现实制约而使用的其他人造制品。墓葬具有强大的象征纪念意义，是仪式的体现和控制，被用来展示经济与政治权力，殡仪仪式私下或公开举行，选择有意义的墓地地点，骨骼标本组合保存了来自这个文化背景，社会阶级的人群记忆，将逝者的生物学历史和社会历史紧密联系在一起。人类对于死亡的焦虑和恐惧是永恒的，20 世纪 70 年代，"死亡学（Thanatology）"作为一门跨学科的研究，涉及人类学、哲学、社会学、宗教学、医学、教育学、心理学、伦理学等。自然学科关注死亡的原理、过程、对生命体的变化及死亡的心理学；社会学科则深入探索死亡的社会现象和一系列死亡行为背后的思想表达，丧葬习俗的传统和变化、对待死亡的态度和信仰等。2005 年，法国考古学家兼医学家亨利·杜道伊（Henri Duday）提出"古代死亡学（Archaeothanatology）"，提出通过对遗体的丧葬仪式、遗体处理仪式、墓葬结构选址等角度重建古代人群对于死亡的认知和态度[15]。中国人民大学历史学院考古文博系教授李梅田先生提出"死亡考古学"从墓葬研究的视角，通过涉及死亡的一系列考古遗存重建丧葬仪式过程、复原丧葬场景，讨论背后的象征意义，透物见人、见社会、见历史[16]。

五、讨　　论

总的来说，墓葬不仅体现了骨骼标本组合所属人群的意志，也是当时的社会、物质、信仰和经济因素的集合体，为人类骨骼考古学研究提供了丰富的基础材料。逝者的死亡原因、死亡地点影响着遗骸的处理和软组织腐烂分解，骨化的几率和过程。按照法医人类学记录，正常情况下分解最快的是软组织，先是内脏中的消化系统，然后是心脏和循环系统，接着是肺、肾、膀胱、大脑和神经组织、骨骼肌，最后是骨骼系统中富含胶原的结缔组织。其中结缔组织的分解开始于手、脚关节、颈椎关节，然后是肋骨和胸骨区域，包括胸椎关节；最不容易分解的是寰枕关节、腰骶关节和骶髂关节、腰椎关节、膝关节和踝关节[17]。外来的感染源——大量的微生物可能会加剧软组织分解的速度，如曝尸荒野。气候和天气也会影响遗骸腐烂的速度，进而影响葬礼的举行时机。延缓或加速遗骸的腐烂速度，都可能是丧葬仪式步骤中特意处理的结果，如埃及木乃伊的制作；这一步骤涉及多个阶段的遗骸处理。遗骸所穿衣物材质、裹尸布、下葬用具的材质，随葬品的种类也会影响软组织的腐烂速度[18]。相比下葬时坚固的棺，紧紧包裹在遗骸上的易腐烂纺织品更有利于使关节保持在相对狭小的范围内。棺在一定时间内能够起到阻挡土壤、植物根系入侵和动物昆虫破坏作用，但同时也可能保留水分。极端的温度和湿度可能加速或延缓分解。2007 年发掘的江西靖安李洲坳东周墓葬，地处南方酸性土壤地区，但由于墓葬封闭性好，被地下水浸泡后，保留下了大量丝织品和人类遗骸，包括脑组织和牙齿、头发及骨骼。此外，许多骨骼上长满大量的磷酸铁盐类结晶物[19]。与此类似的还有 2016 年发掘的浙江台州南宋古墓，墓主所在朱漆棺的密封性强，棺内渗入地下水，结合水银的作用，大量丝织品得以保存完好，墓主遗骸保留较完好，不仅保留全身骨骼，还留存了部分软组织、头发、胡须及指甲[20]。墓葬填充的土壤类型会影响导致骨骼被沉积作用和压实作用破坏，如板结的黄土层容易造成颅骨这样的有一定内部空间的空腔骨变形，甚至破碎。黄土高原地区考古遗址出土的人类颅骨，常见到因为沉积压实作用变形破碎，如淅川下王岗仰韶文化时期墓葬，出土颅骨保存较差，多为破碎或变形[21]。在墓葬中发现骨骼标本呈正常的自然解剖学方位，被认为是一次葬；如果从一次葬被迁出部分或者完整的遗骸，被认为是二次葬，二次葬可能是经过仔细的摆放，也可能是捆绑堆放在一起，或者与其他个体混合在一起，形成多人合葬墓。墓葬的位置是决定骨骼标本组合保存的另一个重要因素。位于季节性洪水流域的墓地可能会被洪流淹没；位于植被丰富地区的墓葬会被植物根系破坏严重；位于干旱炎热地区的墓葬往往保存完好；位于理想地区的墓葬可能会受到后世人群的重复利用或他用；特定位置的墓葬所对应地表景观、天文学上的特殊方位，与理解历史观念、社会文化背景存在某种特殊意义。

墓葬的复杂性要求考古工作者记录的信息详细繁多：多种遗骸处理方式、葬式、墓葬内部结构、随葬品种类和组合、墓地组织关系、墓葬所在地点及其与周边遗址的互动关系等。而这些资料都是人类骨骼考古学研究者不可忽视的细节。为了最大程度还原古代人群个体，近几年，研究者还开始关注遗址墓葬的发掘方式；对骨骼组合的回收方式；是回收所有骨骼，还是挑选颅骨、盆骨等重要部位；保护包装骨骼标本；选择稳妥的运输途径；选择适宜储存条件；制定一系列以保护为前提的实验室研究标本的规定等。人类骨骼标本在被考古学家发现前，经历了一系列的人为和自然作用，其中涉及到古人口学、埋藏学和发掘方式等的影响。人类骨骼考古学研究者对骨骼标本进行各种观察和数据收集前，首先要考虑的是以个体为单位现存的骨骼有哪些、保存状态如何，进而衡量整个遗址的骨骼标本组合的样本量及适用的研究方向。从统计学的角度来说，通过数理统计骨骼保存比率，有助于我们从根本上分析所得到的数据是否具有可靠性。清理统计骨骼标本是生物考古学研究者日常最基础的工作，也是田野工作中重要的一环和实验室工作的第一步。在发掘和清理过程中有可能会对脆弱的骨骼造成额外的损坏，所以在进行整理的时候，需记录发现骨骼标本的渠道，包括考古发掘、田野采集、盗掘清理等。

随着自然科学技术的飞速发展，考古学中多学科研究结合，针对生物标本的取样标准和规章制定尤为迫切。针对人类骨骼考古研究中自然科学研究的取样，多集中在牙齿、颞骨及骨干中部等蕴含着丰富信息的重点部位，这就需要在采集完骨骼表型形态特征信息后再进行不可逆的破坏性取样。另外，人类骨骼标本的出入库、取样部位、取样次数、研究目的等信息都需记录在案，对于相关技术人员需要进行规范的培训，确保在最大限度保证骨骼标本完好的情况下进行采样。中国考古学已有百年积累，各考古研究所及众多高校考古专业都建立了专属的人类骨骼标本库，妥善保管各个时代的人类骨骼标本用于科研研究。作为人类骨骼考古学的重要一环，从业者应该全程参与骨骼标本从田野到实验室的每一步，才能最大可能保护骨骼背后隐藏的信息，随着学科理论方法的不断完善及自然科学技术的进步，这些静默在历史背后的古代人群和其生活的社会历史文化背景随着时代发展将会逐渐展露于世人眼前。

在美国，很多考古发现的遗骸不能被研究或收藏至机构，每个州的法律不同，仰赖于 2010 年开始生效的印第安土著墓葬的保护和遣返法修正案（NAGPRA），这些骨骼标本将被陆续埋葬到所属部落的墓地或所属地区的公共墓地[22]。根据现行中华人民共和国文物保护法，旧石器时代人类遗骸属于文物，受到国家文物保护法第二条第三款的保护，而新石器时代及之后的人类遗骸却没有明确规定，部分考古学者注意到此类问题，马萧林先生等率先倡导立法并建立人骨数据共享库，妥善储存保管出土的人类遗骸[23]。

人类骨骼标本以及动物骨骼遗存、植物遗存等生物遗存都是由考古发掘从考古遗迹中获取的，埋藏学理论提供了其形态质地变化的方向，这些变化蕴含了关于过去的信息，墓葬和考古遗址记录了一部分人类行为。埋藏学可以恢复墓葬等考古遗址形成过程和人类骨骼考古研究分析之间的关系，对人类骨骼标本形成历史的了解，也会帮助考古学者最大限度了解过去。

注 释

[1]　a. 侯侃：《山西榆次高校园区先秦墓葬人骨研究》，吉林大学博士学位论文，2017 年，第 15、16 页。

　　　　b. Hoppa R. 2000. The Once and Future Palaeodemography. Proceedings of A Symposium held at the University of Toronto.

[2]　中国科学院考古研究所、陕西西安半坡博物馆：《西安半坡：原始氏族公社聚落遗址》，北京：文物出版，1963 年，第 211 页。

[3]　陈铁梅：《中国新石器墓葬成年人骨性比异常的问题》，《考古学报》1990 年第 4 期，第 511-522 页。

[4]　Wood J W, Milner G R, Harpending H C, Weiss K M. 1992. The Osteological Paradox-Problems of Inferring Prehistoric Health from Skeletal Samples. *Current Anthropology*, 33(4): 343-370.

[5]　Efremov I A. 1940. Taphonomy: new branch of paleontology. *Pan-American Geologist*, 74: 81-93.

[6]　尤玉柱：《史前考古埋藏学概论》，北京：文物出版社，1989 年。

[7]　张立民：《国内外埋藏学研究综述》，见董为主编：《第十三届中国古脊椎动物学学术年会论文集》，北京：海洋出版社，2012 年，第 297-306 页。

［ 8 ］ 钱耀鹏、毛瑞林：《考古埋藏学的田野实践与思考》,《南方文物》2016 年第 2 期，第 57-71 页。

［ 9 ］ LaMotta V, Schiffer M. 2005. Archaeological formation processes. In: Renfrew C, Bahn P(eds.) *Archaeology: The Key Concepts*. London: Routledge. pp. 121-127.

［ 10 ］ Stutz L N, Tarlow S (eds.) 2013. The Oxford Handbook of the Archaeology of Death and Burial. Oxford: Oxford University Press.

［ 11 ］ Schmitt S. 2002. Mass graves and the collection of forensic evidence: genocide, war crimes, and crimes against humanity. In: Haglund WD, Sorg MH. *Advances in Forensic Taphonomy: Method, Theory, and Archaeological Perspectives*. Boca Raton: CRC Press. pp. 277-292.

［ 12 ］ Denys C. 2002.Taphonomy and experimentation. *Archaeometry*, 44(3): 469-484.

［ 13 ］ 中国社会科学院考古研究所：《殷墟妇好墓》,北京：文物出版社，1980 年，第 140-157 页。

［ 14 ］ 陈建立、陈铁梅、贾昌明：《从随葬工具的性别关联探讨中国新石器时代的性别分工》,《南方文物》2013 年第 2 期，第 39-48 页。

［ 15 ］ Duday H. 2006. Archaeothantology or the Archaeology of death. In: Gowland R, Knüsel C J. (eds.) *Social Archaeology of Funerary Remains*. Oxford: Oxbow Books. pp. 1-56.

［ 16 ］ 李梅田：《墓葬的考古学意义——〈南方文物〉"生死观的文明史"专栏开篇词》,《南方文物》2008 年第 4 期，第 64-66 页。

［ 17 ］ a. Gill-King H. 1997. Chemical and ultrastructural aspects of decomposition. In: Haglund WD, Sorg MH. (eds.) *Forensic Taphonomy: The Postmortem Fate of Human Remains*. Boca Raton, FL: CRC Press. pp. 98.

b. DUDAY H. 2009. The Archaeology of the Dead: Lectures in Archaeothanatology. Oxford, UK: Oxbow Books. pp. 27.

［ 18 ］ a. Galloway A. 1997. The Process of Decomposition: A Model from the Arizona-Sonoran Desert. In: Haglund WD, Sorg MH. (eds.) *Advances in Forensic Taphonomy-Method, Theory, and Archaeological Perspectives*. Boca Raton, FL: CRC Press. pp. 139-150.

b. Iscan M Y, Steyn M. 2013. The Human Skeleton in Forensic Medicine. Springfield, IL: Charles C. Thomas.

［ 19 ］ 徐长青、余江安、胡胜、饶华松、刘新宇：《江西靖安县李洲坳东周墓葬》,《考古》2008 年第 7 期，第 47-53、106-108 页。

［ 20 ］ 严红枫：《浙江发现南宋赵匡胤七世孙墓，出土丝绸文物堪称"宋服之冠"》,《光明日报》2016 年 6 月 10 日头版。

［ 21 ］ 河南省文物研究所：《淅川下王岗》,北京：文物出版社，1989 年，第 71-100 页。

［ 22 ］ Stodder A. 2019. Taphonomy and the Nature of Archaeological Assemblages. In: Grauer A L, Katzenberg M A. *Biological anthropology of the human skeleton*. Hoboken, NJ: Wiley. pp. 73-116.

［ 23 ］ 马萧林：《我国古代人骨采集、管理工作的问题和对策》,《中国文物报》2020 年 9 月 4 日第六版。

Taphonomy and Human Osteoarchaeology

NIE Ying

(The Institute of Archaeology, Chinese Academy of Social Sciences)

Abstract: Taphonomy originated as a subfield of paleontology which focus on study of vertebrate fossils and their formation processes before the Quaternary period. Over the past eighty years, paleontology has played an important role in biostratigraphy, evolutionary studies, and has been widely applied in various fields such as geology, botany, forensic anthropology, and archaeology. In particular, taphonomy has greatly contributed to the development of prehistoric archaeology and zooarchaeology.

This article is a discussion of the numerous factors that affect the composition and condition of human bone assemblages recovered from archaeological contexts. Thus, an assemblage of bone reveals the biological life history of the individuals represented, but it also embodies the history of the assemblage as a culturally created entity.

Studying the taphonomy of human bone assemblages found in burials can provide valuable insights into the formation process of archaeological sites such as tombs, as well as the analysis of the relationship between human bone assemblages. The data recovery and the understanding of prehistoric people and their lives can be maximized by the broadest possible understanding of the depositional context and history of the skeletal assemblage.

Key Words: Human osteoarchaeology; Taphonomy; Mortuary archaeology

中国西北甘肃洮河流域古代家养黄牛与家羊的研究：来自动物考古学、古DNA和放射性碳年代测定的新证据

博凯龄[1]　任乐乐[2]　赵　欣[3]　东晓玲[3]
王　辉[4]　周　静[5]　傅罗文[6] 著；
赵　欣[3]　东晓玲[3]　博凯龄[1] 译

（1. 维思大学；2. 兰州大学；3. 中国社会科学院考古研究所；
4. 复旦大学；5. 甘肃省文物考古研究所；6. 哈佛大学）

摘要：公元前四千纪至公元前二千纪，中国西北甘青地区是文化交流和家养新物种利用的重要区域。本文总结了已经发表过的甘肃、青海两省新石器时代至青铜时代的动物考古学报告，以此研究对家养物种利用的变化规律和新的家养物种最早到达中国西北地区的时间。本文介绍了洮河考古项目（TRAP）在大崖头、齐家坪、灰嘴凹遗址进行考古学调查时收集到的动物考古学新资料。这些遗址可以让我们探索当地小区域范围内对动物利用的变化规律，揭示出随着时间的推移以羊为主的畜牧业的重要性。我们的分析还包括了该地区有直接测年的最早的绵羊和山羊骨骼样本，可以追溯到公元前1900～前1750年。本文结论是，尽管有研究认为黄牛、绵羊和山羊在公元前四千纪左右到达甘青地区，但是我们认为目前为止尚无确凿的证据能够表明这一时间点可以早于公元前2500年左右。

关键词：跨欧亚大陆交流网络　中国动物驯化　马家窑文化　齐家文化　辛店文化　绵羊和山羊畜牧业

一、介　　绍

公元前四千纪至公元前二千纪，中国西北甘青地区是文化交流和家养新物种利用的重要区域。黄河上游（主要包括甘肃南部和青海东部的考古遗址，通常被称为甘青地区）的考古学证据表现出多种文化和环境区域之间的独特联系，包括河西走廊沙漠地

区、半干旱的黄土高原地区、青藏高原东部的高海拔草原和秦岭的落叶林地区。在中国境内，甘青地区考古遗址中可能有中国最早的黄牛、绵羊、山羊、马和其他起源于西亚与中亚地区的家养动物。因此，该地区是了解新石器时代向青铜时代过渡时期黄河上游地区考古学文化中这些家养动物的引入路线和各物种最初用途的关键区域。

此前的动物考古学研究已经表明，狗和猪在公元前6000～前5000年从黄河中游引入甘青地区[1]。植物考古学和同位素研究也表明，在公元前5000年以前该地区就已经开始种植黍类作物了，例如大地湾遗址[2]；并且在公元前4000年仰韶文化时期高粱和谷子就已经开始普遍种植了[3]。此前动物考古学的综合研究表明，从公元前3600～前3000年左右开始，就有包括黄牛和绵羊在内的起源于西亚的家养动物引入该地区[4]。在公元前2300～前1800年左右，山羊、马、小麦和大麦被引入该地区，而骆驼于公元前1000年左右在该地区出现[5]。这些新的家养物种的引入是甘青地区从新石器时代向青铜时代过渡时期发生的重要变革之一。这一时期以技术和社会发展为特征，例如农作物种植和家养动物的扩散，冶金的出现以及广泛共享的优势物质文化，这些都表明中国北方地区正越来越多地参与跨欧亚交流网络[6]。值得注意的是，这一时期也是一个环境向更加干旱条件转变的重要时期[7]。大约距今4000年以来，该地区的人们似乎通过将农业种植从小米转向耐寒的小麦和大麦，来适应不断变化的气候条件[8]。群居动物的出现和畜牧业策略的选择可能也帮助人们适应气候的变化。

尽管上文中所列出家养动物群在该地区出现的时间目前已有了一定的共识，但动物考古学家在以现有的考古报告和文献调查为基础得出最终结论时必须非常谨慎。很少有甘青地区考古遗址进行了详细的动物考古学分析，而且以前对动物考古学文献的利用不得不依赖于数十年前的考古报告，其中各种家养动物出现的时间多是基于考古发掘的层位学关系进行判断，几乎没有对骨骼遗存进行直接测年以确定其年代。目前还没有完善的形态学鉴定标准用来区分家养的黄牛、绵羊和山羊与该地区存在的各种野生牛科动物，而且许多以前发表的动物考古学报告并没有描述用于骨骼鉴定的形态或测量特征。此外，以前工作更多地是在广泛的区域内研究动物的利用方式，这就有可能掩盖人和动物间关系在小区域内的变化，尤其是考虑到甘肃和青海两省高度的环境变异性。本文的目的是重新评估现有的动物考古学报告，重点发掘和分析动物遗存进行直接年代测定，以及运用古DNA的方法对骨骼进行种属鉴定。

自2011年起，洮河考古项目（TRAP）就对甘肃省洮河流域新石器时代晚期和青铜时代早期的遗址进行了深入调查、地球物理研究和小规模的发掘，以探讨古代技术、环境和社会变化的问题[9]。许多调查的遗址都是由J.G.Andersson在20世纪20年代首次记录下来的，他对于欧亚草原文化传统和中国中原彩陶文化传统的关系很感兴趣[10]。20世纪随后的发掘重点集中在墓地和墓葬[11]。在新石器时代向青铜时代过渡的时期，在人类生存与经济中动物被利用的方式知之甚少。洮河考古项目完成了三个遗址出土动物遗存的分析，这三个遗址属于连续的三个时期：马家窑文化时期（ca. 3300～2000 BCE）、齐家文化时期（ca. 2300～1500 BCE）和辛店文化时期（ca. 1600～600 BCE）。这三个遗址的动物骨骼遗存都出土于普通日常生活的灰坑中。这三个遗址具有相似的考古学和环境背景，使我们能够在局部范围内对动物的利用方式变化进行历时性的比较，而不只是局限于以前发表的研究资料。

在本文中，我们对甘青地区动物考古学研究做了全面的总结，重点介绍了黄牛、绵羊和山羊出现的时间，以及在新石器时代向青铜时代过渡时期这些家养动物是如何被利用的。首先，我们从甘肃和青海两省已发表的新石器时代至青铜时代动物考古学报告中收集相关资料；其次，我们公布洮河考古项目调查中三个遗址的新资料。我们还运用古 DNA 技术对大崖头、齐家坪和灰嘴圪出土的绵羊、山羊遗存的种属鉴定进行了确认，并对关键样本进行了直接的碳十四测年，这些遗址的绵羊和山羊遗存为目前有直接碳十四测年数据的中国最早的家羊之一。同时，已发表的现有的和新的资料表明，黄牛和绵羊在公元前 4 千纪中期到达甘青地区，但是我们认为目前为止尚无确凿的证据能够表明这一时间点可以早于公元前 2500 年左右。也没有证据能够表明，在公元前两千纪晚期，该地区有家养的马、驴和骆驼。洮河流域的动物利用趋势普遍与甘青地区相一致。在甘青地区，从齐家文化开始古代社会越来越依赖于农牧策略，特别是以羊为主的畜牧业。对洮河流域考古遗址的分析也揭示出，在齐家文化时期使用羊骨作为卜骨材料进行占卜的重要性。

二、材料和方法

（一）甘肃和青海两省已发表的动物考古学报告的资料汇总

已发表过的动物考古学报告汇总的资料包括每一个鉴定种属的可鉴定标本数（NISP）和最小个体数（MNI）（表1）。有些报告没有提供各个种属在整个动物群中所占比例的详细信息，对于这类报告，我们只能列出每个种属是否存在（表2）。

在全新世，中国北方地区可能是多个牛科动物的故乡，包括野生的欧洲原始牛（*Bos primigenius*）、家养普通牛（*Bos taurus*）、家养瘤牛（*Bos indicus*）、野生牦牛（*Bos mutus*）、家养牦牛（*Bos grunniens*）、野生水牛（*Bubalus mephistopheles*）和家养水牛（*Bubalus bubalis*）。基于形态学来区分家牛和野生牛的骨骼具有挑战性，因为在东亚考古学研究中，还没有鉴定这些动物的标准方法。表1和表2列出的出土家养黄牛标本的遗址仅包括吕与袁重新评估并确定为家养黄牛的遗址[12]。然而长宁遗址是唯一一个公布了测量数据的遗址，这些数据支持其鉴定标本属于家养黄牛[13]。这意味着有一些野生牛标本可能混在所列出的家养黄牛标本中，特别是考虑到至少在 4000 年前的中国北方地区还存在野生的原始牛[14]。我们还假设以前发表过的报告中已鉴定的所有家养黄牛都是普通牛而不是瘤牛。迄今为止，在该地区尚未发现瘤牛或水牛（关于中国驯化与引入瘤牛和水牛的现有证据见注释[15]）。牦牛遗骸（角芯）只在青海省诺木洪遗址被发现[16]。目前尚不清楚牦牛是何时被驯化的，该遗址出土的 2 个牦牛骨骼的驯化状况也尚不能确定。

家养绵羊和山羊也很难从甘青地区的野生牛科动物中区分出来，例如鹅喉羚（*Gazella subgutturosa*）、蒙古羚羊（*Procapra gutturosa*）、普氏羚羊（*Procapra przewalskii*）、藏羚羊（*Procapra picticaudata*）、盘羊（*Ovis ammon*）、岩羊（*Pseudois nayaur*）、西伯

表1　已发表的甘青地区动物考古学报告中各种属的可鉴定标本数和最小个体数（括号内）

Table 1　NISP counts and MNI counts (in parentheses) from previously published zooarchaeological reports from the Gan-Qing region

时代	考古学文化	遗址	地理位置	年代（BCE）	可鉴定标本数（最小个体数）								野生动物种属鉴定	参考文献
					狗	猪	黄牛	绵羊	山羊	绵羊/山羊	马	野生动物		
新石器时代中期（ca. 6000～4000 BCE）	大地湾一期	大地湾（一期）	甘肃省秦安	5800～5300	75	156?						463	鼢鼠、豺、貉、棕熊、苏门答腊犀牛、马鹿、梅花鹿、麝、獐、狍、野猪、未确认的偶蹄目	[68]
	仰韶文化早期	大地湾（二期）	甘肃省秦安	4500～3900	120	900						2489	亚洲象、猕猴、鼠、鼢鼠、竹鼠、虎、豹、豹猫、棕熊、马、苏门答腊犀牛、未确认的鹿、未确认的鹿、梅花鹿、鹿、梅花鹿	[68]
	仰韶文化中期	大地湾（三期）	甘肃省秦安	3900～3500	41	862						1632	红白鼯鼠、竹鼠、棕熊、野猪、獐、麝、梅花鹿、马鹿、未确认的鹿、牛	[68]
	仰韶文化晚期	大地湾（四期）	甘肃省秦安	3500～2900	52	1999						1619	鼢鼠、仓鼠、未确认的鼠、豹猫、豹、棕熊、标熊、苏门答腊犀牛、未确认的鹿、麝、獐、狍、马鹿、梅花鹿、牛、羚羊、鬣羚	[68]
新石器时代晚期（ca. 4000～2800 BCE）	仰韶文化晚期	西山	甘肃省礼县	4000～3000	80（5）	90（5）	49（3）?	8（2）??	4（1）?		10?	176（17）	竹鼠、田鼠、熊、未确认的鼬、狍、梅花鹿、马、未确认的鹿科、狍、梅花鹿、马鹿	[69]
	宗日文化	宗日	青海省同德	3600～2000	12（3）		53（8）					1071（117）	旱獭、野驴、麝、狍、梅花鹿、普氏羚羊、岩羊	[70]
	宗日文化	宗日	青海省同德	2700～2100	12（4）		4（1）					864（86）	旱獭、野兔、马鹿、狍、麝、未确认的羚羊、羊、未确认的啮齿动物、未确认的大型猫科动物、未确认的猫科动物、未确认的鹿科、羚羊、未确认的大型羊、未确认的猫科动物（豹属）、未确认的大科动物、未确认的鸟、未确认的鱼	[71]

续表

时代	考古学文化	遗址	地理位置	年代（BCE）	可鉴定标本数（最小个体数）							野生动物	野生动物种属鉴定	参考文献
					狗	猪	黄牛	绵羊	山羊	绵羊/山羊	马			
新石器时代晚期（ca. 4000~2800 BCE）	宗日文化	香让沟	青海省兴海	3600~2000	1（1）		4（1）					65（11）	旱獭、野猪、麝、狍、梅花鹿、普氏羚羊	[72]
	宗日文化	羊曲十二档	青海省兴海	3600~2000								91（13）	旱獭、麝、麅、梅花鹿、普氏羚羊	[72]
新石器时代末期（ca. 2500~1500 BCE）	齐家文化	大河庄	甘肃省永靖	2000~1600	2	194	6			56	3	5	未确认的鹿、狍	[73]
	齐家文化	长宁	青海省大通	2200~1800	（28）	（37）	（29）			（132）		（106）	旱獭、褐鼠、鼢鼠、野兔、狼、狐、未确认的鼬、猪獾、豹、猫、野猪、马、鹿、白唇鹿、狍、麝、獐羚、瞪羚、岩羊、水牛	[74]
	四坝文化	东灰山	甘肃省民乐	ca. 1800	1	27				4		18	未确认的鹿、麝	[75]
	四坝文化	干骨崖墓地和三坝洞子	甘肃省酒泉	1800~1500		23（2）	8（4）	5（3）	1（1）	49（9）	3（2）	123（18）	竹鼠、鼠、未确认的啮齿动物、未确认的食肉动物、未确认的小型或中型鹿科、盘羊、未确认的羚羊、未确认的大型偶蹄目、未确认的小型或中型偶蹄目	[76]
青铜时代早期（ca. 1900~1400 BCE）	四坝文化	西城驿	甘肃省张掖	1700~1500	22（3）	115（8）	41（2）	504（25）				89（11）	未确认的鸟、未确认的鼠、野兔、小型食肉动物、大型鹿	[77]
	寺洼文化	徐家碾墓地	甘肃省庄浪	1200~1100		7（2）	112（17）			14（4）	3（1）	1（1）	未确认的食肉动物	[78]
	诺木洪文化	诺木洪	青海省诺木洪	1400 BCE~400 CE	5（1）		39（5）			34（7）	10（5）	59（6）	梅花鹿、狍、牦牛、扭角羚	[79]

注：遗址按时间顺序排列；"？"代表存在家养动物但没有精确鉴定。

Note: Sites are organized chronologically. Question marks indicate the presence of domesticated taxa without secure identifications.

表2　已发表的甘青地区动物考古学报告的动物种属鉴定

Table 2　Taxa identified as present in previously published zooarchaeological reports from the Gan-Qing region

时代	考古学文化	遗址	地理位置	年代（BCE）	已鉴定的家养动物	已鉴定的野生动物	参考文献
新石器时代中期（ca. 6000～4000 BCE）	大地湾一期	西山坪	甘肃省天水	6200～5400	狗、猪	马鹿、未确认的鹿、黑熊、竹鼠、未确认的鼠	[80]
新石器时代晚期（ca. 4000～2800 BCE）	仰韶文化	大李家坪	甘肃省定西	4900～2900	狗、猪	熊、马、未确认的鹿、牛、绵羊/山羊	[81]
	马家窑类型文化层	师赵村	甘肃省天水	3400～2700	狗、猪、黄牛?绵羊?	竹鼠、未确认的鼠、猫、黑熊、马、野猪、未确认的鹿科、马鹿、麝、狍	[82]
	马家窑类型文化层	西山坪	甘肃省天水	ca. 3000	狗、猪、黄牛?马?	竹鼠、麝、马鹿	[83]
	马家窑类型文化层	喇家	青海省民和	3400～2700	狗、猪、绵羊?	无	[84]
新石器时代末期（ca. 2500～1500 BCE）	马家窑晚期文化	磨嘴子	甘肃省武威	2400～2200	猪、黄牛、绵羊、山羊?	未确认的鸟、野兔、田鼠、马、中型鹿	[85]
	齐家文化	金禅口	青海省互助	2000～1500	猪?绵羊、山羊	旱獭、未确认的鼠、未确认的猫科动物、狐、貉、熊、未确认的鼬、野猪、马鹿、梅花鹿、狍、獐、麝、斑羚、岩羊、羚羊	[86]
	齐家文化	皇娘娘台	甘肃省武威	2000～1500	猪、黄牛、绵羊	未确认的鹿	[87]
	齐家文化	堡子坪	甘肃省定西	2130～1880	狗和猪	未确认的鹿	[88]
	齐家文化	齐家坪	甘肃省广河	2000～1500	狗、猪、黄牛、绵羊	未确认的小型鹿	[89]
	齐家文化	秦魏家	甘肃省永靖	2000～1600	狗、猪、黄牛、绵羊/山羊、马?	未确认的鼬、驴?	[90]
	齐家文化	师赵村	甘肃省天水	2000～1600	狗、猪、黄牛、绵羊/山羊	鼢鼠、未确认的鹿	[91]
	齐家文化	喇家	青海省民和	2300～1900	狗、猪、黄牛、绵羊、山羊	旱獭、未确认的鼠、野兔、未确认的犬科动物、熊、未确认的大型食肉动物、未确认的中型食肉动物、未确认的小型食肉动物、马鹿、梅花鹿、狍、未确认的小型鹿	[92]

续表

时代	考古学文化	遗址	地理位置	年代（BCE）	已鉴定的家养动物	已鉴定的野生动物	参考文献
新石器时代末期（ca. 2500～1500 BCE）	菜园文化	林子梁	宁夏回族自治区海原	2800～2000	猪、黄牛	未确认的鼠、野兔、马、未确认的鹿、梅花鹿、狍？羚羊	[93]
青铜时代早期（ca. 1900～1400 BCE）	四坝文化	火烧沟	甘肃省玉门	1700～1500	狗、猪、黄牛、绵羊/山羊、马、骆驼	无	[94]
	辛店文化	喇家	青海省民和	1600	猪、黄牛、绵羊、山羊、马	未确认的鹿	[95]

注：遗址按时间顺序排列；"？"代表存在家养动物但没有精确鉴定。

Note: Sites are organized chronologically. Question marks indicate the presence of domesticated taxa without secure identifications.

利亚野山羊（*Capra sibirica*）、斑羚（*Naemorhedus caudatus*）和野山羊（*Capricornis milneedwardsii*）。此外，体型稍大的扭角羚（*Budorcas taxicolor*）在该地区也有出现。表1和表2列出的出土家养绵羊和山羊标本的遗址仅包括吕与袁重新评估并确定为家养绵羊和山羊的遗址[17]。

（二）洮河考古项目发掘出土的动物遗存

半干旱的洮河流域是位于甘肃省中南部的一条黄河的支流。自2016至2018年，洮河考古项目就在广河县和临洮县相距几十公里的三个遗址进行了发掘。临洮县大崖头遗址发现有属于马家窑文化时期（ca. 3300～2000 BCE）的陶器和其他遗物[18]；广河县齐家坪遗址是齐家文化（ca. 2300～1500 BCE）的典型遗址[19]；临洮县灰嘴瓦遗址发现有辛店文化时期（ca. 1600～600 BCE）的遗物[20]。

在这三个遗址中，运用地磁学确定灰坑位置，以2米×2米布置探方有针对性地进行发掘[21]。大崖头动物群材料来自于一个灰坑，该灰坑内堆积了数百个垒球大小的木炭块，以及少量的陶器、石器和动物骨骼遗存。对核心部分提取出来的木炭进行碳十四年代测定为公元前2300年[22]。齐家坪遗址的动物骨骼遗存主要出土于两个灰坑，灰坑中主要出土有齐家文化时期的陶器、石器和动物骨骼。其中一个灰坑的底部还发现了两个完整的羊肩胛骨制作的卜骨，以及一具相当完整的鸦科鸟类骨架。齐家坪遗址浮选获得的炭化谷子、大麦、小麦和野生燕麦的碳十四测年显示其范围是公元前1640至前1500年［最古老的样品年代为3310±20BP，2σ 1640 cal. BCE（95.4%）1527 cal. BCE（小麦），最晚的样品年代为3190±20BP，2σ 1502 cal. BCE（95.4%）1429 cal. BCE（野生燕麦）］。灰嘴瓦遗址的动物骨骼遗存主要出土于叠压的灰坑，这些灰坑中全部堆积着辛店时期的陶器、许多石器和鹅卵石、木炭碎片、破碎的骨骼和红烧土块。灰嘴瓦的灰坑似乎连续使用了几个时期。灰嘴瓦遗址经浮选获得的炭化大麦和小麦的碳十四测年为公元前 1000 年［最古老的样品年代为 2835±20BP，2σ 1047 cal. BCE（95.4%）925 cal. BCE（小麦），最晚的样品年代为 2775±20BP，2σ 995 cal. BCE（95.4%）846 cal. BCE（大麦）］。

发掘的土壤使用约 1cm 孔径的筛网进行筛选。每个发掘地点的土壤样本都进行浮选，重浮获得的骨骼也包含在分析之中。在甘肃省文物考古研究所使用标准动物考古学参考指南对动物骨骼遗存进行分析。一些动物骨骼带到北京中国社会科学院考古研究所科技考古中心的动物考古实验室，利用其参考标本进行比对鉴定。鸟类骨骼带到北京中国科学院动物研究所鸟类标本馆，利用其参考标本进行比对鉴定。绵羊和山羊是根据 Zeder 和 Lapham 以及 Zeder 和 Pilaar 制定的标准进行鉴定[23]。缺少清晰的形态学特征的羊骨只被鉴定为"绵羊/山羊"，或者更广泛地称为"中型牛科动物"。每一个标本的详细数据可以在补充资料 ① 中找到。

（三）羊骨的碳十四年代测定和古DNA分析

为了明确绵羊和山羊的形态学鉴定结果，我们选择了 24 个绵羊/山羊的骨骼遗存，在北京中国社会科学院考古研究所科技考古中心专门从事古 DNA 研究的实验室进行进一步的古 DNA 分析。DNA 提取采用优化的硅柱离心法完成[24]。首先去除样本表面污染，样本在浓度 4%～6% 的次氯酸钠溶液中浸泡 7 分钟，去离子水冲洗以去除残留次氯酸钠溶液，每面紫外照射 30 分钟（UVP 紫外交联仪 CL-1000，波长 254nm，紫外灯置于样本以上 8cm 的高度），用以去除外源 DNA 污染。之后使用冷冻研磨机打磨成粉。取骨粉加入裂解液（0.5M EDTA pH8.0，0.5%SDS，0.5mg/mL 蛋白酶 K），50℃孵育过夜以裂解胶原蛋白和溶解骨骼中的矿物质。使用 Amicon Ultra-4 离心超滤管（Millipore，Billerica，MA）将 3mL 裂解液浓缩至 100uL 以内，随后按照 QIAquick 试剂盒说明书操作进行 DNA 的提取（QIAGEN，Hilden，Germany）。提取过程中设置空白对照以检测是否存在污染。每个样本独立进行 2 次 DNA 提取。

我们选择 2 组引物来鉴定绵羊和山羊（表 3）。第 1 组引物用来扩增绵羊线粒体 DNA 控制区的 230bp 的片段（15410-15639）[25]。该引物无法成功扩增山羊这一区域的 DNA 片段。第 2 组引物用来扩增绵羊和山羊线粒体 DNA 细胞色素 b 基因的 110bp 的片段（14364-14473）[26]。这 2 组引物可以帮助我们明确地鉴定和区分绵羊和山羊样本。

PCR 扩增使用 Mastercycler® Thermal Cycler（Eppendorf, Hamburg, Germany），反应体系为 30μL，包括 50mM KCl、10mM Tris-HCl（pH 8.0）、2.5mM MgCl₂、0.2mM dNTPs Mix、1.0mg/mL BSA、0.3μM 引物、3.0μL 的 DNA 提取液，以及 1.5-3.0U AmpliTaq Gold™（Applied Biosystems）。PCR 扩增程序如下：95℃ 12min，随后是 95℃变性 30s、52℃退火 30s、70℃延伸 40s 共 60 个循环，最后 72℃延伸 7min。取 5μL 扩增产物用 2% 琼脂糖凝胶进行电泳检测。PCR 扩增过程中设置阴性对照。PCR 阳性产物送到测序公司（Invitrogen，Thermo Fisher Scientific Inc.），使用 Applied Biosystems Big Dye 试剂

---

① 本文的补充资料详见https://doi.org/10.1016/j.jasrep.2020.102262。

盒直接测序。PCR 阴性对照和 DNA 提取空白对照均未发现污染。

使用 BLAST 搜索核苷酸序列进行种属鉴定（匹配度＞99%）。使用 MUSCLE 进行序列比对[27]。使用 PopART v.1.7 构建绵羊和山羊线粒体 DNA 细胞色素 b 基因序列（14364-14473）的中介网络图[28]，如图 1 所示。构建网络图时使用的对比序列包括：Hermes 等人使用的对比序列[29]和中国西北地区现代野生羊的对比序列。比对后的古代样本的序列见于补充资料的表 S2 和表 S3。

表3　PCR扩增所需引物[98]

Table 3　PCR primers used for the identification of sheep and goats

绵羊（OA）/山羊（CH）	引物名称	引物序列	扩增产物长度
OA	L15391	5′-CCACTATCAACACCCAAAG-3′	230bp
OA	H15534	5′-AAGTCCGTGTTGTATGTTTG-3′	
OA	L15496	5′-TTAAACTTGCTAAAACTCCCA-3′	（15410-15639）
OA	H15661	5′-AATGTTATGTACTCGCTTAGCA-3′	
CH	L14344（CapFC1）	5′-CTCTGTAACTCACATTTGTC-3′	110bp
CH	H14494（CapRB1b）	5′-GTTTCATGTTTCTAGAAAGGT-3′	（14364-14473）

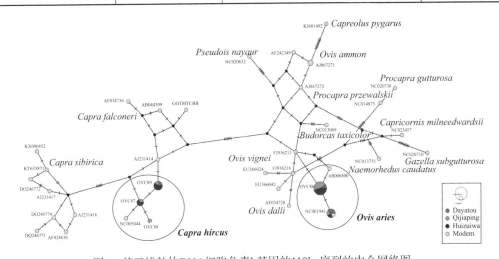

图1　基于线粒体DNA细胞色素b基因的110bp序列的中介网络图

Figure 1　Median joining network for 110bp section of cytochrome b

中国古代绵羊和山羊大崖头（红色）、齐家坪（绿色）和灰嘴咀（紫色），现代家养羊和野生羊（黄色）；分支线上的短线代表突变位点的数量；圆圈大小代表样本数量；中介网络图由软件 PopART v.1.7 构建[99]

Median joining network for 110bp section of cytochrome b in ancient Chinese sheep and goat samples from the sites of Dayatou (red), Qijiaping (green), and Huizuiwa (purple), and from modern domestic and wild caprine reference sequences (yellow) listed in Supplementary Table S5. Hatch marks along edges represent numbers of mutations. Node sizes reflect the number of samples. Network constructed in PopART v.1.7

在用于古 DNA 分析的绵羊 / 山羊骨骼样本中选择了 7 个送到北京大学进行碳十四年代测定（表 4）。在测年之前，首先对骨骼样本进行预处理，包括打磨表面、超声清洗、水处理等。从预处理过的样本中提取骨胶原，并进行石墨化处理，之后进行 AMS 测年。

表4　大崖头、齐家坪和灰嘴山出土绵羊和山羊的古DNA和放射性碳年代测定结果

Table 4　Ancient DNA and radiocarbon dating results for sheep and goat samples from Dayatou, Qijiaping, and Huizuiwa

遗址	古DNA实验ID	田野考古编号（FCN）	发掘点	种属鉴定（形态）	取样部位	取样方位	OA-L15391/OA-H15534, OA-L15496/OA-H15661（230 bp）	CH-L14344/CH-H14494（110 bp）	种属鉴定（古DNA）	北京大学碳十四测年实验编号 ID#	常规 ^{14}C 测年（BP ± 1σ）	校正 ^{14}C 测年（2σ）BCE
齐家坪	OVC86	FCN4305	17GQ-T2-L03	Medium Bovid	胫骨	左侧	Ovis aries	Ovis aries	Ovis aries			
齐家坪	OVC87	FCN4305	17GQ-T2-L03	Capra hircus	掌骨	左侧	PCR扩增失败	Capra hircus	Capra hircus	BA181244	3300 ± 25	1631BC-1509BC（95.4%）
齐家坪	OVC88	FCN4328	17GQ-T2-L07	Capra hircus	下颌骨	左侧	PCR扩增失败	Capra hircus	Capra hircus			
齐家坪	OVC89	FCN4372	17GQ-T2-L16	Capra hircus	掌骨	左侧	PCR扩增失败	Capra hircus	Capra hircus	BA181246	3215 ± 25	1530BC-1430BC（95.4%）
齐家坪	OVC90	FCN4129	16GQ-T2-L06	Medium Bovid	肩胛骨	右侧	Ovis aries	Ovis aries	Ovis aries	BA181240	3250 ± 25	1611BC-1492BC（83.0%）；1483BC-1453BC（12.4%）
齐家坪	OVC91	FCN4138	16GQ-T2-L07	Medium Bovid	胫骨	右侧	Ovis aries（只获得部分序列，L15496/H15661 PCR扩增失败）	Ovis aries	Ovis aries			
齐家坪	OVC92	FCN4138	16GQ-T2-L07	Medium Bovid	肱骨	左侧	Ovis aries	Ovis aries	Ovis aries			
齐家坪	OVC93	FCN4146	16GQ-T2-L08	Medium Bovid	桡骨	右侧	Ovis aries	Ovis aries	Ovis aries			

续表

遗址	古DNA实验ID	田野考古编号（FCN）	发掘点	种属鉴定（形态）	取样部位	取样方位	OA-L15391/OA-H15534, OA-L15496/OA-H15661（230 bp）	CH-L14344/CH-H14494（110 bp）	种属鉴定（古DNA）	北京大学碳十四测年实验编号ID#	常规¹⁴C测年（BP ± 1σ）	校正¹⁴C测年（2σ）BCE
齐家坪	OVC94	FCN4146	16GQ-T2-L08	Capra hircus	牙齿（下颌dp4）	右侧	Ovis aries	Ovis aries	Ovis aries			
灰嘴山	OVC95	FCN4706	17LH-T1-L3	Capra hircus	下颌骨	左侧	PCR扩增失败	Capra hircus	Capra hircus	BA181234	2780 ± 25	1002BC-889BC (83.9%); 881BC-846BC (11.5%)
灰嘴山	OVC96	FCN4730	17LH-T1-L8	Capra hircus	牙齿（下颌M1）	右侧	PCR扩增失败	Capra hircus	Capra hircus			
灰嘴山	OVC97	FCN4730	17LH-T1-L8	Ovis aries	牙齿（下颌M3）	右侧	Ovis aries	Ovis aries	Ovis aries			
灰嘴山	OVC98	FCN4765	17LH-T1-L14	Capra hircus	下颌骨	左侧	PCR扩增失败	Capra hircus	Capra hircus			
灰嘴山	OVC99	FCN4765	17LH-T1-L14	Capra hircus	距骨	左侧	PCR扩增失败	Capra hircus	Capra hircus			
灰嘴山	OVC100	FCN4765	17LH-T1-L14	Ovis aries	牙齿（下颌P3）	左侧	Ovis aries	Ovis aries	Ovis aries			
灰嘴山	OVC101	FCN4765	17LH-T1-L14	Ovis aries	牙齿（下颌dp4）	右侧	Ovis aries（只获得部分序列，L15496/H15661 PCR扩增失败）	Ovis aries	Ovis aries			
灰嘴山	OVC102	FCN4765	17LH-T1-L14	Ovis aries	下颌骨	左侧	Ovis aries	Ovis aries	Ovis aries	BA181237	2910 ± 25	1134BC-1014BC (74.0%); 1207BC-1141BC (21.4%)

续表

遗址	古DNA实验ID	田野考古编号（FCN）	发掘点	种属鉴定（形态）	取样部位	取样方位	OA-L15391/OA-H15534, OA-L15496/OA-H15661（230 bp）	CH-L14344/CH-H14494（110 bp）	种属鉴定（古DNA）	北京大学碳十四测年实验号ID#	常规 ^{14}C 测年（BP ± 1σ）	校正 ^{14}C 测年（2σ）BCE
灰嘴山	OVC103	FCN4772	17LH-T1-L15	Capra hircus	下颌骨	右侧	PCR 扩增失败	Capra hircus	Capra hircus	BA181238	2835 ± 25	1056BC-913BC（94.9%）；1071BC-1066BC（0.5%）
灰嘴山	OVC104	FCN4772	17LH-T1-L15	Ovis aries	距骨	左侧	Ovis aries	Ovis aries	Ovis aries			
灰嘴山	OVC105	FCN4796	17LH-T1-L20	Ovis aries/Capra hircus	牙齿（下颌 M3）	右侧	Ovis aries	Ovis aries	Ovis aries	BA181239	2925 ± 25	1214BC-1037BC（95.4%）
大崖头	OVC106	FCN6102	18LD-T1-L1	Medium Bovid	上颌骨	左侧	Ovis aries	Ovis aries	Ovis aries	BA181449	3500 ± 25	1893BC-1748BC（95.4%）
大崖头	OVC107	FCN6102	18LD-T1-L1	Ovis aries/Capra hircus	牙齿（上颌 M2）	左侧	PCR 扩增失败	Capra hircus	Capra hircus	BA181450	2785 ± 25	1006BC-890BC（87.5%）；880BC-847BC（7.9%）
大崖头	OVC108	FCN6161	18LD-T1-L12	Medium Bovid	距骨	左侧	Ovis aries（只获得部分序列，L15496/H15661 PCR 扩增失败）	Ovis aries	Ovis aries	BA181451	3520 ± 25	1922BC-1762BC（95.4%）
大崖头	OVC109	FCN6161	18LD-T1-L12	Ovis aries	第 1 指骨	1l-rm	Ovis aries	Ovis aries	Ovis aries	BA181452	3510 ± 25	1906BC-1751BC（95.4%）

注：使用 BLAST 对每一对引物获得的 DNA 序列进行共享序列搜索以判断种属（一致性＞99%）。测年结果经过 IntCal13 大气曲线 [96] 和 OxCal v4.2.4 [97] 进行校正。

Note: BLAST search results with over 99% identity are listed for each of the primer sets. Dates were calibrated following IntCal13 atmospheric curve and OxCal v4.2.4.

三、结果和讨论

（一）已发表的动物考古学报告中发现的家养动物

甘青地区新石器时代至青铜时代家养动物群如表1、表2所示。下面我们总结了这些家养动物最早出现的时间。

1. 狗和猪

狗和猪是甘青地区最早的家养动物，早在距今8000～7000年前就出现了。欧亚大陆家犬的起源至今仍有争议[30]，但是我们知道中国最早的狗发现于距今10000～7800年前的考古遗址中，例如河北省南庄头、河南省贾湖[31]。甘青地区最早的狗发现于大地湾遗址。骨骼稳定同位素特征表明，早在大地湾一期，这些动物中的一部分就已经与人类一样是以食用C_4粟类食物为主的饮食结构[32]。目前尚不清楚这些狗是由本地的狼群驯化而来，还是从其他地区引入甘青地区的，例如黄河中游地区。

遗传学和动物考古学证据表明，家猪从野猪驯化而来发生在欧亚大陆多个地点，其中至少有一次是在中国[33]。与狗一样，中国最早的家猪证据来自距今9000～7800年的贾湖遗址[34]。在甘青地区，可能是家猪的最早证据是大地湾第一期，其家猪的判断依据是形态学特征和人类对其进行屠宰的年龄结构[35]。稳定同位素分析表明，直到大地湾第二期，猪的食性特征才转变为C_4的粟类农作物[36]。目前尚不清楚，甘青地区是否为一个独立的家猪驯化中心，或者这些家猪是从黄河中游地区引入该地区的[37]。无论哪种情况，在新石器时代的大部分时间里，狗和猪都是该地区唯一的家养动物，在某种程度上，人们主要还是依赖野生动植物资源。

2. 黄牛、绵羊和山羊

黄牛、绵羊和山羊最早是在近东地区被驯化的，大约在10000～11000年前[38]。如表1和表2所示，在新石器时代晚期的西山、师赵村、西山坪和喇家遗址，都发现了可能是驯化的黄牛、绵羊和山羊的骨骼遗存。这些遗存经常作为中国最早的家养黄牛和绵羊的遗存被引用[39]。但是，这些遗址的骨骼没有直接的年代测定，鉴定的样本数量很少，也没有运用古DNA技术或者其他生物分子学方法来进一步确认其种属鉴定。我们认为对这些遗址出土的家养黄牛、绵羊和山羊的种属鉴定应该要慎重，并且应该进行绝对年代的测定。大约在公元前2500年以后，家养的黄牛、绵羊和山羊骨骼遗存的发现更加普遍。特别是齐家文化，似乎是生活和经济活动发生变化的重要时期。

中亚和河西走廊可能是西亚起源的家养动物，例如黄牛、绵羊和山羊引入甘青地区的一个重要通道[40]。最近，Hermes等人在哈萨克斯坦东南部公元前2700年左右的遗址中发现有家养绵羊和山羊的证据[41]，表明内亚山脉走廊，可能还有河西走廊是家养动植物在中亚传播扩散的重要通道。也有越来越多的证据表明，通过欧亚大草原和蒙古的北方线路可能同样重要[42]。如果甘青地区最早的黄牛、绵羊和山羊的骨骼遗存不能追溯到公元前4千纪的话，那么这里可能不是最早驯化这些家养动物的地区。事实上，具有直接碳十四测年（3500～3300 cal. BCE）、通过古 DNA 检测确认属于家养普通牛单倍型类群的中国最早的黄牛遗存来自于中国东北地区的吉林省，距离甘青地区很远[43]。具有直接碳十四测年的中国最早的羊骨遗存可追溯到公元前 4500 年，来自于山西省和陕西省北部[44]。然而，目前尚不清楚这些样本是否都属于家养羊，因为只有一例年代为公元前 2300 至前 2000 年的标本明确属于家养绵羊。公元前 2500 年以后，中国北方地区许多遗址都发现了大量的黄牛和羊[45]。基于现有证据，我们必须考虑，黄牛、绵羊和山羊是从黄河中游引入到黄河上游而不是其他路线的可能性。西亚的栽培作物例如小麦，也可能在到达甘青地区之前，首先进入到黄河下游地区[46]。

动物考古学家还观察到，黄牛和绵羊可能比山羊要早一千多年到达中国[47]。这一结果是建立在甘肃发现有公元前 3600 至前 3000 年的黄牛和绵羊。如果我们把黄牛和绵羊引入甘青地区的时间往前推，那么山羊与绵羊、黄牛被引入到东亚的时间显著不同的可能性很小。中国最早的山羊遗存出土于河南省二里头遗址，年代可以追溯到公元前 1800 年[48]。最近发现在一些遗址例如石峁发现有山羊骨骼遗存，这表明山羊进入中国北方地区的时间很可能要早到公元前 2300 年左右，但是这些骨骼并没有进行直接测年[49]。正如我们在下文（二）讨论部分所述，洮河考古项目发掘的绵羊骨骼可以追溯到公元前 1900 至前 1750 年，山羊骨骼可以追溯到公元前 1600 至前 1450 年。我们的结果进一步证明山羊可能是在绵羊之后几百年才被引入到黄河流域的。

3. 马、驴和骆驼

中国最早的家马发现于商代晚期的都城安阳，可以追溯到公元前 1300 至前 1046 年[50]。如表 1 和表 2 所示，在甘青地区的新石器时代和青铜时代早期的遗址中也发现了少量的马骨。尽管在中国西北地区发现了一些商代以前的马骨，但是这些马骨都没有进行直接测年，所以我们认为应该谨慎看待其年代。

很少有证据能够表明在甘青地区的新石器时代和青铜时代早期的遗址中发现有驴和骆驼。驴只在齐家文化的秦魏家遗址中有发现，骆驼只在四坝文化的火烧沟遗址中有发现。在中国境内其他地区，有直接测年的最古老的驴的遗骸发现于陕西省，可追溯到距今 3000 年前[51]。有直接测年的最古老的骆驼遗骸发现于中国西北新疆地区，可追溯到公元前 360 至前 170 年[52]。

4. 历时性和区域性变化趋势

从表 1 和表 2 可以看出，一个主要模式是随着时间的推移，对家养动物的依赖日益增加。该地区的其他动物考古学研究报告也观察到这种模式[53]。在大地湾第一期，野生动物占可鉴定标本数的 66% 以上。在新石器时代晚期的马家窑文化和宗日文化时期，家养动物开始在动物群中占有更大的比例。尽管如此，人们还是更多地依赖野生动物资源。例如，在宗日，超过 90% 的动物骨骼属于野生动物群[54]。在新石器时代末期至青铜时代早期，在大多数动物群中，野生动物较少。例如，在长宁，野生动物在最小个体数上约占 32%。在喇家，详细的动物考古分析仍在进行中，但是吕和袁的报告指出，野生动物在可鉴定标本数上占 6.52%，在最小个体数上占 25.79%[55]。在西城驿，野生动物在可鉴定标本数上占 11.5%，在最小个体数上占 22.4%。

另一个历时性变化趋势是，在新石器时代末期牛和羊更加普遍，特别是在齐家文化时期。此外，我们发现在齐家文化时期使用羊肩胛骨作卜骨也得到发展[56]。植物考古学证据表明，在新石器时代末期小麦和大麦也到达甘青地区[57]，干旱的粟作农业在该时期已经确立起来[58]。动物考古学和植物考古学研究同时表明，齐家文化时期在生活、农业生产和宗教祭祀活动方面的发展相互关联。对齐家文化各遗址中不同文化传统元素相互结合的进一步研究，将有助于我们理解新石器时代向青铜时代早期的过渡。

此外，在甘肃省和青海省境内的小区域范围内，动物利用方式存在差异。李志鹏发现，东部和西部的齐家文化遗址在羊和猪的利用程度上可能存在不同，东部遗址通常发现更多的猪，西部遗址发现更多的绵羊和山羊[59]。吕和袁发现，甘青地区东部和西部的早期青铜时代文化之间存在差异[60]。例如，东部的四坝文化，以东灰山为代表，猪是最重要的家畜；西部的四坝文化，以干骨崖为代表，绵羊和山羊是最重要的家畜。但是，很少有遗址经过深入的分析，并且很难肯定地说这些可能的小区域模式是否只是特定遗址的变化。从表1和表2还可以看出另一种模式，分布在青藏高原上的遗址发现有更多的野生动物，包括土拨鼠、狼、狐狸、斑羚、扭角羚和瞪羚羊。这表明生活在高海拔地区的人们可能利用了更广泛的动物资源。

最后，更广泛的区域之间的变化趋势也很明显。与中国其他地区的动物考古学报告相比较，甘青地区新石器时代和青铜时代早期的动物考古学报告表明，人们更依赖于以羊为主的畜牧业，这可能是为了适应西北干旱环境[61]。在新石器时代向青铜时代过渡的时期，采用游牧策略可能有助于人们利用甘青地区更干旱的地貌环境。

（二）洮河考古项目中大崖头、齐家坪和灰嘴凹的动物考古学鉴定

1. 动物考古学鉴定

洮河考古项目三个遗址的发掘可以帮助看到以前发表过的甘肃和青海两省的动物考古学报告中所发现的广泛区域模式，是如何在更小的局部范围内发挥作用。他们还提供了一个机会来评估甘青地区最早的黄牛、绵羊和山羊遗存的可能年代。表5列出了每个遗址鉴定出的动物种属。尽管可鉴定标本数和最小个体数都很少，但我们仍然可以得出一些初步的认识。

表5　洮河考古项目大崖头、齐家坪和灰嘴凹出土动物种属鉴定结果

Table 5　Taxa Identified by the TRAP Project at Dayatou, Qijiaping, and Huizuiwa

	大崖头（马家窑文化时期）				齐家坪（齐家文化时期）				灰嘴凹（辛店文化时期）			
	NISP	%NISP	MNI	%MNI	NISP	%NISP	MNI	%MNI	NISP	%NISP	MNI	%MNI
非哺乳动物：												
腹足类动物的壳	31	31.3	31	59.6					3	0.5	3	7.1
小型鱼类	1	1.0	1	1.9								
小型鸟类	7	7.1	1	1.9	8	3.9	1	3.2	1	0.2	1	2.4

续表

	大崖头（马家窑文化时期）				齐家坪（齐家文化时期）				灰嘴讪（辛店文化时期）			
	NISP	%NISP	MNI	%MNI	NISP	%NISP	MNI	%MNI	NISP	%NISP	MNI	%MNI
中型鸟类	5	5.1	1	1.9	8	3.9	1	3.2	1	0.2	1	2.4
乌鸦或渡鸦（Corvus sp.）					7	3.4	1	3.2				
哺乳动物：												
啮齿动物：												
啮齿动物					3	1.5	1	3.2	1	0.2	1	2.4
小型啮齿动物	6	6.1	1	1.9	17	8.4	2	6.5	35	6.3	7	16.7
中型啮齿动物	6	6.1	3	5.8	1	0.5	1	3.2	5	0.9	2	4.8
兔形目动物：												
兔（Lepus sp.）	4	4.0	1	1.9	1	0.5	1	3.2				
食肉动物：												
犬科动物	1	1.0	1	1.9	1	0.5	1	3.2	31	5.6	2	4.8
家犬（Canis familiaris）					8	3.9	1	3.2	3	0.5	1	2.4
偶蹄目动物：												
偶蹄目动物					6	3.0	1	3.2	17	3.0	1	2.4
未鉴定的反刍动物					8	3.9	1	3.2				
猪科动物：												
家猪（Sus sp.）	18	18.2	1	1.9	61	30.0	3	9.7	4	0.7	1	2.4
牛科动物：												
牛科动物	1	1.0	1	1.9	2	1.0	1	3.2	6	1.1	1	2.4
中型牛科动物	4	4.0	1	1.9	25	12.3	3	9.7	294	52.7	3	7.1
绵羊（Ovis aries）	1	1.0	1	1.9	2	1.0	1	3.2	15	2.7	2	4.8
山羊（Capra hircus）					5	2.5	2	6.5	21	3.8	6	14.3
绵羊/山羊（Ovis aries/Capra hircus）	1	1.0	1	1.9	15	7.4	1	3.2	20	3.6	2	4.8
中型牛科/鹿科动物	4	4.0	1	1.9	7	3.4	1	3.2	77	13.8	3	7.1
大型牛科动物	4	4.0	1	1.9	8	3.9	1	3.2	14	2.5	1	2.4

续表

	大崖头（马家窑文化时期）				齐家坪（齐家文化时期）				灰嘴屲（辛店文化时期）			
	NISP	%NISP	MNI	%MNI	NISP	%NISP	MNI	%MNI	NISP	%NISP	MNI	%MNI
黄牛（Bos sp.）	1	1.0	1	1.9								
普通牛（Bos taurus）					1	0.5	1	3.2	2	0.4	1	2.4
大型牛科/鹿科动物	1	1.0	1	1.9	1	0.5	1	3.2	4	0.7	1	2.4
鹿科动物：												
鹿科动物	1	1.0	1	1.9	1	0.5	1	3.2	3	0.5	1	2.4
小型鹿科动物	1	1.0	1	1.9								
狍子（Capreolus sp.）	1	1.0	1	1.9								
中型鹿科动物					6	3.0	2	6.5	1	0.2	1	2.4
大型鹿科动物					1	0.5	1	3.2				
可鉴定标本总数	99	100.0	52	100.0	203	100.0	31	100.0	558	100.0	42	100.0
未鉴定标本：												
未鉴定小型哺乳动物（兔/狐狸大小）	10				25				63			
未鉴定小型/中型哺乳动物	1				3				1			
未鉴定中型哺乳动物（狗/绵羊大小）	57				256				1140			
未鉴定中型/大型哺乳动物	0								3			
未鉴定大型哺乳动物（牛大小）	8				41				44			
未鉴定哺乳动物	202				227				3335			
未鉴定脊椎动物	6				4							
未鉴定标本总数	284				556				4586			
总计	383				759				5144			

这三个遗址中，家养动物都是最常见的动物。我们假设狗（包括犬科和家犬科的标本）、猪（猪属）、牛（包括普通牛、牛属和大型牛科）、羊（包括绵羊属、山羊属、绵羊属/山羊属、中型牛科）全部都基于其形态和大小而归入家养动物。然而，其中也有可能存在一些野狼、野猪和野牛。在这三个遗址中我们都没有发现马、驴和骆驼。

图 2 显示出这些遗址中家养动物的比例是如何随着时间的推移而变化的。在齐家文化和辛店文化时期，人们对以羊为主的畜牧业的依赖程度越来越高，这与表 1 和表 2 所列出的以前发表的其他遗址报告相一致。在齐家坪，人们不仅饲养猪、狗等新石器时代的传统家养动物，也饲养了黄牛、绵羊和山羊等新的家养动物。在灰嘴圪，羊约占整个家养动物的 85%。这为辛店文化时期以羊为基础的畜牧业经济提供了非常有力的证据。

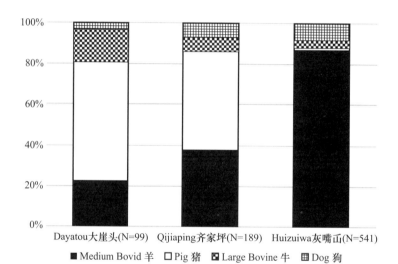

图2　洮河考古项目大崖头（马家窑文化时期）、齐家坪（齐家文化时期）和灰嘴圪（辛店文化时期）出土各种家养动物的NISP所占比例的比较

Figure 2　Comparison of %NISP for domesticated taxa identified by TRAP at Dayatou (Majiayao Culture), Qijiaping (Qijia Culture), and Huizuiwa (Xindian Culture)

我们对大崖头、齐家坪和灰嘴圪三个遗址的分析显示出，在新石器时代到青铜时代的过渡时期，同样也利用了野生动物资源。野生哺乳动物包括啮齿类动物、野兔和鹿，其中啮齿类动物很有可能是后来混入的。在大崖头和齐家坪发现的野兔骨骼表明，曾经有捕猎野兔的情况发生。我们只发现了少量鹿的骨骼，包括狍子和可能是梅花鹿的中型鹿。几乎所有的鹿骨都是鹿角碎片（包括一些加工过的鹿角制品）或是趾骨。缺乏含肉量高的骨骼，推测鹿角和可能包含有趾骨的鹿皮是被交易到这些遗址的，而并非本地狩猎所得。

表 5 所示的非哺乳动物标本，包括一些鸟骨、一小块鱼的椎骨和一些本地黄土沉积物中常见的并没有被食用的腹足类小贝壳。虽然发现有几种鸟类，但是我们只能够将

齐家坪的一个相当完整的鸟骨架鉴定为鸦科（乌鸦／渡鸦／寒鸦／白嘴鸦科）。在齐家坪被鉴定为"中鸟"的鸟骨可能来自于同一个体，但由于太破碎无法做进一步的鉴定。鸦科骨架发现于灰坑底部，同时还发现了两件羊的肩胛骨制作的卜骨。在灰坑中发现的其他动物骨骼似乎是灰坑堆积中属于垃圾的碎骨，而这只鸟似乎是整个被放入坑中的，它可能在该灰坑首次挖开时被当作了占卜仪式的一部分[62]。

从重浮中收集到了一块单独的鱼骨和一些鸟骨。这一发现强调了浮选对于收集和识别非哺乳动物的重要性。令人惊讶的是，尽管这些遗址都位于洮河附近，但是我们没有发现更多的鱼类遗骸。在此前分析过的甘青地区其他遗址中也没有发现鱼骨（表1、表2）。推测河鱼可能是一种重要的资源。很有可能鱼类被加工、食用或丢弃的方式在动物考古记录中未留下太多痕迹。

2. 绵羊和山羊的古DNA检测和放射性碳年代测定结果

表4列出绵羊和山羊的古 DNA 检测和放射性碳年代测定结果。我们从所有样本中都获取了DNA 序列，表明在这些考古遗址中，骨骼样本的线粒体 DNA 保存状况良好。古 DNA 结果表明，在大崖头、齐家坪和灰嘴冚都有绵羊和山羊遗存。其中只有样本 OVC94 种属的形态学鉴定和古 DNA 鉴定结果不一致，形态学鉴定为山羊，但古 DNA 鉴定为绵羊。

大崖头遗址属马家窑文化时期（ca. 3300～2000 BCE）。该遗址发现的绵羊和山羊骨骼遗存可能是甘青地区最早的绵羊和山羊。然而大崖头的三个绵羊样本的放射性碳年代测定为公元前 1900～前 1750 年，大崖头的一个山羊样本的年代为公元前 1000～前 850 年。在大崖头遗址发掘过程中，我们发现了许多啮齿类动物的洞穴，绵羊和山羊的骨骼表面也有许多啮齿类动物啃咬的痕迹，暗示着有可能是啮齿类动物将它们混入马家窑文化时期的堆积中（图 3-1）。我们的研究结果进一步证明，对于马家窑文化时期遗址中发现的黄牛、绵羊和山羊的鉴定应该要谨慎对待；在确定西亚起源的家养动物引入到东亚的年代时，必须谨慎考虑埋葬学的因素。

尽管马家窑文化时期缺乏绵羊和山羊存在的明确证据，但我们已经证实了齐家文化和辛店文化时期存在绵羊和山羊。齐家坪遗址样本的碳十四年代测定为公元前 1600～前 1400 年，灰嘴冚遗址样本的碳十四年代测定为公元前 1200～前 900 年。目前我们还没有对牛骨进行测年和 DNA 检测分析，马家窑文化时期牛的证据还需要进一步确认。

3. 黄牛、绵羊和山羊在齐家文化中的重要性

洮河考古项目结果和以前发表过的动物考古学资料同时表明，在新石器时代末期到青铜器时代早期，黄牛、绵羊和山羊的畜牧业在甘青地区得到了发展。这与公元前 2000 年左右在中国黄河流域的其他考古遗址发现的黄牛、绵羊和山羊遗存的数量具有相似性[63]。事实上，把牛羊到达甘青地区时间往前推，可能会发现在公元前 2000 年左右黄河流域普遍采用了畜牧业的策略。在甘青地区，这与齐家文化时期相对应，这一阶段是了解这些动物最初参与到古代经济和宗教祭祀活动的关键时期。

目前，我们缺少详细的统计学信息，而这些信息可以帮助揭示家畜管理，以及使用黄牛、绵羊和山羊作为初级和次级产品的方式。但是，在齐家文化中，这些动物在宗教

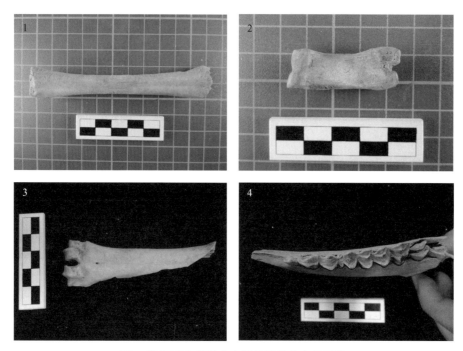

图3　洮河考古项目出土部分绵羊和山羊骨骼

Figure 3　Sheep and goat bones excavated by TRAP

1. 中型牛科动物（可能是绵羊）跖骨，出土于大崖头（18LD-T1-L12，OVC108，BA181451），有啮齿动物的咬痕
2. 家养绵羊指骨，出土于大崖头（18LD-T1-L12，OVC109，BA181452） 3. 家养山羊掌骨，出土于齐家坪（17GQ-T2-L03，OVC87，BA181244） 4. 家养山羊下颌骨，出土于灰嘴圫（17LH-T1-L3，OVC95，BA181234）

1. Medium bovid metatarsal (possibly sheep) from Dayatou (18LD-T1-L12, OVC108, BA181451), note the heavy rodent chew marks　2. Ovis aries phalanx from Dayatou (18LD-T1-L12, OVC109, BA181452)　3. Capra hircus metacarpal from Qijiaping (17GQ-T2-L03, OVC87, BA181244)　4. Capra hircus mandible from Huizuiwa (17LH-T1-L3, OVC95, BA181234)

祭祀活动中具有重要性。齐家文化墓葬中通常会埋葬有猪和绵羊的下颌骨[64]。在整个新石器时代黄河流域的许多考古学文化中，墓葬中埋葬猪的下颌骨都是很常见的[65]。在齐家文化墓葬中发现绵羊的下颌骨，表明绵羊已经参与到一些丧葬祭祀活动中。黄牛、绵羊和山羊也会被用于新形式的宗教祭祀活动中。例如，在大河庄遗址，考古学家发现了很多埋葬的绵羊和黄牛的完整骨架，其中发现有一头怀孕的母牛（在腹部位置发现了胎儿骨骼），但其头部缺失[66]。在齐家文化中使用卜骨进行占卜也很重要，其中羊骨是常见的卜骨材料[67]。洮河考古项目齐家坪遗址就发现了两块使用羊的肩胛骨制作的卜骨。在齐家文化时期，养羊业和甲骨占卜同时发生，说明二者似乎有着密切联系。

四、结　　论

本文对甘青地区动物考古资料进行重新梳理，揭示出应该谨慎使用家养动物进入

中国西北地区的早期证据。从大约 8000 年前开始，新石器时代的大部分阶段猪和狗都
是甘青地区的主要家养动物。尽管可能有证据表明在公元前四千纪左右就有了家养的黄
牛和绵羊，但我们认为这些证据并不充分。如果黄牛和绵羊在仰韶文化晚期和马家窑文
化时期已经存在，那么它们的数量也很少。直到公元前 2500 年以后畜牧业才开始普遍。
公元前两千纪以前就存在马、驴、骆驼的证据也很少。洮河考古项目为大崖头、齐家坪
和灰嘴口的研究首次提供了在公元前 1900～前 1700 年洮河流域就已经出现了家羊的明
确证据。在甘青地区其他遗址，诸如黄牛、绵羊、山羊、马和其他的西亚或中亚起源的
家养动物的鉴定，仍需要运用分子生物学或形态学方法进一步确认，并且直接对骨骼进
行放射性碳年代测定。还需要对这些动物在古代经济和宗教祭祀活动中的利用方式进行
深入研究。这对于我们厘清关于家养动物在跨欧亚大陆青铜时代交流网络中的路线、时
间和性质至关重要。

　　附记　本文的发表要感谢洮河考古项目以前和现在的参与者们，吕鹏，中国科
学院动物研究所，北京大学碳十四实验室，吴小红，Jiang Shengpeng，韩雨，Sohini
Ramachandran, Emilia Huerta-Sanchez，和布朗大学计算分子生物学中心。Brunson 的
研究得到 NSF CAREER DBI-1452622 的支持；任的研究得到中国国家自然科学基金
（41901089）和国家重点研发计划（2018YFA0606402）的支持；赵的研究得到中国国家
社会科学基金（15CKG017）的支持。洮河考古项目发掘得到美国史前研究学院、哈佛
大学亚洲中心和甘肃省文物考古研究所共同支持。同时我们还要感谢两位匿名审稿人，
他们的建议极大地提高了文章的水平。

注　释

［ 1 ］ a. Flad R K, Yuan J, Li S. 2007. Zooarchaeological Evidence for Animal Domestication in Northwest
China. In: Madsen D, Chen F-h, Gao X. (eds.) *Late Quaternary Climate Change and Human
Adaptation in Arid China*. Elsevier, Amsterdam. pp. 167-204.

b. 吕鹏、袁靖：《交流与转化——黄河上游地区先秦时期生业方式初探（上篇）》，《南方文物》
2018 年第 2 期，第 170-179 页。

c. 吕鹏、袁靖：《交流与转化——黄河上游地区先秦时期生业方式初探（下篇）》，《南方文物》
2019 年第 1 期，第 113-121 页。

［ 2 ］ a. An C, Ji D, Chen F, et al. 2010. Evolution of prehistoric agriculture in central Gansu Province,
China: A case study in Qin'an and Li County. *Chinese Science Bulletin*, 55: 1925-1930.

b. Barton L, Newsome S D, Chen F-H, et al. 2009. Agricultural origins and the isotopic identity of
domestication in northern China. *Proceedings of the National Academy of Sciences*, 106: 5523-5528.

［ 3 ］ a. 同［ 2 ］b。

b. Zhou X, Li X, Zhao K, et al.2011. Early agricultural development and environmental effects in the
Neolithic Longdong basin (eastern Gansu). *Chinese Science Bulletin*, 56: 762.

［ 4 ］ a. 同［ 1 ］a。

b. 同［ 1 ］b。

c. 同［1］c。

d. 袁靖：《中国动物考古学》，北京：文物出版社，2015年。

［5］ a. Dodson J R, Li X, Zhou X, et al. 2013. Origin and spread of wheat in China. *Quaternary Science Reviews*, 72: 108-111.

b. 同［1］a

c. Flad R, Li S, Wu X, et al. 2010. Early wheat in China: Results from new studies at Donghuishan in the Hexi Corridor. *The Holocene*, 20: 955-965.

d. Long T, Leipe C, Jin G, et al. 2018. The early history of wheat in China from 14C dating and Bayesian chronological modelling. *Nature Plants*, 4: 272-279.

e. 同［1］b。

f. 同［1］c。

g. 同［4］d。

［6］ a. Boivin N, Fuller D Q, Crowther A. 2012. Old World globalization and the Columbian exchange: comparison and contrast. *World Archaeology*, 44: 452-469.

b. Hermes T R, Frachetti M D, Doumani Dupuy P N, et al. 2019. Early integration of pastoralism and millet cultivation in Bronze Age Eurasia. *Proceedings of the Royal Society B: Biological Sciences*, 286: 20191273.

c. Jaang L. 2015. The Landscape of China's Participation in the Bronze Age Eurasian Network. *Journal of World Prehistory*, 28: 179-213.

d. Jones M, Hunt H, Lightfoot E, et al. 2011. Food globalization in prehistory. *World Archaeology*, 43: 665-675.

e. Leipe C, Long T, Sergusheva E A, et al. 2019. Discontinuous spread of millet agriculture in eastern Asia and prehistoric population dynamics. *Science Advances*, 5: eaax6225.

f. Liu X, Jones P J, Motuzaite Matuzeviciute G, et al. 2019. From ecological opportunism to multi-cropping: Mapping food globalisation in prehistory. *Quaternary Science Reviews*, 206: 21-28.

g. Sherratt A. 2006. The Trans-Eurasian exchange the prehistory of Chinese relations with the West. In: Mair V. (ed.) *Contact and Exchange in the Ancient World*. Honolulu, HI: Hawaii University Press. pp. 30-61.

h. Stevens C J, Murphy C, Roberts R, et al. 2016. Between China and South Asia: A Middle Asian corridor of crop dispersal and agricultural innovation in the Bronze Age. *The Holocene*, 26: 1541-1555.

［7］ a. An C, Feng Z, Tang L. 2004. Environmental change and cultural response between 8000 and 4000 cal. yr BP in the western Loess Plateau, northwest China. *Journal of Quaternary Science*, 19: 529-535.

b. Zhao Y, Yu Z. 2012. Vegetation response to Holocene climate change in East Asian monsoon-margin region. *Earth-Science Reviews*, 113: 1-10.

［8］ d'Alpoim Guedes J, Bocinsky R K. 2018. Climate change stimulated agricultural innovation and exchange across Asia. *Science Advances*, 4: eaar4491.

［9］ a. Womack A, Jaffe Y, Hung L, et al. 2017. Mapping Qijiaping: New work on the type site of the Qijia Culture. *Journal of Field Archaeology*, 42: 488-502.

b. Womack A, Horsley T, Wang H, et al. 2019. Assessing site organization and development using geophysical prospection at Dayatou, Gansu, China. *Journal of Archaeological Science: Reports*, 27: 101964.

c. Womack A, Wang H, Zhou J, et al. 2019. A petrographic analysis of clay recipes in Late Neolithic north-western China: continuity and change. *Antiquity*, 93(371): 1161-1177.

［10］ a. Andersson J G. 1943. Researches Into the Prehistory of the Chinese. *Bulletin of the Museum of Far Eastern Antiquities*, 15: 78-82.

b. Fiskesjö M, Chen X. 2004. The Chinese Fate of Johan Gunnar Andersson: From Scholar to Scholar, China Before China: Johan Gunnar Andersson, Ding Wenjiang, and the Discovery of China's Prehistory. *Museum of Far Eastern Antiquities*, Stockholm, Sweden. pp. 104-125.

［11］ 甘肃省博物馆：《甘肃省文物考古工作三十年（1949—1979）》，北京：文物出版社，1979年。

［12］ 同［1］b。

［13］ Yu C. 2019. The Origin of Cattle in China from the Neolithic to the Early Bronze Age. *BAR Archaeology of East Asia*, 2.

［14］ a. Brunson K, He N, Dai X. 2016. Sheep, Cattle, and Specialization: New Zooarchaeological Perspectives on the Taosi Longshan. *International Journal of Osteoarchaeology*, 26: 460-475.

b. Cai D, Zhang N, Zhu S, et al. 2018. Ancient DNA reveals evidence of abundant aurochs (Bos primigenius) in Neolithic Northeast China. *Journal of Archaeological Science*, 98: 72-80.

［15］ Lu P, Brunson K, Yuan J, et al. 2017. Zooarchaeological and Genetic Evidence for the Origins of Domestic Cattle in Ancient China. *Asian Perspectives*, 56: 92-120.

［16］ Dong G, Ren L, Jia X, et al. 2016. Chronology and subsistence strategy of Nuomuhong Culture in the Tibetan Plateau. *Quaternary International*, 426: 42-49.

［17］ 同［1］b。

［18］ Dong G, Jia X, Elston R, et al. 2013. Spatial and temporal variety of prehistoric human settlement and its influencing factors in the upper Yellow River valley, Qinghai Province, China. *Journal of Archaeological Science*, 40: 2538-2546.

［19］ a. Jaffe Y, Flad R. 2018. Prehistoric Globalizing Processes in the Tao River Valley, Gansu, China? In: Boivin N, Frachetti M D. (eds.) *Globalization and the People without History*. Cambridge: Cambridge University Press. pp. 131-161.

b. 同［9］a。

［20］ a. 李水城、水涛、王辉：《河西走廊史前考古调查报告》，《考古学报》2010年第2期，第229-264、271-280页。

b. 王辉：《甘青地区新石器——青铜时代考古学文化的谱系与格局》，见北京大学考古文博学院、北京大学中国考研学研究中心：《考古学研究》（九），北京：科学出版社，2012年，第210-243页。

［21］ a. 同［9］a。

b. 同［9］b。

［22］ 同［9］b。

[23] a. Zeder M A, Lapham H A. 2010. Assessing the reliability of criteria used to identify postcranial bones in sheep, Ovis, and goats, Capra. *Journal of Archaeological Science*, 37: 2887-2905.

b. Zeder M A, Pilaar S E. 2010. Assessing the reliability of criteria used to identify mandibles and mandibular teeth in sheep, Ovis, and goats, Capra. *Journal of Archaeological Science*, 37: 225-242.

[24] Yang D Y, Eng B, Waye J S, et al. 1998. Improved DNA extraction from ancient bones using silica-based spin columns. *American Journal of Physical Anthropology*, 105: 539-543.

[25] Cai D, Tang Z, Yu H, et al. 2011. Early history of Chinese domestic sheep indicated by ancient DNA analysis of Bronze Age individuals. *Journal of Archaeological Science*, 38: 896-902.

[26] Fernández H, Hughes S, Vigne J-D, et al. 2006. Divergent mtDNA lineages of goats in an Early Neolithic site, far from the initial domestication areas. *Proceedings of the National Academy of Sciences*, 103: 15375-15379.

[27] Edgar R C. 2004. MUSCLE: multiple sequence alignment with high accuracy and high throughput. *Nucleic Acids Research*, 32: 1792-1797.

[28] a. Bandelt H, Forster P, Röhl A. 1999. Median-joining networks for inferring intraspecific phylogenies. *Mol Biol Evol*, 16: 37-48.

b. Leigh J, Bryant D. 2015. PopART: Full-feature software for haplotype network construction. *Methods Ecol Evol*, 6: 1110–1116.

[29] 同［6］b。

[30] a. Frantz L A F, Mullin V E, Pionnier-Capitan M, et al. 2016. Genomic and archaeological evidence suggest a dual origin of domestic dogs. *Science*, 352: 1228-1231.

b. Shannon L M, Boyko R H, Castelhano M, et al. 2015. Genetic structure in village dogs reveals a Central Asian domestication origin. *Proceedings of the National Academy of Sciences*, 112: 13639-13644.

c. Thalmann O, Shapiro B, Cui P, et al. 2013. Complete Mitochondrial Genomes of Ancient Canids Suggest a European Origin of Domestic Dogs. *Science*, 342: 871-874.

d. Wang G-D, Zhai W, Yang H-C, et al. 2015. Out of southern East Asia: the natural history of domestic dogs across the world. *Cell Research*, 26: 21.

[31] 同［4］d。

[32] 同［2］b。

[33] a. Evin A, Dobney K, Cucchi T. 2017. A history of pig domestication: New ways of exploring a complex process. In: Melletti M. (ed.) *Ecology, Conservation and Management of Wild Pigs and Peccaries*. Cambridge: Cambridge University Press. pp. 39-48.

b. Frantz L A F, Haile J, Lin A T, et al. 2019. Ancient pigs reveal a near-complete genomic turnover following their introduction to Europe. *Proceedings of the National Academy of Sciences*, 116: 17231.

c. Larson G, Dobney K, Albarella U, et al. 2005. Worldwide Phylogeography of Wild Boar Reveals Multiple Centers of Pig Domestication. *Science*, 307: 1618-1621.

d. Larson G, Liu R, Zhao X, et al. 2010. Patterns of East Asian pig domestication, migration, and turnover revealed by modern and ancient DNA. *Proceedings of the National Academy of Sciences*, 107:

7686-7691.

［34］ a. Cucchi T, Hulme-Beaman A, Yuan J, et al. 2011. Early Neolithic pig domestication at Jiahu, Henan
Province, China: clues from molar shape analyses using geometric morphometric approaches. *Journal
of Archaeological Science*, 38: 11-22.

b. 罗运兵、张居中:《河南舞阳县贾湖遗址出土猪骨的再研究》,《考古》2008 年第 1 期, 第
90-96 页。

［35］ a. 同［1］c。

b. 祁国琴、林种雨、安家瑗:《大地湾遗址动物遗存鉴定报告》, 见甘肃省文物考古研究所:《秦
安大地湾——新石器时代遗址发掘报告》, 北京: 文物出版社, 2006 年, 第 861-910 页。

［36］ 同［2］b。

［37］ a. 同［1］a。

b. 罗运兵:《中国古代猪类驯化饲养与仪式性使用》, 北京: 科学出版社, 2012 年。

c. Xiang H, Gao J, Cai D, et al. 2017. Origin and dispersal of early domestic pigs in northern China.
Scientific Reports, 7: 5602.

［38］ a. Daly K G, Maisano Delser P, Mullin V E, et al. 2018. Ancient goat genomes reveal mosaic
domestication in the Fertile Crescent. *Science*, 361: 85.

b. Larson G, Fuller D Q. 2014. The Evolution of Animal Domestication. *Annual Review of Ecology,
Evolution, and Systematics*, 45: 115-136.

c. Verdugo M P, Mullin V E, Scheu A, et al. 2019. Ancient cattle genomics, origins, and rapid turnover
in the Fertile Crescent. *Science*, 365: 173-176.

d. Zeder M A. 2012. The Domestication of Animals. *Journal of Anthropological Research*, 68: 161-
190.

［39］ a. 同［15］。

b. 同［1］b。

c. 同［1］c。

d. 同［4］d。

［40］ a. Dong G, Yang Y, Liu X, et al. 2018. Prehistoric trans-continental cultural exchange in the Hexi
Corridor, northwest China. *The Holocene*, 28: 621-628.

b. 同［1］a。

［41］ 同［6］b。

［42］ a. Cai D, Sun Y, Tang Z, et al. 2014. The origins of Chinese domestic cattle as revealed by ancient
DNA analysis. *Journal of Archaeological Science*, 41: 423-434.

b. 同［6］c。

［43］ 同［14］b。

［44］ Dodson J, Dodson E, Banati R, et al. 2014. Oldest Directly Dated Remains of Sheep in China.
Scientific Reports, 4: 7170.

［45］ a. 同［14］a。

b. 胡松梅、杨苗苗、孙周勇, 等:《2012-2013 年度陕西神木石峁遗址出土动物遗存研究》,《考

古与文物》2016 年第 4 期，第 109-121 页。

c. 黄蕴平：《内蒙古朱开沟遗址兽骨的鉴定与研究》，《考古学报》1996 年第 4 期，第 515-536 页。

d. 同［15］。

e. Owlett T E, Hu S, Sun Z, et al. 2018. Food between the country and the city: The politics of food production at Shimao and Zhaimaoliang in the Ordos Region, northern China. *Archaeological Research in Asia*, 14: 46-60.

f. 同［4］d。

［46］ 同［5］d。

［47］ a. 同［1］c。

b. 同［4］d。

［48］ a. 杨杰：《二里头遗址出土动物遗骸研究》，见中国社会科学院考古研究所：《中国早期青铜文化——二里头文化专题研究》，北京：科学出版社，2008 年，第 470-539 页。

b. 同［4］d。

［49］ a. 同［45］b。

b. 同［45］e。

［50］ 同［4］d。

［51］ Han L, Zhu S, Ning C, et al. 2014. Ancient DNA provides new insight into the maternal lineages and domestication of Chinese donkeys. *BMC Evolutionary Biology*, 14: 246.

［52］ 尤悦、王建新、赵欣，等：《新疆石人子沟遗址出土双峰驼的动物考古学研究》，《第四纪研究》2014 年第 34 卷第 1 期，第 173-186 页。

［53］ 同［1］b。

［54］ Ren L, Dong G, Liu F, et al. 2020. Archaeobotanical and zooarchaeological evidence of trade and exchange between foragers and farmers on the Tibetan Plateau. *Antiquity*, 94(375): 637-652.

［55］ 同［1］b。

［56］ Brunson K, Li Z, Flad R, et al. A Social Zooarchaeology of Oracle Bone Divination in Northwest China. forthcoming.

［57］ a. 同［5］a。

b. 同［40］a。

c. 同［5］c。

d. 同［5］d。

［58］ a. Jia X, Dong G, Li H, et al. 2013. The development of agriculture and its impact on cultural expansion during the late Neolithic in the Western Loess Plateau, China. *The Holocene*, 23: 85-92.

b. 同［1］b。

c. Ma M, Dong G, Jia X, et al. 2016. Dietary shift after 3600 cal yr BP and its influencing factors in northwestern China: Evidence from stable isotopes. *Quaternary Science Reviews*, 145: 57-70.

［59］ 李志鹏：《甘青地区马家窑文化到齐家文化畜牧业方式转变与文化交流》，《早期文化交流：路径与社会》，甘肃临洮，2019 年。

［60］ 同［1］b。

［61］袁靖、罗运兵：《中华文明形成时期的动物考古学研究》，见中国社会科学院考古研究所科技考古中心：《科技考古（第三辑）》，北京：科学出版社，2011年，第80-99页。

［62］同［56］。

［63］a. 同［14］a。

b. 李志鹏、博凯龄、戴玲玲：《中原地区新石器时代到青铜时代早期羊毛开发的动物考古学研究》，《第四纪研究》2014年第34卷第1期，第149-157页。

c. 同［15］。

［64］中国科学院考古研究所甘肃工作队：《甘肃永靖秦魏家齐家文化墓地》，《考古学报》1975年第2期，第57-96页。

［65］a. Kim S-O, Antonaccio C M, Lee Y K, et al. 1994. Burials, Pigs, and Political Prestige in Neolithic China［and Comments and Reply］. *Current Anthropology*, 35: 119-141.

b. 同［37］b。

［66］中国科学院考古研究所甘肃工作队：《甘肃永靖大何庄遗址发掘报告》，《考古学报》1974年第2期，第29-62、144-161页。

［67］同［56］。

［68］同［35］b。

［69］余翀、吕鹏、赵丛苍：《甘肃省礼县西山遗址出土动物骨骼鉴定与研究》，《南方文物》2011第3期，第59、72-79页。

［70］安家瑗、陈洪海：《宗日文化遗址动物骨骼的研究》，见河南省文物考古研究所：《动物考古（第1辑）》，北京：文物出版社，2010年，第232-240页。

［71］同［54］。

［72］同［70］。

［73］同［66］。

［74］李谅：《青海省长宁遗址的动物资源利用研究》，吉林大学硕士学位论文，2012年。

［75］祁国琴：《东灰山墓地兽骨鉴定报告》，见甘肃省文物考古研究所、吉林大学北方考古研究室：《民乐东灰山考古——四坝文化墓地的揭示与研究》，北京：科学出版社，1998年，第184、185页。

［76］傅罗文：《酒泉干骨崖、三坝洞子遗址出土动物骨骼分析研究》，见甘肃省文物考古研究所、北京大学考古文博学院：《酒泉干骨崖》，北京：文物出版社，2016年，第289-291、406-414、418-427页。

［77］宋艳波、陈国科、王辉，等：《张掖西城驿遗址2014年出土动物遗存分析》，见山东大学东方考古研究中心：《东方考古》，北京：科学出版社，2016年，第233-242页。

［78］袁靖、杨梦菲：《甘肃庄浪徐家碾寺洼文化墓葬出土动物骨骼研究报告》，见中国社会科学院考古研究所：《徐家碾寺洼文化墓地》，北京：科学出版社，2006年，第238-244页。

［79］同［16］。

［80］周本雄：《师赵村与西山坪遗址的动物遗存》，见中国社会科学院考古研究所：《师赵村与西山坪》，北京：中国大百科全书出版社，1999年，第335-339页。

［81］黄蕴平：《大李家坪遗址动物骨骼初步鉴定报告》，见北京大学考古学系、甘肃省文物考古研究

所：《甘肃武都县大李家坪新石器时代遗址发掘报告》，《考古学集刊（第 13 辑）》，北京：中国大百科全书出版社，2000 年。

［82］　同［80］。

［83］　同［80］。

［84］　同［1］b。

［85］　动物考古课题组：《中华文明形成时期的动物考古学研究》，见中国社会科学院考古研究所科技考古中心：《科技考古（第三辑）》，北京：科学出版社，2011 年，第 80-99 页。

［86］　李志鹏、任乐乐、梁官锦：《金禅口遗址出土动物遗存及其先民的动物资源开发》，《中国文物报》，2014 年。

［87］　甘肃省博物馆：《甘肃武威皇娘娘台遗址发掘报告》，《考古学报》1960 年第 2 期，第 53-71、143-148 页。

［88］　同［58］a。

［89］　同［85］。

［90］　同［64］。

［91］　同［80］。

［92］　同［1］b。

［93］　韩康信：《宁夏海原菜园村林子梁新石器时代遗址动物骨骼鉴定》，见宁夏文物考古研究所、中国历史博物馆考古部：《宁夏菜园：新石器时代遗址 、墓葬发掘报告》，北京：科学出版社，2003 年，第 358 页。

［94］　同［11］。

［95］　同［1］b。

［96］　Reimer P J, Bard E, Bayliss A, et al. 2013. IntCal13 and Marine13 Radiocarbon Age Calibration Curves 0–50,000 Years cal BP. *Radiocarbon*, 55: 1869-1887.

［97］　Bronk R C. 2015. https://c14.arch.ox.ac.uk/oxcal/OxCal.html.

［98］　a. 同［25］。

　　　　b. 同［26］。

［99］　a. 同［28］a。

　　　　b. 同［28］b。

Zooarchaeology, Ancient mtDNA, and Radiocarbon Dating Provide New Evidence for the Emergence of Domestic Cattle and Caprines in the Tao River Valley of Gansu Province, Northwest China

Katherine BRUNSON[1], REN Le-le[2], ZHAO Xin[3], DONG Xiao-ling[3], WANG Hui[4], ZHOU Jing[5], Rowan Flad[6]

Translate by ZHAO Xin[3], DONG Xiao-ling[3], Katherine BRUNSON[1]

(1. Wesleyan University; 2. Lanzhou University; 3. Institute of Archaeology, Chinese Academy of Social Sciences; 4. Fudan University; 5. Gansu Provincial Institute of Cultural Relics and Archaeology; 6. Harvard University)

Abstract: The Gansu-Qinghai region of Northwest China was an important region for cultural exchange and the adoption of new animal domesticates during the fourth through second millennia BCE. This paper summarizes previously published zooarchaeological reports from Neolithic and Bronze Age sites in Gansu and Qinghai Provinces in order to synthesize the changing uses of domesticated taxa and the timing of the arrivals of new domesticates into northwest China. We present new zooarchaeologial data collected during archaeological investigations by the Tao River Archaeological Project (TRAP) at the sites of Dayatou, Qijiaping, and Huizuiwa. These sites allow us to explore changes in animal use at a local scale of analysis, revealing the increasing importance of caprine pastoralism through time. Our analyses also include the first directly dated sheep and goat bones for the region, with the earliest samples dating to 1900-1750 cal. BCE. We conclude that although there is a suggestion that cattle, sheep, and goats arrived in the Gansu-Qinghai region during the 4th millennium BCE, we do not believe that there is definitive evidence for cattle, sheep, and goats until after about 2500 BCE.

Key Words: Trans-Eurasian exchange networks; animal domestication in China; Majiayao culture; Qijia culture; Xindian culture; sheep and goat pastoralism

一种基于牙齿估算野猪年龄结构的新系统

泽米娜·勒莫因[1]　梅琳达·A. 泽德[1]

凯特琳·J. 比肖普[2]　斯科特·J. 鲁弗洛[1] 著；

武钰娟[3] 译；吕　鹏[4] 校

（1. 史密森学会；2. 圣路易斯华盛顿大学

3. 中国社会科学院大学；4. 中国社会科学院考古研究所）

摘要： 重建动物的种群结构对于揭示考古遗址中动物的开发策略是很有价值的。对猪（*Sus scrofa*）来说，Grant[1] 提供的方法展示了一种通过分析牙齿磨蚀形态来估算年龄的有前景的技术。然而，Grant 方法的局限性体现在：它需要完整或者几乎完整的下颌骨，只使用下颌骨的牙齿，并且只提供一个相对年龄范围。虽然学者们已经做了一些工作来建立基于猪牙齿萌出和磨蚀模式的行之有效的年龄级别，但仍需进行系统地研究，进而制定一套利用牙齿磨蚀来判断猪遗存年龄的标准而全面的方法。

本文介绍的是我们正在进行的研究的一部分，该研究旨在开发新的方法，通过齿列和长骨愈合状况来构建猪的种群结构。在本文中，我们介绍了对现代大种群野猪的牙齿萌出和磨蚀模式的研究结果，这为构建猪的宰杀年龄结构的新方法提供了基础，并解决了 Grant 早期研究中的一些最为严重的局限性。该方法在检测猪狩猎 / 宰杀年龄结构的细微差异方面是行之有效的，这在针对 3 处不同时期的近东考古遗址中出土动物群的研究中得以证实，这 3 处遗址分别是：青铜时代的 Tell Leilan 遗址，哈拉夫文化的 Banahilk 遗址和旧石器时代末期至中石器时代初期的 Hallan Çemi 遗址，这些地区的居民可能对猪采用了大相径庭的开发策略。这些案例研究的结果表明，这种方法能够可靠地重建年龄结构，并能够区分遗址间采取不同获取策略的动物年龄结构。这种方法为收集准确可信的年龄数据提供了一种标准化的手段，对研究古代猪的开发模式至关重要。

关键词： 年龄　猪　家猪　宰杀年龄结构　牙齿萌出　牙齿磨蚀　动物考古

一、引　言

重建考古遗址中动物遗存的种群结构对于揭示古代动物的开发策略是至关重要的。先前对各种动物种属的研究表明，根据牙齿的萌出和磨蚀以及长骨的愈合情况来构建种群结构是一种给力的手段，这可以检测出主导古代猎物种群的各种人为和非人为因素[2]。种群结构也可以追踪动物驯化的过程[3]。通过强调获取动物方式背后的人类行为，被宰杀动物的性别和年龄结构能够揭示出人类对动物管理策略的细微差异，而这些差异在利用其他驯化标志物（如形态学或遗传学）时则无法看到。此外，它们还提供了一种灵活的媒介，能够记录人类从狩猎到畜牧过程中，对动物进行连续干预的初期或过渡阶段[4]。

长骨愈合和牙齿萌出与磨蚀的次序及速度已被成功地运用于重建考古遗址出土动物的年龄结构[5]。对于家驴[6]和瞪羚[7]来说，在校准愈合和牙齿测龄技术方面取得了巨大的成功，目前已建立起有意义且有用的年龄级别，并可应用于考古遗存。

这些手段也被运用于猪（*Sus scrofa* spp.）遗存，并且通过对文献的爬梳可知，学者们已经进行了大量的工作来构建猪种群结构的类似方法，尤其侧重于牙齿标准[8]。这些研究的问题并不在于现有的工作没有实质意义或不合理，而在于这些研究之间很少能达成共识，它们并非适用性强的方法，无法广泛应用于不同文化和遗址。

这些研究的共同点是使用了 Grant 介绍的方法，该方法是他们记录猪牙齿磨蚀模式的基础。Grant 的方法具有里程碑式的意义，它为通过牙齿的状况去估算猪的种群结构提供了可能，但该方法也有局限性。其最主要的局限性是：该方法只能应用于完整或接近完整的下颌骨，这极大地限制了可测龄动物的样本量。此外，该方法仅适用于下颌骨而非上颌骨，这又进一步缩减了样本量。最后，该方法提供的年龄是相对或浮动的，并不能直接认定动物的实际死亡年龄[9]。

与侧重通过牙齿形态来判断猪群结构形成鲜明对比的是，人们对于基于猪长骨愈合次序进行测龄的关注度不足。虽然 Payne 和 Bull 对土耳其野猪种群的研究十分严谨，为计算基于长骨愈合的猪的种群结构树立了研究的榜样[10]，但大多数动物考古学家仍然求助于 Silver[11] 和 Habermehl[12] 的早期工作来修正长骨愈合的年龄结构，尽管这些工作部分依赖 19 世纪的数据，且这些数据的来源和精度并不确定[13]。

本文介绍的是我们正在进行的研究的一部分，旨在开发新方法——通过牙齿形态和长骨愈合情况，构建家养和野生猪的种群结构。在本文中，我们介绍了对现代大型野猪群的牙齿萌出和磨蚀形态的研究结果，该研究为构建猪的宰杀年龄结构的新方法提供了基础，并解决了 Grant 早期研究中一些最为严重的局限性。我们通过在 3 处遗址（这些遗址的居民可能采用了大不相同的猪开发策略）的考古学群组中的应用该方法，证明了其在检测猪宰杀年龄结构的细微差别方面的效用。最终，这项研究试图进一步推行一种全面、明确的方法论来收集准确、可靠的年龄数据，这对研究考古遗址中猪的开发模式至关重要。

二、方法：修订

（一）现代样本

本研究中使用的现代标本来自于芝加哥的菲尔德自然历史博物馆动物学部（FMNH）、华盛顿的国家自然历史博物馆哺乳动物部（NMNH）以及 Sebastian Payne 个人收藏的土耳其野猪，他曾首次在 1982 年的研究中使用过这批标本[14]。本研究共分析了 91 组猪的上颌骨和下颌骨，包括 46 件雌性、39 件雄性和 6 件未确定性别的标本。用于样本分析的标本广泛地分布于欧亚大陆。FMNH 的标本主要由近东野猪组成，包括一些印度和中国的标本以及一头波兰野猪。这些动物来自不同的收藏家和探险队——包括 1968 年伊朗 Street 探险队，1934 年菲尔德博物馆的近东探险队，20 世纪 50 年代和 60 年代在伊拉克和伊朗的 Braidwood 考古探险队，以及 20 世纪 20 年代在印度的 Roosevelt 和 Faunthorpe 探险队。NMNH 的标本主要是由 A. C. Sowerby 和 D. C. Graham 在 19 世纪早期和中期考察获得的中国野猪组成。Payne 的标本都是 1974～1975 年冬季在土耳其安纳托利亚中部 Kızılcahamam 周围的森林中采集的[15]；正如本文用于研究的那些来自 NMNH 和 FMNH 收藏的动物，这些标本来自于单一种群的大样本量，这就减少了使用来自广泛地理范围的动物标本可能产生的问题。所有的动物都是根据探险队、收集者和当地环境的信息被确定为野猪。样本中没有提供任何标本的死亡年龄信息，而且由于病变而出现损坏的头骨也不包括在最终数据集中。

此外，样本仅限于野猪，以控制不同的喂养策略或改进的育种计划对家猪牙齿萌出和磨蚀的时间和次序所产生的影响。然而，至少在牙齿萌出方面，已故的 Tony Legge 之前对猪臼齿萌出研究的回顾表明，关于家猪牙齿发育加快的说法可能并不完全成立[16]。至于磨蚀模式的评分，我们认为，尽管饮食和营养有差异，但磨蚀评分的次序和由此产生的年龄级别不会有变化，因为这是由猪的颌骨形态和咀嚼方式决定的。这些年龄级别所对应的绝对年龄，以及特定年龄级别的持续时间可能会因地区和饮食而不同，但相对次序应保持不变。因此，虽然野猪和家猪的年龄级别可能不一致，但相对的次序和组成（即组成一个年龄级别的单个牙齿的分数）应该是一致的。以往有研究认为地区和饮食等因素对猪和其他哺乳动物牙齿磨蚀会产生不同的影响（见 Moran 和 O'Connor 的讨论[17]），本文通过对有充分记录的现代标本进行研究，可就此明辨是非。

（二）新规则

在这项研究中，我们为每颗牙齿设计了一个评分系统（表 1、图 1），从 0（发育前缺失）到 19（最严重的磨蚀）。这个系统记录了一颗牙齿的完整历史，从它出现之前（0 分），到它的形成（1～3）、萌出（4～6），以及动物一生中的使用时间（7～19）。研究发现现代标本上可见的磨蚀模式与 Grant 的牙齿磨蚀阶段（a～n）密切对应，我们调整了 Grant 的磨蚀阶段图，以描述牙齿完全萌出后的磨蚀模式（7～19）[18]。牙齿早期发育和萌出阶段（0～6）的评分是由考古学和动物学中关于猪牙的测龄以及识别不同发育阶段的研究成果汇编而成[19]。

这些单独的分数还可以被归为几大类（表 1）：0～3 代表未萌出的牙齿或在颌骨中形成的牙齿；4～6 代表处于不同萌出阶段的牙齿；7～9 处于轻度磨蚀阶段的牙齿，只有少量牙尖上的牙本质暴露；10～12 为中度磨蚀阶段，牙本质逐渐暴露；13～16 为重度磨蚀阶段，大面积暴露的牙本质被薄薄的釉质边缘包围；17～19 为咬合面几乎没有釉质的牙齿，以及牙冠磨蚀到牙根的牙齿。乳牙和恒牙的门齿发育、萌出（0～6）以及釉质磨蚀（7）的得分保持一致。由于 Grant 没有提供这些牙齿的磨蚀阶段，同时我们发现门齿超过 7 分的磨蚀更为普遍，且最高只磨蚀到 10 分的程度，所以以 8 分代表轻度磨蚀，9 分代表中度磨蚀，10 分代表重度磨蚀。"TWS"是指 Grant（1982）研发的牙齿磨蚀阶段，并针对该系统重新说明（图 1）。

表1　牙齿萌出和磨蚀程度

Table 1　Tooth eruption and wear scale

分数	描述	
0	未萌出	
1	隐窝中出现齿孔	形成
2	牙齿在隐窝中可见	
3	齿冠的钙化完成（来自 Carter 和 Magnell 2007）	
4	牙齿从骨骼萌出	萌出
5	1/2 的牙齿萌出	
6	牙齿完全萌出，无明显磨蚀	
7	仅牙釉质磨蚀（TWS a）	轻度磨蚀
8	TWS b	
9	TWS c	
10	TWS d	中度磨蚀
11	TWS e	
12	TWS f	
13	TWS g	重度磨蚀
14	TWS h	
15	TWS j	
16	TWS k	
17	TWS l	极度磨蚀
18	TWS m	
19	TWS n	
S	脱落	

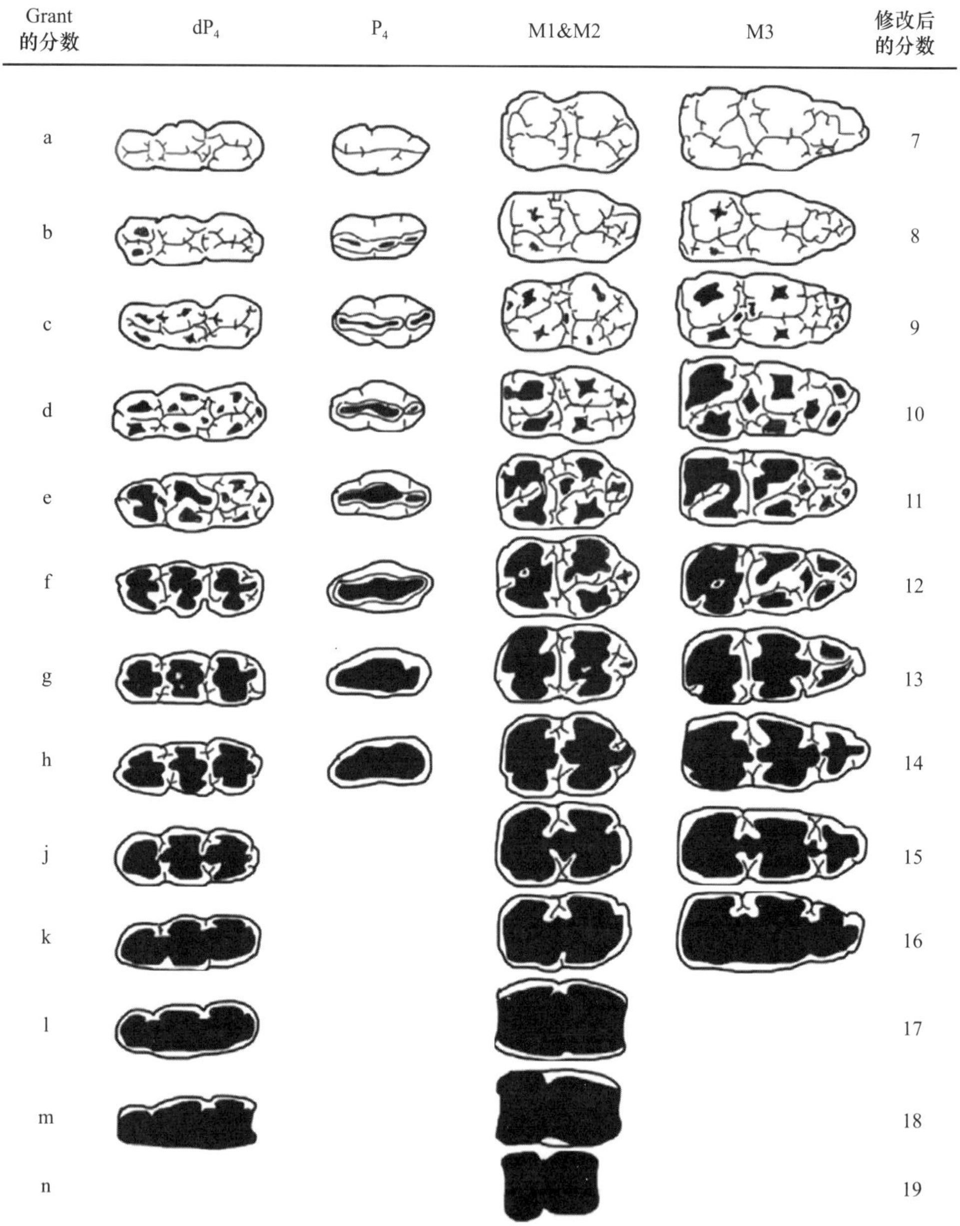

Grant的分数	dP4	P4	M1&M2	M3	修改后的分数
a					7
b					8
c					9
d					10
e					11
f					12
g					13
h					14
j					15
k					16
l					17
m					18
n					19

图1 修改后的野猪牙齿磨蚀评分系统与Grant（1982）的TWS评分系统对比

Figure 1 Revised scoring system for Sus dental wear teeth with comparison to Grant(1982) TWS scores

保留 Grant 所界定的磨蚀阶段的优势在于维持大家都熟悉的一套话语体系，并有利于将已有的数据集转化为新的系统。此外，新系统通过对单个牙齿进行评分以确定标本的年龄，而不是像 Grant 的 MWS（下颌骨磨蚀阶段）所要求的那样对整排牙齿进行评分，这就回避了 Grant 方法中最为苛刻的要求：将其应用范围局限于完整的下颌骨。鉴于能够使用单独的牙齿，更多的离散分数能够增加识别出特定年龄级别牙齿的机会。

我们也将上颌齿纳入了我们的标本。许多测龄方案给出的排除上颌齿的理由并不明确。在某种程度上，这可能是因为没有一个如 Grand 为下颌齿所创建的那样、专门针对上颌齿评分的图解指南[20]。然而，我们发现，Grant 所阐释的牙齿磨蚀模式在大多数情况下同样适用于上颌齿，在对它们进行评分时也相当有用。唯一存在明显区别的是乳牙和恒牙 P^4。乳牙 p^4 使用了 Grant 牙齿磨蚀阶段中恒齿 M_1、M_2，而不是 p_4 的图解（在 Grant 文中被命名为 m_1），因为它们与上牙的形状更一致。考虑到额外的尖牙和更方的牙齿形状，对恒牙 P^4 的评分使用了 Grant 牙齿磨蚀阶段 P_4 的推断（图 1）。

担心重复计算属于同一个个体的上、下颌齿可能是先前研究中排除上颌齿的另一个理由。这种情况是可能存在的，特别是在有限时空尺度的群组中。但是，正如我们将在下文论证的那样，我们认为在样本中包括一些重复计数的个体动物可以增加可测龄标本的数量，其优点远大于缺点。此外，如果重复计算单个个体这么关键，那为什么牙齿测龄系统要使用左右两侧的下颌骨材料，而不是将样本限制在有最多标本的一侧？最后，只有当上、下颌齿（和左、右两侧）的萌出和磨蚀次序不同，以及某一年龄级别的个体更容易被重复计算时，这才会成为问题。否则，对同一个体的元素进行重复计算，除了增加可测龄材料的样本量外，对年龄分布模式不会有影响。此外，如果出于某些原因，某类元素更有可能保存在不同年龄的动物身上（例如，如果非常老或非常年轻的个体的上颌骨比下颌骨更容易被保存下来），那么扩大包括上颌齿在内的样本量，这就会增加这些个体被包括在用于构建年龄结构的样本中的可能性，进而减轻埋藏带来的偏差，并且使最终的年龄结构得以更准确地反映开发某一物种时所使用的屠宰策略。

（三）为牙齿评分

我们使用新的标尺（表 1 和图 1）独立地对现代野猪标本的头骨上的每一颗现存牙齿（不考虑位置或左右）进行了评分和记录。然后，我们对数据进行了颜色编码，以突出上文定义的更广泛的萌出和磨蚀类别（见附录[21]）。

通过对比样本中 91 个成对的下颌骨和上颌骨的编码数据，我们发现动物个体的上、下颌牙齿的萌出和磨蚀分数之间有一致的对应关系，因此，这里提出的测龄系统对建立离散的年龄级别是有效的。我们的研究也证实了先前研究中显示的双边不对称的情况很少，成对的上、下颌骨的左、右两侧的牙齿几乎总是得到相同的分数[22]。表 2 通过把上、下颌单个牙齿得分不一致的数量制成表格，更仔细地考察了成对标本中上、下颌齿评分的对应关系。该表列出了三组表格：①得分不匹配［例如，上颌骨 M1 的得分是 5 分（牙齿 1/2 萌出），而相应的下颌骨 M1 的得分是 4 分（牙齿已从骨骼萌出）]；②对应的上、下颌齿的得分所属的类别不匹配（即上颌齿 M3 的分数为 12 分，属于"中度磨蚀"类别，而对应的下颌齿 M3 的分数为 13 分，属于"重度磨蚀"类别）；③对应的上、下颌齿的得分所属的年龄级别不匹配（即上颌 M2 的分数为 3，属于年龄级别 3，相应的下颌 M2 的分数为 4，属于年龄级别 4）。

正如我们所预料的那样，成对的上、下颌牙齿得分的不匹配在每颗牙齿上都很明显，这至少证实了一些猜测，即上、下颌牙齿的磨蚀速度不同。由于评分系统比较笼

表2　得分不匹配的成对上、下颌

Table 2　Mismatched scores for paired mandibles and maxilla

	di1 n=79	di2 n=154	di3 n=95	dc n=68	dP2 n=113	dP3 n=112	dP4 n=116	I1 n=267	I2 n=273	I3 n=262	C n=263	P1 n=274	P2 n=276	P3 n=229	P4 n=287	M1 n=361	M2 n=326	M3 n=318
得分对	39	76	22	35	57	56	56	130	134	127	126	129	110	113	141	179	160	157
# 得分不匹配	10	26	8	6	18	38	14	32	36	50	14	85	54	46	61	28	26	31
# 类别不匹配	6	10	8	2	14	18	8	14	21	20	10	41	31	11	18	4	8	12
# 年龄级别不匹配	0	0	0	0	0	0	0	0	0	0	0	2	1	1	0	0	0	0
% 得分不匹配	25.6%	34.2%	36.4%	17.1%	31.6%	67.9%	25.0%	24.6%	26.9%	39.4%	11.1%	65.9%	49.1%	40.7%	43.3%	15.6%	16.3%	19.7%
% 类别不匹配	15.4%	13.2%	36.4%	5.7%	24.6%	32.1%	14.3%	10.8%	15.7%	15.7%	7.9%	31.8%	28.2%	9.7%	12.8%	2.2%	5.0%	7.6%
% 年龄级别不匹配	0.0%	0.0%	0.0%	0.0%	0.0%	0.0%	0.0%	0.0%	0.0%	0.0%	0.0%	1.6%	0.9%	0.9%	0.0%	0.0%	0.0%	0.0%

统，且缺乏具体评分的图解，预计恒牙、乳牙门齿和犬齿的错配率会很高，事实上也是如此。恒牙、乳前臼齿也表现出较高的得分、类别不匹配的倾向，从乳牙 p4 低于 25% 到恒牙 P1、乳牙 p3 分别高于 65.9% 和 67.9%。这样的高度不匹配可能是由于这些前臼齿在上颌的萌出和磨蚀早于下颌[23]。事实上，上颌齿比相应的下颌齿更早萌出和磨蚀的趋势（或在 M3 的情况下相反），可能导致整个齿列得分不匹配。前臼齿得分不匹配的另一个原因是上、下前臼齿的形状不同，因此直接将 Grant 磨蚀模式系统应用于这些牙齿时需要主观推断。由于除了萌出时，这些牙齿在界定年龄级别方面没有决定性作用，所以前臼齿得分的不匹配程度较高并不影响这里提出的测龄系统。

相反，对于恒臼齿来说，得分和类别之间的差异相当低。最显著的得分不匹配出现在 M3 上，占 19.7%，这并不奇怪，因为下颌的 M3 预期比上颌的 M3 早 4 个月萌出并开始磨蚀[24]。不管牙齿如何，跨度更广的萌出和磨蚀类别的得分对成对上、下颌骨的影响率更低，而恒臼齿的类别不匹配率不到 8%。在大多数这些类别不匹配中（实际上在几乎所有上、下颌得分不匹配的情况下），不匹配率几乎总是不超过 20%。

无论得分和类别不匹配的程度如何，成对的上、下颌齿几乎从未因为得分而导致标本被归为不同的年龄级别。事实上，这种情况只出现了四次，而且几乎只出现在变化很大，有点问题的恒前臼齿中。由于这些牙齿从未被单独或专门用于确定任何程度的年龄等级，而且单个标本中的任何相矛盾的得分都会被相关臼齿的分数所纠正，所以这些分类不匹配是无关紧要的，并不会影响该方法的效用。

（四）界定年龄级别

记录完毕后，我们按照上、下颌骨齿列萌出和磨蚀程度分别对标本进行整理（见附录 A[21]）。然后，寻找可用于界定离散年龄级别的萌出和磨蚀模式的自然分组。在上、下颌齿中，我们共确定了 10 个离散且对应的年龄级别。如表 2 所示，上、下颌所界定的年龄级别是相互匹配的。所有标本中成对的上、下颌骨都被归入同一年龄级别。

表 3a 总结了判断这 10 个年龄级别的"规则"，提供了不同年龄级别每种牙齿的分数范围，并强调了对划分级别起决定性作用的牙齿。在上颌齿和下颌齿不完全一致的情况下，该表列出了该年龄级别上、下颌齿的得分范围。该表还提供了对每个年龄级别的萌出和磨蚀状态的总结，每个级别中起决定性作用的特征用粗体字表示。早期年龄级别（1～3）是根据乳牙和 M1 的萌出、磨蚀、脱落来确定的，而 M2 和 M3 的萌出在定义年龄级别 4～5 时起着重要（但不是唯一）的作用。晚期年龄级别（6～10）主要是根据臼齿的磨蚀模式来界定的，M1 和 M2 在界定这些年龄级别时比 M3 起着更重要的作用，本研究表明，M3 的萌出和磨蚀模式比其他恒臼齿更为多变。

在许多情况下，单个牙齿的同一萌出和磨蚀得分可能让样本被归到多个年龄级别（例如，下颌 M1 的得分为 11，这可能被归为年龄级别 4～6）。很少会有单个牙齿的具体得分能将样本归到一个不连续的年龄级别，尽管这种情况确实存在（例如，上、下颌的 M1 的得分为 13，对应年龄级别 7）。这意味着在大多数情况下，将样本归为 10 个年龄级别中的 1 个，需要在齿列中的多个牙齿之间达成一致——这一要求（正如 Grant 方法中的）可能让样本无法被归为任何一个年龄级别。因此，虽然这种高分辨率的 10 个年

表3　年龄级别界定

Table 3　Age class definitions

a. 具体系统

年龄级别	di1	di2	di3	dc	dp2	cp3	d04	I1	I2	I3	Canine	P1	P2	P3	P4	M1	M2	M3	显著特点
1	U-7	U-7	U-7	U-7	U-6	U-7/U-6	U-7	U	U	U	U	U-3/U-4	U	U	U	U-2	U	U	乳牙处于形成到早期萌出阶段。恒门齿、犬齿，P2～P4 和 M2～M3 未萌出，P1 进入形成阶段。M1 由未萌出到早期形成到早期形成
2	8	7-S/8	8	8	7-10	7-11	8-10	U-6/U	U-6/U	U-5/U-3	U-4	4-6/U-4	U	U	U-3	3-6	U-2	U	乳门齿和犬齿进入轻度磨蚀阶段，伴随上颌 i1 和 i2 开始脱落。乳前白齿处于轻度至中度磨蚀阶段。上颌 I1～I3 和 P1 可能正在萌出，犬齿处于早期萌出阶段。P4 可能处于早期形成阶段。M1 在形成期或能晚期萌出或处入早期形成阶段。M2 进入早期形成阶段。M3 未萌出
3	8-S/8-9	8-S/8-9	8-S/8-S	8-S	7-S	9-14/8-12	9-11	U-6/U-4	U-6/U-4	2-7/U-6	2-5	4-7/U-7	U	U	U-3	7-9	2-3	U-2	乳牙在磨蚀，伴随犬齿和上颌 i1～p2 开始脱落。恒牙 I1～I3、犬齿和 P1 处于早期萌出状态。P2 和 P3 早期萌出，P4 可能处于早期萌出阶段。M1 有轻微磨蚀。M2 处于早期形成期。M3 进入早期形成阶段

续表

a. 具体系统

年龄级别	di1	di2	di3	dc	dp2	dp3	d04	I1	I2	I3	Canine	P1	P2	P3	P4	M1	M2	M3	显著特点
4	S	8-S	S/9-S	S	8-S/10-S	10-14	11-S/11-15	4-6/2-5	4-6	4-7	4-7	5-10/6-8	U-7/2-7	U-7	U-7	9-11	4-7	U-3	所有乳牙均开始脱落，下颌和上颌的i1和大齿均脱落。上颌乳牙一般更有可能脱落，并处于更高的磨蚀阶段。I1~I3开始萌出，恒大齿萌出并开始磨蚀。P1处于轻度至中度磨蚀阶段。P2处于早期形成阶段，上颌骨的更颌尖。P3和P4正在形成并开始萌出。M1处于轻度至中度磨蚀阶段，M2正在形成，开始轻度磨蚀。M3在形成中
5	S	S/9-S	S	S	S	S	S	5-8	4-8/7-8	7-8	7-8	6-10/7-8	7-9/7-8	8-10	8-10	9-12	7-9	2-4/2-5	乳牙i1、i3、大齿和前白齿均脱落。恒牙I1完全萌出，进入轻度磨蚀阶段。I2正在萌出并进入轻度磨蚀阶段。I3、大齿和I3正在磨蚀阶段。上颌P1处于更高的磨蚀阶段。P2处于轻度磨蚀阶段。P3和P4为轻度至中度磨蚀。M1处于中度磨蚀阶段。M2为轻度磨蚀。M3处于晚期，上颌M3处于早期萌出
6	S	S	S	S	S	S	S	5-8/8	6-8/7-8	7-8	7-8	6-10/7-9	7-10/7-9	7-11	8-11	10-12	8-10	4-8	所有乳牙均脱落。恒牙I1至P4处于早期至中度磨蚀阶段。M1为中度磨蚀。M2处于轻度至早期中度磨蚀阶段。M3正在萌出并进入轻度磨蚀阶段

续表

a. 具体系统

年龄级别	di1	di2	di3	dc	dp2	dp3	d04	I1	I2	I3	Canine	P1	P2	P3	P4	M1	M2	M3	显著特点
7	S	S	S	S	S	S	S	8-9	7-9	7-10/7-9	7-9/8-9	6-13/7-9	7-10	7-11	8-12	13-14	8-11	5-9	所有乳牙均脱落。I1到P4的恒牙处于早期到颌牙阶段，且上颌牙的磨蚀更为严重。M1处于中度磨蚀的早期阶段。M2几乎处于萌出，并进入轻度磨蚀阶段。M3已完全萌出阶段
8	S	S	S	S	S	S	S	8-10/8-9	8-9	8-10/7-9	8/14/8-9	7-14	8-11	10-13/9-11	10-13/9-13	14-16	10-13	7-11	所有乳牙均脱落。恒牙I1至P4处于轻度至重度磨蚀的早期阶段。M1处于重度磨蚀的晚期阶段。M2处于中等至重度磨蚀的早期阶段。M3几乎处于早期磨蚀阶段，但可能处于早期中磨蚀阶段
9	S	S	S	S	S	S	S	9-10	9-10	9-10/8-10	9-10/8-10	12-14/8-14	8-14+/8-14+	12-14/12-13	11-14	15-19	12-16	10-12	所有乳牙均脱落。恒牙I1到P4处于早期重度磨蚀阶段。M1为极度磨蚀。M2为严重磨蚀。M3几乎处于中度磨蚀阶段
10	S	S	S	S	S	S	S	9-10	9-10	8-10/8-9	9	9-14/8-11	11-13/8-14	12-14/11-13	13-14	18-19+	16-19	12-15	所有乳牙均脱落。恒牙I1至P4处于早期至严重磨蚀状态。M1为极度磨蚀（磨蚀至磨根部）。M2大部分处于严重磨蚀晚期，但也可能处于磨蚀晚期。M3几乎为重度磨蚀，但也可能是中度磨蚀晚期阶段

续表

b. 简化-A 系统

年龄级别	di1	di2	di3	dc	dp2	dp3	dp4	I1	I2	I3	Canine	P1	P2	P3	P4	M1	M2	M3	显著特点
A	U-7	U-7	U-7	U-7	U-6	U-7/U-6	U-7	U	U	U	U	U-3/U-4	U	U	U	U-2	U	U	乳牙处于形成至早期萌出阶段。恒门齿、犬齿，P2~P4和M2~M3未萌出。P1进入形成阶段。M1处于早期至中度磨出至早期形成阶段
B	8-S/8-9	7-S/8-9	8-S	8-S	7-S	7-14/7-12	8-11	U-6/U-4	U-6/U-4	U-7/U-6	U-5	4-7/U-7	U	U	U-3	3-9	U-3	U-2	乳门齿磨蚀，伴随上颌牙开始脱落。乳犬齿和乳牙p2处于磨蚀状态并开始脱落。乳牙p3~p4处于早期至中度磨蚀阶段。恒门齿、犬齿和P1可能正在萌出，特别是上颌牙。P2和P3未萌出。P4处于早期至晚期磨蚀阶段。M1处于早期形成至轻度磨蚀阶段。M2进入早期形成阶段。M3未萌出
C	S	8-S	S/9-S	S	8-S/10-S	10-14	11-S/11-15	4-6/2-5	4-6	4-7	4-7	5-10/6-8	U-7/2-7	U-7	U-7	9-11	4-7	U-3	所有乳牙均开始脱落，伴随下颌和上颌的i1和大齿均脱落。上颌乳牙一般更有可能脱落，并处于更高级的磨蚀阶段。I1~I3开始萌出，恒大齿萌出并开始磨蚀。P1处于早中度磨蚀阶段。且上颌骨的更严重。P2处于早期正在形成并开始萌出。P3和P4正在形成并开始萌出。M1处于早期至中度磨蚀阶段。M2正在萌出。M3正在形成中

续表

b. 简化-A系统

年龄级别	di1	di2	di3	dc	dp2	dp3	dp4	I1	I2	I3	Canine	P1	P2	P3	P4	M1	M2	M3	显著特点
D	S	S/9-S	S	S	S	S	S	5-8	4-8/7-8	7-8	7-8	6-10/7-8	7-9/7-8	7-10	8-10	9-12	7-9	2-4/2-5	乳齿i1、i3、犬齿和前臼齿脱落。恒齿I1处于完全萌出至轻度磨蚀阶段。I3、I2正在萌出并进入轻度磨蚀阶段。犬齿和P为轻度磨蚀。上颌P1处于更高级别的磨蚀阶段，P2为轻度磨蚀。P3和P4处于中度至磨蚀阶段。M1中度磨蚀，M2为轻度磨蚀阶段。M3处于形成晚期阶段
E	S	S	S	S	S	S	S	5-8/8-9	6-9/7-9	7-10/7-9	7-9	6-13/7-9	7-10	7-11	8-12	10-14	8-11	4-9	所有乳牙均脱落。恒牙I1至P4主要处于轻度至中度磨蚀阶段，上颌P1先处于中度磨蚀阶段。M1为中度至早期重度磨蚀。M2处于轻度至中度磨蚀。M3正在萌出，并进入轻度磨蚀阶段
F	S	S	S	S	S	S	S	8-10	8-10	8-10/7-10	8-10	7-14	8-14	10-14/9-13	10-14/9-14	14-19	10-16	7-12	所有乳牙均脱落。恒牙I1至P4处于早期至重度磨蚀阶段。M1为重度至极重度磨蚀阶段。M2处于中度至重度磨蚀阶段。M3处于轻度至中度磨蚀阶段
G	S	S	S	S	S	S	S	9-10	9-10	8-10/8-9	9	9-14/8-11	11-13/8-14	12-14/11-13	13-14	18-19+	16-19	12-15	所有乳牙均脱落。恒牙I1至P4处于早期至严重磨蚀（磨蚀至根部）。M1为极度磨蚀状态。M2几乎处于严重磨蚀，但也可能处于重度磨蚀后期阶段。M3多为中度磨蚀晚期阶段

续表

c. 简化-B 系统

年龄级别	di1	di2	di3	dc	dp2	dp3	dp4	I1	I2	I3	Canine	P1	P2	P3	P4	M1	M2	M3	显著特点
I	U-S	U-S	U-S	U-S	U-S	U-S	U-S/U-15	U-6/U-5	U-6	U-7	U-7	U-10/U-8	U-4	U-7	U-7	U-11	U-7	U-3	乳牙由未萌出至脱落。恒门齿，犬齿和前白齿由形成至轻度磨蚀阶段。M1由形成至中度磨蚀早期阶段。M2由形成至轻度磨蚀，M3在形成中
II	S	S/9-S	S	S	S	S	S	5-8/5-9	4-7/7-9	7-10/7-9	7-9	6-13/7-9	7-10	7-11	8-12	9-14	7-11	2-9	乳牙均轻度磨蚀。恒门齿，犬齿和P1为轻度磨蚀。P2~P4为中度至中度磨蚀。M1处于中度至重度磨蚀阶段。M2处于轻度至早期中度磨蚀阶段。M3处于最后发育阶段，正在萌出，并进入轻度磨蚀阶段
III	S	S	S	S	S	S	S	8-10	8-10	8-10/7-10	8-10	7-14	8-14	10-14/9-13	10-14/9-14	14-19	10-16	7-12	所有乳牙均脱落。恒牙I1到P4处于早期到重度磨蚀阶段。M1处于重度到极度磨蚀状态。M2处于中度至重度磨蚀状态。M3为极度磨蚀阶段。M3中度磨蚀
IV	S	S	S	S	S	S	S	9-10	9-10	8-10/8-9	9	9-14+/8-11	11-13/8-14	12-14/11-13	13-14	18-19+	16-19	12-15	所有乳齿均脱落。恒牙I1至P4处于早期至重度磨蚀状态（磨蚀至牙根部）。M1处于极度磨蚀状态，但也可能处于严重磨蚀后期。M2大部分处于严重磨蚀，但也可能处于严重磨蚀晚期。M3主要为严重磨蚀，但也可能是中度磨蚀晚期阶段

注：表中 X-X/X-X 分别表示上颌骨和下颌骨得分；标记 ▨ 数据为显著特点。

Note: X-X/X-X denotes differences in maxillary and mandibular scores, respectively. ▨ distinguishing characteristic.

龄等级方案为界定年龄级别提供了最精确的系统——因为它对年龄级别的界定更严格，所以能够记录动物生命的头几个月，甚至几个周——但它需要更完整的齿列数据，这减少了数据的数量，因为它限制了可应用该方法重建年龄结构的考古样本的数量。

因此，我们设计了两个更简化的测龄方案（表 3b、表 3c），虽然不能提供与 10 个年龄级别或"具体"方案相同的分辨率，但通过扩大年龄级别，能使之有可能在样本中包括不太完整的齿列（即更多的游离齿），从而增加可测龄标本的样本。

其中第一个系统（简化 -A）由 7 个年龄级别组成，该系统将一些差别更细微的具体等级归为一类，同时保留了其他类别的特殊性（表 3b、表 4）。在第一个简化的系统中，将包括刚出生几个月的新生动物（基于 Matschke 对猪牙齿萌出年龄的估计[25]）的具体年龄级别 1，保留为离散的年龄级别 A。然而，具体年龄级别 2 和 3 被合并为简化 -A 的年龄级别 B，包括已萌出的乳牙不同的磨蚀阶段直至脱落，以及 M1 正在萌出和处于早期磨蚀阶段的动物。在简化 -A 系统中，具体年龄级别 4 改为年龄级别 C，包括恒前臼齿萌出并处于早期磨蚀阶段，M1 处于轻度至中度磨蚀阶段，以及 M2 正在萌出并进入早期轻度磨蚀阶段的动物。具体年龄级别 5 同样被保留为年龄级别 D，主要由处于中度磨蚀阶段的 M1 和处于轻度磨蚀阶段的 M2 界定。简化 -A 年龄级别 E 由具体年龄级别 6 和 7 组成，包括 M1 处于中度磨蚀后期和重度磨蚀早期阶段，M2 进入中度磨蚀阶段，和 M3 正在萌出的动物。同样，在简化 -A 系统中，具体年龄级别 8 和 9 被合并为年龄级别 F，定义为 M1 处于重度磨蚀，M2 处于中度至重度磨蚀，M3 处于轻度至中度磨蚀早期阶段的动物。最后，简化 -A 年龄级别 G 与具体年龄级别 10 相同，包括 M1 处于重度磨蚀后期，M2 处于重度磨蚀，M3 处于中度磨蚀后期到重度磨蚀早期的动物。

简化 -B 将简化 -A 的年龄级别分为四个不连续的年龄级别（表 3c、表 4）。在这个最低分辨率的方案中，简化 -A 年龄级别 A、B 和 C（具体年龄级别 1～4）被归入年龄级别 I，包括所有存在乳牙和 M1 处于早期形成阶段的动物。其余的简化 -B 年龄级别（II-IV）是由恒臼齿萌出和磨蚀的不同阶段来界定的：年龄级别 II（简化 -A 年龄级别 D～E 和具体年龄级别 5～7），定义为 M1 处于中度至早期重度磨蚀阶段，M2 处于轻度至早期中度磨蚀阶段，M3 萌出并处于轻度磨蚀阶段；年龄级别 III（简化 -A 年龄级别 F 和具体年龄级别 8～9）为 M1 处于重度至极度磨蚀，M2 处于中度至重度磨蚀，M3 处于轻度至中度磨蚀的标本；年龄级别 IV（简化 -A 年龄级别 G 和具体年龄级别 10）则为最老的动物。

（五）锚定年龄级别

与博物馆收藏的许多标本一样，本研究中的野猪的年龄不详，所以这里定义的各种年龄级别不能明确地锚定具体的年龄。事实上，对于大多数动物（尤其是猪）而言，根据牙齿萌出和磨蚀确定的年龄级别与绝对死亡年龄是相当困难的，这就是为什么大多数系统都遵循 Grant 做法的原因，只将猪的牙齿数据归为相对年龄（在 Grant 的案例中是浮动年龄）。然而，已知年龄的野猪牙齿萌出的相关数据（总结于表 5，更完整的数据见 Legge 文[26]）显示，欧洲、土耳其和日本野猪不同种群的牙齿萌出时间具有很大的一致性[27]。

表4 三种分级系统的比较

Table 4 Comparison of three classification systems

具体	简化 -A	简化 -B
1	A	I
2	B	
3		
4	C	
5	D	II
6	E	
7		
8	F	III
9		
10	G	IV

表5 本文使用的以往研究中的萌出年龄

Table 5 Age of eruption from previous studies used in this paper

牙齿	Matschke (1967)	Briedermann (1965)	Bull and Payne (1982)	Magnell (2002)	Anezaki (2009)
di^1	7～22 天（16.4 天）				
di_1	11～20 天（17.1 天）				>1 个月
di^2	2.2～3.9 天（3.2 天）				
di_2	2.1～3.1 天（2.6 天）				>1 个月
di^3	出生				
di_3	出生				出生
dc^1	出生				
dc_1	出生				出生
dp^2	1.7～2.6 天（2 天）				
dp_2	2.1～3.4 天（2.7 天）		7～11 个月		>1 个月
dp^3	11～18 天（13.9 天）				
dp_3	23～33 天（27.5 天）		7～11 个月		>1 个月
dp^4	41～49 天（45.1 天）				
dp_4	11～20 天（17.1 天）		7～11 个月		>1 个月
I^1	13～15 个月（14 个月）				
I_1	13～15 个月（14 个月）	14～16 个月			
I^2	22～27 个月（25 个月）				

续表

牙齿	Matschke (1967)	Briedermann (1965)	Bull and Payne (1982)	Magnell (2002)	Anezaki (2009)
I_2	19~22 个月（20 个月）	18~20 个月	19~23 个月	18/18~24 个月	
I^3	7~12 个月（9 个月）				
I_3	8~9 个月（9 个月）	10~12 个月	7~11 个月		
C^1	7~12 个月（9 个月）				
C_1	8~12 个月（8 个月）	10~12 个月	7~11 个月	7~12/10~12 个月	
P^1	4~7 个月（6 个月）				
P_1	5~8 个月（7 个月）				
P^2	16~17 个月（17 个月）				
P_2	15~17 个月（16 个月）	14~16 个月			
P^3	15~17 个月（16 个月）				
P_3	14~16 个月（16 个月）	14~16 个月			
P^4	14~19 个月（17 个月）				
P_4	14~18 个月（16 个月）	14~16 个月			
M^1	5~7 个月（6 个月）				
M_1	5~6 个月（6 个月）	4~5 个月		5 个月	3~5 个月
M^2	12~14 个月（13 个月）				
M_2	12~14 个月（13 个月）	12 个月		12~13/10~12 个月	12 个月
M^3	26~33 个月（29 个月）				
M_3	23~26 个月（25 个月）	21~24 个月	19~23 个月	18~25/18~34 个月	16~30 个月

注：更多关于野猪牙齿萌出的完整清单参见 Legge[28] 的研究。

Note: See Legge (2013) for a more a complete list of work undergone for Sus spp. dental eruption.

　　尽管年龄和牙齿磨蚀之间具有很强的相关性[29]，但很少有数据能将牙齿磨蚀的各个阶段与具体年龄联系起来。一个例外是 Bull 和 Payne 对 18 头土耳其野猪的里程碑式的研究[30]。尽管他们样本中的动物没有已知的年龄，但所有这些动物都是在一年中的短短几个月内被杀死的。根据已知的该地区动物的生育季节，并利用关于牙齿萌出时间的信息，Bull 和 Payne 能够估计出他们样本中动物的年龄（对较年轻的动物来说更有信心），并将这些年龄与基于牙齿萌出和磨蚀得出的年龄级别相结合。另一项更近期的研究记录了 32 头已知年龄的圈养野猪牙齿萌出和磨蚀模式的数据[31]。这项研究记录的磨蚀数据有限，在这些猪身上观察到的模式可能受到其圈养状态的影响——既因为圈养猪的饮食，也因为被圈养的同窝出生仔畜高度的竞争[32]。此外，本研究所涉及的圈养野猪样本几乎全部由 20 个月以下的动物组成，除了一头 30 个月大的野猪和两头 96 个月大的老年野猪。

　　将 Anezaki、Bull 和 Payne 的研究与 Hongo 和 Meadow 在 Çayönü[33] 的考古学应用相比较，可以看出，在基于萌出和磨蚀模式对上、下颌骨的年龄估计上，这些研究显示出密切的一致性（表6）。这三种方法也都与构成本文界定年龄级别基础的萌出和磨蚀模式紧密对应。特别是在我们的具体方案中精细绘制的早期的年龄级别，以及简化 -A 系统与 Hongo 和 Meadow 提出的方法之间几乎相同的对应。然而，Hongo 和 Meadow 的方法并不是在所有情况下都对应于简化 -A 系统中的七个阶段（表 3a）。

表6　本研究中的年龄级别与以往研究中年龄级别的比较

Table 6　Comparison of age classes in this study and those from earlier studies

具体	简化 -A	简化 -B	Bull & Payne 年龄级别	Bull & Payne 年龄级别	Anezaki 年龄级别	Hongo & Meadow 年龄级别
1	A	I	组 1	≤7 个月	<1 个月	新生儿
2	B			≤7 个月	3～5 个月	≤6 个月
3				≤7 个月	6～8 个月	
4	C			7～11 个月	12 个月	6～12 个月
5	D	II	组 2	19～23 个月	16 个月	12～18 个月
6	E				18～30 个月	18～24 个月
7			组 3	31～35 个月	无日期	
8	F	III	较老	>35 个月	无日期	>24 个月但不是老年
9					96 个月	
10	G	IV			无日期	老年

表7　本研究中年龄级别的建议年龄

Table 7　Suggested ages for age classes in this study

具体	具体年龄估算	简化 -A	简化 -A 年龄估算	简化 -B	简化 -B 年龄估算
1	≤1 个月	A	≤1 个月	I	0～12 个月
2	3～5 个月	B	3～8 个月		
3	6～8 个月				
4	8～12 个月	C	8～12 个月		
5	12～16 个月	D	12～16 个月	II	12～52 个月
6	18～30 个月	E	18～52 个月		
7	30～52 个月				
8	52～72 个月	F	52～96 个月	III	52～96 个月
9	72～96 个月				
10	>96 个月	G	>96 个月	IV	>96 个月

　　此外，Anezaki 样本中最老的标本的磨蚀模式在 M1 和 M2 磨蚀阶段与我们的具体

年龄级别 9 非常吻合，因此将该年龄级别锚定为 96 个月或 8 岁。同样有趣的是，Bull 和 Payne 的"较老"组的标本，虽然没有给出年龄估计（Bull 和 Payne[34] 研究中的图 4 和图 5 中的 344 和 350 标本，以及本研究中的得分），但在磨蚀模式上与具体年龄级别 8 和 10 相关，因此我们更有把握将 96 个月与我们的年龄级别 9 联系到一起。这使得我们最老的年龄级别 10 成为自然寿命结束时非常老的动物的良好代表。

因此，虽然我们不能绝对肯定地将具体的年龄归入我们的年龄级别，但我们相信，我们的数据与 Bull 和 Payne、Anezaki 的研究，以及 Hongo 和 Meadow 的应用之间存在着密切对应，这为我们将年龄级别与野猪可能的死亡年龄建立联系提供了良好的锚点。表 7 列出了我们在具体、简化 -A 和简化 -B 三种测龄方案中每一种年龄级别的估值。这里的年龄划分的置信度对于更年轻、更精细的年龄级别（1～6）来说是相当高的，所有这些年龄级别都可以锚定在萌出数据上，正如我们所看到的，这在许多研究中都有很好的一致性。Bull 和 Payne 的组 3 被赋予 31～35 个月的年龄估计值，该组的磨蚀模式与我们的年龄级别 7（Bull 和 Payne[35]：图 3）十分匹配，因而这一点有待商榷，而且很有可能这个仅根据磨蚀模式定义的年龄级别，会比 Bull 和 Payne 给出的 5 个月跨度更宽。如果根据类似的磨蚀模式，我们将年龄级别 9 锚定在 Anezaki 的两头年龄最大的 96 个月大（或 8 岁）的猪，那么就有可能将较老的年龄级别 7～9 划分到 66 个月的时间里，将年龄级别 6（锚定在 M3 的萌出年龄）的估算值 30 个月和由 Anezaki 的数据提供的年龄级别 9 的估算值 96 个月分开。

三、应用：3 处近东遗址

为了测试这种基于牙齿特征的猪年龄结构的新方法是否有效，我们将这种测龄系统应用于 3 处不同的考古背景下的猪群组，在这些背景下，猪的屠宰策略可能会有很大的差异。这一应用的目标有三。首先，我们想研究可用于构建这些不同分类方案的群组的大小和性质的变化。其次，我们想探讨使用上、下颌齿列和游离齿在构建的年龄结构上的可比性。最后，也是最重要的一点，我们希望评估 3 种不同的年龄分类法能够在多大程度上检测出这 3 处时间和文化迥异的遗址中猪的开发策略的差异。

（一）遗址描述

这里研究的 3 处群组来自：①位于土耳其东南部公元前 1 万年旧石器时代晚期的聚落 Hallan Çemi[36]；②位于伊拉克西北部的公元前 6 千年哈拉夫文化的村庄遗址 Banahilk[37]；③位于叙利亚东北部哈布尔盆地的公元前 3 千年青铜时代早期城市遗址 Tell Leilan[38]（图 2）。

Hallan Çemi 遗址是位于土耳其东南部巴特曼地区的一个小型旧石器时代晚期遗址（图 2），年代为距今 11700～11270 年，延续了 200～300 年[39]。动物学和植物学证据表明，Hallan Çemi 遗址是全年居住的，这使它成为该地区最古老的全年定居社区[40]。Hallan Çemi 遗址的动物遗骸具有明显的物种多样性，包括大型和中型猎物（狍子、马鹿和猪），以及各种小型猎物，其中野兔、狐狸、各种鸟类和乌龟特别具有代表性。在

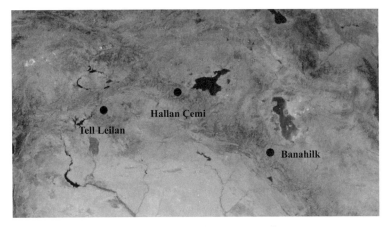

图2　本文实验中的猪群组遗址的位置

Figure 2　Location of sites with pig assemblages examined in this study

一系列的文章中，Redding 和 Rosenberg 认为 Hallan Çemi 遗址的居民实行了一种早期的猪的管理方式，类似于新几内亚现代的养猪方式，即允许管理的母猪与自由生活的公猪进行交配[41]。Ximena Lemoine 和 Melinda Zeder 使用本方法记录了 Hallan Çemi 遗址猪的牙齿萌出和磨蚀数据。

　　Banahilk 是一个小土丘遗址，只出土哈拉夫时代的遗存，由 Patty Jo Watson 作为 Braidwood 探险队对伊拉克库尔德斯坦探险的一部分进行发掘[42]。放射性碳素测定结果表明，其使用时间约为距今 7000～6200 年[43]。该遗址的动物群组以山羊为主，其次是牛。猪是第三大物种，约占该遗址动物组合的 15%[44]。除了家养动物之外，Banahilk 遗址的居民还少量利用野生哺乳动物（主要是鹿）和大量的陆地蜗牛（*Helix salomonica*）。Banahilk 遗址的牙齿萌出和磨蚀数据是由 Katelyn Bishop 依据本文提出的方法进行收集的。

　　Tell Leilan 遗址猪的遗骸来自该遗址Ⅲa 到Ⅱb 时期的沉积物，这些沉积物跨越了从公元前 2650 年城市出现、到阿卡德人控制时期以及公元前 2200 年城市被废弃的时期。在美索不达米亚的早期城市遗址中，猪通常要么不存在，要么代表性不强，这与城市贫民的小规模养猪方式有关，作为高度控制的生计经济中的一个缓冲区[45]。然而，在 Tell Leilan，无论是在遗址的下城南居民区还是在遗址卫城的精英区，猪的数量都出奇的多[46]。Zeder 提出，该遗址存在一种内部肉食生产系统，居民养猪自产自销，而精英们从城市的贫民那里获得猪（尤其是年轻的猪）[47]。这里分析的材料来自该遗址的精英阶层和居民阶层，并由 Rufolo 使用 Grant 的方法进行研究。这些数据已使用本文的方法进行转换。

　　那么，这些群组代表了三种潜在的、迥异的猪的开发策略，从青铜时代晚期城市背景下的高度管理的猪群，到哈拉夫村庄经济中成熟的家猪饲养，再到旧石器时代觅食者的早期定居社区中提出的原始饲养系统。因此，将新方法应用于这些不同的考古数据，将为评估该方法在区分各种猪的屠宰策略中的功效提供一种示范方式。

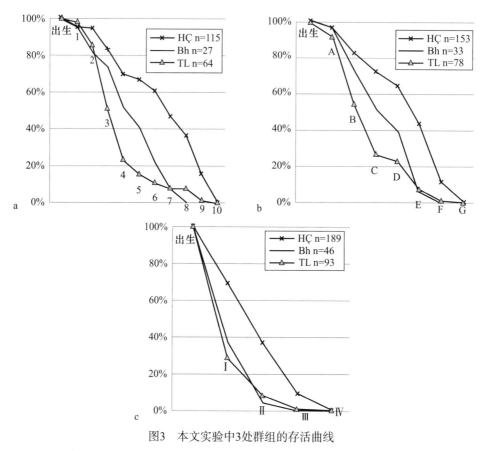

图3　本文实验中3处群组的存活曲线

Figure 3　Survivorship curves for three assemblages examined in this study

a. 具体系统　b. 简化 -A 系统　c. 简化 -B 系统

a. Specific system　b. Simplified-A system　c. Simplified-B system

（二）步骤

在计算这 3 处遗址的猪的种群结构时，我们采用了以下程序：每颗游离齿都被赋予一个分数（表 1 和图 1），并与三种分类方法的年龄级别相匹配（表 3）。如果不能确定单一的年龄级别，该牙齿就不计入该系统的最终样本中。例如，一颗游离的 M^2 可能磨蚀得分为 8，那么它将对应具体系统的年龄级别 5 或 6（表 3a），因此不能在该系统中使用。下面进入下一个系统，即简化 -A，同样的得分将使牙齿处于 D 级和 E 级之间（表 3b）。再一次，该标本将被排除在该系统的样本之外。在最具包容性的系统——简化 -B（表 3c）中，该标本只属于一个年龄级别——Ⅱ，于是可以被计入该系统的数据集。

上、下颌骨中的每颗牙齿都被单独打分，并与一个年龄级别相匹配；然后选择齿列中所有相关牙齿的磨蚀年龄级别作为完整标本的年龄。例如，一个 M_1 得分为 18、M_2 得分为 16、M_3 得分为 11 的下颌骨将被计入具体年龄级别 9（表 3a）。单凭 M_1 得分为 18 能够将该样本归为年龄级别 9 或 10，M_2 的 16 分也是如此，但是 M_3 的 11 分只出现在年龄级别 9。因为年龄级别 9 符合所有相关的牙齿得分，所以标本将被归入该年龄级别。这样的工作在 3 处不同的分级系统中都要进行，就像上文中描述的单个牙齿一样。对于那些不能被归为单一模式年龄级别的齿列，将从该分级系统的样本中排除。

在任何分级系统（具体、简化 -A 或简化 -B）下，每颗牙齿和每行齿列都可以被归为一个唯一的年龄级别，然后被算作一个个体，被包括在用于构建该分级系统的存活曲线和死亡率直方图的样本中。附录 A 中列出了 3 处群组所研究的牙齿分类情况。

（三）样本规模

本文所开发系统的潜在优势之一是包括了下颌和上颌，游离齿和齿列，大大增加了可用于计算年龄结构的样本规模。表 8 列出了每个群组在 3 处分级系统中可归入单一年龄级别的游离齿和上、下颌齿列的标本数量。它还列出了每个遗址的潜在的可测龄的游离齿和齿列的总样本。表 9 列出了每个分级系统中用于游离齿、齿列和整个样本的潜在可测龄标本的比例。

与通常将样本限制在下颌齿列的做法相比，在样本中包括游离齿和上颌齿列的优势是显而易见的。首先看分辨率最高的具体系统，它对样本的要求更严格，我们看到，如果把游离齿和上颌齿列包括在样本中，Hallan Çemi 遗址样本的规模扩大了近四倍（从 33 个可测龄的下颌齿列标本到 115 个可测龄的下颌和上颌齿列及游离齿的样本，表 8a）。在 Banahilk 遗址，用于计算具体系统的年龄结构的可测龄标本的规模从只有 9 个下颌骨增加到总共 27 个标本（表 8b）。最后，在 Tell Leilan 遗址群组的可测龄牙齿样本中包括游离齿和上颌齿列，使具体评分系统的样本规模扩大了两倍——从能被归为单一年龄级别的 19 个下颌骨标本，到 59 个在统计学上更合理的可测龄样本（表 8c）。

逐渐宽泛的分级系统对样本量的影响也很明显。再以 Hallan Çemi 遗址为例，虽然 Hallan Çemi 遗址样本中只有一半多一点的潜在可测龄样本能被用于有 10 个精细年龄级别的具体分级系统，但 7 个年龄级别的简化 -A 系统包括了 70% 以上的有评分的牙齿，而宽泛的 4 个年龄级别的简化 -B 系统包括了 90% 以上的有测龄潜力的游离齿和齿列（表 9a）。在另外两处较小的来自 Banahilk 遗址（表 9b）和 Tell Leilan 遗址（表 9c）的群组也可以看到类似的结果。

（四）可比性

如果将上颌齿列和游离齿都纳入该系统，不仅能增加用于构建年龄结构的样本规模，而且还能捕捉到将样本只限于下颌齿列就会遗漏的信息。附录 A 中按下颌齿和上颌齿（包括齿列和游离齿）以及游离齿和齿列（下颌齿和上颌齿）对这里研究的 3 处群组中的每个样本进行了细分，显示了每个类别中被归为不同年龄级别的标本数量。这些表格还列出了每个类别的宰杀年龄结构（通过将每个年龄级别的标本数量除以适龄标本的总样本来计算），衡量每个年龄级别的屠宰强度，以及存活曲线（通过用 100% 减去最年轻的死亡率分数，然后将每个连续的分数从前面的差值中减去来计算），这衡量了活过每个年龄级别的动物的百分比。这些结果以图表形式展示在附录 A 中。

表8 在每个分类级别使用的游离齿、下颌齿列（MDT）和上颌齿列（MXT）的数量
与潜在可测龄齿列的总样本相比较

Table 8 Numbers of loose teeth, mandibular tooth rows (MDT), and maxillary tooth rows (MXT) used
at each classification level compared to total sample of potentially ageable dentition

a. Hallan Çemi

	使用的游离齿	使用的下颌齿列	使用的上颌齿列	使用的总数
具体	45	33	37	115
简化 -A	66	43	44	153
简化 -B	84	50	56	190
样本总量	93	54	62	209

b. Banahilk

	使用的游离齿	使用的下颌齿列	使用的上颌齿列	使用的总数
具体	7	9	11	27
简化 -A	10	10	11	31
简化 -B	12	17	17	46
样本总量	12	18	18	48

c. Tell Leilan

	使用的游离齿	使用的下颌齿列	使用的上颌齿列	使用的总数
具体	15	19	25	59
简化 -A	23	25	30	78
简化 -B	29	31	34	94
样本总量	30	36	35	101

从这些数据中可以观察到几个重要的结论。首先，对于每个使用下颌和上颌牙齿
（见附录 A），以及那些基于齿列和游离齿（见附录 A）来计算的存活和宰杀年龄结构的
群组来说，其结果一般来说是一致的，并且与这里所研究的其他群组的结构不同。这些
模式在低分辨率的简化 -A 和 -B 系统中变得更加相似。

然而，基于上颌齿的结构有一种强调年龄较大的动物的趋势（见附录 A）——这在
Hallan Çemi 遗址和 Tell Leilan 遗址的群组中尤其明显。在现代标本的上颌骨牙齿中看
到的年龄较大的偏向不能解释这一差异，因为这里设计的评分系统已经被校准，以考虑
到这些轻微的差异（表 3）。相反，由上颌齿代表的较高比例的年龄较大的动物反映了
每个遗址屠宰的动物中存在这些年龄较大的个体。相比之下，用游离齿计算的结构通常
比基于齿列的结构包含更多的年轻动物（见附录 A）。这种趋势与游离齿样本中包含的
牙齿类型无关（即来自年龄较大的动物的上颌齿在游离齿中不具代表性）。在所有的群
组中，组成这些样品的上颌牙和下颌牙的比例大致相等（见附录 A）。相反，年龄较大
的动物在上颌齿中的代表性更强，年轻动物在游离齿中的代表性更强，这似乎是由于埋

藏学因素导致下颌齿与上颌齿之间、游离齿与齿列之间保存情况不同。在游离齿中，这当然是有道理的，因为年轻动物的颌骨可能会比年长动物的颌骨更易碎[48]。

表9　各分类级别使用的游离齿、下颌齿列（MDT）和上颌齿列（MXT）的比例占潜在可测龄牙齿总样本的百分比

Table 9　Proportion of loose teeth, mandibular tooth rows (MDT), and maxillary tooth rows (MXT) used at each classification level as a percentage of the total sample of potentially ageable dentition

a. Hallan Çemi

	使用的游离齿	使用的下颌齿列	使用的上颌齿列	使用的总数
具体	48.4%	61.1%	59.7%	55.0%
简化 -A	71.0%	79.6%	71.0%	73.2%
简化 -B	90.3%	92.6%	90.3%	90.9%
样本总量	93	54	62	209

b. Banahilk

	使用的游离齿	使用的下颌齿列	使用的上颌齿列	使用的总数
具体	58.3%	50.0%	61.1%	56.3%
简化 -A	83.3%	55.6%	61.1%	64.6%
简化 -B	100.0%	94.4%	94.4%	95.8%
样本总量	12	18	18	48

c. Tell Leilan

	使用的游离齿	使用的下颌齿列	使用的上颌齿列	使用的总数
具体	50.0%	52.8%	71.4%	58.4%
简化 -A	76.7%	69.4%	85.7%	77.2%
简化 -B	96.7%	86.1%	97.1%	93.1%
样本总量	30	36	35	101

因此，如果继续采用普遍的做法，将用于计算年龄结构的牙齿样本限制在下颌齿列，就有可能遗漏相当一部分被屠宰的动物。这个问题在较小的群组中尤为突出，如 Banahilk 遗址和 Tell Leilan 遗址，如果游离齿和上颌齿不被包括在样本中，完整的年龄级别（在这 3 处不同的分级系统中）将无法得到体现。例如，在 Tell Leilan 遗址，仅由下颌齿列组成的年龄结构将完全忽略这样一个事实，即该遗址对年轻动物（即＞1 岁）屠宰的强烈关注至少会被部分年长动物的屠宰所削弱（图 3g-i）。因此，重复计算单个个体可能产生的影响远不如以更广泛和更有代表性的样本为基础的年龄结构的优势明显，包括上颌齿和游离齿的样本，比起只限于下颌齿列的年龄结构的样本，能够更准确地描绘屠宰活动。

（五）遗址间的差异

本应用的最后，也是最重要的目标是评估这个新的年龄分级系统在检测这 3 处时

间和文化上具有显著差异的遗址对猪不同的开发策略上的有效性，因为这 3 处遗址对猪的开发策略可能存在巨大的差别。表 10a-c 列出了每个群组上、下颌齿列和游离齿的综合样本的年龄划分，以及每一个分级系统。这些表格还包括基于这些划分的宰杀年龄结构和存活曲线。图 3 和图 4 分别为反映这些结构的图形，前者比较了每个分级系统中 3 处群组的存活曲线，后者则体现了宰杀年龄结构。

　　3 处群组的存活曲线彼此差别很大；在分辨率较低的简化 -A 和 -B 分级系统中，3 处群组之间的差别程度逐渐减小。在最高分辨率的系统——具体系统中，Hallan Çemi 遗址猪的屠宰模式与 Banahilk 遗址，特别是 Tell Leilan 遗址的曲线有很大的不同（图 3a、图 4a-c）。虽然我们最初的重点是年龄级别 3、4 的年轻动物（6～12 个月），但在这个旧石器时代晚期遗址（图 4a），Hallan Çemi 群组中 70% 的动物被杀时年龄超过 1 岁（图 3a）。在最初的屠宰之后，在年龄级别 4～7 之间出现了一个相对稳定的屠宰阶段（图 4a，根据表 7 提供的年龄估计，大约在 1～3 岁之间）。该地 60% 以上的猪在年龄级别 7～10 之间被杀，特别是年龄级别 9，估计代表 8 岁左右的动物。相比之下，Tell Leilan 城市遗址的年龄结构表明，该遗址中 70% 以上的猪是在年龄级别 3（6～8 个月）时被屠宰的（图 3a）。然而，如上所述，Tell Leilan 遗址的猪群也表明，在该遗址屠宰的动物年龄较大，少量猪被归入 6、7、9 和 10 年龄级别（图 4c）。Banahilk 遗址的年龄特征介于两者之间。虽然没有像 Tell Leilan 遗址那样显著，但 Banahilk 遗址的群组显示出比 Hallan Çemi 遗址更强调年轻的动物，尤其是年龄级别 4（约 12 个月）的动物，持续屠宰到年龄级别 7，占该遗址被宰杀猪的 80% 以上（图 3a），该地没有年龄级别 8 的动物（图 4b）。

表10　各考古学群组的年龄结构

Table 10　Age profiles for archaeological assemblages

a. 具体系统

具体年龄级别	Hallan Çemi			Banahilk			Tell Leilan		
	N	死亡率	存活率	N	死亡率	存活率	N	死亡率	存活率
1	5	4.3%	95.7%	1	3.7%	96.3%	1	1.6%	98.4%
2	1	0.9%	94.8%	4	14.8%	81.5%	8	12.5%	85.9%
3	13	11.3%	83.5%	2	7.4%	74.1%	22	34.4%	51.6%
4	16	13.9%	69.6%	6	22.2%	51.9%	18	28.1%	23.4%
5	3	2.60%	67.0%	3	11.1%	40.7%	5	7.8%	15.6%
6	7	6.1%	60.9%	5	18.5%	22.2%	3	4.7%	10.9%
7	16	13.9%	47.0%	4	14.8%	7.4%	2	3.1%	7.8%
8	12	10.4%	36.5%	2	7.4%	0.0%	0	0.0%	7.8%
9	24	20.9%	15.7%	0	0.0%	0.0%	4	6.3%	1.6%
10	18	15.7%	0.0%	0	0.0%	0.0%	1	1.6%	0.0%
总数 #	115			27			64		

b. 简化 -A 系统

简化 -A 年龄级别	Hallan Çemi			Banahilk			Tell Leilan		
	N	死亡率	存活率	N	死亡率	存活率	N	死亡率	存活率
A	5	3.3%	96.70%		3.0%	97.00%	6	7.70%	92.30%
B	21	13.7%	83.0%	8	24.2%	72.7%	29	37.2%	55.1%
C	16	10.5%	72.5%	7	21.20%	51.5%	22	28.2%	26.9%
D	12	7.8%	64.7%	4	12.1%	39.4%	3	3.8%	23.1%
E	32	20.9%	43.8%	11	33.3%	6.10%	12	15.4%	7.7%
F	49	32.0%	11.80%	2	6.1%	0.00%	5	6.4%	1.3%
G	18	11.8%	0.0%	0	0.0%	0.00%	1	1.3%	0.0%
总数 #	153			33			78		

c. 简化 -B 系统

简化 -B 年龄级别	Hallan Çemi			Banahilk			Tell Leilan		
	N	死亡率	存活率	N	死亡率	存活率	N	死亡率	存活率
I	58	30.70%	69.30%	29	63.0%	37.0%	66	71.0%	29.00%
II	61	32.3%	37.0%	15	32.6%	4.3%	19	20.4%	8.6%
III	52	27.5%	9.50%	2	4.3%	0.0%	7	7.5%	1.10%
IV	18	9.5%	0.0%	0	0.0%	0.0%	1	1.1%	0.0%
总数 #	189			46			93		

那么，Tell Leilan 遗址的结构似乎与一个间接的供应系统相一致，该系统为城市居民提供非常年轻、而且可能是非常娇嫩的动物，年龄范围很窄——特别是 3 至 8 个月的小猪。然而，该遗址也存在较年长的动物，这表明在 Tell Leilan 遗址存在一个繁殖群体，正如 Zeder 的早期研究[49]所暗示的那样。同时，也有可能在该遗址还存在一些年龄较大的被狩猎的野猪。Banahilk 遗址猪的年龄结构也符合以村庄为基础的经济，其管理策略强调对年轻动物（约 3 至 12 个月）的屠宰，但居民也可以通过管理猪群获得更广泛的年龄范围的动物。Hallan Çemi 遗址的年龄结构与基于村庄的畜群管理或城市供应系统都不一致。正如 Redding 和 Rosenberg[50]所提出的那样，这里发现的对年轻动物的最初强调可能是一种折中的开发策略，该策略介于强调年轻动物的兽群管理和强调壮年动物的野生动物狩猎之间[51]。然而，这也可能反映了一种狩猎策略，即在一年中的不同季节针对野生猪群的不同部分进行狩猎。未来的工作旨在为 Hallan Çemi 遗址的猪构建特定性别的宰杀年龄结构，将更深入地探索这些替代方案。然而，显而易见的是，这里提出的具体年龄分级系统似乎已经成功地在非常高的分辨率上区分了这三种不同的开发系统。

分辨率稍低的简化 -A 分级系统，增加了 20%～50% 的样本量，似乎也能在很大程度上成功区分这三种不同的开发策略（图 3b、图 4d-f）。同样，Hallan Çemi 遗址从年龄级别 B（约 3～8 个月）开始与其他两条曲线明显不同，中间的年龄级别 C 至 E（具体系统中的年龄级别 4～7）差异最大（图 3b）。年龄级别 E 之后明显下降，年龄级别 F

的动物受到重视（32%）（图4d），反映出与具体系统同样的对年龄较大的动物的重视。简化 -A 系统中，年龄级别 6、7 和 8、9 组合形成 E 和 F 年龄级别，使该遗址对年龄较大动物屠宰的强调变得更加明显（比较图 4a 和 d）。尽管有些微弱，但在 Tell Leilan 遗址，年轻动物的存活率急剧下降的情况在简化 A 系统中也很明显，只有不到 30% 的动物在年龄级别 C（约 12 个月）后存活，40% 的样本落入年龄级别 B（3～8 个月，图 4f）。然而，将具体系统中更加离散的年龄级别聚合，使得年龄级别 B 和 E 之间的曲线变平，导致 Tell Leilan 遗址和 Hallan Çemi 遗址曲线之间的差异没有使用具体系统时那么明显；比较来看，在具体年龄级别 5 时（图 3a），两者的存活率相差 51.3%，相应地，在简化 -A 年龄级别 D 时（图 3b），则相差 41.6%。

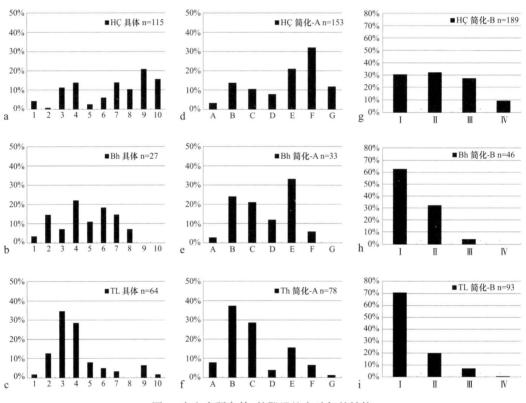

图4　本文中研究的3处群组的宰杀年龄结构

Figure 4　Mortality profiles for three assemblages examined in this study

a. Hallan Çemi 遗址具体系统　b. Banahilk 遗址具体系统　c. Tell Leilan 遗址具体系统

d. Hallan Çemi 遗址简化 -A 系统　e. Banahilk 遗址简化 -A 系统　f. Tell Leilan 遗址简化 -A 系统

g. Hallan Çemi 遗址简化 -B 系统　h. Banahilk 遗址简化 -B 系统　i. Tell Leilan 遗址简化 -B 系统

a. Hallan Çemi Specific system　b. Banahilk Specific system　c. Tell Leilan Specific system

d. Hallan Çemi Simplified-A system　e. Banahilk Simplified-A system　f. Tell Leilan Simplified-A system

g. Hallan Çemi Simplified-B system　h. Banahilk Simplified-B system　i. Tell Leilan Simplified-B system

　　Banahilk 遗址也保留了使用更高分辨率的分级系统所检测到的模式。然而，将具体年龄级别 6 和 7 的归入简化 -A 年龄级别 E 时，则让人觉得，比起前者捕捉到的分布更均匀的年龄级别 5～8 的动物死亡，后者更集中强调更老的年龄级别（比较图 4b 和图 4e）。将各年龄级别归为一类，也会使 Tell Leilan 遗址和 Banahilk 遗址之间的差异看起来没有使用具体分级系统时那么大。Banahilk 遗址和 Tell Leilan 遗址的年龄级别 B 至 E 的存活曲线比起使用具体系统（年龄级别 2～7）时的相应值（图 3a），与简化 -A 系统中的存活曲线更为相似（图 3b）。

　　最具包容性的简化 -B 系统将可用样本的规模再增加 20%～30%。但这是以牺牲所得到的年龄分布的分辨率为代价的（图 3c、图 4g-h）。虽然 Hallan Çemi 遗址的存活率和宰杀年龄结构对年龄较大动物的强调仍然明显（图 3c、图 4g），但 Banahilk 遗址和 Tell Leilan 遗址的年龄结构几乎相同（图 3c、图 4h-i）。在 Tell Leilan 遗址，对非常年轻的动物的集中开发几乎完全由于将较年轻的年龄级别（具体年龄级别 1～4 和简化 -A 年龄级别 A～C）聚合为单个的年龄级别 I 而被掩盖。同样地，由于简化 -B 系统将分辨率较高的具体和简化 -A 年龄级别归入年龄级别Ⅱ和Ⅲ，所以在该使用系统时，Tell Leilan 遗址年龄结构的双峰性和 Banahilk 遗址对年龄较大动物的平缓屠宰就不明显。

　　因此，具体和简化 -A 系统，以其严格的参数来定义年龄级别，进而得出的宰杀和存活结构揭示了猪屠宰的详细模式。通过在更严格和更详细的范围中界定年龄级别，这些系统强调了差异，并提供了一种方法来区分甚至具有相似屠宰策略的遗址。相反，更普遍的简化 -B 系统通过浓缩年龄级别，突出了遗址之间的相似性，从而只检测出开发策略的粗略差异。然而，它在细节和分辨率方面的不足可以通过增加可利用的样本量来弥补。鉴于这种分辨率的损失，简化 B 系统很可能只适用于非常小的或零散的群组，这些群组可测龄的标本太小，无法用较高的分辨率系统提供可靠的结果。

四、结　论

　　本文通过对 91 个现代野猪标本的萌出和磨蚀模式进行研究，为构建猪的宰杀年龄结构提供了一种强有力的新方法，消除了以前的方法在分辨率和样本量上的局限性。本研究继续使用 Grant[52] 的牙齿磨蚀模式作为记录的基础，并结合以前关于牙齿萌出和磨蚀的考古研究[53]，保留了共同的"词汇"，以便更普遍地分享数据并将新技术应用于以前分析的材料。同时，本研究提出了一种新的"语法"，它将这些基本成分组织成一种改进的方法，用于构建基于牙齿形态的猪的宰杀年龄结构。

　　虽然以前的系统主要局限于下颌齿列，但我们对 91 对标本的上、下颌的研究表明，如果对上、下颌牙齿年龄级别内的得分参数进行适当的校准，就可以利用上、下颌的牙齿以及不再与上、下颌齿列相关的游离齿来计算年龄结构。这种方式明显的优势在于，它极大地提高了样本量，解决了以前方法中的一个长期存在的问题。也许更重要的是，将上颌齿列和游离齿纳入可测龄牙齿的样本中，也可以弥补此前只用下颌齿列构建的年龄结构中几乎未曾发觉的偏差。在游离齿中更有可能出现年轻个体，而在上颌齿列中更有可能出现年长个体，这与下颌齿列所捕捉的屠宰数量的部分相得益彰，从而使年龄结构更准确地代表古代的开发策略。因此，将上颌齿列和游离齿纳入这种分析有两个好处：一是增加了可用于测量的样本；二是减轻了有可能增加元素比例失衡的因素所造成的数据失真。

正如大多数现代野生动物骨骼收藏品，本研究中包括的野猪标本的死亡年龄是未知的。因此，本研究和其他基于牙齿计算猪的年龄结构的方法一样，没能解决缺乏确定死亡年龄的绝对尺度的问题。然而，不同的研究对猪的各种乳牙和恒牙萌出年龄的高度一致，使我们能够有把握地将我们系统中较年轻的年龄级别锚定在一个绝对年龄范围内。至于较老的年龄级别，用于界定这些年龄级别的磨蚀模式与 Bull 和 Payne 研究中大龄动物的磨蚀模式之间的对应关系，特别是 Anezaki 研究，使我们能够为我们的系统提供一个相对可靠的校准，使之能涵盖动物寿命的最后阶段。

对这批现代野猪标本的研究也允许我们在与考古学研究更相似的饮食条件下，研究动物牙齿的磨蚀形态，建立有意义的年龄级别。这项研究总体上吸纳了以前在这个问题上所做的工作（表 6），并且作为迄今为止最全面的研究，提供了一个更详细的系统来划分动物的年龄级别。本研究还建立了一个构建猪年龄结构的三级系统，可以从高分辨率的具体层级（有 10 个年龄级别），到广义的简化 -B 层级（只有 4 个年龄级别），再加上介于两者之间的简化 -A 层级（有 7 个年龄级别）进行分析。

虽然具体层级的系统可以发现不同遗址动物开发模式上的细微差别，但这种详细程度是以减少可用样本为代价的。简化 -A 系统的样本量至少增加了 20%，仍然有一些必要的分辨率来检测更详细的具体系统中所揭示到的模式。在某些情况下，这种定义更广泛的分级系统甚至可以使一些模式比在具体系统中更清楚地表现出来；例如，在比较 Hallan Çemi 遗址和 Banahilk 遗址的简化 -A 宰杀年龄结构时，可以看到年龄更大的动物的开发模式有更明显的差异（图 4d、图 4e）。然而，这种更粗略的分级方案确实使 Banahilk 和 Tell Leilan 两个遗址管理种群之间的差异看起来没有具体系统那么明显（图 3b、图 4b、图 4c 与图 4e、图 4f 相比）。在最具包容性的分类级别，即简化 -B 系统中，样本量增加最明显，比具体系统增加了 66%。然而，在这个层面上，广泛的年龄级别的聚合模糊了本研究中每个遗址的开发模式。一些模式几乎变得难以辨认，如 Hallan Çemi 遗址对年龄较大的动物的重视，而 Tell Leilan 遗址和 Banahilk 遗址在使用这个尺度时几乎完全相同，但它们在其他两个层次中都表现出明显的差异。

总而言之，本文提供了一种将考古遗址出土的猪群组划分为不同年龄级别的方法，该方法是基于迄今为止对现代标本最有力的研究。它为在考古分析中可信地使用上、下颌齿列和游离齿提供了证据，极大地增加了用于构建年龄结构的牙齿样本，并纠正了只限于下颌齿列的方法中可能出现的由埋藏学导致的样本偏差。此外，它还提供了一种方法，通过这种方法，可以在一定程度上将这些分级锚定在一个明确范围的死亡年龄上，其测度贯穿猪的整个生命周期。最后，这个灵活的三级分层系统提供了一种在不同的分辨率下计算年龄结构的方法，能够检测出猪的开发策略中更精细和更广泛的差异，以适应不同大小和背景的群组。

原 文 致 谢

这项研究得到了 WennerGren 基金会（Gr. 8619）、国家地理学会研究与探索委员会（9113-13）以及史密森学会学术研究人文基金的资助。我们要向 Sebastian Payne 表达诚挚的感谢，他不仅为我们提供了接触他所收集的出色的野猪藏品的机会，而且在我们研究这些骨架时将我们安置在他可爱的家中。在这项研究中，他的热情和慷慨极大地促进了我们的工作，并使我们精神振奋。还要感谢 Rosemary Payne 在我们进行这项工作时借给我们她的研究。我们还要感谢菲尔德自然历史博物馆动物学部和国家自然历史博物馆哺乳动物部提供本研究中所分析的现代博物馆藏品。此外，还要感谢 Anna Goldfield 为本出版物重新绘制了图 1 中的牙齿磨蚀模式图。最后，要特别感谢 Bruce D. Smith 为我们提供了适当的服装来完成这项研究。

附记　本研究得到国家重点研发计划"中国北方旱作农业起源、形成与发展研究"（项目编号：2022YFF0903500）、国家社会科学基金一般项目"郑州地区仰韶文化中晚期畜牧业的动物考古学研究"（项目批准号：21BKG041）、国家社会科学基金重大项目"陶寺遗址考古发掘研究报告（2012-2021）"（项目批准号：22&ZD242）、国家社会科学基金重大项目"2013—2018 年度河南巩义双槐树遗址考古资料整理与综合研究"（项目批准号：19ZDA227）、2023 年度中国社会科学院创新工程项目"中原与边疆：动物考古学比较研究"（项目批准号：2101010111802）、国家重点研发计划"中华文明起源进程中的生业、资源与技术研究"（课题编号：2020YFC1521606）的资助。

感谢原作者 Ximena 博士和 Melinda 教授慷慨地允许我们翻译他们的著作，圣路易斯华盛顿大学的刘歆益教授在得知我们无法联系上原作者时，热情地为我们引荐，我们对此十分感激，特此致谢！

注　释

[1] Grant, A. 1982. The use of tooth wear as a guide to the domestic ungulates. In: Wilson, B. Grigson, C. Payne, S. (eds.) *Ageing and Sexing Animal Bones from Archaeological Sites*. Oxford: BAR British Series 109. pp. 91-108.

[2] a. Davis, S. J. M. 1983. The age profiles of gazelles predated by ancient man in Israel: possible evidence for a shift from seasonality to sedentism in the natufian. *Paléorient*, 9: 55-62.

b. Klein, R.G. 1982. Patterns of ungulate mortality and ungulate mortality profiles from Langebaanweg (Early Pliocene) and Elandsfontein (Middle Pleistocene), south-western Cape Province, South Africa. *Annals of the South African Museum*, 2: 49-64.

c. Payne, S. 1973. Kill-off patterns in sheep and goats: the mandibles from Aşvan Kale. *Anatolian studies*, 23: 281-303.

d. Stiner, M. C. 1990. The use of mortality patterns in archaeological studies of Hominid predatory adaptations. *Journal of Anthropological Archaeology*, 9: 305-351.

e. Zeder, M. A. 1991. *Feeding Cities: Specialized Animal Economy in the Ancient Near East.* Washington, D. C.: Smithsonian Institution Press.

［3］ a. Hole, F. Flannery, K. V. Neely, J. A. 1969. Prehistory and Human Ecology on the DehLuran Plain. In: Ann Arbor. *Memoirs of the Museum of Anthropology* (Ph.D. dissertation). Lansing: The University of Michigan.

b. Hesse, B. 1978. *Evidence for Husbandry from the Early Neolithic Sites of Ganj Dareh in Western Iran* (Ph.D. dissertation). New York: Columbia University.

c. Zeder, M. A. Hesse, B. 2000. The initial domestication of goats (Capra hircus) in the Zagros Mountains 10,000 years ago. *Science*, 287: 2254-2257.

［4］ Zeder, M. A. 2006. Central questions in the domestication of plants and animals. *Evolutionary Anthropology*, 15: 105-117.

［5］ a. Ervynck, A. 1997. Detailed recording of tooth wear (Grant 1982) as an evaluation of seasonal slaughtering of pigs? Examples from medieval sites in Belgium. *Archaeofauna*, 6: 67-79.

b. Ervynck, A. Dobney, K. Hongo, H. Meadow, R. 2001. Born free? New evidence for the status of *Sus scrofa* at neolithic Çayönü Tepesi (Southeastern Anatolia,Turkey). *Paléorient*, 27: 47-73.

c. Fandén, A. 2005. Ageing the beaver (Castor fiber L.): a skeletal development and life history calendar based on epiphyseal fusion. *Archaeofauna*, 14: 199-213.

d. Hongo, H. Meadow, R. H. 1998. Pig exploitation at Neolithic Çayönü Tepesi (Southeastern Anatolia). In: Nelson, S. M. (eds.) *Ancestors for the Pigs: Pigs in Prehistory*. Philadelphia: University of Pennsylvania Museum of Archaeology and Anthropology. pp. 77-98.

e. 同［3］a。

f. Magnell, O. 2005. Harvesting wild boarda study of prey choice by hunters during the Mesolithic in South Scandinavia by analysis of age and sex structures in faunal remains. *Archaeofauna*, 14: 27-41.

g. 同［2］c。

h. Rolett, B.V. Chiu, M. 1994. Age estimation of prehistoric pigs (*Sus scrofa*) by molar eruption and attrition. *Journal of Archaeological Science*, 21: 377-386.

i. 同［4］。

j. Zeder, M. A. 2006 Archaeological approaches to Documenting Animal Domestication. In: Zeder, M.A. Decker-Walters, D. Bradley, D. Smith, B.D. (eds.) *Documenting Domestication: New Genetic and Archaeological Paradigms*. Berkeley: University of California Press. pp. 209-227.

［6］ a. Greenfield, H. J. Arnold, E. R. 2008. Absolute age and tooth eruption and wear sequences in sheep and goat: determining age-at-death in zooarchaeology using a modern control sample. *Journal of Archaeological Science*, 35: 836-849.

b. Zeder, M. A. 2006. Reconciling rates of long bone fusion and tooth eruption and wear in sheep (Ovis) and goat (Capra). In: Rucillo, D. (eds.) *Recent Advances in Aging and Sexing Animal Bones*. Oxford: Oxbow Books. pp. 87-118.

［7］ Munro, N. D. Bar-Oz, G. Stutz, A. J. 2009. Aging mountain gazelle (Gazella gazella): refining methods of tooth eruption and wear and bone fusion. *Journal of Archaeological Science*, 36: 752-763.

［ 8 ］　a. Anezaki, T. 2009. Estimating age at death in Jomon Japanese wild boar (*Sus Scrofa Leucomystax*) based on the timing of molar eruption in recent comparative samples. *Mammal Study*, 34(2): 53-63.

b. Bull, G. Payne, S. 1982. Tooth eruption and epiphysial fusion in pigs and wild boar. In: Wilson, B. Grigson, C. Payne, S. (eds.) *Ageing and Sexing Animal Bones from Archaeological Sites*. Oxford: BAR British Series 109. pp. 55-71.

c. Carter, R. Magnell, O. 2007. Age estimation of wild boar based on molariform mandibular tooth development and its dpplication to deasonality at the Mesolithic dite of Ringkloster, Denmark. In: Albarella, U. Dobney, K. Ervynck, A. Rowley-Conwy, P. (eds.) *Pigs and Humans: 10,000 Years of Interaction*. Oxford: Oxford University Press. pp. 197-217.

d. 同［ 1 ］。

e. 同［ 5 ］d。

f. Magnell, O. 2002. Tooth wear in wild boar (*Sus scrofa*). In: Rucillo, D. (eds.) *Recent Advances in Aging and Sexing Animal Bones*. Oxford: Oxbow Books. pp. 189-203.

g. Matschke, G.H. 1967. Aging European wild hogs by dentition. *The Journal of Wildlife Management*, 31: 109-113.

h. 同［ 5 ］h。

［ 9 ］　同［ 1 ］。

［ 10 ］　同［ 8 ］b。

［ 11 ］　Silver, I. A. 1969. The ageing of domestic animals. In: Brothwell, D. Higgs, E.S. (eds.) *Science in Archaeology*. London: Thames and Hudson. pp. 283-302.

［ 12 ］　Habermehl, K. H. 1975. *Die Altersbestimmung bei Haus-und Labortieren*. Berlin & Hamburg: Parey.

［ 13 ］　Legge, A. J. 2013. 'Practice with Science': molar tooth eruption ages in domestic, feral, and wild pigs (*Sus scrofa*). *International Journal of Osteoarchaeology*. Published online in Wiley Online Library.

［ 14 ］　同［ 8 ］b。

［ 15 ］　同［ 8 ］b。

［ 16 ］　同［ 13 ］。

［ 17 ］　Moran, N. C. O'Connor, T. P. 1994. Age attribution in domestic sheep be skeletal and dental maturation: A pilot study of available sources. *Journal of Archaeological Science*, 4: 267-285.

［ 18 ］　同［ 1 ］。

［ 19 ］　a. 同［ 8 ］c。

b. 同［ 8 ］g。

c. 同［ 8 ］b。

d. Tucker, A. L. Widowski, T. M. 2009. Normal profiles for deciduous dental eruption in domestic piglets: effect of sow, litter, and piglet characteristics. *Journal of Animal Science*, 87: 2274-2281.

［ 20 ］　同［ 1 ］。

［ 21 ］　http://dx.doi.org/10.1016/j.jas.2014.04.002.

［ 22 ］　同［ 8 ］f。

［ 23 ］　同［ 8 ］g。

［24］ 同［8］g。

［25］ 同［8］g。

［26］ 同［13］。

［27］ a. 同［8］a。

b. Briedermann, L. 1965. Les composantes de l'alimentation du sanglier en Europe Centrale. In: *Rapports du VIIème Congrès de l'Union des Biologistes du Gibier*. Ljubljane: Belgrade. pp. 207-213.

c. 同［8］b。

d. 同［5］d。

e. 同［8］f。

f. 同［8］g。

［28］ 同［13］。

［29］ 同［8］f。

［30］ 同［8］b。

［31］ 同［8］a。

［32］ 同［8］a。

［33］ 同［5］d。

［34］ 同［8］b。

［35］ 同［8］b。

［36］ Rosenberg, M. Nesbitt, R. Redding, R.W. Peasnall, B.L. 1998. Hallan Çemi, pig husbandry, and post-Pleistocene adaptations along the Taurus-Zagros Arc (Turkey). *Paléorient*, 24: 25-41.

［37］ Watson, P. J. 1983. The soundings at Banahilk. In: Braidwood, L. Braidwood, R.J. Howe, B. Reed, C.A. Watson, P. J. (eds.) *Prehistoric Archaeology along the Zagros Flanks*. Chicago: The Oriental Institute. pp. 545-613.

［38］ Weiss, H. 1990. Third millennium urbanization: a perspective from Tell Leilan. In: Eichler, S. Wäfler, M. Warburton, D. A. (eds.) *Tall al-Hamidiya 2: Symposion Recent Excavations in the Upper Khabur Region*. Fribourg: Universitätsverlag Freiburg/ Switzerland: Vandenhoeck and Ruprecht. pp. 159-166.

［39］ Starkovich, B. M. Stiner, M. C. 2009. Hallan Çemi Tepesi: high-ranked game exploitation alongside intensive seed processing at the Epipaleolithic-Neolithic transition in southeastern Turkey. *Anthropozoologica*, 44: 41-61.

［40］ 同［35］。

［41］ a. Redding, R.W. 2005. Breaking the mold, a consideration of variation in the evolution of animal domestication. In: Vigne, J.-D. Helmer, D. (eds.) *The First Steps of Animal Domestication: New Zooarchaeological Approaches*. Oxford: Oxbow Books. pp. 41-48.

b. Redding, R.W. Rosenberg, M. 1998. Ancestral pigs: a new (Guinea) model for pig domestication. In: Nelson, S. M. (eds.) *Ancestors for the Pigs: Pigs in Prehistory*. Philadelphia: University of Pennsylvania Museum of Archaeology and Anthropology. pp. 65-76.

c. Redding, R.W. Rosenberg, M. 2000. Hallan Çemi and early village organization in Eastern Anatolia. In: Kuijt, Ian (eds.) *Life in Neolithic Farming Communities*. New York: Plenum Publishers. pp. 39-52.

d. 同［35］。

［42］ 同［36］。

［43］ 同［36］。

［44］ Laffer, J. P. 1983. The faunal remains from Banahilk. In: Braidwood, L. Braidwood, R.J. Howe, B. Reed, C.A. Watson, P.J. (eds.) *Prehistoric Archaeology Along the Zagros Flanks*. Chicago: Oriental Institution of the University of Chicago. pp. 629-647.

［45］ 同［2］e。

［46］ a. Rufolo, S. J. 2011. *Specialized Pastorlaism and Urban Process in Third Millennium BC Northern Mesopotamia* (Ph.D. dissertation). Baltimore: John Hopkins University.

b. Zeder, M. A. 2003. Food provisioning in urban societies: a view from northern Mesopotamia. In: *The Social Construction of Ancient Cities*. Washington D.C.: Smithsonian Institution Press. pp. 156-183.

［47］ 同［45］b。

［48］ Munson, P. J. Garniewicz, R. C. 2003. Age-mediated survivorship of ungulate mandibles and teeth in canid-ravaged faunal assemblages. *Journal of Archaeological Science*, 30: 405-416.

［49］ 同［45］b。

［50］ 同［40］c。

［51］ a. 同［2］d。

b. Zeder, M. A. 2001. A metrical analysis of a collection of modern goats (Capra hircus aegargus and C. h. hircus) from Iran and Iraq: implications for the study of caprine domestication. *Journal of Archaeological Science*, 28: 61-79.

［52］ 同［1］。

［53］ a. 同［8］a。

b. 同［8］b。

c. 同［8］c。

A New System for Computing Dentition-based Age Profiles in *Sus scrofa*

Ximena LEMOINE[1], Melinda A. ZEDER[1],
Katelyn J. BISHOP[2], Scott J. RUFOLO[1]
Translate by WU Yu-juan[3]
Proofread by LYU Peng[4]

(1. Smithsonian Institution; 2. University of California Los Angele; 3. University of Chinese Academy of Social Sciences; 4. Institute of Archaeology, Chinese Academy of Social Sciences)

Abstract: Reconstructing demographic profiles is valuable for revealing animal exploitation strategies at archaeological sites. For pig (*Sus scrofa*), the method presented by Grant (1982) demonstrates a promising technique for estimating age through dental wear pattern analysis. Grant's study is, however, limited as it requires complete or nearly complete mandibles, exclusively uses mandibular teeth, and offers only a relative scale for aging. While some work has been done to establish useful age classes based on tooth eruption and wear patterns in S. scrofa, a systematic study producing a standardized and comprehensive methodology for using tooth wear to age pigs remains to be conducted.

The study presented here is part of ongoing research aimed at developing new methods for the construction of S. scrofa demographicprofiles based on both dentition and long bone fusion. In this paper, we present the results of a study of eruption and wear patterns in a large modern assemblage of wild boar which provides the basis for a new method for constructing pig harvest profiles and addresses some of the most serious limitations of Grant's earlier study. The utility of this method in detecting subtle differences in pig prey/harvest profiles is demonstrated through its application to three Near Eastern archaeological assemblages from three distinct time periods: Bronze Age Tell Leilan, Halafian Banahilk, and Epipaleolithic Hallan Çemi, where residents likely employed widely different pig exploitation strategies. The results of these case studies demonstrate the ability of this method to reliably reconstruct age demography and distinguish age profiles between sites with different animal procurement strategies. This method provides a standardized means of collecting accurate and reliable age data crucial in examining patterns of past pig exploitation.

Key Words: Aging; *Sus scrofa*; Pig; Harvest profiles; Tooth eruption; Tooth wear; Zooarchaeology

计算猪长骨愈合年龄结构的新系统

梅琳达·A.泽德[1]　泽米娜·勒莫因[1]

塞巴斯蒂安·佩恩[3] 著；

高范翔[4] 译；吕　鹏[5] 校

（1. 史密森学会；2. 圣路易斯华盛顿大学；3. 英国古迹署；

4. 中国社会科学院大学；5. 中国社会科学院考古研究所）

摘要： 本文介绍了野猪（*Sus scrofa*）颅后骨骼愈合的相关研究，并提供了一种基于骨骺愈合情况来构建宰杀年龄结构（Harvest profiles）的新系统。这项研究搜集了博物馆及个人收藏的 40 头亚洲野猪的颅后骨骼数据。本文中提出的规律与早期研究（指此前对 56 头欧洲野猪的骨骺愈合顺序的研究）的结论一致。颅后骨骨骼愈合顺序可被分为 11 个不同的年龄级别（A~K）。参照前人对 38 头野猪牙齿年龄级别的研究，可知，牙齿与骨骼愈合具有密切的对应关系。尽管这些样本确切的死亡年龄是不可知的，但根据相对可靠的牙齿年龄级别，我们能为本文定义的骨骼愈合年龄提供一个可靠的年龄估算的途径。利用本文提出的年龄系统，我们构建了 Hallan Çemi 遗址（一处位于安纳托利亚东南部的旧石器时代晚期遗址，其中出土了大量猪骨遗存）的猪的宰杀年龄结构，与 Lemoine 等人提出的三种完善的牙齿年龄结构进行比较，可以发现，两项研究结论存在非常密切的一致性（特别是在较年轻的年龄级别中）。我们总结了愈合与牙齿年龄结构的优缺点，发现当埋藏条件允许时，基于骨骼愈合的宰杀年龄结构研究是理解古代开发猪资源策略的重要工具（特别是和牙齿年龄结构一起使用时）。

关键词： 测龄　野猪　猪　宰杀年龄结构　骨骺愈合

一、引　言

宰杀年龄结构对于理解古代动物资源获取策略的价值早已得到认可[1]。人们已经认识到，被人类管理的动物，早在骨骼形态出现驯化特征的数百或者数千年前，性别和年龄结构便已经发生细微的变化[2]。因此，高分辨率的宰杀年龄结构在研究先民由狩猎到畜牧的转变方面尤为重要。我们在构建各种动物高分辨率的宰杀年龄结构方面已经取得了相当大的进展，其中羊（绵羊、山羊）是这项工作的重点[3]。相比之下，另一种主要的畜类——野猪的宰杀年龄结构的重构，却显得远远落后。基于猪的长骨愈合的宰杀年龄结构研究更是如此。除了较早的 Bull 和 Payne[4]、van Wijngaarden-Bakker 和 Maliepaard[5] 以及最近发表的 Bridault 的文章外[6]，用来补充猪长骨愈合的顺序和年龄的主要数据受限于一些不可信的样本[7]。在很多材料中，骨骼愈合的定义、观察手段（直接或者采用放射性的方法）以及被用于确定长骨愈合的顺序和时间时所使用的样本的种群和数量的多寡等方面的信息都存在混淆[8]。这些长骨所反映的信息既缺乏清晰度，也缺乏检测宰杀策略发生关键变化的准确性——这些转变标志着猪从狩猎到放养的过渡（或者说反映了非常不同的养猪方法）。

　　这篇文章是该系列文章中的第二篇，旨在解决目前猪宰杀年龄结构重建方法的局限性。该系列论文的第一篇是基于对 91 个现代亚洲野猪上、下颌骨的研究，提出了一种基于牙计算齿年龄结构的新系统[9]。本文基于对 40 头亚洲野猪颅后骨的研究，提出了一种基于猪骨骺愈合情况计算年龄结构的新系统。未来，我们希望通过大量的现生野猪样本来讨论牙齿和颅后骨上可观察到的性别差异性的程度和时间。最终目标是提供一个强有力的经验性的系统来构建关于猪的性别差异性和宰杀年龄结构，以期能在进行开发策略研究时区分出自由生活和经过管理的猪。

二、方法：新的修改

（一）现代样品[10]

　　与之前的研究相同，本文中使用的现生标本来自芝加哥自然历史博物馆（FMNH）、国家自然历史博物馆哺乳动物部，史密森学会（NMNH）和 Payne 个人收集的土耳其野猪。本研究共包括 40 个猪样本，有 25 个雌性、14 个雄性和 1 个性别未知的样本。这些标本的死亡年龄尚不清楚。标本主要来自西亚（伊朗、伊拉克和土耳其），另有 4 个来自印度。如同之前的研究，所有样本都有附带的"证明"，证实了它们曾经是自由生活的个体。本文中长骨愈合研究中使用的标本数量比之前的牙齿萌出和磨蚀研究中的标本数量少（40 件 VS. 91 件），这是由于很多兽骨采集时只保留了头骨，而颅骨后的骨骼常被丢弃。本研究采用的 40 个样本中，有 38 个记录了牙齿萌出和磨蚀的观察结果，从而可以对比这些信息进行的两种年龄系统（长骨愈合与牙齿磨蚀）的比较。

　　此外，Payne 在 1974～1975 年冬季从土耳其安纳托利亚中部 Kızılcahamam 附近的森林收集了大量野猪样本，这使得样本来自广大的地理范围（至少在四个国家内有七个采集点）[11]。广大的地理范围使得样本可以体现出野猪不同种群之间骨骼愈合顺序的差异性。同时，单一动物种群的样本具有相同的饮食结构和相同的环境背景，可以为在时间和空间上离散的样本提供参考的标准。与之前一样，我们决定不将家猪样本纳入本研究，以避免改良育种、膳食补充或营养差异对骨骺愈合的影响。但正如我们之前在关于牙齿萌出和磨蚀的论文中讨论的那样，虽然这种差异可能会影响长骨骨骺愈合的时间，但我们相信无论饮食如何，愈合的顺序都将保持不变。

（二）评定标准

本研究中检查的颅后骨包括：

寰椎（背侧和腹侧）、枢椎（近端和远端）、盆骨（髋臼）、肩胛骨（喙突和盂窝）、肱骨（近端和远端关节）、桡骨（近端和远端关节）、尺骨（近端和远端关节和桡骨愈合）、股骨（近端和远端关节）、胫骨（近端和远端关节）、腓骨（近端与远端关节）和掌跖骨（远端关节）和第一和第二指／趾骨（近端关节）（表 S2）。当骨骺与骨干分离，或有软骨残留可以观察到骨骺和骨干时，评定为未愈合（1）；当骨骼有愈合的证据，但在愈合处仍可以看到缺口时，评定为（2）；当愈合完成但可见清晰骺线的情况下评定为（3）；当骺线不清晰或不存在时，评为完全愈合（4）；非常年幼的动物骨骼（非常小的、多孔结构的）被评为新生（0）。

Payne 收藏的标本缺少肱骨和胫骨（被用于另一项研究，尚未归还）。但骨骼尚未愈合的样本，它们的骨骺仍有保留，因此也可以将其评定为未愈合。对于这些骨干、骨骺愈合的标本，以及无法用于研究的采集标本（SP350），此处使用 Bull 和 Payne 报道的愈合数据，在表 S2 中以红色表示[12]。该表还记录了本研究的评定与 Bull 和 Payne 发表的不同之处。原始评定用红色表示，在本研究评定的在旁边的括号中表示。

（三）定义年龄级别

评定过后，可以制作一个表格，其中不同骨骼按愈合顺序排列，各样本按不同要素的愈合程度排列（图 1）。经过评定的颅后骨的愈合顺序有明确且一致的模式，不同骨骼的愈合时间有不同的分组。正在愈合（2）与早期愈合（3）的样本，在图 1 中用灰色阴影显示。这是由于这两个阶段容易发生混淆，被记录为正在愈合的骨骼有可能实际上处于早期愈合状态，反之亦然。还需要注意的是，Bull 和 Payne 并未确认"早期愈合"这一阶段，因此，对 Payne 收藏品中"不见了的"部分骨骼的评定可能存在一些不一致之处。

根据本研究中 40 个样本的愈合模式，可以确定 11 个不同的年龄级别。

年龄级别 A：年龄级别 A 是一个新生样本。

年龄级别 B：本组包括两个样本，其颅后骨与年龄级别 A 的标本一样，均未愈合，但明显比年龄级别 A 中的新生标本稍老。

年龄级别 C：年龄级别 C 表现了枢椎前弓和齿突以及寰椎的两边的愈合。在这个年龄段的两个要素中，枢椎前弓和齿突似乎比寰椎愈合得稍早。

年龄级别 D：本组包括三个样本，该组主要特征为构成盆骨的耻骨、髂骨和坐骨髋臼处愈合、肩胛骨的盂腔和喙突的愈合以及桡骨近端关节的愈合。在这些元素中，肩胛骨的盂腔和骨盆似乎比肩胛骨的喙突更早愈合。桡骨近端愈合似乎晚了一点，但仍与下一年龄级别不同。

年龄级别 E：年龄级别 E 表现了第二指／趾骨与肱骨远端滑车和内侧上髁的愈合。在这些骨骼中，第二指／趾骨似乎比肱骨远端更早愈合。如前文所述，本文中对肱骨远端的评定非观察所得，而是直接引自 Bull 和 Payne 的研究[13]。因此，依照本研究的方

年龄级别	ID#	C			D				E			F		G			H			I										K
		枢椎	寰椎Dr	寰椎V	盆骨	肩胛骨Art	肩胛骨Cor	桡骨P	第二指/趾骨	肱骨D	肱骨ME	第二指/趾骨	胫骨D	掌骨	跖骨	掌/跖骨	根骨	股骨T	股骨H	枢椎D	桡骨D	尺骨P	股骨D	胫骨P	胫骨Tu	尺骨D	腓骨P	肱骨T	肱骨H	尺骨和桡骨
A	8	-		-	0	0	0	0	0	0	0	0	0	0	0	0	0	0	0	-	0	0	0	0	0	0	0	0	0	0
B	16	-	-	-	1	1	1	1	1	1	1	1	1	1	1	1	1	1	1	-	1	1	1	1	1	1	1	1	1	1
B	21	1	1	1	1	1	1	1	1	1	1	1	1	1	1	1	1	1	1	1	1	1	1	1	1	1	1	1	1	1
C	4	2	1	1	1	1	1	1	1	1	1	1	1	1	1	1	1	1	1	1	1	1	1	1	1	1	1	1	1	1
C	38	-	-	-	1	1	-	1	1	1	-	1	1	1	-	1	1	1	-	-	1	1	1	1	-	1	1	1	-	-
C	2	2	1	1	1	1	1	1	1	1	1	1	1	1	1	1	1	1	1	1	1	1	1	1	1	1	1	1	1	1
C	13	-	2	1	1	1	1	1	1	1	1	1	1	1	1	-	1	1	1	-	1	1	1	1	1	1	1	1	1	
C	19	2	2	2	2	1	1	1	1	1	1	1	1	1	1	1	1	1	1	1	1	1	1	1	1	1	1	1	1	1
D	24	4	4	1	2	2	1	1	1	1	-	1	1	1	1	1	1	1	1	1	1	1	1	1	1	1	1	1	1	1
D	25	4	4	1	2	2	2	1	1	1	-	1	1	1	1	1	1	1	1	-	1	1	1	1	1	1	1	1	1	1
D	6	4	2	4	2	3	2	2	2	2	1	1	1	1	1	1	1	1	1	1	1	1	1	1	1	1	1	1	1	1
E	14	4	4	4	4	4	4	4	1	3	2	1	1	1	1	-	1	1	1	1	1	1	1	1	1	1	-	1	1	1
E	32	4	4	4	4	4	4	4	2	2	-	1	1	1	1	1	1	1	1	2	1	1	1	1	1	1	1	1	1	1
E	35	4	4	4	4	4	4	4	2	2	-	1	1	1	1	1	1	1	1	1	1	1	1	1	1	1	1	1	1	1
E	31	4	4	4	4	4	4	4	2	2	-	1	1	1	1	1	1	1	1	1	1	1	1	1	1	1	1	1	1	1
E	27	-	-	-	-	4	4	4	3	2	-	1	1	-	-	-	1	-	-	-	-	-	1	-	-	-	-	-	-	1
E	33	-	4	4	4	4	4	4	3	2	-	1	1	1	1	1	1	1	1	-	1	1	1	1	1	1	1	1	1	1
E	36	4	4	4	4	4	4	4	4	2	-	1	1	1	1	1	1	1	1	1	1	1	1	1	1	1	1	1	1	1
F	26	4	4	4	-	4	4	4	4	2	-	2	2	1	1	1	1	1	1	1	1	1	1	1	1	1	-	1	1	1
F	29	-	-	-	-	-	-	4	3	2	-	2	2	1	1	1	1	1	1	-	1	1	1	1	1	1	1	1	-	1
F	9	4	4	4	4	4	4	4	4	4	3	2	2	2	2	-	1	1	1	4	1	1	1	1	1	1	2	1	1	1
F	28	-	-	-	4	-	-	4	4	2	-	4	2	1	1(2)	1	1	1	1	-	1	1	1	1	1	1	1	1	1	1
G	23	4	4	4	-	4	4	4	4	4	-	4	4	3	2	1	1	-	-	1	1	1	-	-	-	1	-	1	1	1
G	37	-	-	-	4	4	4	4	4	4	-	4	4	3	3	3	1	2	1	-	1	1	1	1	1	1	1	1	1	1
G	30	-	4	4	-	4	4	4	4	4	-	4	4	3	3	3	1	2	1	-	1	1	1	1	1	1	1	1	1	1
H	7	4	4	4	4	4	4	4	4	4	4	4	3	3	3	-	2	2	2	1	1	1	1	1	1	1	-	1	1	1
H	39	4	4	4	4	4	4	4	4	4	-	4	4	4	4	3	1	2	2	1	1	1	1	1	1	1	1	1	1	1
H	15	4	4	4	4	4	4	4	4	4	4	4	4	4	4	-	2	1	1	1	1	1	1	1	1	1	-	1	1	1
I	22	4	4	4	4	4	4	4		4	4	4	4	4	4	4	3	4	3	4	2	3	2	2	1	4	2	2	2	1
I	5	-	4	4	-	4	4	4	4	4	4	4	4	4	4	4	4	3	3	-	2	2	2	2	2	1	1	2	2	1
I	1	-	-	-	4	4	4	4	4	4	4	4	4	4	4	4	4	3	3	-	3	3	3	3	2	2	-	2	2	1
I	34	-	4	4	4	4	4	4	4	4	-	4	4	4	4	4	4	4(2)	4	-	3	3	3	2	-	3	3	2	-	1
I	12	4	4	4	4	4	4	4	4	4	4	4	4	4	4	4	4	4	4	4	3	4	2	3	3	4	3	2	2	1
I	40	4	4	4	4	4	-	4	4	4	-	4	4	4	-	4	4	4		4	4	-	4	2	-	4	4	4	-	-
J	18	4	4	4	4	4	4	4	4	4	4	4	4	4	4	4	4	4	4	4	4	4	4	4	4	4	4	4	4	1
J	10	4	4	4	4	4	4	4	4	4	4	4	4	4	4	4	4	4	4	4	4	4	4	4	4	4	4	4	4	1
K	17	4	4	4	4	4	4	4	4	4	4	4	4	4	4	4	4	4	4	4	4	4	4	4	4	4	4	4	4	2
K	3	-	-	-	-	-	-	4	4	4	4	4	4	4	4	4	4	4	4	-	4	4	4	4	4	4	-	4	4	2
K	20	4	4	4	4	4	4	4	4	4	4	4	4	4	4	4	4	4	4	4	4	4	4	4	4	4	4	4	4	2
K	11	4	4	4	4	4	4	4	4	4	4	4	4	4	4	4	4	4	4	4	4	4	4	4	4	4	4	4	4	2

图1　现代猪骨样本的骨骼愈合阶段

Figure 1　Fusion stages for modern Sus specimens

0= 新生儿，1= 未愈合，2= 正在愈合，3= 即将愈合，4= 完全愈合，- = 无数据，(x) 与本文研究不同且来源于 Bull 和 Payne 的数据。

ID # 来自表 S1，Dr = 背侧，V = 腹侧，Art = 关节，Cor = 喙突，P = 近端，D = 远端，ME = 内上髁，T= 转子，H= 头，Tu= 结节

0 = neonatal, 1 = unfused, 2 = fusing, 3 = recently fused, 4 = fully fused, - = no data, (x) data from Bull and Payne that differs from current analysis.

ID # from Table S1, Dr = Dorsal, V = Ventral, Art = Articulation, Cor = Coracoid, P = Proximal, D = Distal, ME = Medial Epicondyle, T = Trochanter, H = Head, Tu = Tubercle

案，这些标本中的一些可能被归类为早期愈合，而不是正在愈合。此外，Bull 和 Payne 没有区分滑车和肱骨远端内侧上髁的愈合。我们从标本和考古藏品的分析中得出的认识是，内侧上髁的愈合滞后于远端滑车的愈合，完全愈合可能发生在年龄级别 F。

年龄级别 F：第一指 / 趾骨和胫骨远端的愈合时间基本一致，是年龄级别 F 的基本特征。虽然第一指 / 趾骨可能比胫骨远端早一点愈合，这两个骨骼的愈合时间与早期愈合的第二指 / 趾骨和肱骨远端滑车以及年龄级别 G 中其他要素的愈合时间截然不同。与肱骨远端一样，本研究未直接观察来自 Payne 的采集标本，其评定取自 Bull 和 Payne 的文章。

年龄级别 G：接下来愈合的骨骼是掌 / 跖骨，所有（四个）掌骨和跖骨的愈合时间一致。腓骨远端的愈合大约也发生在这个时候，但其愈合时间可能比掌 / 跖骨的愈合时间稍晚。

年龄级别 H：较晚的正在愈合的骨骼在愈合时间上显示出很大的重叠。然而，这里研究的样本表明，跟骨顶点、股骨近端的大转子和股骨头的愈合时间略晚于年龄级别 G，而早于其他年龄级别 H 愈合的骨骼。在近端股骨的组成部分中，大转子的愈合似乎早于股骨头。

年龄级别 I：该组包含的骨骼部位较多，包括枢椎的尾侧、桡骨的远端、尺骨的近端和远端、胫骨近端和胫骨结节、腓骨近端以及肱骨的大转子和肱骨头。如上所述，来自 Payne 的标本中胫骨和肱骨近端的评定直接采自 Bull 和 Payne 的文章。此外，因为除了样本 SP350 的寰椎和枢椎的愈合之外，其他所有的数据都来自于早期研究，因此无法确定其为完全愈合（4）还是早期愈合（3），特别是，如果 Bull 和 Payne 将胫骨近端评定为正在愈合（2），根据本研究采用的方案则很可能被判断为早期愈合。

年龄级别 J：年龄级别 J 包括所有关节完全愈合的标本，因此比 I 级年龄的标本更老。然而，这些标本的桡骨和尺骨仍然未愈合。

年龄级别 K：在四个来自 FMNH 的标本中观察到了桡骨与尺骨的愈合，尤其是这些骨骼的远端部分。这两个要素的愈合定义了最终的年龄级别。在一些老年个体中，这种最终融愈合阶段可能更多的是一种特发性特征，而不是一种特别确切的最终愈合阶段。

表 S3 将本研究中记录的个体骨骼愈合评定与 van Wijngaarden-Bakker 和 Maliepaard 对 10 头荷兰野猪的研究（以橙色显示）[14] 以及 Bridault 等人对 46 头法国野猪的研究（以蓝色显示）相结合 [15]，使骨骼愈合评定可用的样本总数达到 96 个。这些欧洲野猪的骨骼愈合顺序和年龄级别内的分组都与本文研究的近东野猪模式一致，表明该模式具有较广的适用性。

（四）与牙齿年龄系统的关联性

本研究中采用 Lemoine 等人提出的牙齿年龄级别，对 38 个保存有牙齿的现代标本进行了核查 [16]。如表 1 所示，基于骨骼愈合的年龄级别与这些样本的牙齿年龄级别之间有着密切的对应关系，在所有样本中，每个系统中从最年轻到最年长的年龄级别有着一致的发展。当然，更大的样本量可能会显示牙齿和长骨愈合年龄之间存在着更大的差异，特别是在岁数较大和持续时间较长的年龄组别中，但从本文的材料来说，牙齿与长骨愈合这两个年龄系统有着高度的一致性，两个年龄系统联系十分密切。

表1　现代猪的骨骼愈合与牙齿年龄级别的比较

Table 1　Correspondence between fusion and dental age classes for modern Sus specimens

博物馆	标本	性别	国家	愈合年龄	具体牙齿年龄级别
FMNH	84477	F	伊拉克	A	1
FMNH	97883	M	伊朗	B	2
FMNH	97891	M	伊朗	B	2
SP	351*	M	土耳其	C	3
FMNH	27437	F	印度	C	1
FMNH	27439	F	印度	C	1
FMNH	92910	F	伊朗	C	3
FMNH	97888	M	伊朗	C	3
FMNH	57294	F	伊拉克	D	3
SP	192	M	土耳其	D	3
SP	195	F	土耳其	D	3
FMNH	97881	M	伊朗	E	4
SP	316	F	土耳其	E	5
SP	336	F	土耳其	E	5
SP	337	M	土耳其	E	5
SP	340	F	土耳其	E	5
SP	345	F	土耳其	E	5
SP	346	M	土耳其	E	5
SP	198	M	土耳其	F	5
SP	334	F	土耳其	F	5
FMNH	92905	F	伊朗	F	6
SP	333	F	土耳其	F	6
SP	84	M	土耳其	G	6
SP	335	F	土耳其	G	6
SP	347	F	土耳其	G	7
FMNH	84476	F	伊拉克	H	7
FMNH	97882	M	伊朗	H	8
SP	352*	F	土耳其	H	8
NMNH	341614	F	伊朗	I	7

博物馆	标本	性别	国家	愈合年龄	具体牙齿年龄级别
FMNH	92909	F	伊朗	I	8
SP	344	F	土耳其	I	8
FMNH	27436	?	印度	I	9
SP	350*	M	土耳其	I	9
FMNH	97887	F	伊朗	J	9
FMNH	92907	M	伊朗	J	10
FMNH	27438	M	印度	K	10
FMNH	92908	M	伊朗	K	10
FMNH	97884	F	伊朗	K	10

这种对应关系如图 2 所示，图 2 中的各行为骨骼愈合年龄级别，各列为牙齿年龄级别。除了两个样本外，所有基于长骨愈合年龄级别与基于牙齿萌出和磨蚀的年龄级别可以紧密关联，行与列之间基本有 1～3 种对应情况。两个例外是来自印度的非常年幼的样本，它们的枢椎和寰椎正在愈合（愈合年龄级别 C），但它们处于最年轻的牙齿年龄级别 1。然而，重要的是，这些非常年轻的年龄段（骨骼愈合年龄级别为 A～C，牙齿年龄级别为 1～3）基本是在动物生命的最初几周和几个月内，时间跨度非常短。此外，有可能在早期阶段，同窝动物之间的乳汁竞争非常激烈，这会导致体重的显著差异，进而导致了骨骼愈合和发育程度的不同[17]。

愈合年龄级别	牙齿年龄级别									
	1	2	3	4	5	6	7	8	9	10
A	1									
B		2								
C	2		3							
D			3							
E				1	6					
F					2	2				
G						2	1			
H							1	2		
I							1	2	2	
J									1	1
K										3

图2　骨骼愈合年龄与牙齿年龄关联以及各阶段样本数量

Figure 2　Correlation between dental and fusion age classes shown as numbers of specimens

骨骼愈合年龄级别 B 与牙齿年龄级别 2 以及牙齿年龄级别 4 与骨骼愈合年龄级别 E 是一一对应的。非均匀分配的牙齿或骨骼愈合年龄级别表明，一个年龄组有可能提供比另一个年龄组更细化的分级。例如，在六个牙齿年龄级别为 3（判断依据为 M1 开始磨蚀和 M2 形成）的样本中，有三个颅后骨愈合情况被评定为年龄级别 C（判断依据为寰椎和枢椎的愈合），而有三个颅后骨愈合情况被评定为年龄级别 D（判断依据为骨盆、肩胛骨和桡骨近端愈合）。在这种情况下，骨愈合系统可能提供比牙齿年龄级别更精细的年龄估计，使得牙齿年龄均为等级 3 的样本可依据骨愈合模式细分为偏年轻与偏老的样本。同理，在八个牙齿年龄级别为 5 的样本中（判断依据为乳牙脱落和恒前臼齿萌出、M2 早期磨蚀和 M3 形成），六个样本属于骨愈合年龄级别 E（判断依据为第二指 / 趾骨和肱骨远端愈合），两个样本属于骨愈合年龄级别 F（判断依据为第一指 / 趾骨和胫骨远端的愈合）。因此，牙齿年龄级别 5 可能跨越了骨愈合年龄级别 E 和 F。

在老年动物中，基于牙齿的年龄级别似乎提供了更精确的年龄估算。骨骼愈合年龄级别 G 组，尤其是 H 至 J 组的范围集中于牙齿年龄级别 7～10。事实上，一旦主要颅后骨愈合完成（年龄级别 J），牙齿年龄是研究老年动物宰杀情况的唯一有效方法。值得注意的是，根据尺骨与桡骨的愈合，被分配到骨愈合年龄级别 K 的三个样本的牙齿均为最终牙齿年龄级别 10，其中所有恒臼齿（包括第三臼齿）要么严重磨蚀，要么磨蚀到牙根。这表明，这两块骨头愈合在一起是一种与年龄相关的现象，只出现在非常老的动物身上。

（五）确定年龄级别

尽管 Payne 的收藏中除最年轻的标本外，所有标本的死亡年龄尚不清楚（甚至这些标本都是从一个可能的出生日期来推算的），但可以通过本研究中定义的各种长骨愈合年龄提供的估值进行估算。正如我们早期对猪牙齿年龄级别研究所讨论的，乳牙和恒牙萌出的年龄估算相对可靠。在 Matschke[18] 和 Anezaki[19] 这两项对已知年龄的捕获的野生猪进行的研究中，乳牙萌出的研究达成了共识。此外，Legge 进行的一项关于猪牙齿萌发年龄的评述显示，野生、返野和家养猪的恒臼齿（尤其是 M1 和 M2）萌发的时间非常接近，这回应了有关学者质疑的家猪和野猪牙齿萌发时间不同的假设[20]。在我们早期的研究中，这种一致性使我们能够将年龄估算值固定到基于乳牙和恒牙萌出的牙齿年龄（即本文中的牙齿年龄级别 1～6）上。主要由牙齿磨蚀程度来确定的较老和较宽泛的牙齿年龄级别并不可靠，但 Anezaki 研究中有两头已知年龄的非常老的公猪，它们的牙齿磨蚀等级与我们的牙齿年龄类别 9 之间的一致性，使我们能够将倒数第二个阶段代表的年龄估计为 96 个月左右。接近野猪的最大寿命 9～10 年[21]。

基于我们之前研究中定义的牙齿年龄级别与本文定义的骨骼愈合年龄级别之间的强相关性，我们可以对骨骼愈合年龄进行估算。表 2 的第二列列出了十个牙齿年龄级别和其年龄估计[22]。表的最后一列列出了与牙齿年龄级别相对应的骨骼愈合年龄级别。表 3 显示了本文定义的 11 个骨骼愈合年龄级别、界定每个骨骼愈合年龄级别的要素、相应的牙齿年龄级别以及从牙齿年龄级别估算的每个骨骼愈合年龄级别的年龄。

表2　牙齿和骨骼愈合年龄的比较

Table 2　Comparison of dental and fusion age classes

牙齿年龄级别	牙齿年龄估算	愈合年龄级别
1	≤1 个月	A
2	3～5 个月	B

牙齿年龄级别	牙齿年龄估算	愈合年龄级别
3	6~8 个月	C，D
4	8~12 个月	E
5	12~18 个月	E，F
6	18~30 个月	F，G
7	30~52 个月	G，H，I
8	52~72 个月	H，I
9	72~96 个月	I，J
10	>96 个月	J，K

表3　根据牙齿年龄推测的骨骼愈合年龄

Table 3　Fusion age estimates extrapolated from dental ages

愈合年龄级别	愈合中的骨骼	具体牙齿年龄级别	根据牙齿年龄估计愈合年龄
A	新生	1	≤1 个月
B	无愈合	2	3~5 个月
C	寰椎和枢椎	3	6~7 个月
D	盆骨、肩胛骨和桡骨近端	3	7~8 个月
E	第二指/趾骨与肱骨远端	4~5	8~18 个月
F	第一指/趾骨和胫骨远端	5~6	18~24 个月
G	掌/跖骨远端和腓骨远端	6~7	24~36 个月
H	跟骨和股骨远端	7~8	36~48 个月
I	桡骨远端，股骨远端，胫骨近端，尺骨远、近端，腓骨近端，肱骨近端	7~9	48~60 个月
J	全部愈合	9~10	60~96 个月
K	尺骨和桡骨	10	>96 个月

根据两个牙齿年龄级别为 1 的样本，骨骼愈合年龄级别 A 的年龄被确定为等于或小于 1 个月。骨骼愈合年龄级别 B（包括年龄稍大但仍没有颅后骨愈合迹象的标本），仅与牙齿年龄级别 2 相关，其年龄约为 3~5 个月。骨骼愈合年龄级别为 C（寰椎和枢椎愈合）和 D（骨盆、肩胛骨和桡骨近端愈合）的样本的牙齿年龄级别为 3 级。在这种情况下，该牙齿年龄级别的年龄 6~8 个月可分为两个骨骼愈合年龄级别，其中年龄级别 C 的岁数估计为 6~7 个月，年龄级别 D 的岁数估计为 7~8 个月。

类似的方法也用于其他骨骼愈合年龄级别。如，与牙齿年龄级别 4 和 5 相关的骨骼愈合年龄级别 E（第二指/趾骨和肱骨远端）的年龄约为 8~18 个月。与牙齿年龄级别 5 和 6 相关联的骨骼愈合年龄级别 F（第一指 / 趾骨和胫骨远端）的年龄约为 18～24 个月，而骨骼愈合年龄级别 G（掌 / 跖骨远端和腓骨远端）的年龄约为 24～36 个月。骨骼愈合年龄级别 H（跟骨和股骨近端）与牙齿年龄级别 7 和 8 相关联，年龄约为 36～48 个月。

骨骺愈合的最终年龄级别（桡骨远端、股骨远端、胫骨近端、尺骨远端和近端以及腓骨近端）I 与牙齿年龄级别 7 至 9 之间有相当大的重合，年龄约为 48～60 个月。所有骨骺已经愈合但桡骨和尺骨保持分离的骨骼愈合年龄级别 J 年龄约为 60～96 个月，而根据桡骨和尺部愈合的骨骼愈合年龄级别 K 与牙齿年龄级别 10 的关联性，其年龄应大于 96 个月。

（六）与其他长骨愈合年龄系统的比较

在表 4 中对本文提出的骨愈合年龄与其他同类研究进行了比较。表 4 的前三列列出了本研究中 40 个野猪标本中观察到的颅后骨的愈合顺序（并由其他研究中 56 个标本的愈合模式确认，见表 S3），这里定义了相应年龄级别并根据牙齿年龄推算出了游离齿年龄。下几列是其他八种不同骨骼愈合方案的年龄推测。其中的前七列是彼此独立设计的系统。如前所述，Bull 和 Payne 的年龄系统是根据年龄未知的土耳其现代野猪建立的，这里列举的是他们的推测年龄。Lesbre 的文章是一项关于家畜长骨愈合的非常早的研究[23]。Silver 的文章是一项广为人知的牙齿和长骨愈合年龄的文献，考古学家广泛用其计算家畜及其野生祖本的年龄范围[24]。然而，这些数据的来源可能并不可靠，因为这里引用的骨骼愈合（和牙齿萌出）的顺序和时间都是基于大量未见引用来源的数据[25]。Habermehl 的年龄估算同样来自于多个家畜骨骼愈合的研究，但更具参考性[26]。Reiland 的年龄估算是基于大量瑞典长白猪和约克郡猪的放射性研究。如上所述，Van Wijngaarden-Bakker 和 Maliepaard 的年龄估算值来自于其对荷兰三个不同博物馆（repositories）馆藏野猪的研究，并参考了 Haberehl 提供的牙齿年龄[27]。Bridault 等人的年龄估计是基于对法国北部单一种群的大量野猪的研究，并参照了 Matschk 的牙齿年龄[28]。Hongo 和 Meadow[29] 的年龄系统并非基于独立研究，而是对 Bull 和 Payne、Silver、Habermehl 和 Bökönyi 的综述[30]。在大多数情况下，各种年龄方案相当接近，特别是考虑到样本大小的不确定性、观察者之间的差异性以及可靠的年龄样本的短缺。对于较年轻的年龄组（C～H 年龄组），我们的年龄估算值与其他方案重合或接近。例外主要是 Reiland 提出的年龄方案，在该方案中，骨骼愈合估算的年龄始终比其他来源的年轻。我们很难知道该年龄系统的异常是否是由于该研究中选择的品种导致的，或者仅仅是因为数据不可靠。Reiland 对骨骼愈合和牙齿萌出的观察是基于放射性图像，这也可能解释了这些不一致性。本文中，我们对较晚的年龄级别（I～K 年龄级别）的估算与其他项目相比有明显的差异。特别是，大量被我们认定为年龄级别 I 的骨骼年龄估算大概为 48～60 个月，相较之其他年龄系统，该组年龄更老，范围更广，大多数年龄系统将这些骨骼的愈合时间定为大于 35 个月、36 个月、42 个月，或 36～42 个月。然而，我们认为，我们的估值是合理的，有两个理由。首先，跟骨和股骨近端（在其他的年龄系统中该骨骼在较晚愈合的组）的早期愈合模式表明，在大多数年龄系统设置的24～30个月和30个月之后愈合的骨骼外应该还有一个额外的年龄分组。这些最终愈合的骨骼，年龄分配较晚较宽泛，他们的骨骼愈合年龄级别和他们相关的牙齿年龄级别也保持着一致性。除了一个临界样本（NMNH341614，图1中的ID#22），其余四个骨骼愈合年龄级别I样本中的两个被归为牙齿年龄级别8（52～72个月），两个被归为牙齿年龄级别9（72～96个月）[31]。将这一范围扩大到96个月（牙齿年龄级别9的最大年龄估计值）太宽泛，但这一组骨骼愈合的时间跨度似乎比其他系统的6个月（36～42个月）的年龄估值更宽。将这一组骨骼的愈合范围扩大到12个月，从48到60个月（4～5年），考虑到这些骨骼的愈合时间错开，再加上本研究中观察到的骨骼愈合顺序以及骨骼愈合和牙齿磨蚀之间的相关性，似乎比较合理。

表4　比较本文与其他年龄系统的年龄估算

Table 4　Comparison of Zeder and Lemoine age estimates to other systems

	Zeder and Lemoine	Zeder, Lemoine, and Payne	Bull and Payne 1982	Lesbre 1897/8	Silver 1969	Habermehl 1975	Reiland 1978	Van Wijgaarden-Bakker and Maliepaard 1982	Bridault et al., 2000	Hongo and Meadow 1998
新生	A	<1	—	—	—	—	—	—	—	—
年轻	B	3～5								
枢椎	C	6～7	—	—	—	—	—	—	—	—
寰椎	C	6～7							7～13	
盆骨	D	7～8	7～11	12	12	12	—	12～19	9～13	12
肩胛骨	D	7～8	7～11	12	12	12		12～19	7～13	12
桡骨近端	D	7～8	19～23	12	12	12	10	12～19	9～13	12
第二指/趾骨	E	8～18	19～23	12	12	12	<4	19～22	9～18	12
肱骨远端	E	8～18	19～23	12	12	12	10	12～19	9～21	12
第一指/趾骨	F	18～24	19～23	24	24	24	<4	19～22	17～21	24～30
胫骨远端	F	18～24	19～23	24	24	24	12	22～31	17～25	24～30
跖骨	G	24～36	31～35	24	30	24	12～14	22～31	21～?	24～30
掌骨	G	24～36	31～35	24	24	24	12～14	22～31	21～?	24～30
腓骨远端	G	24～36	31～35	24～30	30	24～30	—	22～31	25～?	24～30
跟骨	H	36～48	>35	24～30	27	24～30	—	31～43	26～?	24～30
股骨远端	H	36～48	31～35	36～42	42	42	18	31～43	26～?	36～42
桡骨远端	I	48～60	>35	42	42	42	20	>43	—	36～42

	Zeder and Lemoine	Zeder, Lemoine, and Payne	Bull and Payne 1982	Lesbre 1897/8	Silver 1969	Habermehl 1975	Reiland 1978	Van Wijgaarden-Bakker and Maliepaard 1982	Bridault et al., 2000	Hongo and Meadow 1998
尺骨近端	I	48～60	>35	36	36～42	36	—	31～43	—	36～42
股骨远端	I	48～60	>35	42	42	42	—	31～43	—	36～42
胫骨近端	I	48～60	>35	42	42	42	20	31～43	—	36～42
尺骨远端	I	48～60	>35	42	36～42	42	20	>43	—	36～42
腓骨近端	I	48～60	>35	42	42	42	18	31～43	—	—
肱骨近端	I	48～60	>35	42	42	42	18	ca.43	—	36～42
尺骨和桡骨	K	> 96	—	—	—	—	—	—	—	—

对于所有骨骺完全愈合但桡骨和尺骨保持分离的标本，我们认定其应属年龄级别 J，这在其他研究中没有提到，其多认为该阶段动物的年龄大于最后骨愈合年龄（在其他系统中，认为年龄在 35 个月到 42 个月之间，这里在 48 到 60 个月之间）。该年龄级别在构建考古遗存的年龄结构时不太有用，除非保存有完整骨架（即所有颅后骨完全愈合）。但这些标本的年龄估值在 60 到 96 个月之间似乎是合理的，特别是考虑到它们与最后两个牙齿年龄级别 9 和 10 的相关性。最终的年龄级别 K，由桡骨与尺骨的愈合而确定，在这里认为其超过 96 个月，在其他系统中也没有涉及，在考古群组中可能用处有限。然而，正如我们将在下面看到的，它可以作为年龄结构中一个最后的确定的锚点。

三、应　　用

（一）考古样本

我们此前通过将我们提出的牙齿年龄系统应用于三个猪的获取模式不同的近东遗址，证明了该系统的有效性[32]。这一比较使得我们可以通过牙齿年龄系统来区分三种截然不同的猪的获取模式：一个处于初始动物管理阶段的旧石器时代晚期的觅食者社区，一个可能以散养的方式来管理猪的哈拉夫文化的小农村，以及一个青铜时代的城市遗址，那里有证据表明其拥有高度专业化的农业经济，包括一个猪肉的肉食资源生产系统。

在本文中，我们将重点关注其中的一个遗址：Hallan Çemi，这是安纳托利亚东南部的一个小遗址，年代大约在距今 11700～11500 之间[33]。作为 Taurus/Zagros 山脉东部最早的聚落之一[34]，有植物学和动物学证据表明，该遗址常年被一小群觅食者占据[35]。根据早期对该遗址部分动物遗骸的研究，Redding 和 Rosenberg 认为，当时人们进行了早期的猪的饲养[36]。

20 世纪 90 年代初进行的抢救性挖掘发现了惊人的体量为 2 吨的动物遗骸，其中包括很多的猪骨（约 9000 个可鉴定标本）[37]。与我们早期研究中提到的其他两个遗址相比，除了大量的猪骨遗存外，该遗址对其他动物骨骼的采集工作做得也很好。尽管这是在大坝建设蓄水前的抢救性发掘，但现场的发掘工作非常重视动物遗骸的采集。除了严格按照动物骨骸采集手册进行手选采集外，现场 25% 的堆积物还通过 5mm 筛网进行干筛，以确保采集到那些不仔细辨别容易被忽视的未愈合的骨骺。虽然该研究无法利用此项操作，但理想情况下，应将经过筛选和未经过筛选样品的数据进行比较，以便纠正未经过筛选部分的样品。然而，我们认为，这里动物遗骸的采集情况足够好，因此这里提供的数据没有因部分干筛而受到影响。此外，该遗址的延续时间较短，面积较小（估计小于 0.5 公顷，且共时的小型建筑物不超过 10～15 个）[38]，因此，随着时间的推移或在该遗址的不同区域，猪的开发不太可能存在太大差异。Hallan Çemi 遗址动物骨骼保存得很好，但这里并没有发现狗的遗骨，也没发现骨骼上有被肉食动物啃咬的情况。此外，尽管在早期研究中，研究人员已经对该遗址动物利用情况进行过分析，但这里所使用的骨骼愈合、牙齿萌发和磨蚀模式是基于本文和笔者上一篇文章中提出的模式，大量的样本作为我们持续研究的一部分，来确保分析与实践的一致性。

本文的主要目的不是评价早年研究者所认为的该遗址原始的猪的管理模式——这是以后文章的重点。在本文中，我们将首先寻找骨骼愈合内部的一致性，包括骨骼愈合顺序和不同组别的年龄差异。接下来，我们将比较来自遗址的猪颅后骨长骨愈合的年龄分布与我们此前提出的牙齿年龄分布，以评估这两种构建猪年龄结构的方法之间的对应性。

（二）过程

长骨愈合评定遵循 Zeder 文中的描述[39]，该方法本身源自 Redding[40]。该方案涉及骨骼愈合年龄系统中每个颅后骨骼的未愈合（u）、正在愈合（g）和已经愈合（f）的骨骼的数量，并进行求和。使用 NISP 计算这些总和，并进行一些校正，以确保明显来自同一骨骼的碎片不会单独计数。一些计算骨骼愈合年龄结构的手册常使用校正的数量（MNI 或更严谨的 MNE），以最小化来自同一个体的重复计数的风险。在这里，我们采用了 MNE 的方法，以最小化重复计算相同骨骼的可能性[41]。此外，我们还努力将骨骺与骨干重新拼合，并确保进行的愈合评定都是来自不同的骨骼。Hallan Çemi 遗址出土动物骨骼保存较好，骨骼残片通常较大，使其易于通过 MNE 进行骨骼愈合评定。一些研究人员可能希望采用更严格的方案，以避免对未愈合的骨干和骨骺进行重复计数或过度计数，特别是在发掘区域较小以及骨骼非常破碎的情况下（即仅对骨骺或骨干进行计数或采用某种加权措施）。

然而，我们没有尝试消除对同一骨骼重复计数的风险，这一风险对于第一和第二指 / 趾骨（每只动物有八个）和掌跖骨（每只猪四肢有四个，共 16 个）等部位尤其高。

老年动物的骨骼比年轻动物的骨骼更容易被保存，更容易被重复计算。但是，正如我们在下面讨论的那样，我们最好承认重复计数这种情况的存在，而不是采用一组随意的规则进行校正，这样做只会显著减小样本规模并且会引入我们的主观偏见。

我们也没有控制对同一骨骼近端、远端的重复计数。除了那些动物被杀死时骨骼正在愈合的少数个案，骨骼愈合模式并不能用于确定动物的绝对年龄。相反，它们只能确定动物骨骼愈合年龄级别更老或者更年轻。因此，单个骨骼的两端都提供了关键信息，从而有助于确定动物组群的整体年龄分布。

按照这个方案，使用以下公式（其中 g= 正在愈合，f= 早期和晚期愈合，u= 未愈合；正在愈合的骨骼捕捉到了愈合的状态，这里将未愈合和已愈合的骨骼平均分配），计算出"存活评分"（SS）：

$$SS=\left\{\left[(g\times0.5)+f\right]/(u+g+f)\times100\right\}$$

得出的"存活评分"代表了在某骨骼愈合之后仍然存活的标本比例。

这个分数的相反数被称为"死亡评分"（MS），使用以下公式计算：

$$MS=\left\{\left[(g\times0.5)+uf\right]/(u+g+f)\right\}\times100$$

或者简化为

$$MS=100-SS$$

这个分数代表的是在某个骨骼愈合之前被杀的动物的比例。以 Hallan Çemi 肱骨远端的数据为例（表 5），54 个未愈合的样本、18 个正在愈合的样本和 126 个完全愈合的样本组成的存活得分为 68.2，死亡得分为 31.8。这意味着在这个集合中，有 68% 的猪在肱骨远端愈合年龄（在 8 到 18 个月之间）之后存活下来了，或者换一种说法，该遗址 32% 的猪在达到这个年龄之前就被宰杀了。

表5 Hallan Çemi遗址各骨骼愈合及评分情况

Table 5 Hallan Çemi epiphyseal fusion age scores for individual elements

元素	年龄级别	未愈合	愈合中	已愈合	总计	存活得分	死亡得分
枢椎	C	0	0	20	20	100.0	0.0
寰椎	C	7	0	21	28	75.0	25.0
盆骨	D	4	0	34	38	89.5	10.5
肩胛骨	D	25	0	187	212	88.2	11.8
桡骨近端	D	8	0	78	86	90.7	9.3
第二指 / 趾骨	E	15	0	52	67	77.6	22.4
肱骨远端	E	54	18	126	198	68.2	31.8
第一指 / 趾骨	F	20	6	42	68	66.2	33.8
胫骨远端	F	29	3	64	96	68.2	31.8
掌骨远端	G	21	1	17	39	44.9	55.1
跖骨远端	G	12	0	16	28	57.1	42.9
掌 / 跖骨远端	G	57	2	92	151	61.6	38.4

元素	年龄级别	未愈合	愈合中	已愈合	总计	存活得分	死亡得分
腓骨远端	G	1	1	8	10	85.0	15.0
跟骨	H	16	0	25	41	61.0	39.0
股骨远端	H	42	3	49	94	53.7	46.3
枢椎远端	I	7	0	9	16	56.3	43.8
桡骨远端	I	53	5	27	85	34.7	65.3
尺骨近端	I	27	2	30	59	52.5	47.5
股骨远端	I	54	6	40	100	43.0	57.0
胫骨近端	I	53	8	64	125	54.4	45.6
尺骨远端	I	19	0	16	35	45.7	54.3
腓骨近端	I	2	0	4	6	66.7	33.3
肱骨近端	I	26	5	36	67	57.5	42.5
尺骨和桡骨	K	89	0	3	92	3.3	96.7
总计		641	60	1060	1761		

根据相同的公式，对其他骨骼未愈合、正在愈合和完全愈合的情况进行统计，并计算更广泛的年龄级别的"评分"（表6）。再次以 Hallan Çemi 的数据为例，针对基于第一指/趾骨和胫骨远端愈合的年龄级别 F，总共有 49 个未愈合的骨骼、9 个正在愈合的骨骼和 106 个完全愈合的骨骼，存活得分为 67.4，死亡得分为 32.6。这意味着，在 Hallan Çemi 遗址中，有 67% 的猪在达到这个年龄类别（估计在 36 到 48 个月之间）的愈合年龄之后被杀，而 33% 的猪在达到这个年龄之前就被杀了。

表6　Hallan Çemi遗址骨骼愈合年龄级别及得分

Table 6　Hallan Çemi epiphyseal fusion age scores by age class

年龄级别	年龄范围	未愈合	愈合中	已愈合	总计	存活得分	死亡得分
C	6～7 个月	7	0	41	48	85.4	14.6
D	7～8 个月	37	0	299	336	89.0	11.0
E	8～18 个月	69	18	178	265	70.6	29.4
F	18～24 个月	49	9	106	164	67.4	32.6
G	24～36 个月	91	4	133	228	59.2	40.8
H	36～48 个月	58	3	74	135	55.9	44.1
I	48～60 个月	241	26	226	493	48.5	51.5
K	>96 个月	89	0	3	92	3.3	96.7
总计		641	60	1060	1761		

需要强调的是，按照此方法，系统中每个骨骼的得分是独立计算的，不受系统中其他骨骼得分的影响。这就是为什么后期愈合要素（或年龄组）的生存率得分（或死亡率得分）可能比早期愈合的要高，像是发生了"复活"的现象。预计会出现少数百分点的轻微复活，以及同年龄阶段的各骨骼之间的得分会出现小差异。在不同年龄阶段之间或同年龄阶段的各要素得分之间出现更大的差异或是复活现象可能反映了某些外部动物的引入，或不同年龄的动物不同部位的存在。但是，这样的复活更可能是受埋藏学或随机因素的影响所导致的，这可能会影响这些得分的年龄级别的可靠性。随机变化更可能发生在样本量较小的情况下，这也是我们选择 Hallan Çemi 遗址进行分析的另一个原因。

（三）单个要素的一致性

表 5 呈现了 Hallan Çemi 遗址出土猪各个骨骼的生存率和死亡率得分，并按照我们研究中使用的 41 个现代标本推断的骨骼愈合顺序排列。各个元素的年龄级别被列在了第二列。该表还提供了未愈合、正在愈合和已愈合骨骼的计数，以及用于计算每个个体得分的总骨骼数。

图 3 展示了每个骨骼的生存率得分的条形图，不同颜色的条表示不同年龄级别。这张图使得在相同年龄级别内的骨骼和不同年龄级别的骨骼之间的评分差异易于区分。由于年龄级别 A 和 B 是没有骨骼愈合的非常幼小的动物，因此无法计算这些年龄级别的得分，也无法在表 5 和表 6 以及图 3 中显示。对于年龄级别 I，该年龄级别动物的骨骺完全愈合，但尺骨和桡骨尚未愈合。

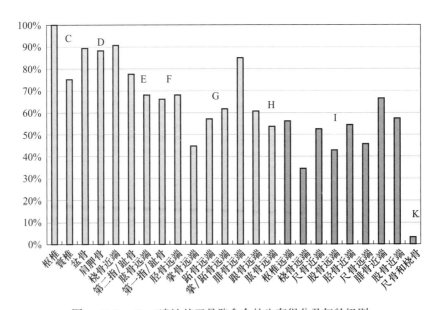

图3　Hallan Çemi遗址基于骨骼愈合的生存得分及年龄级别

Figure 3　Survivorship scores for individual elements in the Hallan

Çemi assemblage in order of fusion and age classes

　　在该表中，不同年龄组的腓骨远端和近端得分存在显著差异，这是由于这种纤细和易碎的骨骼样本数量较少。只有 10 根腓骨可以用于计算远端愈合的得分，仅有 6 根腓骨可以用于计算近端愈合的得分。在年龄级别 C 中，由枢椎（SS=100）和寰椎（SS=75）这两个骨骼之间存在 25 分的差异，可能受埋藏原因影响；在这个年龄组中非常幼小的动物的骨骼（这里估计为 6~7 个月之间）可能保存不好，骨密质更多的寰椎比较小而易碎的枢椎更有可能保存下来。但是，这两个骨骼的得分也可能受到上述组内不同骨骼愈合时间差异的影响。因此，尽管这些骨骼的得分可能不像基于较晚愈合的骨骼的得分那样可靠，但在计算 Hallan Çemi 猪的年龄分布时，保留这两个骨骼的数据似乎是合理的。

　　同样，年龄级别 E 中第二指／趾骨和肱骨远端得分之间 9 分的差异可能反映了上述讨论的肱骨远端和内髁愈合时间的差异。若如上文所述，肱骨远端的愈合更接近于下一个年龄级别，则计算出的 Hallan Çemi 肱骨远端的得分（肱骨的这两部分远端骨骺没有被区分）可能会更接近于下一个年龄级别。

　　在年龄级别 H 中，跟骨和股骨近端的评分之间 8 分的差距可能也是由于我们年龄系统未能区分股骨大转子和股骨头的愈合时间。如前文所述，我们现代样本表明，股骨头的愈合时间比大转子略晚，可能与稍晚年龄级别 I 组的骨骼愈合相一致。由于股骨头比大转子骨密质更多，更有可能保存下来，因此在构成该组评分的骨骼中，股骨头可能占主导地位。再次强调，未来的记录应分别记录这两个股骨近端部位。

　　还值得注意的是，跟骨评分与组成年龄级别 I 的大多数元素之间的差异（与桡骨远端相差高达 26 分）证明了该骨骼归入更年轻年龄组的合理性。同样，桡骨近端与该组中的其他两个骨骼愈合的一致性，以及桡骨近端得分与下一年龄级别中的元素之间的 13 分差异为将该元素纳入 D 年龄组提供了支持，而不是像某些年龄系统中那样，将其放入了下一组愈合骨骼年龄级别中。

　　构成年龄级别 I 的元素中的另一个异常是桡骨远端，其中有大量未愈合的远端，导致与其他年龄级别相比，存活率低得多。桡骨远端是一种坚硬、致密的骨骼，与该组中的大多数其他骨骼（即胫骨近端、尺骨近端和肱骨近端）相比，保存的可能性更高。尽管存在异常评分，但将该元素保留在该组，是因为可以利用其较高的发现率，并消除骨骺（尤其是在该年龄级别中更易碎的）完全愈合的老年动物的影响。

　　掌骨、跖骨和未区分的掌／跖骨的评分差异也值得讨论。样本中掌骨、跖骨如可以识别为四个掌骨或跖骨中的哪一块骨头（近端完整者），如果有足够的远端，就能够确定愈合的程度。掌／跖骨没有足以精细的识别的近端，但远端相对完整也可以判断愈合情况。虽然较小的第二和第五掌／跖骨可以与较大的第三和第四掌／跖骨区分开来，但在此处我们对其合并处理。

　　如上，我们没有尝试控制对同一动物的多次计数，而是只关注猪骨骼中的许多掌／跖骨中的一个（例如只计算第三掌骨）。被用于构建该骨骼评分的破碎的掌／跖骨支持这个决定。能够同时确定部位和评估远端愈合的掌骨、跖骨数量很少。在我们的分析的117 根掌骨中，只有 39 根掌骨的远端部分足够完整，可以用于计算该骨骼的愈合得分。仅关注数量最多的掌骨将会将我们的样本减少到 3 个，如果只使用一侧则为 2 个。同样，在确定的 100 根跖骨中，只有 28 根可以用于计算愈合得分。如果仅使用最多的一侧来计算，该骨骼的样本大小将被减少到 3 个。相比之下，大多数样本来自未做区分的掌/跖骨，192 个掌/跖骨中有 151 个提供了关于远端的愈合信息。在这种情况下，采用严格的规则来防止来自单个动物的骨骼的重复计数，将会把我们的总体样本从 218 个骨头减少到一个小而不可靠的样本量——仅有 3 个。这还是针对出土大量猪骨的 Hallan Çemi 遗址的情况！在我们看来，接受这样一个事实，即在构建这些愈合年龄分布时可能会有一些重复计数，这可能会有利于某些年龄的动物，要比采用更为古板的规定更好，这样的规定将导致一个纯粹但小的、不具有代表性、并最终不具信息性的样本。

跖骨和未区分的掌/跖骨的得分接近，彼此相差不到 4 分。掌骨、跖骨、掌跖骨有 13～17 分的不同，这表明动物在该骨愈合的年龄（24～36 个月）存活率较低（死亡率较高）。考虑到老年动物依据掌跖骨计算的存活率会存在偏高的可能，似乎最好将这些元素保留在用于计算该元素总体得分的样本中。

最后，很难说由桡骨和尺骨愈合定义的最终年龄级别 K 的分数有多准确。但它确实提供了一种方法，至少可以检测组群中非常老的猪的存在。Hallan Çemi 遗址猪群中这一年龄段的得分表明，该群中只有 3% 的猪非常老，或者相反，Hallan Çemi 遗址居民食用的 97% 的猪还没有达到尺骨、桡骨骨骼愈合的高龄。

（四）年龄级别一致性

表 7 显示了表 6 所示的不同年龄级别的得分，其中年龄级别 G 的远端腓骨和年龄级别 I 的近端腓骨没有评分，考虑到组群中的腓骨数量较少，这一修改对最终得分的影响很小。图 4 以条形图的形式显示了这些校正后的生存分数。除了最年轻的 C 级和 D 级之间的有一定程度的"复活"外，八个年龄段的存活率稳步下降。使用上面讨论的年龄估算，基于骨骼愈合的年龄分布表明，Hallan Çemi 遗址居民食用的猪中，约有 10% 在被宰杀时年龄小于一岁，约为 8～18 个月大，D 和 E 组年龄段的存活率下降了 20%。随后，在接下来的几个年龄段（F～I）中，存活率只有相对较小的下降，Hallan Çemi 遗址猪群中几乎有 50% 的猪在被杀时年龄大于 I 级（此处估计在 48～60 个月之间）。最终年龄级别 K 的存活率较低，仅适用于 96 个月以上的非常老的动物，这表明在 Hallan Çemi 消费的猪中有 50% 是 4.5～8 岁之间的成年动物。

表7　Hallan Çemi遗址骨骼愈合年龄（不算腓骨）

Table 7　Hallan Çemi epiphyseal fusion age scores without fibulae

年龄级别	年龄范围	未愈合	愈合中	已愈合	总计	存活得分	死亡得分
C	6～7 个月	7	0	41	48	85.4	14.6
D	7～8 个月	37	0	299	336	89.0	11.0
E	8～18 个月	69	18	178	265	70.6	29.4
F	18～24 个月	49	9	106	164	67.4	32.6
G	24～36 个月	90	3	125	218	58.0	42.0

续表

年龄级别	年龄范围	未愈合	愈合中	已愈合	总计	存活得分	死亡得分
H	36~48 个月	58	3	74	135	55.9	44.1
I	48~60 个月	239	26	222	487	48.3	51.7
K	>96 个月	88	0	3	91	3.3	96.7
总计		637	59	1048	1744		

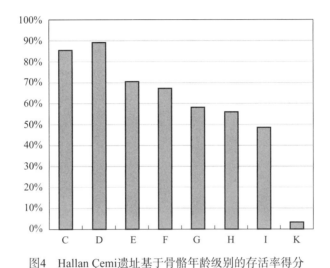

图4　Hallan Çemi遗址基于骨骼年龄级别的存活率得分

Figure 4　Survivorship scores for epiphyseal age classes in the Hallan Çemi assemblage

（五）基于骨骼愈合和基于牙齿的年龄分布的比较

当尝试对牙齿和骨骼愈合年龄结构进行比较时，重要的是，在每个系统中年龄的估算方式以及这些年龄结构的计算方式存在根本差异。如上所述，基于骨骼愈合年龄的估算由许多独立的计算组成，这些计算针对遗存中，小于或大于某一年龄的动物被杀死时在一个组群中的比例。相比之下，使用牙齿萌发和磨蚀模式确定的年龄可以估计出在某一年龄被杀死的动物在动物群中的比例，从而提供了年龄结构中每个不同年龄级别的捕杀强度。基于牙齿和骨骼愈合的年龄系统在重建年龄结构的方式上的差异使得直接比较两种系统很困难，然而，可以通过依次减去不同的死亡率数据——首先从 100% 减去最年轻的死亡率，然后再继续减掉接下来的死亡率，转换为更具可比性的生存率的牙齿年龄数据。反过来，依次将最老的死亡率一直加到下一个最年轻的死亡率分数，可以计算出更具可比性的死亡率概况。然而，与骨骼愈合年龄结构不同的是，牙齿年龄的每个年龄组的存活率（或死亡率）估计结果并不是相互独立的，没有像常见于骨骼愈合模式的"复活"的可能性。

在基于牙齿的存活数据中缺乏这种异常，并不是说这些测量更可靠。而是，它只是这些年龄结构计算的不同方式的反映。在基于骨骼愈合曲线中存活概率呈现上升趋势，可能揭示了这些问题：假定的愈合顺序的问题，或者受埋藏学的影响，或者可能暗示了遗址中某些古代行为对动物年龄的影响（即季节性迁徙、特定年龄动物的进出口或对动物特定部位的选择）。基于牙齿萌出和磨蚀的存活曲线（survivorship profiles）可能会受到类似问题的影响，但这些问题将被计算方法所掩盖，这将导致每个年龄段连续的存活率降低（或死亡率提高）。

即使在解决了这些计算问题之后，在比较使用这两种不同类型数据计算的年龄分布时，另一个挑战是基于牙齿萌出和磨蚀与基于骨骺愈合的不同年龄估算之间的相关性程度。例如，当使用牙齿年龄对某个组群中存活比例进行估算，使用骨骺愈合方法是否会得出相同的结论？换句话说，在我们此前的文章中被用来研究牙齿年龄现代样本的成对颅骨和颅后骨，和本文提供的骨骼愈合系统，是否能得出相同的结论。如果这种联系确实可靠，那么使用颅后骨骼愈合的年龄结构应该与使用牙齿萌出和磨蚀模式构建的年龄曲线相似。尤其是发现有大量可研究样本的 Hallan Çemi 遗址——其发掘过程中严格控制层位关系，严格遵循着动物遗骸收集规定。

（六）比较Hallan Çemi长骨愈合和牙齿年龄分布

表 8 列出了根据 Lemoine 等人文章中描述的"游离齿牙齿系统"划分的 Hallan Çemi 遗址猪群牙齿年龄分布的十阶段[42]。该表提供了该系统中每一个年龄级别的年龄范围、样本数量和死亡率分数，以每个年龄级别的样本量占样本总数的百分比。表的最后两列按照上述程序将这些数据转换为生存率和死亡率。后两列与表 7 中基于长骨愈合计算的 Hallan Çemi 遗址猪群的生存率和死亡率评分是可以进行比较的。

表8 Hallan Çemi遗址牙齿年龄（具体系统）
Table 8　Hallan Çemi dentition based age scores, specific system

年龄级别	年龄范围	数量死亡	存活率	死亡率	得分
1	≤1 个月	5	4.3%	95.7%	4.3%
2	3～5 个月	1	0.9%	94.8%	5.2%
3	6～8 个月	13	11.3%	83.5%	16.5%
4	8～12 个月	16	13.9%	69.6%	30.4%
5	12～18 个月	3	2.6%	67.0%	33.0%
6	18～30 个月	7	6.1%	60.9%	39.1%
7	30～52 个月	16	13.9%	47.0%	53.0%
8	52～72 个月	12	10.4%	36.5%	63.5%
9	72～96 个月	24	20.9%	15.7%	84.3%
10	>96 个月	18	15.7%	0.0%	100.0%
总计		115			

Lemoine 等人提出的牙齿年龄系统还包括两个不太精细的分级系统，将某些年龄级

别合并为更广的年级类别，以涵盖不同牙齿的磨蚀阶段。由 7 个年龄级别组成的"简化 -A"系统是结合以前不同的乳牙和恒臼齿磨蚀年龄级别而制定的，而"简化 -B"系统仅由 4 个年龄级别组成，包括乳牙萌出、磨蚀和脱落的初始阶段，以及主要由臼齿萌出和磨蚀模式定义的后续三个阶段。开发这些额外的年龄系统，便于将不完整的牙列和游离齿进行年龄估算。因此，虽然这两个分类系统的分辨率较低，但其限制性较小，增加了可采标本的样本量，使得它们在更小、更零碎的组群中具有用武之地。表 9 和表 10 显示了 Hallan Çemi 遗址样本在这两个更简化的年龄系统中的年龄分布。

表9　Hallan Çemi遗址牙齿年龄（"简化-A"系统）

Table 9　Hallan Çemi dentition based age scores, simplified-A system

年龄级别	年龄范围	数量	死亡得分	存活率	死亡率
a	≤1 个月	5	3.3%	96.7%	3.3%
b	3～8 个月	21	13.7%	83.0%	17.0%
c	8～12 个月	16	10.5%	72.5%	27.5%
d	12～18 个月	12	7.8%	64.7%	35.3%
e	18～52 个月	32	20.9%	43.8%	56.2%
f	52～96 个月	49	32.0%	11.8%	88.2%
g	>96 个月	18	11.8%	0.0%	100.0%
总计		153			

表10　Hallan Çemi遗址牙齿年龄（"简化-B"系统）

Table 10　Hallan Çemi dentition based age scores, simplified-B system

年龄级别	年龄范围	数量	死亡得分	存活率	死亡率
I	0～12 个月	58	30.7%	69.3%	30.7%
II	12～52 个月	61	32.3%	37.0%	63.0%
III	52～96 个月	52	27.5%	9.5%	90.5%
IV	>96 个月	18	9.5%	0.0%	100.0%
总计		189			

图 5 比较了使用本文所使用的八阶段长骨愈合系统（红色）计算的生存率曲线与使用十阶段牙齿的样本（蓝色）、七阶段的牙齿 A 系统（绿色）和四阶段的牙齿 B 系统（紫色）计算的存活率曲线。该图将不同年龄系统的"结束"节点放入十年的时间跨度中。例如，估计年龄范围在 18～24 个月之间的长骨年龄级别 F 的存活分数为 67.4，该点标记位于图表上的"2 年点"，表明有 67% 的动物活过了该年龄级别（第一趾骨和胫骨远端）。同样地，具体系统的牙齿年龄级别 6，年龄为 18～30 个月，表明有 61% 的动物的存活年龄超过了 30 个月。

基于长骨愈合和牙齿十阶段具体系统的生存率曲线的联系非常密切，特别是在长

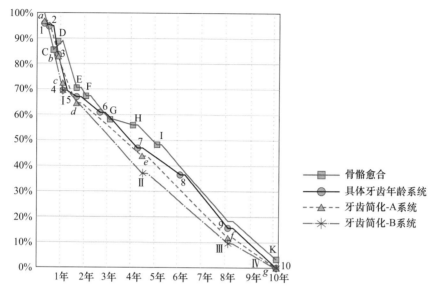

图5　比较Hallan Çemi遗址出土猪骨的基于骨骼愈合和牙齿年龄的存活率曲线

Figure 5　Comparison of epiphyseal and dentition based survivorship curves for Hallan Çemi pigs

骨系统中的较年轻年龄级别C～G和具体系统中主要根据牙齿萌出来定义的年龄级别1～6。在48个月（4年）时，长骨愈合年龄级别H的存活率为56%，与牙齿年龄级别7的存活率（52个月时存活率为47%）之间有8个百分点的差异，但该分数与60个月（5年）时长骨年龄级别I的48%的存活率几乎相同。基于牙齿的简化-A和简化-B系统中较年轻的年龄组都与使用长骨愈合系统计算的生存曲线密切相关，但随着年龄的增长，其差异越来越大（如与H组对应的年龄，在简化-A系统中为e，在简化-B系统中为Ⅱ）。这种情况下，在分辨率较低、年龄范围较广的这两种牙齿年龄系统中，老年动物的存活率就显得较低。

图6～图8可以让我们更直接地比较这些不同的年龄系统。图6比较了Hallan Çemi遗址长骨愈合（黑色）与牙齿具体系统（灰色）的生存率，而图7比较了长骨愈合与简化-A系统的生存率，图8比较了长骨愈合与简化-B系统的生存率。

图6清楚地显示了长骨愈合和牙齿游离齿年龄系统的互补性。这也有助于强调上述讨论中提出的两种年龄系统的对比（图2）。对于游离齿来说，我们可以观察到，在十年时间跨度中的一些特定节点，这两个系统分别能提供更好的分辨率。例如，利用牙齿可以区分出年龄级别1（小于1个月）和年龄级别2（5个月）的动物，而长骨愈合年龄级别C和D则填补了牙齿年龄级别2、3（8个月）、4（到12个月）间较短的时间间隔。牙齿年龄级别5（18个月）介于长骨愈合年龄级别E（18个月）和F（24个月）之间，正如长骨愈合年龄级别G（36个月）、H（48个月）介于牙齿年龄级别6（30个月）与7（52个月）之间，而长骨年龄级别I（60个月）介于牙齿年龄级别7（52个月）与8（72个月）之间。因此，在寿命的前5年，猪的长骨和牙齿年龄系统似乎是可以直接对比和互补的。牙齿年龄系统在确定老年动物年龄方面的优势也得到了明确，因

为在牙列年龄级别为 8（6 岁）和 9（8 岁）之间无长骨愈合的数据可供比较。

图 7 使用了简化 -A 系统进行了同样的比较。针对 Hallan Çemi 遗址的猪群，虽然长骨愈合系统和该牙齿系统提供的生存率曲线可互补，但长骨愈合系统针对 2 到 5 岁的动物，提供了更高分辨率的宰杀年龄结构。在和简化 -B 系统的比较中，长骨愈合系统的优势得以凸显，简化 -B 系统中体现的老年动物的低存活率尤其需要注意（图 8）。

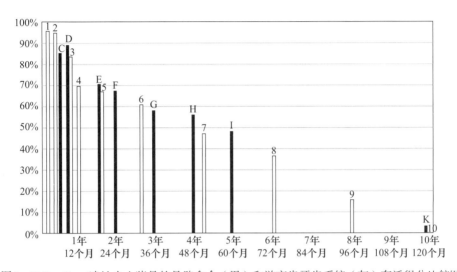

图6　Hallan Çemi遗址出土猪骨的骨骼愈合（黑）和游离齿牙齿系统（灰）存活得分比较图

Figure 6　Bar-graph comparison of epiphyseal fusion (black) and dentition specific system (gray) survivorship scores for Hallan Çemi pigs

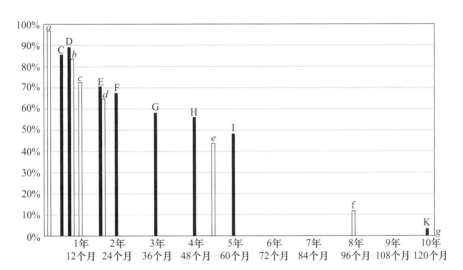

图7　Hallan Çemi遗址出土猪骨的骨骼愈合（黑）和简化-A牙齿年龄系统（灰）存活得分比较图

Figure 7　Bar-graph comparison of epiphyseal fusion (black) and dentition simplified-A system (gray) survivorship scores for Hallan Çemi pigs

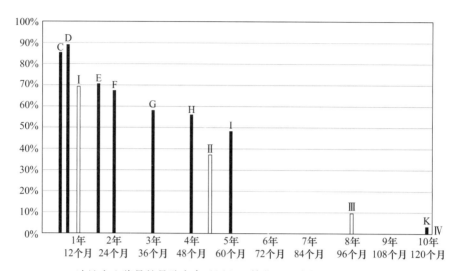

图8　Hallan Çemi遗址出土猪骨的骨骼愈合（黑）和简化-B牙齿年龄系统（灰）存活得分比较图

Figure 8　Bar-graph comparison of epiphyseal fusion (black) and dentition simplified-B system (gray) survivorship scores for Hallan Çemi pigs

四、讨论和结论

（一）主要结论

这项对 40 头野生西亚猪颅后骨骼的研究为基于骨骺愈合构建猪的宰杀年龄结构提供了一种新的高分辨率方法。这个大而均匀的样本囊括了从出生到年老的动物，具有广泛的代表性，使得我们能够更好地理解颅后骨骼的愈合序列，并进一步将其分为 11 个不同的年龄级别。愈合序列和年龄级别分组与两项早期研究中 56 头欧洲野猪的愈合序列与年龄级别分组之间的对应关系都证实了这里观察到的模式的有效性，并表明至少对欧亚大陆西部地区的大范围野猪来说，这些模式是一致的[43]。

此外，本文研究的 38 个标本的牙齿的比较研究表明，基于骨骺愈合的年龄级别与早期牙齿萌出和磨蚀研究中定义的年龄级别之间有着密切的对应关系[44]。这种对应关系提供了一种将长骨愈合的年龄曲线与牙齿年龄结构进行拟合、校准的方法。尽管本研究中野生标本的死亡年龄未知，但将牙齿年龄级别与先前的、已知年龄猪的研究相结合，并结合骨骺愈合和牙齿的年龄级别之间的对应关系，可以推断出此处定义的每个骨骺年龄级别的可信年龄范围。由牙齿萌出所定义的牙齿年龄级别（1～6）与对应的骨骼愈合年龄级别（A～F）的年龄范围尤为可信，之前的研究表明，无论在野生和家养猪中都是如此[45]。较晚的骨骼愈合年龄级别（G～K）和齿列年龄级别（7～10）之间的对应关系不太可靠，但仍然代表了当前可用的最佳估算模式。

Hallan Çemi 遗址出土的大量猪骨的愈合和牙齿年龄结构之间的密切相关性强烈支持用这两个系统相互校准的有效性（尤其是在使用更精细的牙齿年龄系统时）。此外，这一比较还证明了这两个系统的互补性，不同的系统为不同的年龄范围提供了更高分辨率的数据。对于游离齿而言，基于牙齿的系统提供了非常年轻的动物（使用此处的年龄估计值，在大约 6 个月以下）和老年动物（在此处推测发生在大约 4 至 5 岁之间的动物骨骼愈合年龄级别 I 之后）的死亡率曲线的更精细的数据。另一方面，骨骼愈合年龄类别提供了 6 个月至 12 个月动物死亡率曲线的补充信息，以及 2 至 5 岁动物的更高分辨率信息。与其选择单一的系统，我们似乎更应该同时使用两个年龄系统，以提供猪在整个自然寿命中的死亡率曲线的高分辨率图像。

（二）基于牙齿的年龄分布与基于骨骼愈合的年龄分布：哪个更好？

这两种系统各自具有互补优势的结论与考古学当前的趋势背道而驰，在考古学中，牙齿年龄分布被视为优于颅后骨愈合的年龄模式[46]。事实上，在最近一篇研究动物驯化初期的考古学方法综述中，基于牙列的年龄特征被描述为"最可靠和可重复验证的考古学技术之一"，而骨骺愈合被认为是一种不太可靠的方法，主要用作对基于牙齿年龄特征结果的检验，或者在牙齿保存不佳的情况下的备选方案[47]。比起基于骨骼愈合年龄模式，研究者偏向牙齿年龄模式有许多原因，但这是值得质疑的，或者至少是值得修改的。

这两种系统的范围：基于牙齿的年龄系统通常被认为优于基于愈合的系统，因为牙齿年龄系统所能涵盖的时间跨度更长。尽管它们在年龄较老的动物群中失去了分辨力，但基本上涵盖了动物从出生到老年的整个生命过程。相比之下，基于骨骼愈合的年龄系统通常在所有骨骼愈合时就无法发挥作用，如在羚羊 18 个月大[48]，绵羊和山羊 4 岁时[49]。这里提出的猪的骨骼愈合年龄系统约能延伸到 5 岁，一直到成年，如上所述，在这段时间跨度内，骨骼愈合系统提供了比牙齿系统更精细的分辨率。此外，猪的桡骨和尺骨的愈合，为猪的自然寿命末期提供了最终的节点。

生物过程的影响：骨骺愈合顺序和时间的生物过程往往比牙齿萌出的生物过程更为多变，从而限制了骨骼愈合系统在具有不同营养水平、驯化状态甚至不同性别的动物中的应用[50]。令人遗憾的是，很少有人正视这些问题，人们对这些因素的影响的担忧多是臆测的。可用于评估家养动物的骨骼愈合时间的信息更少。然而，Hatting[51]、Moran 和 O'Connor[52]、Popkin[53] 等人对家养绵羊骨骼愈合年龄的比较，以及 Zeder 对大量野生绵羊的年龄估计表明，野生动物的长骨愈合时间较晚[54]。那么，在野猪和家猪身上也可能发现类似的情况，家猪的骨骼，尤其是现代农场的猪，骨骼会更早愈合。Lesbre[55] 和 Habermehl[56] 引用的家猪骨愈合的年龄结合我们的估算也证实了这一点，确实有一些在野猪身上较晚愈合的骨骼在家猪身上愈合较早（表 4），尽管不完全清楚这些早期研究中使用的动物年龄是否已知，或者这些动物骨愈合结束的年龄的估算是否来自其他研究。然而，在我们的图 S1 中所示的在 96 只动物的大样本中观察到的骨愈合序列的一致性，以及同时愈合的骨骼的一致分组表明，无论何时，野猪和家猪的骨骼愈合都有一致的模式。因此，就考古群组而言，尤其是史前早期的考古群组，使用这里为野猪开发的衡量系统似乎比作为改良品种的家猪，或者甚至可能比未改良的现代家猪所开发的衡量系统更安全，因为现代家猪的营养水平可能高于古代野猪和家猪。

也有理由质疑营养、性别和家庭状况等生物因素等不可见性因素对牙齿萌出和磨蚀的影响。如本文所述，Legge 的综述表明，野猪和家猪的乳牙和恒牙（除第三臼齿外）萌出的时间非常一致[57]。然而，像猪一样饮食灵活的动物，它们磨蚀速率可能并不一致（例如，参见 Deniz 和 Payne 关于 Angora 山羊牙齿萌出和磨蚀的研究）[58]。尽管由于牙齿结构和咀嚼机制，磨蚀模式的序列很可能是一致的，但牙齿的磨蚀速率可能会受到饮食差异的极大影响——尤其在圈养而不是放养的情况下。比较同一颌中早期萌发和晚期萌发牙齿的磨蚀情况提供了比较不同考古出土下颌磨蚀速率的方法。

样本相互依赖的问题：我们在上文以及此前的文章中详细讨论了这个问题，这里不再赘述。然而，正如我们注意到的，这是一个更可能对牙齿年龄结构产生影响的问题，特别是使用像我们提出的包括游离齿的系统。此外，既然牙齿年龄结构是利用每个年龄级别的样本占整个可计算年龄样本的比例来计算的，那么这些数据便会存在内在的相互依赖性，这使得它们更容易受到重复计数带来的影响。相比之下，基于骨骼愈合的年龄曲线中的年龄级别是彼此独立计算的，因此与牙齿年龄相比，更容易受埋藏环境或者其他年龄评定偏差的影响。

此外，尽管人们对标本重复计数可能带来的偏差进行了大量分析，但在我们看来，矫正反而更糟糕。正如我们在上面讨论 Hallan Çemi 掌 / 跖骨年龄结构时说的那样，校正这些骨骼的重复计数将使样本数量从 218 个减少到 3 个。对于成对出现的其他骨骼（而不是 16 个的组合，如掌 / 跖骨），减少的幅度会较小，但仍会放弃很多的数据。对用于计算牙齿年龄结构的可测龄（ageable）样本的样本量大小的影响将更加显著。在 Hallan Çemi 遗址的案例中，如果仅使用下颌一侧的牙齿，则用于计算 10 个阶段牙齿年龄结构（表 8）的 115 个可测龄样本将减少到 15 个。

为了避免依赖性和重复计数的问题，我们最好在分析遗存组群时就采取一些措施进行处理，如可将来自相同或相近来源的游离齿重新组合成单个牙齿，并注意使用 MNE 来计算骨骼愈合情况。在我们看来，除了控制骨骼重复计数外，还应注意是否存在来自不同区域的骨骼属于同一个体的可能，这样虽然有几率会移除大量可用的、用于计算年龄曲线的样本，但是同一个动物的牙齿或颅后骨在空间上，甚至在时间上，出现在不同堆积中的可能性似乎很小。

埋藏学：学界常常认为年轻的动物骨骼会受埋藏学的影响，这也经常被认为骨骺愈合的年龄特征不如基于牙齿萌出和磨蚀的年龄特征可靠的原因[59]。虽然这种偏见肯定存在（特别是在高度碎片化、遭受大量食肉动物啃食或在没有筛选的情况下收集的遗物组群中），但在我们看来，牙齿也容易受到埋藏学的影响[60]。年轻动物的乳牙和牙胚特别容易破损，或者在手工拣选过程中被忽视。我们早期的研究表明，仅使用游离齿计算的年龄分布，与使用齿列计算的动物相比，年轻动物的死亡率明显更高。这表明，年轻动物的下颌比年长动物的下颌更容易碎裂，从而导致牙齿脱落，使得它们更容易受到破坏或忽视。如果人们只使用下颌中的牙齿来计算年龄分布模式[61]，那么这种对年轻动物的低估将更加强烈。

当然，考虑堆积后过程的影响也是很重要的，同时要注意样品采集时的精细程度。在牙齿和骨骼愈合的年龄特征之间进行交叉检查是寻找这些偏差的另一种方式，正如在这里所做的那样，寻找牙齿年龄级别和骨骼愈合年龄级别之间的一致性。将下颌骨和上颌骨的 MNE 或 MNI 计数与用于计算基于愈合年龄结构的颅后骨的 MNE 和 MNI 计数进行比较，似乎是另一种有用的方法，可以用来降低因组群、埋藏过程，甚至是因屠宰模式或骨骼利用模式不同而产生的偏差，这些偏差会影响年龄曲线的计算。一般而言，MNI 计数相对较低的任何元素（牙齿或颅后骨）都不太可能提供可靠的数据，应完全排除或谨慎看待。

此外，在埋藏学方面，Hallan Çemi 遗址具有丰富样本量，使得牙齿和骨骼愈合年龄分布的研究很有指导意义，115 个样本用于游离齿牙齿年龄结构，而 1744 个样本用于骨骼愈合年龄结构的研究。一般而言，颅后骨骼的数量很大，对堆积前、后破坏的抵抗力更大，因此在考古遗址中发现的颅后骨骼数量比牙齿更多（尤其是在没有大量食肉动物啃食的情况下）。我们知道很少有其他遗址能出土 Hallan Çemi 遗址那样多的猪骨，特别是考虑到这个样本的时间和空间同质性的话。其他遗址中出土的猪骨数量通常要少得多，与长骨相比，可研究的牙齿的样本更少。因此，仅从样本数量来说，基于骨骼愈合的系统似乎占据了上风。然而，食肉动物啃食可能会对颅后骨骼的保存产生特别严重的影响，特别是油腻的猪长骨，这导致以牙齿年龄为主的研究范式占据上风。但同样，可以使用上述方法检测这些偏差，以评估牙齿年龄和长骨愈合年龄系统的可靠性。

性别：在体型性别差异显著的动物中，基于骨骼愈合比基于牙齿计算的年龄分布状况有一个明显的优势，即它们可以分别计算雄性和雌性动物的年龄分布[62]。由于狩猎者和牧民在捕杀策略中都考虑了性别和年龄，因此计算特定性别的猎获能力为这些策略提供了特别的见解。特定性别的捕杀策略对于研究动物的最初驯化尤其重要，该阶段特点是猎获动物的年龄和性别的变化，因为这些策略的目标从动物的短期回报转向了长期回报，这些变化先于骨骼形态的变化[63]。Zeder 提出了基于骨骼愈合的绵羊和山羊的特定的性别宰杀年龄结构的计算方法[64]，这些方法被有效地用于研究从狩猎策略向与近东扎格罗斯地区中部一样的放牧策略[65]。基于牙齿的年龄结构不能用于此目的。由于缺乏可靠的方法来区分绵羊和山羊的牙齿（尤其是臼齿和下颌骨）[66]，所以基于牙齿的年龄结构在山羊中不太有用，这些动物的牙齿根本没有表现出像山羊长骨中的明显的二态性（在绵羊中的程度稍低）。

猪的颅后骨也被认为是高度二态性的[67]，Payne 和 Bull 早年对现代土耳其样本的研究也说明了这一点[68]。我们对来自西亚的现代野猪骨骼和牙齿的初步研究结果再次证明了这一点，在骨骼年龄级别 D（7～8 个月）的动物中，几乎雄性和雌性动物所有骨骼的长度、宽度和深度测量数据都存在显著差异，而 E 级（8～18 个月）和更大年龄的动物也明显存在差异。另一方面，除了犬齿外，我们没有证据表明雄性和雌性猪的牙齿大小存在任何差异[69]。探索这些模式，并将其应用于构建猪的性别、年龄结构，将是本系列论文第三篇的重点。

因此，骨骼愈合年龄结构是一个重要的工具，能够提供猪和其他动物史前猎获 / 收获策略的高分辨率图像。与牙齿的材料一起使用，它们有可能为各种问题提供新的线索——如从狩猎到畜牧的不同管理策略的转变。我们希望我们在这篇关于猪骨骼愈合的论文中所做的努力，以及我们之前对基于牙齿的年龄分布模式的研究，以及未来关于猪的性别二态性的第三篇论文，将为研究古代猪开发提供有用的新方法。

附记 本研究得到国家重点研发计划"中国北方旱作农业起源、形成与发展研究"（项目批准号：2022YFF0903500）、国家社会科学基金一般项目"郑州地区仰韶文化中晚期畜牧业的动物考古学研究"（项目批准号：21BKG041）、国家社会科学基金重大项目"陶寺遗址考古发掘研究报告（2012—2021）"（项目批准号：22&ZD242）、国家社会科学基金重大项目"2013—2018年度河南巩义双槐树遗址考古资料整理与综合研究"（项目批准号：19ZDA227）、2023年度中国社会科学院创新工程项目"中原与边疆：动物考古学比较研究"（项目批准号：2101010111802）、国家重点研发计划"中华文明起源进程中的生业、资源与技术研究"（课题编号：2020YFC1521606）的资助。

感谢原作者Melinda教授和Ximena博士慷慨地允许我们翻译他们的著作，圣路易斯华盛顿大学的刘歆益教授在得知我们无法联系上原作者时，热情地为我们引荐，我们对此十分感激，特此致谢！

注 释

[1] a. Dyson, R. H. 1953. *Archaeology and the domestication of animals in the Old World*. Am. Anthropol. 55, 661-673.

b. Perkins, D. P. 1964. Prehistoric fauna from Shanidar, Iraq. *Science*. 144, 1565-1566.

c. Hole, F., Flannery, K.V., Neely, J. A., 1969. *Prehistory and Human Ecology on the Deh Luran Plain: Memoirs of the Museum of Anthropology*. The University of Michigan Press, Ann Arbor.

d. Redding, R. W. 1981. The faunal remains. In: Wright, H.T. (Ed.), *An Early Town on the Deh Luran Plain: Excavations at Tepe Farukhabad, Memoirs of the Museum of Anthropology*, Number 13. University of Michigan, Ann Arbor, pp. 23-261.

e. Payne, S. 1973. *Kill-off patterns in sheep and goats: the mandibles from Asvan Kale*. Anatol. Stud. 23, pp. 281-303.

f. Stiner, M. C. 1990. *The use of mortality patterns in archaeological studies of Hominid predatory adaptations*. J. Anthropol. Archaeol. pp. 305-351.

g. Zeder, M. A. 1991. *Feeding Cities: Specialized Animal Economy in the Ancient Near East*. Smithsonian Institution Press, Washington, DC.

[2] a. Helmer, D. 2008. *Revision de la faune de Cafer Hoyük (Malatya, Turquie): Apports des methods de l'analyse des melanges et se l'analyse de Kernal a la mise en evidence de la domestication. In: Vila*, E., Goucherin, L., Choyke, A., Buitenhuis, H. (Eds.), Archaeozoology of the Near East Ⅷ. Travaux de la Maison de l'Orient et de la Mediterran ee (TMO), Lyon, pp. 169-195.

b. Vigne, J.-D., Brios, F., Zazzo, A., Wilcox, G., Cucchi, T., Thiebault, S., Carrere, I.,Franel, Y., Touquet, R., Martin, C., Moreau, C., Comby, C., Guilane, J. 2012. *First wave of cultivators spread to Cyprus at least 10,600 years ago*. Proc. Natl. Acad. Sci. U. S. A. 109 (22), pp. 8445-8449.

c. Zeder, M. A. 2006. Central questions in the domestication of plants and animals. *Evolutionary Anthropology*, 15: 105-117.

［ 3 ］　a. Jones, G. C. 2006. *Tooth eruption and wear observed in live sheep from Butser Hill, the Cotswold Farm Park and five farms in the Pentland Hille*, UK. In: Ruscillo, D. (Ed.), Recent Advances in Aging and Sexing Animal Bones. Durham: 9th ICAZ Conference, pp. 155-178.

b. Moran, N. C. O'Connor, T. P. 1994. Age attribution in domestic sheep be skeletal and dental maturation: A pilot study of available sources. *Journal of Archaeological Science*, 4: 267-285.

c. Popkin, P. R. W., Baker, P., Worley, F., Payne, S., Hammon, A. 2012. *The Sheep Project(1): determining skeletal growth, timing of epiphyseal fusion and morphometric variation in unimproved Shetland sheep of known age, sex, castration status and nutrition.* Archaeol. Sci. 39, pp. 1775-1792.

d. Zeder, M. A. 2006b. *Archaeological approaches to Documenting Animal Domestication.* In: Zeder, M. A. Decker-Walters, D. Bradley, D. Smith, B.D. (eds.) Documenting Domestication: New Genetic and Archaeological Paradigms. Berkeley: University of California Press. pp. 209-227.

［ 4 ］　Bull, G. Payne, S. 1982. *Tooth eruption and epiphysial fusion in pigs and wild boar.* In: Wilson, B. Grigson, C. Payne, S. (eds.) Ageing and Sexing Animal Bones from Archaeological Sites. Oxford: BAR British Series 109. pp. 55-71.

［ 5 ］　Van Wijngaarden-Bakker, L. H., Maliepaard, C. H. 1982. *Leeftijdsbepaling aan het skelet van het wilde zwijn Sus scrofa Linnaeus, 1758.* Lutra 25, pp. 30-37.

［ 6 ］　Bridault, A., Vigne, J.-D., Horard-Herbin, M.-P., Pelle, E., Fiquet, P., Mashkour, M. 2000. *Wild boar e age at death estimates: the relevance of new modern data for archaeological skeletal material.* 1. presentation on the corpus. dental and epiphyseal fusion ages. Ibex J. Mt. Ecol. 5, pp. 11-18.

［ 7 ］　Legge, A. J. 2013. *'Practice with Science': molar tooth eruption ages in domestic, feral, and wild pigs (Sus scrofa).* International Journal of Osteoarchaeology. Published online in Wiley Online Library.

［ 8 ］　同［ 7 ］。

［ 9 ］　Lemoine, X., Zeder, M., Bishop, K., Rufolo, S. 2014. *A new system for computing dentition-based age profiles in Sus scrofa.* Archaeol. Sci. 40, pp.179-193.

［ 10 ］　http://dx.doi.org/10.1016/j.jas.2014.12.017.

［ 11 ］　同［ 4 ］。

［ 12 ］　同［ 4 ］。

［ 13 ］　同［ 4 ］。

［ 14 ］　同［ 5 ］。

［ 15 ］　同［ 6 ］。

［ 16 ］　同［ 9 ］。

［ 17 ］　Milligan, B. N., Fraser, D., Kramer, D. L., 2001. *Birth weight variation in the domestic pig: effects on offspring survival, weight gain, and suckling behavior.* Appl. Anim. Behav. Sci. 73, pp. 179-191.

［ 18 ］　Matschke, G. H. 1967. Aging European wild hogs by dentition. *The Journal of Wildlife Management*, 31: 109-113.

［ 19 ］　Anezaki, T. 2009. Estimating age at death in Jomon Japanese wild boar (Sus Scrofa Leucomystax) based on the timing of molar eruption in recent comparative samples. *Mammal Study*, 34(2): 53-63.

［ 20 ］　同［ 7 ］。

［21］ De Magalhaes, J., Costa, J. 2009. *A database of vertebrate longevity records and their relation to other life-history traits*. Sch. Biolog. Sci. 22. pp. 1770-1774

［22］ 同［9］。

［23］ Lesbre, F.-X. 1897/1898. *Contribution a l'etude de l'ossi fication du squelette des mammiferes domestiques*. In: Annales de la Societe d'Agriculture. pp. 1-106.

［24］ Silver, I. A. 1969. *The ageing of domestic animals*. In: Brothwell, D. Higgs, E. S. (eds.) Science in Archaeology. London: Thames and Hudson. pp. 283-302.

［25］ 同［7］。

［26］ Habermehl, K. H. 1975. *Die Altersbestimmung bei Haus-und Labortieren*. Berlin & Hamburg: Parey.

［27］ 同［5］。

［28］ 同［26］。

［29］ Hongo, H. Meadow, R. H. 1998. *Pig exploitation at Neolithic Çayönü Tepesi (Southeastern Anatolia)*. In: Nelson, S. M. (eds.) Ancestors for the Pigs: Pigs in Prehistory. Philadelphia: University of Pennsylvania Museum of Archaeology and Anthropology. pp. 77-98.

［30］ a. 同［26］。

b. Bökönyi, S. 1972. *Zoological evidence for seasonal or permanent occupation of prehistoric settlements*. In: Ucko, P. J., Tringham, R., Dimbleby, G.W. (eds.) Man, Settlement, and Urbanism. Duckworth, London. pp. 121-126.

［31］ 同［18］。

［32］ 同［9］。

［33］ Starkovich, B. M. Stiner, M. C. 2009. Hallan Çemi Tepesi: high-ranked game exploitation alongside intensive seed processing at the Epipaleolithic-Neolithic transition in southeastern Turkey. *Anthropozoologica*, 44: 41-61.

［34］ Peasnall, B. L. 2000. *The Round-house Horizon along the Taurus/Zagros Arc: a Synthesis of Recent Excavations of Late Epipaleolithic and Early Aceramic Sites in Southeastern Anatolia and Northern Iraq (PhD dissertation)*. University of Pennsylvania.

［35］ Rosenberg, M. Nesbitt, R. Redding, R.W. Peasnall, B. L. 1998. *Hallan Çemi, pig husbandry, and post-Pleistocene adaptations along the Taurus-Zagros Arc (Turkey)*. Paléorient, 24: 25-41.

［36］ a. Redding, R.W. 2005. *Breaking the mold, a consideration of variation in the evolution of animal domestication*. In: Vigne, J.-D. Helmer, D. (eds.) The First Steps of Animal Domestication: New Zooarchaeological Approaches. Oxford: Oxbow Books. pp. 41-48.

b. Redding, R.W. Rosenberg, M. 2000. *Hallan Çemi and early village organization in Eastern Anatolia*. In: Kuijt, Ian (eds.) Life in Neolithic Farming Communities. New York: Plenum Publishers. pp. 39-52.

c. 同［34］。

［37］ 同［35］。

［38］ a. 同［33］。

b. 同［34］。

［39］　同［1］g。

［40］　同［1］d。

［41］　Stiner, M. C., Buitenhuis, H., Duru, G., Kuhn, S. L., Mentzer, S. M., Munro, N. D., Pollath, N., Quade, J., Tsartsidou, G., Ozbaşaran. 2014. *A forager-herder tradeoff, from broad spectrum hunting to sheep management at Aşıklı Hoyük*, Turkey. Proc. Natl. Acad. Sci. 11, pp.8404-8409.

［42］　同［9］。

［43］　a. 同［5］。
　　　　b. 同［6］。

［44］　同［9］。

［45］　同［7］。

［46］　同［6］。

［47］　Vigne, J.-D., Helmer, D., Peter, J. 2005. *New archaeological approaches to trace the first steps of animal domestication: general presentation, reflections, and proposals*. In: The First Steps of Animal Domestication: New Archaeological Approaches. Oxbow Books, Oxford, pp. 1-16.

［48］　Munro, N. D. Bar-Oz, G. Stutz, A. J. 2009. Aging mountain gazelle (Gazella gazella): refining methods of tooth eruption and wear and bone fusion. *Journal of Archaeological Science*, 36: 752-763.

［49］　同［3］d。

［50］　a. Saxon, A., Higham, C. 1969. *A new research method for economic prehistorians*. Am. Antiq. 34, pp. 303-311.
　　　　b. 同［3］b。
　　　　c. 同［3］d。

［51］　Hatting, T. 1983. Osteological investigations on *Ovis aries L. Videnskabelige Meddelelser fra Dansk Naturhistorisk Forening*. Bind 144,pp. 115-135.

［52］　同［3］b。

［53］　同［3］c。

［54］　同［3］d。

［55］　Watson, J. P. N. 1978. *The interpretation of epiphyseal data*. In: Brothwell, D.R.,Thomas, K.D., Clutton-Brock, J. (eds.) Research Problems in Zooarchaeology. Institute of Archaeology, Occasional Publications 3.London,pp.97-100.

［56］　同［26］。

［57］　同［7］。

［58］　同［22］。

［59］　a. Payne, S. 1972. *The interpretation of bone samples from archaeological sites*. In: Higgs, E. (ed.) Papers in Economic Prehistory. Cambridge University Press, Cambridge, pp. 49-64
　　　　b. Munson, P. J. Garniewicz, R. C. 2003. Age-mediated survivorship of ungulate mandibles and teeth in canid-ravaged faunal assemblages. *Journal of Archaeological Science*, 30: 405-416.
　　　　c. 同［55］。

［60］　同［9］。

［61］ Grant, A. 1982. *The use of tooth wear as a guide to the domestic ungulates*. In: Wilson, B. Grigson, C. Payne, S. (eds.) Ageing and Sexing Animal Bones from Archaeological Sites. Oxford: BAR British Series 109. pp. 91-108.

［62］ Zeder, M. A. 2001. A metrical analysis of a collection of modern goats (Capra hircus aegargus and C. h. hircus) from Iran and Iraq: implications for the study of caprine domestication. *Journal of Archaeological Science*, 28: 61-79.

［63］ a. 同［28］。
     b. 同［2］c。

［64］ 同［62］。

［65］ 同［62］。

［66］ 同［62］。

［67］ a. Albarella, U. Dobney, K. Ervynck, A. Rowley-Conwy, P. (eds.) *Pigs and Humans: 10,000 Years of Interaction*. Oxford: Oxford University Press. pp. 197-217.
     b. Ervynck, A. Dobney, K. Hongo, H. Meadow, R. 2001. *Born free? New evidence for the status of Sus scrofa at neolithic Çayönü Tepesi (Southeastern Anatolia, Turkey)*. Paléorient, 27: 47-73.

［68］ Payne, S., Bull, G. 1988. Components of variation in measurements of pig bones and teeth, and the use of measurements to distinguish wild from domestic pig remains. Archaeozoologia 2, pp. 27-66.

［69］ Evin, A., Cucchi, T., Cardini, A., Strand Vidarsdottir, U., Larson, G., Dobney, K. 2013. *The long and winding road: identifying pig domestication through molar size and shape*. J. Archaeol. Sci. 40, pp. 735-743.

A New System for Computing Long-Bone Fusion Age Profiles in *Sus scrofa*

Melinda A. ZEDER[1], Ximena LEMOINE[2], Sebastian PAYNE[3]
Translate by GAO Fan-xiang[4]
Proofread by LYU Peng[5]

(1. Smithsonian Institution; 2. Washington University of St. Louis; 3. English Heritage; 4. University of Chinese Academy of Social Sciences; 5. Institute of Archaeology, Chinese Academy of Social Sciences)

Abstract: In this paper we present the results of a study of post-cranial fusion in pigs (Sus scrofa) and propose a new system for the construction of harvest profiles of pigs based on epiphyseal fusion. The study examined post-crania of 40 Asian wild boar in museum and personal collections. It finds a regular pattern in the sequence of fusion of elements in this sample that also agrees with the fusion sequences of 56 European wild boar published in earlier studies. The fusion sequence of post-cranial elements is grouped into eleven different age classes (AeK). Comparison of the dentition based age classes assigned to 38 of the wild boar studied here and in an earlier study (Lemoine et al., 2014) shows a close correspondence between dental and fusion based age classes. Although the age at death of these specimens is not known, it is possible to assign age estimates for the fusion based age classes defined here based on the relatively secure age estimates for the dentition based age classes. A comparison of the fusion based harvest profile for a large assemblage of pig remains from the Epipaleolithic site of Hallan Çemi (southeastern Anatolia) constructed using the system proposed here with dentition based profiles using the three systems proposed in Lemoine et al. shows a very close correspondence, especially in the younger age classes. We conclude with a consideration of the strengths and weaknesses of fusion based and dentition based harvest profiles finding that when taphonomic conditions permit fusion based harvest profiles are a valuable tool for understanding ancient exploitation strategies, especially when used in tandem with dentition based profiles.

Key Words: Aging; Sus scrofa; Pigs; Harvest profiles; Epiphyseal fusion

欧洲的树轮考古学

威利·泰格尔[1, 2]　伯恩哈德·穆伊克[1, 3]
乔治奥斯·斯基亚达雷斯[4]　简·范穆克尔克[5]
安德烈娅·塞姆[2, 6] 著;
程雪寒[7]　王树芝[7] 译

（1. 瑞士图尔高州弗劳恩费尔德考古局；2. 德国弗赖堡大学林业科学研究所森林生长与树轮生态组；3. 德国弗赖堡大学林业科学研究所森林史组；4. 德国弗赖堡大学环境与自然资源学院；5. 法国香槟沙隆地区文化事务局；6. 奥地利因斯布鲁克大学植物学系；7. 中国社会科学院考古研究所）

摘要：人类进化与环境因素密切相关。林地以及林产品在工具和武器制造中发挥了关键作用，也为建筑和燃料提供了独特的资源。因此，木材遗存对于深入了解全新世期间的气候变化和土地利用以及社会的发展是必不可少的。基于树木年轮、木材解剖和技术形态特征的树轮考古学对于更好地理解过去的年代进程以及人类与环境的相互作用非常重要。本文主要概述了具有几个覆盖全新世大部分时段树轮年表的欧洲的树轮考古学的起源、方法和概念。文章列举了不同历史时期的树轮考古学研究实例，并讨论了该领域的研究现状。具有悠久定居史的欧洲出土了无数的考古木材，这些考古木材不仅在年代测定，而且在自然、社会和人文科学方面都有令人瞩目的新成果。

关键词：树木年轮　树轮年代学　土地利用　古生态学　木材解剖学　木材科学

一、引　言

（一）木材的重要性

自人类文明开始以来，人们一直在选用与加工植物资源。人类文化的发展依赖于木材，尤其是工具、建筑和能源。然而，考古学研究往往关注非生物降解的资源，如汤姆森[1]根据人类制作工具用的材料，将人类的历史分为三个时期，石器时代、青铜时代和铁器时代，现代考古学仍然用这种历史分期方法[2]。然而，在所有时代，即使木材不是最重要的材料，也与无机材料同样重要。直到人类历史最晚近的阶段，化石燃料成为广泛可用的替代能源之后[3]，作为主要能源的木材的利用才有所减少[4]。然而，在人类历史长河中，人与林地的相互作用主导社会的发展，人类日常生活的许多方面都依赖于林产品[5]。

随着时间的推移，人们开发出了复杂的林木资源供应策略，并在很大程度上促进了社会和文化的形成与发展。特别是，树木作为高价值和多样化的资源，具有诸多功能，如建筑材料、薪柴、原材料（制作工具、武器、家具、珠宝等）、食物（提供水果、种子、饲料）、鞣革剂和染料、纤维生产（用于衣物、绳索、网等）以及松香和沥青的生产等[6]。

（二）树轮考古学

树轮考古学是对各种情境和功能的历史和考古木材进行研究的学科（彩版八）。这些研究基于树木年轮、木材解剖和形态特征。由于树轮宽度的年际变率与气候条件的年际变率高度相关，同一个地区不同树木的轮宽模式具有同步性，通过树轮年代学（dendrochronology）的应用，每个年轮都可以精确地追溯到日历年份[7]（方法参见"交叉定年"部分）。

树轮考古学研究结合了考古学和树轮年代学的方法与资料，可以为考古年代学、古代木工史和建筑技术史以及过去的森林利用和气候环境提供有价值的视角。

树轮考古学作为考古学研究中一个相对年轻的分支，在20世纪40年代开始在欧洲应用，当时的目标是跨学科地系统研究欧洲北部前阿尔卑斯湖区史前湿地定居点考古发掘出土的木材遗存[8]。植物学、林学、木材学和考古学方法相结合，有助于最好地处理这些精细的有机木材遗物[9]。这是首次实现以时间精度记录史前湖岸定居点的特征、结构与定居动态[10]。由于这个突破性的成果，木材遗存在考古学研究中受到了极大的重视。

（三）树轮年代学研究史

希腊哲学家和博物学家泰奥弗拉斯特（Theophrastus，公元前371～前287年）首次描述了树木形成年轮的现象。列奥纳多·达·芬奇（Leonardo da Vinci，1452～1519年）与随后的蒙田（Montaigne，1533～1592年），可能最先认识到树轮存在以年代顺序出现的生长模式。在17和18世纪，人们普遍认识到树木年轮可用于确定树的寿命，但直到19世纪末，亚瑟·弗莱赫尔·冯·塞肯多夫-古登特（Arthur Freiherr von Seckendorff-Gudent）才开始"交叉"不同树木的年轮序列[11]。当时，已经有树轮分析应用于其他领域的探索，包括评估污染如何影响树木的生长[12]。荷兰天文学家雅各布斯·卡普坦（Jacobus C. Kapteyn）首次尝试研究树木生长与气候的关系，他匹对了荷兰和德国一些地区的树木年轮序列[13]。美国天文学家安德鲁·道格拉斯（Andrew E. Douglass）确定了科学的树轮年代学，他试图用树木年轮来证明地球气候与太阳黑子11年周期之间的关联[14]。通过使用交叉定年方法（彩版九，另见"交叉定年"一节），道格拉斯能够确定死亡与腐烂的树木样本的年龄，并于1929年建立了追溯到公元700年的、长度为 1229 年的连续树轮年表。这是首次以年际分辨率对 13 世纪的特塞吉峡谷（Tsegi Canyon）、梅萨维德（Mesa Verde）和谢利峡谷（Canyon de Chelly）考古发掘的崖居木材进行定年[15]。受道格拉斯的成功启发，来自俄罗斯、斯堪的纳维亚和德国的几位研究人员独立研究了欧洲树种。欧洲树轮年代学的进一步发展与奥地利植物学家布鲁诺·胡贝尔（Bruno Huber）的开创性工作密不可分，20 世纪 30 年代他在德国塔兰特（Tharandt）的前皇家萨克森林业学院开始了树木年轮研究[16]。因为与半干旱地区的树木相比，温带地区树木的年际变化并不明显[17]，胡贝尔调整了道格拉斯使用极宽和极窄的年轮进行交叉定年的方法，而对树木的每个年轮都进行测量和绘图。早在 1941 年，胡贝尔就用这种方法确定了德国东部、西北部和南部的几个考古遗址的年代[18]。胡贝尔对德国西南部布豪水城堡（Wasserburg Buchau）青铜时代木栅栏的成功定年，标志着欧洲现代树轮考古学的开始[19]。

已树轮定年的木材样本的大量积累推动了进一步研究，包括放射性碳校正曲线的建立[20]。胡贝尔通过对瑞士东部三个新石器时代居址（Thayngen Weier, Burgäschisee Süd 和 Burgäschisee Südwest）成功定年，首次证明了所谓的普芬（Pfyn）文化和科泰洛特（Cortaillod）文化（约公元前 3900～前 3500 年）在同一时期内共存[21]。此外，胡贝尔与他的团队致力于建立中欧地区的树轮宽度年表，例如德国中部黑森地区（Hesse）的第一个复本量良好的千年橡树年表[22]。伴随着这项开创性工作，北欧地区也进一步开展了树轮考古学的初步研究[23]。德国树轮年代学家恩斯特·霍尔斯坦（Ernst Hollstein）在进一步推广欧洲的树轮年代学中发挥了关键作用。自 1960 年以来，他对德国西部、法国和瑞士的活树和历史木材进行了取样，建立了一份长达 2500 年的橡树轮宽年表[24]。此外，霍尔斯坦引入了木材的物理与技术特征来确定树木的砍伐时间，研究了橡树心材和边材年轮的关系，从而建立了常用的边材统计数据，使得橡树砍伐日期的估计更为精确[25]。

布鲁诺·胡贝尔去世后，他的前研究助理伯恩德·贝克尔（Bernd Becker）继续在德国斯图加特大学霍恩海姆分校工作。伯恩德·贝克尔进一步延长了现有的年表，重点关注了沉积在河流砾石中的亚化石树木，并在德国南部建立了涵盖全新世大部分时间的千年树轮年表集[26]。他的树轮年表至今仍为中欧的树轮考古学和古环境研究提供了坚实的基础[27]。自 20 世纪 70 年代末与 20 世纪 80 年代以来，其他的千年轮宽长年表也被陆续建立，例如 1976 年皮尔彻（Pilcher）[28]、1977 年贝利（Baillie）[29]、1984 年皮尔彻等人[30]、1988 年洛施纳（Leuschner）和德洛姆（Delorme）[31] 以及 1994 年与 1996 年库尼霍尔姆（Kuniholm）[32] 建立的年表，这逐渐激起了考古学家对此种高精度的新测年方法的兴趣[33]。

尽管霍尔斯坦也曾研究过木材解剖学特征，但首个三种语言的木材解剖图谱是由瑞士树轮年代学家弗利茨·施魏因鲁伯（Fritz H. Schweingruber）所完成的，这是中欧木材树种鉴定的标准参考资料[34]。此外，他还首次阐述了史前木材样本对于考古学与植被科学研究的重要性[35]。20 世纪 80 年代初，贝利[36] 与施魏因鲁伯[37] 发表了树轮年代学在考古学和（古）生态学研究中应用的基础概念性著作，为考古木材遗存进行树木年轮研究的具体实施奠定了基础。在 20 世纪 80 年代，树轮年代学成为考古研究中的一种标准方法，这标志着欧洲各国现代树轮考古学的开端[38]。

这些发展促成了欧洲更多树轮考古学实验室的建立。在此期间，树轮年代学在不同历史时期的考古项目中得到运用。此处仅举一些案例，如法国、德国、意大利、瑞士和斯洛文尼亚的环阿尔卑斯湖泊史前遗址（whc.unesco.org/en/list/1363/），波兰比斯库宾（Biskupin）铁器时代遗址[39]，荷兰的多雷斯塔德（Dorestadt）[40]、捷克的米库尔奇彻（Mikulčice）[41]以及德国的赫德比（Hedeby）和吕贝克（Lübeck）的中世纪遗址[42]。在这些考古项目背景下，大量的树轮考古学实验室往往由考古学家所创建[43]，因此对木材利用、树种选择、森林资源管理以及定居点的技术与建筑发展等考古学问题的关注度大为增强[44]。树轮年代学的发展引起了古建筑领域的研究兴趣，尤其是建筑年代和木材来源的研究，主要由欧洲各地众多新建的实验室完成[45]。过去的几十年间，研究者从欧洲各地的考古遗址、古建筑、自然沉积的古河道与活树中收集了极其丰富的树轮考古学数据。得益于大量的实验室及其通力合作，欧洲各地区建立了百年至数千年长的树轮年表网络，使欧洲在全球范围内处于独特的位置[46]。

然而，由于不同的研究重点、政治环境和行政结构，不同国家和地区的树轮考古学研究状况差异很大。

二、材　　料

（一）保存条件与形式

木材是一种易于被细菌、真菌及其酶分解的有机物质[47]，但在特殊条件下，木材可以长期保存[48]（图 1）。木材的一种保存条件是缺乏水分的持续干燥环境，主要存在于干旱地区，例如叙利亚的杜拉欧罗普斯（Dura Europos）遗址，但偶尔也在中欧发现[49]。另一种保存条件是避免生物降解的持续低温环境，主要存在于永久冻土中，例如俄罗斯巴泽雷克（Pazyryk）的库尔干墓，也存在于高山冰川中[50]。其他的保存形式是在生物毒性环境中沉积［如在奥地利著名的哈尔施塔特（Hallstatt）盐矿］[51]，以及通过炭化和矿化作用改变木材组织的化学性质[52]。然而，木材最重要的保存形式是在饱水环境中，这在考古发掘中经常被发现，例如水井和地下水位以下的其他遗迹[53]，湖泊与沼泽中的干栏式居址[54]，海底、湖底、河底[55]以及古河道[56]中的沉船（彩版八）。饱水木制品可以保存数千年之久[57]。由于木材细胞和细胞间隙充满了水，新发掘的饱水木制品可以显现其原初的形状和表面。但伴随着木材细胞壁降解，纤维素和半纤维素的比例降低，木质素的比例增加，尽管木材表面完整，机械性能却大幅降低了[58]。

（二）木材来源

用于树轮考古学分析的木材有不同的来源，包括考古发掘、古建筑、博物馆和私人收藏、自然沉积物和现代森林（彩版八）。

研究人员从考古发掘中和古建筑上获得了大量木材样本。考古发掘中经常发现古代社会保存良好的木结构和生活用品。自 19 世纪以来，不同规模的发掘中都发现了木材遗存。对这些木材遗存的考古记录和处理方式差异很大，这取决于发掘的时间和发掘

图 1　木材保存的不同形式

Figure 1　Different types of wood preservation

1. 法国兰斯圣母院大教堂（公元 1211 年）和奥特罗特圣奥迪勒山上的"异教徒墙"（公元 7 世纪）所拆除的干燥保
存的木材　2. 在湿润条件下保存的木材：法国厄尔斯坦的青铜时代晚期的橡木（公元前 1208 年），法国塞纳河畔
采石场的前北方期松木（^{14}C 11000 ± 60 BP）　3. 橡树（法国库佩里，公元前 133 年）和银杉木炭（德国绍因斯兰，
公元 1545 年）　4. 通过矿化作用，保存在中世纪早期墓葬陪葬品武器中的木材（左图为桤木属，右图为欧梣）

1. Dry preserved wood from scaffolding timber from the cathedral Notre-Dame de Reims, France (1211 CE) and the "pagan
wall" on Mont Sainte-Odile, Ottrott, France (7th century CE)　2. Wood preserved under wet conditions from a late bronze
age well made of oak in Erstein, France (1208 BCE) and from a preboreal pine from gravel quarry at Pont-sur-Seine, France
(^{14}C 11000 ± 60 BP)　3. Charcoal from oak (Cuperly, France, 133 BCE) and silver fir (Schauinsland, Germany, 1545)
4. Wood (alder (*Alnus sp.*; left) and ash (*Fraxinus excelsior*; right) preserved through mineralization processes on early
medieval weapons, found as grave goods in burials

人员的经验。20 世纪下半叶，大部分欧洲国家通过了文物保护法，制定了考古遗址和
古建筑处理的改进技术标准[59]。到千禧年之交，大多数欧洲国家进一步批准了由国际
考古遗产管理委员会分别于 1989 年和 1992 年在洛桑（Lausanne）和马耳他瓦莱塔（La
Valetta）宪章中制定的关于考古遗址处理的国际法[60]。

　　自 20 世纪 80 年代现代树轮考古学开始以来，欧洲各实验室已积累了不同地区、
不同树种以及不同年代的大量树轮考古学数据。在过去几十年中显而易见的是，具有
活跃且组织良好的保护性考古部门的地区，通常比其他地区发现了更多的木材遗存[61]，
古建筑等其他形式的物质遗产也是如此。可用于研究、定年继而进行树轮考古学分析的
古建筑与遗迹的数量，在很大程度上取决于立法体制和各地区文物保护部门的配置和组
织情况。除了外立面的木材结构，古建筑的一些隐藏在天花板和地板空腔内的木材，偶
尔被中世纪和后中世纪的考古学家研究[62]。历史木材的另一种特殊情况存在于装裱的
嵌板画和乐器等艺术品中，这些多被充分研究并安全存放在博物馆中或私人收藏[63]。

现代参考材料可以从森林中的活树或新近砍伐的树木中获得，用于建立参考年表并与器测气象数据进行校准，以研究过去的气候变化[64]。

三、树轮考古学研究的方法与概念

（一）取样和记录

树轮考古学将木材表面处理的类型学分析与树木生长的内部特征相结合。木材的尺寸、横截面形状和加工痕迹提供了木工技术和森林利用的信息，树木的年际生长变化除了可以指示木制品的年代，还可以用来研究森林的历史。对所用木材种类的理解促进了建筑技术的发展、建筑史和定居动态的综合研究。全面且一致的取样是树轮考古学研究得到确凿结论的重要前提。取样策略通过与田野发掘的考古学家或文保部门的密切合作来确立，主要取决于涉及技术和生态领域的不同研究问题。需要注意的是，关于过去森林组成、森林资源管理或木材利用的任何有效科学陈述都需要大量的样本[65]。理想情况下，每次发掘出的木制品应在保护修复前，从土壤中完全移出或立即取样。因此，饱水木制品一般应保存在保鲜膜中，以防止细胞壁破裂和木材因干燥而塌陷。文物的现场记录由田野考古学家提供。在取样之前，如有必要会对木制品进行清洁并记录（如拍照、绘图或扫描）以研究工具痕迹，因为部分独特的技术形态特征仅在发掘之后可见（图 2）。在仔细调查木制品表面后，取横截面样本用于树木年轮分析。可采取简单的预处理来提高年轮边界的能见度，大多数情况下可用双面刀片或其他刀具进行表面处理，或者用粉笔增强不同类型细胞的对比度，从而提高尤其是窄轮的能见度。

横截面形状的记录提供了用于木材的树木尺寸、直径信息以及木材加工过程（例如树干的纵向分裂）的重要信息（图 3）。为了确定这些信息，需要制备标准化的简图。使用的比例尺取决于木制品的大小，在大多数情况下 1∶5 的比例尺是可行的（图 3）。必须强调的是，木制品上的取样位置应由树轮考古学家选定，以免出现在树枝、裂缝、伤口、反应木等受干扰的树轮区域进行取样[66]。为了最大化地获取信息，理想情况下的样本应包括从髓心到树皮（带树皮边缘年轮）的完整年轮序列。

在古建筑中，为了记录建筑内的背景信息和时间与技术信息的结合，需要在照片或建筑平面图中记录样本的位置（图 4）。根据经验，每个结构单元需要至少 6～10 个样本。除艺术品（如绘画与雕塑）外，树轮考古学研究的样本主要通过锯树盘或用生长锥钻取树芯来获得（图 4）。对艺术品、乐器和家具进行树轮考古学分析时，使用有损但非破坏的方法（如用手术刀清理）[67]，或是无损方法（如 X 射线计算机断层成像）[68]进行。

（二）木材解剖学

木材解剖特征的研究是进行树轮考古学研究的关键步骤，原因有如下几个。第一，基于木材解剖特征的种属鉴定包含着古代社会选择特定树种的信息[69]。第二，这些特征对建立特有种的树轮主序列很有必要。第三，对木材解剖异常（例如霜轮，浅轮或创伤

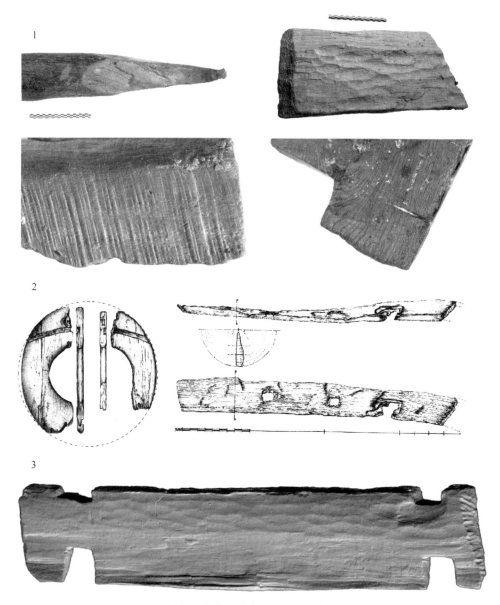

图2 考古饱水木材的记录示例

Figure 2 Examples of the documentation of archaeological waterlogged wood

1. 切割工具（斧、锛）和锯子加工痕迹的照片 2. 绘图 3. 激光扫描成像

1. Photos of tool marks from slashing tools (axes, adzes) and saws 2. Drawings 3. Laser scan

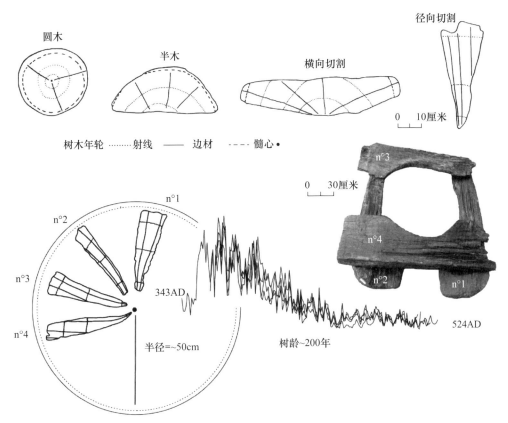

图 3　所使用的树木记录方式：以 1∶5 的比例绘制横截面形状；通过横截面形状与
个体树轮曲线高度同步的树轮生长模式分析树干的来源和归属

Figure 3　Documentation of the used trees by drawing the cross-sectional shape on a scale of 1∶5 and
reconstruction of the origin and attribution to one individual tree trunk by using cross-sectional shapes and
highly synchronous tree-ring growth patterns of the individual tree-ring curves

组织）的显微观察可以为古生态学研究提供重要信息[70]。通过显微镜对横切面、径切面和弦切面木材切片进行木材解剖特征研究，以鉴定树种和确定生长异常。现代木材和饱水木材通常在切片后使用透射光显微镜进行研究。因为木炭和矿化木材不能制作切片，样品被清理出"光洁"的表面，然后在反射光显微镜下进行研究。使用基于木材解剖学特征的标准鉴定规范进行种属鉴定[71]。树种鉴定特征有树脂道是否存在、射线的类型、针叶树的交叉场和导管的分布与大小、阔叶树的穿孔板、射线和轴向薄壁组织类型[72]。数码显微镜、共聚焦激光扫描显微镜、改进的扫描电子显微镜、多分辨率 X 射线断层成像等[73]现代设备与技术显著地促进了各种木材的鉴定，这些方法能够分析难以通过常规显微镜鉴定的微小和高度降解的样本，并有同步摄影记录无损成像技术在近年来得以发展，为木材解剖结构的可视化及其分析提供了新的视角。

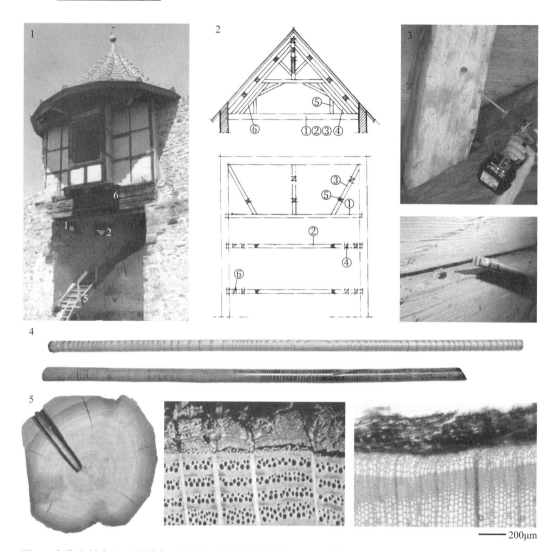

图4 古代木材在（1）照片与（2）施工图上的取样位置记录，使用（3）生长锥和钻孔机进行取样。（4）取到的样芯，有（5）可分辨的木材结构：边材和心材（取样后的橡树圆盘，左图），部分树皮、早材导管（橡树，中图），早材细胞（松木，右图）的带树皮边缘年轮（中图和右图）

Figure 4   Documentation of the location of historical timber on (1) photograph or (2) construction plans sampled with (3) increment borers and cordless drill. (4) The retrieved cores with (5) sapwood and heartwood (drilled oak disk; left) and waney edge (center and right) with parts of the bark, earlywood vessels (oak; center) and earlywood cells (pine; right) are distinguishable

（三）交叉定年

年轮反映了树木的季节性到年度径向生长，通过数树木样本的横截面的年轮，可以知道一棵树的年龄。年轮宽度因环境条件而异，尤其是气候影响木材的形成过程，轮宽变化也受到木材种类、树木在森林中的地理位置和生态位、林分动态、森林管理实践和森林虫害等个体因素的影响。通过测量每个年轮的宽度得到树木年轮的时间序列，这可能是采样点甚至区域内所有同种树木的特征，可以比作一个时空指纹。交叉定年方法能够按时间顺序排列年轮序列，从而可以精确识别出每个年轮的形成年份[74]，这为木制品的精确定年提供了基础。此外，树木年轮宽度和密度、导管大小与生长异常等木材解剖特征的变化为过去的环境条件提供了宝贵的记录[75]。

　　树轮宽度通常使用精度为 0.01 或 0.001mm 的半自动测量仪进行测量，例如 LINTAB（rinntech.de）或 VIAS（sciem.com）。像 Coo Recorder（cybis.se）等程序也经常被使用，这些程序能通过手动或自动识别年轮图像进行测量。轮宽测量值被转换成树轮序列曲线以显示树轮宽度随时间的变化，通过 TSAP[76] 或 PAST[77] 等特定程序计算的统计参数进行观测和统计上的交叉定年。*Gleichläufigkeit* 表示年轮序列之间每年的一致性，即同步生长变化的百分比[78]。用贝利和皮尔彻[79]（TBP）和霍尔斯坦[80]（THO）变换的 t 检验方法计算相关性的质量（彩版一〇），皮尔逊积矩相关法（r）经常用于两组数据之间的线性相关检验[81]，但需要去除个体的生长趋势[82]。这种去趋势方法已经包含在 t 检验计算（TBP，THO）中，以突出逐年的变率。保存供进一步研究的原始轮宽数据也至关重要，简单的 ASCII 文本代码可在任何操作系统中可读，并且数据便于传输。最常用的文件格式是图森格式（Tucson, .rwl 或 .tuc）和海德堡格式（Heidelberg, .fh）。我们建议使用海德堡格式，因为它支持髓心、边材年轮、带树皮边缘年轮等原数据信息的保存。

　　交叉定年必须包括统计学方法和测量的年轮宽度序列的直观比对。树木间的年轮模式（即宽轮和窄轮的顺序）的比较可以将每个年轮确定到精确的日历年份，这样可以建立不同来源、时间重叠的大量树轮序列构成的树轮宽度年表（彩版九、彩版一〇），这些年表长度从几百年到几千年[83]，可作为参考年表用于树轮年代学定年。参考年表的质量在很大程度上取决于高的复本量，理想情况下样本应在全部时段内均匀分布，这会显著提高过去生长速率的可靠估计与定年成功率[84]。参考年表所指示一致生长模式的空间范围无法明确界定，这取决于物种及其分散的生理地理区域。由于这个原因，尤其在研究树轮考古学材料时，建立局地和区域年表并将其合并为大区域年表是非常必要的。树轮年代学数据库促进了研究特定问题的单个年表的建立，考古和历史木材的成功定年通常需要几个独立的参考年表来证实，复本的不断增加使参考年表得以定期更新与改进。

（四）树轮年代学定年的精确性

　　在与参考年表成功匹配后，每个年轮可以被确定到一个日历年份。为了获取树木的砍伐时间和木质建筑的建造时间，需要考虑更多的因素，这包括：①材料的保存情况；②树种（例如用于估计的边材数）；③样本上是否存在最外侧年轮（带树皮边缘年轮），即砍伐前形成的最后一个年轮。

　　如果带树皮边缘年轮存在并可以观察到其生长阶段（如早晚材形成），则可以通过所谓的"带树皮边缘年轮定年法"来确定树木的砍伐年份和季节。对于橡树（*Quercus* spp.）或欧洲落叶松（*Larix decidua*）等存在明显边材的树种，如果带树皮边缘年轮丢失但存在边材年轮，则可在最外侧年轮基础上添加边材年轮数的经验值，以估计具有特定边材数树种的砍伐年份，例如橡树砍伐时间的可估计精度约为 10 年。在边材年轮和带树皮边缘年轮缺失（即仅存在心材）的情况下，只能提供终止年份（*terminus post quem*，即可能的最早砍伐时间），可获得该树种边材年轮数的经验值区间，将其添加到最后测量的心材年轮数上。

关于缺少的边材年轮数，不同地区存在不同的经验值[85]。例如，橡树的边材年轮数在英国一般为 10~55 个[86]，在德国西部一般为 9~33 个[87]，在德国北部为 10~30 个[88]，在波兰为 9~23 个[89]，在潘诺尼亚（Pannonia, SI, HR, RS）南部地区为 5~32 个[90]，在摩拉维亚（Moravia, CZ）为 5~21 个[91]，在波罗的海和芬兰南部为 6~19 个[92]。所有这些数值都是基于统计平均值的估计，因此树木个体的确切边材年轮数依然是未知且存在很大差异的[93]（图 5）。除了树木生长的地理区域外，其年龄和生长条件也会影响边材年轮数的估计，例如老龄和生长缓慢的橡树边材年轮多于幼龄或快速生长的橡树[94]。

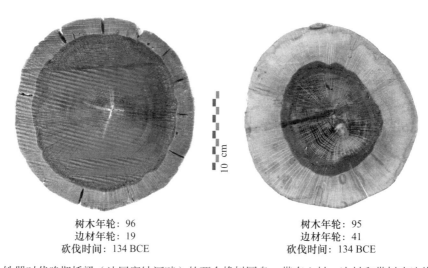

树木年轮：96　　　　　　　　　　　　树木年轮：95
边材年轮：19　　　　　　　　　　　　边材年轮：41
砍伐时间：134 BCE　　　　　　　　　砍伐时间：134 BCE

图5　铁器时代晚期桥梁（法国塞纳河畔）的两个橡树圆盘，带有心材、边材和带树皮边缘年轮

Figure 5　Stem disks of two oak piles from a late Iron Age bridge (Pont-sur-Seine, France) with heart wood, sapwood and waney edge

（五）对历史气候、木材利用、土地利用、定居史和建筑史的贡献

历史与考古木材的树轮年代学定年已发展为现代考古学和其他学科的一种标准方法。不仅如此，树木年轮也为过去的气候、木材利用、土地利用变化、定居史和建筑史提供了有价值的代用资料。近几十年来，树轮考古学家和古气候学家之间合作进行了各种气候重建研究[95]。

树木的生长趋势可能由各种因素引起。为了检测或增强某些气候信号并排除噪声，引入了几种统计方法[96]来保留短期（高频）和长期（低频）的气候信息。去趋势是必需的，因为树轮年表中的低频到中频信息适合研究年代际到百年尺度的气候变化（如中世纪气候异常、小冰期等），而高频信息增强了年际变率并适用于极端年的分析[97]。然而，气候信号在多大程度上与树龄、局地生态和人为因素所叠加仍不确定。由于考古木材的林分条件未知，来自不同地点的大量复本可以消除树轮考古序列的非气候噪音[98]。此外，为了提高考古木材中得到的树轮年表的气候信号，可以采用几种方法：首先，"随机抽样"方法[99]可以实现考古和现代木材的高时空复本量和等年龄分布[100]；其次，可以检查每条树轮序列高频到中频的主要生长模式，这可能指示了虫灾（如金龟子暴发）[101]或与过去的森林管理有关（如规整的灌木林）[102]。

　　为了保留和检测树轮年表中不同频率的气候信息，可以使用一系列的标准化方法来去除非气候因素引发的噪音，如个体树轮序列的年龄趋势。这些标准化方法包括不同的统计模型，例如样条函数、负指数曲线或区域曲线标准化（RCS）方法[103]。去趋势后的树轮年表可以与器测气候数据（大多数情况下从20世纪开始）进行相关分析，以证明气候条件与该地区树木生长之间的直接关系。树轮气候重建基于气候-树木生长关系的稳定性假设[104]，在过去的几十年中，一些气候重建方法得以应用，包括反向建模、缩比和回归模型[105]。

　　树轮考古学材料中存在物种组成、树木年龄与大小、生长突变、导管尺寸与形成的信息，有助于理解人类与森林相互作用的过程。例如，人们已经在时空维度上建立了火烧清理、刀耕火种、林地退化和森林管理的模型，例如规整的灌木林[106]。研究木制品和树种选择的演变可为工具和木材加工技术发展的研究提供基础[107]，对单个木结构的详细调查可为其建立制作流程（*chaînes opératoires*）[108]。

　　木材年表与砍伐时间数据集的分析是研究区域定居动态、建筑活动和人口变化的关键前提，这些活动一般与经济发展和危机相关联[109]。通过将定量的树轮考古学研究和地理信息系统（GIS）相结合，可以实现从局地定居动态到大规模人口发展的时空综合研究[110]。

四、欧洲树轮考古学的起源和现状

（一）长年表

　　欧洲已建立了大量来自活树和遗存木材的千年树轮宽度年表，如奥地利阿尔卑斯山（9111年）[111]、德国北部（8000年）[112]、爱尔兰（6939年）[113]、瑞典北部（7400年）[114]以及芬兰拉普兰（7519年）[115]。贝克尔最初在1993年建立的"全新世橡树年表"[116]已被修订扩展为"前北方期（Preboreal）松树年表"[117]，这一复合数据集长度为12460年并追溯至晚冰期，这在全球范围内是独一无二的。

　　尽管欧洲年表的时间覆盖度很长，但在区域性、树种和复本量方面存在显著差异。对于大多数地区，经济相关的树种至少有长达千年的年表，但仍有大量年表尚未完全公布。在北欧和中欧，橡树（*Quercus* spp.）、欧洲银冷杉（*Abies alba*）、欧洲水青冈（*Fagus sylvatica*）、欧洲云杉（*Picea abies*）、欧洲赤松（*Pinus sylvestris*）、欧洲落叶松（*Larix decidua*）和瑞士五叶松（*Pinus cembra*）等树种都有长时间的年表序列[118]。在南欧，建立了几百年长度的橡树（*Quercus* spp.）、欧洲水青冈（*Fagus sylvatica*）、冷杉属（*Abies* spp.）、刺柏属（*Juniperus* spp.）、欧洲落叶松（*Larix decidua*）、欧洲黑松（*Pinus nigra*）、波士尼亚松（*Pinus heldreichii*）和山赤松（*Pinus uncinata*）的年表[119]。

上述许多年表是利用老龄林中的活树或结合历史木材样本建立的（彩版九）。现代与中世纪保存完善的建筑可以提供过去千年的数据，但完好保存的古木结构干木材极为罕见。为了追溯到更远的时间，考古发掘中的饱水木制品以及砾石坑和古河道中的亚化石木材对于延长树轮宽度年表至关重要。全新世期间存在几个复本量较低的时期，一些可能与区域研究空白有关，而另一些则与人口变化、文化过渡时期（例如公元前5世纪铁器时代晚期的开端，公元5世纪从古典时代晚期到中世纪早期的过渡）的定居变化所引发的跨区域现象有关，这些阶段通常与危机有关，而社会经济繁荣期往往伴随着更多的木材遗存[120]。在低复本量的时期，来自自然沉积物的亚化石木材提供了重要的额外样本，亚化石木材在一些地区甚至是最重要的树轮样本来源[121]。

（二）亚化石木材

保存在自然沉积物中的历史森林树木，可在砾石坑、泥炭、沼泽和冰川前缘中发现。木材沉积是一些自然作用的结果，最重要的是侵蚀作用。这些树木可以用来建立树轮长年表，并为河流和冰川动态的历史、树线的变化、泥炭地与河岸森林的演变，以及可能的人为影响提供重要的信息[122]。由于亚化石树木通常比考古木材保存更加完好，它们常被用于建立以及更新放射性碳校正曲线[123]。树轮年代学和放射性碳证据相结合，一方面提供了高分辨率的代用资料用于晚冰期的气候变化研究，另一方面也可用于地震和火山喷发等环境事件的高精度定年[124]，尤其在如新仙女木期（距今12900～11700年）等气候变异性高但数据匮乏的时期[125]。

保存在欧洲河流冲积层中的亚化石树木，对于记录河岸森林植被的形成、演变和破坏具有重要意义[126]。保存在河流沉积物中的大量冰后期树木指示了洪水频发和河流变化的阶段，并提供了人为影响与破坏的信息[127]。目前已经在区域到全球尺度上研究了全新世早期至晚期的高山地区冰川和树线动态[128]。

来自泥炭地的亚化石树木是全新世古水文和古气候研究的重要代用资料，对于我们理解水文气候和陆地碳循环的长期变化至关重要[129]。尽管在大多数情况下亚化石树木体现的人类影响有限，但它们同样是树轮考古学研究需要考虑的重要数据来源。

（三）考古木材

考古遗址中出土了过去人类社会的大量木材遗存。在欧洲所发现最古老的人工木制品是来自德国舍宁根（Schöningen）的约30万年前的狩猎矛[130]。而大量的木制遗存出现在公元前六千年中期开始的定居文化时期，当时定居在欧洲肥沃黄土区的第一个农业社会系统地使用了大量木材，他们的居住地有长达40米的长屋，建造这种全年居住的建筑需要大尺寸的木材和木工技术的创新[131]。在这个时期，对自然环境的首次密集人为影响发生在清理森林以建立农业区的过程中。在过去几十年中，欧洲出土了公元前六千年定居点的一些水井，技术研究揭示了欧洲第一批农民令人印象深刻的木工技能，这些水井中的大量木材推动了不同树轮年表的建立，迄今为止依然是欧洲树轮定年的最古老的考古遗存[132]。

干栏式居址的特殊保存条件使大量的考古木材得以出土，最早的例子可以追溯到公元前 6000 年的南欧[133]。在中欧，环山湖泊中发现了公元前 5000 年的干栏式居址，联合国教科文组织自 2011 年起将"阿尔卑斯山周围的史前干栏民居"列为了世界遗产，6 个国家共 111 个考古遗址得到了保护（https://whc.unesco.org/en/list/1363）。这些遗址中，从约公元前 4200 年开始就存在树轮年代学精确定年的木结构，这为树轮考古学研究提供了大量的饱水木材[134]。考古学、古植物学和树轮考古学数据的结合为研究史前社会经济，包括其社会网络、畜牧业和森林管理提供了详细的资料[135]。从新石器时代晚期到公元前 500 年左右的铁器时代，史前干栏式居址最有可能是在气候条件有利时周期性地出现[136]。干栏式居址的历史记载和树轮年代学定年能以高时间精度对定居点的结构与发展进行详细的研究[137]。许多湿地遗址以多时期居住并有数千个干栏式居址为特征，因此只有在树轮年代学定年、木材种类鉴定和进行横截面类型学研究之后，才能分辨出单个结构的平面图[138]。此外，湿地遗址还发现了各种日常用途的木制品，例如器皿、工具与武器，并提供了木材文化和技术的详细信息[139]。在湿地区域以外，这些木制品只能保存在水井这样有水饱和条件的单一结构中[140]。近年来，抢救性考古发掘也在高地下水位的大河谷发现了大规模饱水定居区[141]。特别是在罗马时期，考古遗址的数量和质量显著增加。因为政治和管理效率的需求，中欧许多地区在公元 1～3 世纪进行了大量的建筑活动，产生了大量的考古木材[142]。高度发达的贸易网络和不断增长的城市进程导致了大规模的森林资源开发[143]。罗马帝国末期的社会经济衰退反映在减少的建筑活动中，也导致了公元 4 世纪末和 5 世纪的树轮考古学样本非常有限[144]。

欧洲大部分考古遗址中没有有机组织的保存，在这些地区树轮考古学研究仅限于化学变性的木材，例如木炭或矿化木材。这些高度碎片化的遗存很难显示木制品原表面的痕迹，也很难提供足够多的年轮。在大多数情况下，它们不适合技术特征或树轮年代学分析。但仍可以对它们进行分类学鉴定，并估计所利用的树干最小直径。利用大型木炭数据集，可以研究当地植被覆盖情况、土地利用、森林开发以及考古年代学等问题[145]。而矿化木材由于其特定需求的机械性能，提供了例如武器制造的木材利用与选择的独特信息[146]。

（四）来自古建筑的木材

大量的历史木材，例如屋顶桁架、顶棚托梁、扶壁和基底柱，保存在建筑的干燥环境中，在许多情况下仍完好无损，为深入理解过去千年的建筑史提供了材料[147]。特别是教堂等宗教建筑，以及从中世纪到现代的公共建筑与私人民宅，都是树轮考古学研究的宝贵数据来源[148]。历史建筑的年代测定主要由文物保护或文物普查部门发起，为了保护建筑遗址，进行翻新、修复、再利用，或在拆除过程中进行记录[149]。这些建筑年代信息对于建筑史以及城乡发展研究非常重要[150]。

木材在建筑中的位置信息可以用来研究建筑类型和技术创新的演变。本土建筑显示了例如平面图和房间划分等独特的建筑细节，这些细节通常是某些时期和地区的典型特征，因此可以揭示当地建筑的技术发展和建筑传统的地域差异[151]。

建材树种因不同地区和建筑的功能而异，与潮湿的土壤环境接触的建筑结构几乎全部使用橡树（*Quercus* spp.）木材，经常用于木框架和屋顶结构的树种有欧洲银冷杉（*Abies alba*）、欧洲云杉（*Picea Abies*）、欧洲赤松（*Pinus sylvestris*）和欧洲落叶松（*Larix decidua*），可以推测古代工匠对各树种的力学性质与其他特征具有经验性的知识[152]。不同区域对建材树种的偏好受其自然分布的影响很大[153]，例如由于针叶树的稀少，西欧低地国家本土建筑的所有结构经常使用橡树[154]。北欧的本土建筑材料以松树为主，而冷杉和云杉更常见于中欧的建筑[155]。落叶松仅在阿尔卑斯山脉和塔特拉山脉的部分高海拔地区被优先利用[156]。来自阿尔卑斯山的落叶松，也在威尼斯共和国塞里尼西玛（The Venetian Republic Serenissima）为主的地区大量使用[157]。地中海地区最常用的树种是橡树（*Quercus* spp.）、欧洲栗（*Castanea sativa*）、松属（*Pinus* spp.）、冷杉属（*Abies* spp.）、刺柏属（*Juniperus* spp.）和雪松属（*Cedrus* spp.）[158]。在地中海的稀树区，木材进口起着极其重要的作用[159]。

在欧洲，古建筑木材的基础数据存在时间和地区的差异。许多现代城镇与乡村是在12~13世纪中世纪集权统治的巩固时期建立起来的，而那些在公元1200年前就已存在的城市定居点在13世纪和后来的大规模重组过程中大都发生了结构性改变[160]，因此这些时期通常缺少普遍的代表性。绝大多数研究木材来自小城镇，通常是现代已不再使用的乡村古建筑，它们更易在19世纪和20世纪后期的战争与城市更新中幸存下来。17世纪之前的农村农场建筑很少保存下来，因此只能在有限的程度上得到研究。而对于中欧大部分地区而言，三十年战争（Thirty Year's War, 1618~1648年）可能极大地摧毁了乡村地区的古建筑[161]。

（五）来自古代工艺品、乐器与家具的木材

树轮考古学分析也可以应用于木质艺术品，如嵌板画、雕塑、家具和乐器。这些精美艺术品最重要的研究是木材的精确定年和来源分析，主要由博物馆或艺术机构的艺术史学家进行。由于在高度专业化的艺术产业中，木材的实际来源在许多情况下并不清楚，因此这些木材资源不能应用于古气候学研究，但木质艺术品提供了古代树种选择和木材加工技术方面的信息。

欧洲嵌板画的首次树轮年代学分析是在20世纪60年代和70年代，由德国生物学家约瑟夫·鲍赫（Josef Bauch）[162]对德国中世纪画家的作品进行的。在20世纪70年代中期，弗莱彻（J. M. Fletcher）[163]开始对15~17世纪的英国和佛兰德艺术家的嵌板画进行树轮年代学分析，从此树轮年代学被经常应用于艺术品[164]与乐器[165]的研究。弦乐器的材料通常经过精心挑选，如具有均匀细纹理质地的云杉树可以发出最优美的声音[166]。

应用无损方法，可以直接在木板或乐器面板上测量年轮宽度，或在面板横截面拍摄照片（约每段5cm）进行测量[167]，工业CT扫描或X射线等更多现代技术被用来进

行树木年轮的无损分析[168]。家具的树轮年代学分析不太常见但同样重要，因为家具反映了社会中木工技术和审美风格的变化[169]。

五、树轮考古学的应用和多学科领域

（一）木工技术的演变

自旧石器时代以来，木材一直是各种用具的重要原材料，如制造狩猎的武器[170]。旧石器时代晚期（距今约 50000～12000 年）和中石器时代（距今约 15000～5000 年）的游猎部落使用木材制作工具、武器和临时住房。木工技术的第一次重要创新是在新石器时代（公元前 6000～前 2200 年），定居生活需要加工大型木材、建造适合全年居住的永久建筑。这一时期的水井为高大橡树的利用提供了证据，这些橡树常常被分割用于砌块构造，并有表面处理和角接的精湛木工技术[171]。木材遗存上的加工痕迹提供了不同工具被用于特定工作程序的证据[172]，新石器时代木匠制作的不同类型木构件显示了欧洲第一批农民令人印象深刻的木工技术[173]。在新石器时代的进一步发展过程中，由数百棵成年橡树建造的大型建筑表明了更大社群的合作，为社会经济的发展提供了证据[174]。在欧洲的史前和原始历史时期，橡树一直是建筑用材的首选物种。

随着新工具材料的出现，木工技术得到了新的推动。在公元前三千年后期，青铜首次出现在欧洲大部分地区，冶铁技术在公元前一千年早期开始传播，金属工具的使用推动了新的木材加工技术和新型建筑的发展。重要的创新包括新工具的开发，例如木工钻和锯子，与其他发明一起加快了欧洲的文明进程。在欧洲铁器时代晚期和罗马时代，冶铁技术的改进促进了能纵向切割木材的长锯的发展，这有助于生产厚度不同的木板（图 6），这与罗马时代发明的木工刨一起革新了家具的制造[175]。水力作为磨坊的机械动力首先应用于欧洲古典时代，并于中世纪早期在欧洲的不同地区进一步发展[176]。水磨装置完全由木材制成，这需要广泛的机械知识和高精度的木工技术。这些早期的复杂机械装置也被改造来切割木材，在约公元 1200 年的中欧出现了第一批锯木厂[177]。在 12 世纪和 13 世纪，磨坊技术在欧洲广为传播，并成为改变经济结构的主要驱动力[178]。在中世纪晚期和近代早期，手工业行会的发展和木工行业的多样化催生了各种各样的专用工具[179]。

（二）木材和货物的运输

由于欧洲大部分地区的先民自新石器时代起开始了定居生活，定居点附近的森林被大量地开采，这导致了木材的短缺。因此，人们不得不从更远的地方砍伐木材并运输到居址。史前聚落经常发现在湖岸和河边，古人通过在水中拖曳或漂流轻松地运输建筑材料。在康斯坦斯湖（Lake Constance）北岸与南岸的不同住宅中发现了来自同一林分的木材，这为木材运输提供了间接证据[180]。

法国奥布河沙特洛新城（La Villeneuve-au-Châtelot, Aube）出土了公元前 3232 年的新石器时代木栅栏，其中各个木材上的结构性凹槽表明它们曾被组装为木筏，这为当

图6 板条和宽木板的纵向锯切

Figure 6 Longitudinal sawing of planks and boards

1. 来自法国兰斯罗马港口的带有 "V" 形锯痕的橡木板（公元 1 世纪） 2. 来自法国勒瓦尔德阿霍的
带有 "V" 形锯痕的古建筑横梁（公元 18 世纪） 3. 来自法国培根尼埃的旧明信片，记录了锯木过程

1. Oak board with a characteristic "V" saw mark from the Roman harbor in Reims, France (1st century CE) 2. Sawing
marks with a characteristic "V" mark on a beam from a historical building in Le Val-d'Ajol, France (18th century CE)

3. Historical postcard from La Baconniĕre, France, depicting the sawing process

地的木材通过水路运输提供了第一个证据[181]（图 7）。与水路运输相比，陆路运输是更繁琐的过程。自新石器时代以来，大量的木材被用于道路建设，以便在沼泽地区进行陆地运输[182]。欧洲第一个车轮的证据可以追溯到公元前四千年末和前三千年初[183]。公元前 2000 年左右，被驯化的马在欧洲发展开来，马为快速运输提供了新的劳动力[184]，这促使了早期青铜时代新型马车与车轮的发展[185]。青铜时代可转向前轴的发明对木制道路的尺寸产生了影响，这些路被修建得比新石器时代的道路更窄[186]。在青铜时代，马车不仅用于运输，还成为了威望的象征，一直到铁器时代权贵的坟墓中都出土有马车陪葬品[187]。

除马车以外，船舶是最重要的木材运输工具。这些运输工具本身就由木材制成，并在运输各种其他货物方面起着举足轻重的作用。

早在中石器时代，简单的独木舟就已在欧洲出现，到了中世纪后期依然在一些地区用于捕鱼和短距离运输[188]。1922 年，在德国上斯瓦比亚（Upper-Swabia）的"威尔

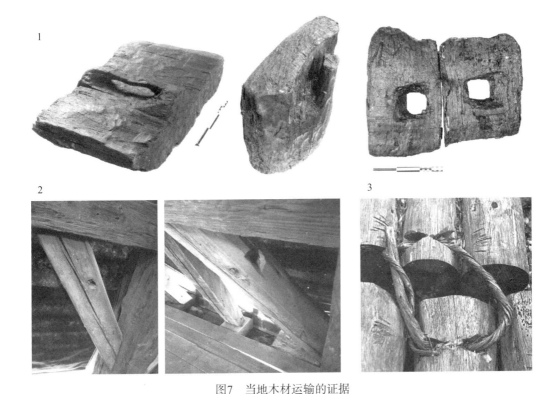

图7　当地木材运输的证据

Figure 7　The proof of local timber transport

1. 新石器时代栅栏的橡木柱，带有用于漂浮木材或陆上运输的凹槽（公元前 3231 年）

2. 建筑木材上的凹槽经常在屋架上发现，这是木材漂流运输的典型特征（法国阿尔萨斯科尔马，公元 18 世纪）

3. 现代复原的木筏结构详图

1. Oak posts from a Neolithic palisade (3231 BCE) with recesses on the basis used for timber floating or over land transport

2. Recesses on construction wood frequently found in roof trusses (Colmar, Alsace, France, 18th century CE) typical for

timber rafting　3. Detail view on the raft assemblage of a modern reconstructed raft

登里德（Wilden Ried）"发现了最古老木筏的考古证据，它可以追溯到青铜时代[189]，但可以推断这种木筏在更早以前已经被使用过[190]。用于内陆和海上航行的大型船舶要求更复杂的结构，在欧洲发现最早的大型船可以追溯到铁器时代，例如来自丹麦的约特斯普林（Hjortspring）[191]。考古发现，公元前 6 世纪在法国马赛（Massalia, Marseille）和公元前 3 世纪在斯洛文尼亚卢布尔雅那（Ljubljana）的带有系带板材的船只，说明了地中海航海船的建造传统对欧洲内陆船的影响[192]。自罗马时代以来，船舶的类型有所发展[193]，并在中世纪和中世纪以后出现了进一步的技术创新[194]。这些木船的出土地可能与其建造地相距遥远[195]，这使其成为树轮溯源学的重要研究对象[196]。

　　木桶是用于容纳各种贸易物品的容器，在罗马和后罗马时代经常在井壁或厕所中再次使用[197]。木桶是精心制作的物品，可以揭示有关精准的木工技术、制造，以及贸易系统的详细信息[198]。此外，在木桶上发现的品牌标志和涂鸦为铭文和其他研究提供了信息[199]。

　　木材本身就是一种重要的贸易商品。在古典时代发现了木材长途运输的第一个迹象，罗马港口和桥梁中发现了欧洲银冷杉（*Abies alba*），而这一物种的自然生境在中欧的美因茨（Mainz）和科隆（Cologne）地区[200]。在荷兰沃尔堡-阿伦茨堡（Voorburg-Arentsburg）发现了罗马木材长途运输的进一步证据[201]。新的树轮考古学研究表明，来自阿尔卑斯山北部地区的橡树木板通过河流和海洋进行运输用于罗马的城市建设，这进一步证明了这一先进的物流基础设施[202]。在后罗马时代（公元前第一个千年后）的欧洲，人口的增长和城市的快速发展加速了区域森林的衰退[203]，并推动了通过海上贸易和陆地水系的密集木材贸易[204]。首次关于中世纪大小河流中木材漂流的历史证据可以追溯到 12 世纪和 13 世纪[205]，证明了木材运输在河流中的重要性不断增加[206]。山区大量漂流基础设施的发展，导致了用于燃薪和木材的新森林区域逐步开发[207]。玻璃和盐的原始工业化生产，成为主要消耗燃薪的环节[208]。从 14 世纪开始，中欧大部分地区古建筑木材中普遍使用了针叶树种，这是在大陆范围内进行广泛木材运输的有力证据，有时可以在古建筑中的木构件上找到漂流的痕迹[209]（图 7-2）。漂流运输的原木在不同河系中组装方式的地区差异，也蕴含着木材来源的信息[210]。

　　在 10 世纪，西欧和中欧一些地区的古老森林枯竭之后，用于艺术品的精选优质木材（尤其是橡木木材）的需求量很大[211]。因此，这些地区自 14 世纪中叶起从波兰和波罗的海其他国家进口的寿命长、纹理直的橡树木材数量逐年增加[212]。14 至 18 世纪，瑞典王国和波兰立陶宛联邦与英格兰和低地国家开展了活跃的波罗的海木材贸易[213]，主要是通过船舶运输准备好的板条、宽木板与厚窄板等[214]。

（三）森林史

　　欧洲实验室建立的树轮考古学综合数据集提供了人为活动对森林环境影响的信息。欧洲森林中物种的自然组成取决于各种因素，包括土壤性质、环境和气候条件、不同树种的生态幅、物种出现时间以及森林生态系统内的种间竞争[215]。然而在整个全新世期间，人类社会已经影响了欧洲大部分地区的天然林组成。人类对冰期后森林的影响可能在中石器时代已经发生，例如通过采集以及对大型食草动物的狩猎，改变了物种分布来间接地影响森林[216]。人类对森林组成的显著影响至少始于新石器时代的定居社会，人们为了农业和定居地需要采伐建筑木材并清理森林区域。在整个史前与历史时期，人口增长和宜居地的相继移民伴随着增加的森林开发。因此，欧亚大陆西部现今几近不存在天然林[217]。

　　几千年来，人们一直在将森林资源用于日常生活的各种目的。为了满足对同一森林区域的燃料和木材的持续需求，当地社区必须制定可持续的资源供应策略。来自康斯坦斯湖干栏式居址的大量树轮考古学数据表明，早在新石器时代晚期已经出现了当地森林的周期性利用[218]。在清除原始森林的第一阶段后，可以根据新石器时代定居期间的木材尺寸、个体树龄和生长模式的树轮类型学研究，推测出多种不同的森林处理形式[219]。在公元前 36 世纪，霍恩斯塔德 - 霍恩勒（Hornstaad-Hörnle）的新石器时代干栏式居址记录了类似萌生林的森林结构，但没有系统管理的证据[220]。采伐、放牧和随后的森林退化、森林利用面积的变化、自然造林和清理，这些森林过度开发的交替阶段显示了自然和人为因素的复杂相互作用。锡普林根奥沙芬（Sipplingen Osthafen）的树轮考古学数据提供了当地社区连续使用同一林地的首个证据，在公元前 2915～前 2864 年间的持续建筑活动证实了类似萌生林的森林管理[221]。青铜时代和铁器时代的居址也发现了类似的森林管理模式[222]。在史前社区也不能排除其他可能的造林模式，例如萌生林和标准林的森林结构。然而，这种管理实践以高强度大规模森林砍伐和缺乏替代性区域木材资源为前提，需要一定的人口条件，这在罗马时代之前的欧洲大部分地区可能并未发生[223]。

　　欧洲萌生林和标准林管理的第一个历史证据出现在公元 13 世纪初[224]。中世纪晚期和现代早期存在大量的书面历史证据[225]，由于人口增长和城市化，这种造林模式对于确保中世纪中欧木材和燃薪的稳定供应是必要的。树轮考古学研究为早在公元 6 世纪就存在这种更复杂的造林实践提供了有力的证据，从中世纪早期到现代，大约 1400 年间都存在着森林管理的现象[226]。萌生林和标准林管理在中世纪和现代早期发挥了重要作用，直到化石燃料替代了燃薪，才出现了经济林向现代乔木林的转变[227]。在此之前，历史纪录中无数的纠纷和利益冲突说明了欧洲许多地区资源匮乏的加剧[228]。推测在史前人口稠密的地区也出现过类似的冲突，但由于缺乏历史纪录而无法证实。尽管如此，年生长变率、树木龄级和物种的变化等树轮考古学参数，也可能指示了欧洲森林管理方式的长期时空变化[229]。

（四）环境史（气候、人为土地利用、森林砍伐）

　　树轮宽度的年际变化是树轮考古学的基础参数，木材密度、稳定（$\delta^{13}C$ 和 $\delta^{18}O$）和不稳定（$\delta^{14}C$）同位素的变率也可以提供高时空分辨率的信息，是气候环境重建的历史代用资料[230]。在欧洲，树轮气候学研究主要集中在高海拔针叶树种的温度重建，一般来自阿尔卑斯山[231]、比利牛斯山[232]、喀尔巴山脉[233]和斯堪的纳维亚半岛的北方森林[234]。在这些树线地区，树木的年生长量主要受短生长季（6 月至 8 月）的温度控制，因此树轮宽度和最大晚材密度序列中存在明显的温度信号[235]。除了来自东地中海[236]和北非[237]等地的水文气候重建，来自斯堪的纳维亚半岛南部[238]、斯洛文尼亚[239]、摩拉维亚[240]和德国南部[241]的针叶树物种也为中欧和北欧提供了降水重建数据。但对于中欧低海拔地区对气候敏感的阔叶树种，目前只有少数几项研究[242]。

　　与森林生态有关的信息可以从考古材料的物种分布中获得。随着时间的推移，局地到区域的差异指示了自然森林群落的变化。结合孢粉学记录可以研究森林生态系统的长期变化，以及物种迁移史和森林群落建立与巩固的重要信息[243]。

　　考古木材的其他解剖特征为研究过去的生态条件提供了更多的信息。落叶会导致树木解剖结构中可见的生长反应，例如早材异常、不规则形状的小导管或微增厚的晚材组织细胞[244]。落叶事件有多种可能的原因，例如人为（污染、管理）或自然（洪水、风暴、昆虫）原因（图 8）。尽管并不能将所有的解剖特征归因于特定事件，但木材解剖学特征和年轮模式的结合有助于深入的解释。例如，考古木材样本中的较宽早材结合可观察的特征性年轮模式，可被归因于虫害[245]（图 8-1）。大规模的金龟子虫害根据地区的不同，遵循3～5年的周期，生长初期的虫害导致明显的落叶，伴随着径向生长的减少和早材导管数量的增加[246]（图8-1），这种特殊的树轮周期模式偶尔在亚化石树木和考古木材中发现[247]。明显的生长下降和导管异常也可能与修剪和洪水事件导致的部分落叶有关（图8-2）。然而，不同事件只有结合树轮年代学研究才能区分，并需要存在可归因的树轮模式。在考古和亚化石木材中也可以显示其他的木材解剖特征，例如霜轮、物理损伤、增生、反应木和创伤性树脂道，它们的具体解释依赖于数据量和整体背景。

图8　树轮异常事件

Figure 8　Tree-ring anomalies

1. 瑞士迪森霍芬的橡树的金龟子虫害模式，每三年出现周期性的生长降低伴随着较高的早材生长量

2. 对土耳其栎（*Quercus cerris*，阿尔巴尼亚）的人为修剪，使树轮宽度（红色箭头）出现了两年的降低

3. 来自德国韦尔布豪森的橡树标准林的树盘，萌生林和标准林管理实践导致了树木的周期性生长释放模式

1. Cockchafer outbreak pattern on a recent oak from Diesenhofen, Switzerland, with cyclic growth reductions every three years combined with higher early wood production　2. Two years reduction in tree-ring width (red arrows) by pollarding of oak (*Quercus cerris*, Albania)　3. Stem disk from an oak standard (Welbhausen, Germany) with periodical growth release pattern induced by coppice-with-standard forest management practice

（五）树轮考古学和放射性碳定年

考古学中另一定年的基本方法是基于有机质中放射性同位素（放射性碳，$\delta^{14}C$）的部分衰变。大气中的放射性碳含量因上层大气的产生和全球碳循环的变化而变化。放射性碳测年和树轮年代学密切相关，因为树木年轮为校正放射性碳随时间的变化提供了重要的材料。校正曲线作为过去约50000年的放射性碳（^{14}C）定年的全球标准，在不断提高分辨率和复本量[248]。来自考古材料的树木年轮包含了贯穿全新世的高精度数据，最近的研究已经显示了树木年轮校准对于晚冰期的重要意义[249]。

树轮年代学和放射性碳测年方法的结合也被用来校准树轮长年表。改进的年际放射性碳测定能够观察到突变与异常活动事件，例如全球范围内显著增加的宇宙生成放射性核素的大气生成率[250]，这些事件能够在分属南北半球的树轮年表中独立检测到，并可以与其他长期代用资料（例如珊瑚和冰芯中的同位素）相对应[251]。年表对于精确定年未在历史文献中记录的火山爆发非常重要[252]。例如依据公元774/775年的^{14}C峰值，可以通过带树皮边缘年轮的年轮数来确定未知火山爆发事件的年代[253]。另一个突出的例子是利用公元993年的^{14}C急剧偏移精确定年了公元1021年纽芬兰北欧海盗活动[254]。通过这种方法，全世界所有发现这种^{14}C急剧偏移的木材都可被准确定年，这对于缺少树轮参考年表的地区尤为重要。多种代用资料的一致性至关重要，需要在年际尺度比较树轮和碳十四的独立定年结果，因为放射性碳定年的十年或五年分辨率可能导致误差[255]。到目前为止，可以观察到的^{14}C活动峰值有公元993/994年、公元774/775年、公元前660年、公元前813年和公元前5480年[256]，预计未来深入的研究会揭示更多的大气^{14}C峰值事件。

六、结 论

树轮考古学是一个非常广泛的研究领域，可以为许多学科做出重要贡献，不局限于仅提供年代信息（图9）。所有时代几乎都可以找到木材遗存，因此树轮考古学家应该对跨学科方法和研究过去的各个领域保持开放态度。树轮考古学研究的主要前提是在全时段内有良好复本量的全面数据库，欧洲不同地区高质量的树轮数据量差异很大，尤其是阿尔卑斯山的南部和东南部。建立欧洲主要树种的千年树轮年表是一个持续的过程[257]，因此应尽量利用所有可用的木材来源：亚化石树木、考古木材、历史建筑、艺术品和现生立木，这对于完善树轮考古学记录是十分重要的。多来源的木材需要不同领域的积极合作，目前树轮考古学家与考古学家、历史学家、物理学家、气候学家、地质学家和

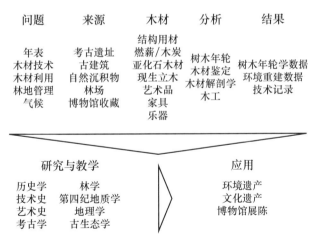

图9　树轮考古学的学科研究概述，包括与不同研究领域和应用相关的研究问题、木材来源、分析和结果

Figure 9　Overview of the research discipline dendroarchaeology including research questions, wood sources, analyses and results that are relevant for different research fields and applications

孢粉学家进行了最紧密的跨学科合作，为年代测定、技术史、放射性碳校正、古气候重建、火山活动和植被史等研究做出了重要贡献。

考虑到古植物 DNA 研究的最新进展，aDNA 在研究冰期后迁徙、树种的气候适应性以及木制品的来源方面具有巨大潜力[258]。树木年轮学各分支已经发展出很多新的方法，如通过研究密度、早材 / 晚材比率和细胞腔大小的变率来提取年际至年内尺度的信息[259]。但木材保存质量和类型的巨大差异以及林分和树木水平固有信息的缺失，限制了这些新方法在树轮考古学的普遍应用，因此树轮宽度依然是最准确、最广泛使用的研究方法。

　　附记　原作者 Tegel 教授及合作者慷慨地允许了我们翻译他们的著作，特此深表感谢！（原文 Dendroarchaeology in Europe. doi: 10.3389/fevo.2022.823622）。

注　释

［1］ Thomsen CJ. 1836. *Ledetraad til nordisk oldkyndighed. Copenhagen English edition 1848, A Guide to Northern Antiquities*. Copenhagen: Northern Antiquities.

［2］ Kipfer BA. 2000. *Encyclopedic dictionary of archaeology*. Berlin: Springer Science & Business Media.

［3］ Freese B. 2003. *Coal: A human history*. Perseus: Cambridge.

［4］ Ritchie H, Roser M. 2017. *Fossil fuels. Our world in data*. https:// ourworldindata.org/fossil-fuels.

［5］ Willerding U. 1996. Zur Waldnutzung vom Neolithikum bis in die Neuzeit. *Alt-Thüringen*, 30: 13-53.

［6］ Andraschko FM. 1996. Überlegungen zum Holzbedarf ur-und frühgeschichtlicher Siedlungen. *Alt-Thüringen*, 30: 81-100.

［7］ Douglass AE. 1909. Weather cycles in the growth of big trees. *Monthly Weather Review*, 37: 225-237.

［8］ Rump HH. 2011. *Bruno Huber 1899-1969-Botaniker und Dendrochronologe*. Ulmer.

［9］ a. Bräker OU, Bill J, Mühlethaler B, Schoch W, Schweingruber FH, Haas A, et al. 1979. Zum derzeitigen stand der nassholzkonservierung. Diskussion der grundlagen und resultate eines von fachlaboratorien 1976-1978 durchgefuehrten methodenvergleiches. *Zeitschrift Schweizerische Archaeologie Kunstgeschichte*, 36: 97-145.

　　b. Broda M, Hill CAS. 2021. Conservation of waterlogged wood—past, present and future perspectives. *Forests*, 12: 1193.

［10］ Huber B. 1941. *Aufbau einer mitteleuropäischen Jahrring-Chronologie: vorgetragen in der Sitzung am 6. September 1940*. Meschede: Sauerländer.

［11］ Wimmer R. 2001. Arthur Freiherr von Seckendorff-Gudent and the early history of tree-ring crossdating. *Dendrochronologia*, 19: 153-158.

［12］ Stoeckhardt JA. 1871. Untersuchungen uber die schadliche Einwirkung des Hutten-und Steinkohlenrauches auf das Wachsthum der Pflanzen, insbesondere der Fichte und Tanne. *Tharandter forstliches Jahrbuch*, 21: 218-254.

［13］ a. Kapteyn JC. 1914. Tree-growth and meteorological factors. *Recueil des Travaux Botaniques Néerlandais*, 11: 70-93.

b. Stallings WS, Schulman E. 1937. Some early papers on tree-rings. *Tree-Ring Bulletin*, 4: 41-2198.

［14］ Douglass AE. 1920. Evidence of climatic effects in the annual rings of trees. *Ecology*, 1: 24-32.

［15］ Douglass AE. 1935. *Dating Pueblo Bonito and other ruins of the Southwest*. Washington, D.C: National Geographic Society.

［16］ a. Eckstein D, Wrobel S. 1983. Dendrochronologie in Europa. *Dendrochronologia*, 1: 9-17. b. 同［8］。

［17］ Eckstein D, Pilcher JR. 1990. "Dendrochronology in western Europe," in *Methods of Dendrochronology: Applications in the Environmental Sciences*, eds L. A. Kairiukstis and E. R. Cook Boston, MA: International Institute for Applied Systems Analysis, Kluwer Academic Publishers, 1113.

［18］ a. 同［8］。
b. 同［10］。

［19］ Huber B, Holdheide W. 1942. Jahrringchronologische Untersuchungen an Hölzern der bronzezeitlichen Wasserburg Buchau am Federsee. *Berichte der Deutschen Botanischen Gesellschaft*, 60: 261-283.

［20］ Huber B, Jazewitsch WV. 1958. Jahrringuntersuchungen an Pfahlbauhölzern. *Flora oder Allgemeine Botanische Zeitung*, 146: 445-471.

［21］ Huber B, Merz W, Müller-Beck H. 1963. *Jahrringchronologische Synchronisierung der jungsteinzeitlichen Siedlungen*. Germania: Thayngen-Weier und Burgäschisee-Süd und-Südwest.

［22］ a. Huber B. 1963. Das Watterbacher Haus im Odenwald, ein wichtiges Brückenstück unserer tausendjährigen Eichenchronologie. *Floristisch-Soziologische Arbeitsgemeinschaft: Mitteilungen der Floristisch-Soziologischen Arbeitsgemeinschaft*, 10: 256-260.
b. Huber B, Giertz-Siebenlist V. 1969. Unsere tausendjährige Eichen-Jahrringchronologie durchschnittlich. *Springer*, 57: 10-150.

［23］ a. Kolchin BA. 1962. Dendrochronology of Novgorod. Dendrokhronologiya Novgoroda. *Soviet Archaeology*, 1: 113-139.
b. Bauch J. 1968. Die Problematik der geographischen Reichweite von Jahrringdatierung, dargestellt an Beispielen aus der norddeutschen Tiefebene. Dendrochronologische Untersuchungen an Objekten mittelalterlicher Kunst. *Kunstchronik*, 21: 144-145.

［24］ a. Hollstein E. 1967. Jahrringchronologien aus vor-romischer und romischer zeit. *Germania*, 45: 70-83.
b. Hollstein E. 1980. *Mitteleuropäische Eichenchronologie*. Mainz: Philipp Von Zabern.
c. Rzepecki A, Neyses-Eiden M, Frank T, Diethelm B, Herzig F, Tegel W. 2019. Missing link in Late Antiquity? A critical examination of Hollstein's Central European Oak Chronology. *Dendrochronologia*, 54: 20-28.

［25］ Hollstein E. 1965. Jahrringchronologische datierung von Eichenhölzern ohne Waldkante. *Bonner Jahrbücher*, 165: 12-27.

［26］ Becker B. 1982. Dendrochronologie und Paläoökologie subfossiler Baumstämme aus Flussablagerungen: ein Beitrag zur nacheiszeitlichen Auenentwicklung im südlichen Mitteleuropa. *Mitteilungen der Kommission für Quartärforschung der Österreichischen Akademie der Wissenschaften*, 5: 120.

［27］ Friedrich M, Remmele S, Kromer B, Hofmann J, Spurk M, Kaiser KF, et al. 2004. The 12,460-year

Hohenheim oak and pine tree-ring chronology from central Europe—a unique annual record for radiocarbon calibration and paleoenvironment reconstructions. *Radiocarbon*, 46: 1111-1122.

[28] Pilcher JR. 1976. *A statistical oak chronology from the North of Ireland*. Belfast: Queen's University Belfast, 0041-2198.

[29] Baillie MGL. 1977. The Belfast oak chronology to AD 1001. *Tree-Ring Bulletin*, 37: 1-12.

[30] Pilcher JR, Baillie MGL, Schmidt B, Becker B. 1984. A 7,272-year tree-ring chronology for western Europe. *Nature*, 312: 150-152.

[31] Leuschner HH, Delorme A. 1988. *Tree-ring work in Göttingen: absolute oak chronologies back to 6255 BC*. Göttingen: Universität Göttingen.

[32] a. Kuniholm PI. 1994. "Long Tree-Ring Chronologies for the Eastern Mediterranean Long tree-ring chronologies for the Eastern Mediterranean," in *Archaeometry 94*, eds S. Demirci, A. M. Ozer, and G. D. Summers Ankara: TUBITAK, 401-409.

b. Kuniholm PI. 1996. "The Prehistoric Aegean: Dendrochronological Progress as of 1995," in *Absolute Chronology: Archaeological Europe 2500-500 B.C. Acta Arch. 67*, ed. K. Randsborg Copenhagen: Munksgaard, 327-335.

[33] Bannister B, Robinson WJ. 1975. Tree-ring dating in archaeology. *World Archaeology*, 7: 210-225.

[34] Schweingruber FH. 1978. *Microscopic Wood Anatomy: Structural variability of stems and twigs in recent and subfossil woods from Central Europe*. Zürich: Swiss Federal Institute of Forestry Research.

[35] Schweingruber FH. 1976. *Prähistorisches Holz: die Bedeutung von Holzfunden aus Mitteleuropa für die Lösung archäologischer und vegetationskundlicher Probleme*. Bern: Haupt.

[36] Baillie MGL. 1982. *Tree-ring dating and archaeology: Croom Helm Studies in Archaeology*. Chicago: Croom Helm.

[37] Schweingruber FH. 1983. *Der Jahrring: Standort, Methodik, Zeit und Klima in der Dendrochronologie*. Bern: P. Haupt.

[38] 同[16]a。

[39] Reynolds P. 1985. *Iron-Age-Farm. Zur Rekonstruktion der Häuser von Biskupin*, 9-19.

[40] van Es WA, Verwers WJH. 1980. Excavations at Dorestad 1. *Harbour Hoogstraat I. Nederlandse Oudheden*, 9: 262-285.

[41] Dvorská J, Heußner KU, Polácek L. 1999. *Zum Stand der Dendrochronologie in Mikulcice*. Mähren: Akademie der Wissenschaften.

[42] Eckstein D. 1978. Dendrochronological dating of the medieval settlement of Haithabu Hedeby. *Dendrochronology in Europe*, 51: 267-274.

[43] Bernard V. 1998. *L'homme, le bois et la forêt dans la France du Nord entre le Mésolithique et le Haut Moyen-Age*, Vol. 733. Oxford: British Archaeological Reports Ltd.

[44] Billamboz A. 1988. Jahresringe im Bauholz. *Archäol. Württemberg*, 515: 529.

[45] a. Kuniholm PI, Striker CL. 1990. Dendrochronology and the Architectural History of the Church of the Holy Apostles in Thessaloniki. *Architectura Zeitschrift für Geschichte der Architektur*, 1-26.

b. Eißing T. 2005. "Zur Anwendung der Dendrochronologie in der Bauforschung: Einige kritische

Anmerkungen," in *Bauforschung-eine kritische Revision*, eds J. Cramer, P. Goralcyk, and D. Schumann Berlin: Lukas, 297-328.

c. Épaud F. 2007. *De la charpente romane à la charpente gothique en Normandie: évolution des techniques et des structures de charpenterie du XIIe au XIIIe siècles*, Publications du CRAHM.

d. Hoffsummer P. 2009. *Roof Frames from the 11th to the 19th Century: Typology and development in Northern France and in Belgium: Analysis of CRMH Documentation.* Belgium: Brepols Publishers.

e. Kyncl J. 2016. *Letokruhy jako kalendář i záznamník: Zajímavosti z dendrochronologie.* Prague: Grada Publishing.

f. Domínguez-Delmás M, van Daalen S, Alejano-Monge R, Ważny T. 2018. Timber resources, transport and woodworking techniques in post-medieval Andalusia Spain: Insights from dendroarchaeological research on historic roof structures. *Journal of Archaeological Science*, 95: 64-75.

g. Domínguez-Delmás M. 2020. Seeing the forest for the trees: New approaches and challenges for dendroarchaeology in the 21*st* century. *Dendrochronologia*, 62: 125731.

[46] Becker B, Billamboz A, Egger H, Gassmann P, Orcel A, Orcel C, et al. 1985. Dendrochronologie in der Ur-und Frühgeschichte. *Antiqua*, 11: 1-68.

[47] a. Blanchette RA, Nilsson T, Daniel G, Abad A. 1990. *Biological degradation of wood.* Washington, D.C.: ACS Publications.

b. Pedersen NB, Matthiesen H, Blanchette RA, Alfredsen G, Held BW, Westergaard-Nielsen A, et al. 2020. Fungal attack on archaeological wooden artefacts in the Arctic—implications in a changing climate. *Scientific Reports*, 10:14577.

[48] a. Tegel W, Brun O. 2008. "Premiers résultats des analyses dendrochronologiques relatives aux boulins de construction. Nouveaux regards sur la cathédrale de Reims. Sous la direction de Bruno Decrock et Patrick Demouy," in *Actes du colloque international des 1er et 2 octobre 2004*, ed. D. Guéniot Langres: Dominique Guéniot, 29-40.

b. Tegel W, Muigg B, Büntgen U. 2016. The wood of Merovingian weaponry. *Journal of Archaeological Science*, 65: 148-153.

[49] a. Tegel W, Muigg B. 2015. Dendrochronologische Datierung der Holzklammern aus der "Heidenmauer " auf dem Odilienberg Ottrott, Elsass. *Zeitschrift für Archäologie des Mittelalters*, 43: 29-37.

b. Tegel W, Croutsch C. 2016. Wood anatomy and construction technique of Late Bronze Age rural cartwheels. *Journal of Archaeological Science: Reports*, 7: 123-128.

c. Baird J. 2018. *Dura-Europos.* London: Bloomsbury Publishing.

[50] a. Polosmak NV, Seifert M. 1996. Menschen aus dem Eis Sibiriens. Neuentdeckte Hügelgräber Kurgane im Permafrost des Altai. *Antike Welt*, 27: 87-108.

b. Parzinger H. 2006. *Die frühen Völker Eurasiens: vom Neolithikum bis zum Mittelalter.* CH Beck: Munich.

c. Nicolussi K. 2009. "Alpine Dendrochronologie-Untersuchungen zur Kenntnis der holozänen Umwelt-und Klimaentwicklung," in *Klimawandel in Österreich. Alpine Space-man & environment 6*, eds R. Schmidt, C. Matulla, and R. Psenner Innsbruck: University Press, 41-54.

[51] a. Herzig F. 2009. Dendroarchäologie: Mensch und Umwelt-eine Wechselwirkung, eingraviert in Holz Dendroarchaeology: man and environment-an interaction engraved in wood. *Bericht der bayerischen Bodendenkmalpflege*, 50: 225-236.

b. Reschreiter H, Kowarik K. 2019. Bronze Age Mining in Hallstatt. A New picture of everyday life in the Salt Mines and Beyond. *Archaeologia Austriaca*, 103: 99-136.

c. Haneca K, Deforce K. 2020. Wood use in early medieval weapon production. *Archaeological and Anthropological Sciences*, 12: 1-16.

d. Grabner M, Wächter E, Nicolussi K, Bolka M, Sormaz T, Steier P, et al. 2021. Prehistoric salt mining in Hallstatt, Austria. New chronologies out of small wooden fragments. *Dendrochronologia*, 66: 125814.

[52] a. Chabal L. 1997. *Forêts et sociétés en Languedoc Néolithique final, Antiquité tardive: l'anthracologie, méthode et paléoécologie*. Paris: Maison des Sciences de l'Homme.

b. 同［48］b。

c. 同［51］c。

[53] a. Kretschmer S, Viol P, Stäuble H, Herbig C, Muigg B, Tegel W, et al. 2016. Der Fundplatz Drossdorf im Tagebaufeld Peres Lkr. Leipzig. Ein frü h-, mittel-und spätneolithisches Siedlungsareal mit zahlreichen Brunnen. *Ausgrabungen Sachsen*, 5: 30-57.

b. Croutsch C, Goepfert S, Adam AM. eds 2020. Les puits de la Protohistoire dans l'est de la France. *Association pour la valorisation de l'archéologie du Grand Est*, 6: 256.

[54] a. Bleicher N. 2009. *AltesHolzinneuemLicht:BerichtezuUfer-undMoorsiedlungenSüdwestdeutschlands*. Stuttgart: Materialhefte zur Archäologie in Baden-Württemberg, 83.

b. Tarrús J. 2018. La Draga Banyoles, Catalonia, an Early Neolithic Lakeside Village in Mediterranean Europe. *Catalan Historical Review*, 1: 17-33.

c. Benguerel S, Brem H, Ebersbach R, Kaiser MJ, Köninger J, Leuzinger U, et al. 2020. *Der Orkopf-eine Fundstelle auf der Landesgrenze*. Frauenfeld: Portal Kanton Thurgau.

d. Hafner A, Reich J, Ballmer A, Bolliger M, Antolín F, Charles M, et al. 2021. First absolute chronologies of neolithic and bronze age settlements at Lake Ohrid based on dendrochronology and radiocarbon dating. *Journal of Archaeological Science: Reports*, 38: 103107.

e. Pranckёnaitё E, Dolbunova E, Mazurkevich A. 2021. Pile Dwellings in the Circum-Baltic Area. *Documenta Praehistorica*, 48: 102-116.

[55] a. Domínguez-Delmás M, Nayling N, Ważny T, Loureiro V, Lavier C. 2013. Dendrochronological dating and provenancing of timbers from the Arade 1 Shipwreck, Portugal. *International Journal of Nautical Archaeology*, 42: 118-136.

b. Nayling N, Susperregi J. 2014. Iberian Dendrochronology and the Newport Medieval Ship. *International Journal of Nautical Archaeology*, 43: 279-291.

c. Daly A, Domínguez-Delmás M, van Duivenvoorde W. 2021. Batavia shipwreck timbers reveal a key to Dutch success in 17th-century world trade. *PLoS One*, 16: e0259391.

［56］ a. Pilcher JR, Hillam J, Baillie MGL, Pearson GW. 1977. A long sub-fossil oak tree-ring chronology from the north of Ireland. *New Phytologist*, 79: 713-729.

b. 同［46］。

c. Leuschner HH, Sass-Klaassen U. 2003. Subfossil oaks from bogs in NW Europe as a dendro archaeological archive. Peatlands-archaeological sites, archives of nature, nature conservation, wise use. *Rhaden/Westf*, 2003: 210-216.

d. Edvardsson J, Stoffel M, Corona C, Bragazza L, Leuschner HH, Charman DJ, et al. 2016. Subfossil peatland trees as proxies for Holocene palaeohydrology and palaeoclimate. *Earth-Science Reviews*, 163: 118-140.

［57］ a. Thieme H. 1997. Lower Palaeolithic hunting spears from Germany. *Nature*, 385: 807-810.

b. Tegel W, Elburg R, Hakelberg D, Stäuble H, Büntgen U. 2012. Early Neolithic water wells reveal the world's oldest wood architecture. *PLoS One*, 7: e51374.

c. Rybníček M, Kočár P, Muigg B, Peška J, Sedláček R, Tegel W, et al. 2020. World's oldest dendrochronologically dated archaeological wood construction. *Journal of Archaeological Science*, 115: 105082.

［58］ a. 同［35］。

b. Cufar K, Gričar J, Zupančič M, Koch G, Schmitt U. 2008.Wood anatomy, cell-wall structure and topochemistry of waterlogged archaeological wood aged 5,200 and 4,500 years. *IAWA Journal*, 29: 55-68.

c. Björdal CG. 2012. Microbial degradation of waterlogged archaeological wood. Journal of Cultural *Heritage*, 13: 118-122.

［59］ Martin DJ, Krautzberger M. 2010. *Handbuch Denkmalschutz und Denkmalpflege-einschließlich Archäologie*. München: CH Beck.

［60］ Hönes ER. 2005. Das europäische Übereinkommen zum Schutz des archäologischen Erbes vom 16. 1. 1992. *Natur und Recht*, 27: 751-757.

［61］ Laurelut C, Blancquaert G, Blouet V, Klag T, Malrain F, Marcigny C, et al. 2014. Vingt-cinq ans de recherche préventive protohistorique en France du Nord: Évolution des pratiques et changements de perspectives, de l'accumulation à la synthèse des données, in: Méthodologie des recherches de terrain sur la Préhistoire récente en France. Nouveaux acquis, nouveaux outils, 1987-2012. *Actes des Premičres Rencontres Nord/sud de Préhistoire Récente*, 2014: 419-457.

［62］ a. Lohwasser C. 2011. Die Holzfunde aus dem Mühlberg-Ensemble in Kempten Allgäu.

b. Atzbach R. 2012. The concealed finds from the Mühlberg-Ensemble in Kempten southern Germany: post-medieval archaeology on the second floor. *Post-Medieval Archaeology*, 46: 252-280.

［63］ Fraiture P, Dubois H. 2011. "Dendrochronological and technological examination of painting supports. The case of Rubens's studio practice," in *Tree Rings, Art, Archaeology. Proceedings of a conference*.

［64］ a. Büntgen U, Tegel W, Nicolussi K, McCormick M, Frank D, Trouet V, et al. 2011. 2500 years of European climate variability and human susceptibility. *Science*, 331: 578-582.

b. Cook ER, Seager R, Kushnir Y, Briffa KR, Büntgen U, Frank D, et al. 2015. Old World megadroughts and pluvials during the Common Era. *Science Advances*, 1: e1500561.

c. Tegel W, Seim A, Skiadaresis G, Ljungqvist FC, Kahle H-P, Land A, et al. 2020. Higher groundwater levels in western Europe characterize warm periods in the Common Era. *Scientific Reports*, 10: 1-8.

［65］ Büntgen U, Tegel W, Heussner KU, Hofmann J, Kontic R, Kyncl T, et al. 2012. Effects of sample size in dendroclimatology. *Climate Research*, 53: 263-269.

［66］ 同［35］。

［67］ Edvardsson J, Seim A, Davies J, Vander Auwera J. 2021. The rediscovery of an adoration of the shepherds by Jacques Jordaens: a multidisciplinary approach combining dendroarchaeology and art history. *Heritage Science*, 9: 39.

［68］ a. Daly A, Streeton NLW. 2017. Non-invasive dendrochronology of late-medieval objects in Oslo: refinement of a technique and discoveries. *Applied Physics A*, 123: 1-12.

b. Domínguez-Delmás M, Bossema FG, Dorscheid J, Coban SB, Hall-Aquitania M, Batenburg KJ, et al. 2021. X-ray computed tomography for non-invasive dendrochronology reveals a concealed double panelling on a painting from Rubens' studio. *PLoS One*, 16: e0255792.

［69］ a. 同［49］b。

b. 同［48］b。

［70］ a. Wimmer R. 2002. Wood anatomical features in tree-rings as indicators of environmental change. *Dendrochronologia*, 20: 21-36.

b. Schweingruber FH. 2007. *Wood structure and environment*. Berlin: Springer Science & Business Media.

［71］ a. Wagenführ R. 1966. "Anatomie des Holzes: Unter besonderer Berücksichtigung der Holztechnik," in *Mit 160 Bildern, 66 Tabellen und einem Bildanhang 313 Mikrofotos*, Leipzig: Fachbuchverlag.

b. Grosser D. 1977. *Die Hölzer Mitteleuropas*. Berlin: Ein mikrophotographischer Lehratlas, 208.

c. Schweingruber FH. 1990. *Anatomie europäischer Hölzer/Anatomy of European woods: Ein Atlas zur Bestimmung europäischer Baum-, Strauch-und Zwergstrauchhölzer*. Bern: Verlag Paul Haupt.

d. Schoch W, Heller I, Schweingruber FH, Kienast F. 2004. *Wood anatomy of central European Species*. Birmensdorf, Switzerland: Swiss Federal Institute for Forest.

［72］ a. 同［71］d。

b. Schweingruber FH. 2011. *Anatomie europäischer Hölzer-Anatomy of European Woods: ein Atlas zur Bestimmung europäischer Baum-, Strauch-und Zwergstrauchhölzer-An Atlas for the identification of european trees*. Remagen: Verlag Kessel.

［73］ a. Haneca K, Deforce K, Boone MN, van Loo D, Dierick M, van Acker J, et al. 2012. X-ray sub-micron tomography as a tool for the study of archaeological wood preserved through the corrosion of metal objects. *Archaeometry*, 54: 893-905.

b. Balzano A, Novak K, Humar M, Čufar K. 2019. Application of confocal laser scanning microscopy in dendrochronology. *Les/Wood*, 68: 5-17.

［74］ Douglass AE. 1941. Crossdating in Dendrochronology. *Journal of Forestry*, 39, 825-831.

［75］ Schweingruber FH. 1996. *Tree rings and environment: dendroecology*. Bern: Paul Haupt AG Bern.

［76］ Rinn F. 2003. *TSAP-Win. Time series analysis and presentation for dendrochronology and 409 related applications*. User reference.

［77］ Knibbe B. 2008. *PAST4-Personal Analysis System for Treering Research Version 4.5*. SCIEM.

［78］ a. Eckstein D, Bauch J. 1969. Beitrag zur Rationalisierung eines dendrochronologischen Verfahrens und zur Analyse seiner Aussagesicherheit. *Forstwissenschaftliches Centralblatt*, 88: 230-250.

b. Buras A, Wilmking M. 2015. Correcting the calculation of Gleichläufigkeit. *Dendrochronologia*, 34: 29-30.

［79］ Baillie MGL, Pilcher JR. 1973. A simple crossdating program for tree-ring research. *Tree-Ring Bulletin*, 33: 7-14.

［80］ 同［24］b。

［81］ Pearson K. 1895. Note on regression and inheritance in the case of two parents. *Proceedings of the Royal Society of London*, 58: 240-242.

［82］ Speer JH. 2010. *Fundamentals of tree-ring research*. Arizona: University of Arizona Press.

［83］ a. Becker B, Giertz-Siebenlist V. 1970. Eine über 1100jaehrige mitteleuropäische Tannenchronologie. *Flora*, 159: 310-346.

b. 同［24］b。

c. Becker B. 1993. An 11,000-year German oak and pine dendrochronology for radiocarbon calibration. *Radiocarbon*, 35(1) : 201-213.

d. Grudd H, Briffa KR, Karlén W, Bartholin TS, Jones PD, Kromer B. 2002. A 7400-year tree-ring chronology in northern Swedish Lapland: natural climatic variability expressed on annual to millennial timescales. *Holocene*, 12: 657-665.

e. 同［27］。

f. Baillie MGL. 2009. The radiocarbon calibration from an Irish oak perspective. *Radiocarbon*, 51: 361-371.

g. 同［50］c。

h. Seim A, Büntgen U, Fonti P, Haska H, Herzig F, Tegel W, et al. 2012. Climate sensitivity of a millennium-long pine chronology from Albania. *Climate Research*, 51: 217-228.

［84］ 同［65］。

［85］ 同［45］b。

［86］ Hillam J, Tyers I. 1995. Reliability and repeatability in dendrochronological analysis: tests using the fletcher archive of panel-painting data. *Archaeoometry*, 2: 395-405.

［87］ 同［24］b。

［88］ Wrobel S, Holst JC, Eckstein D. 1993. *Holz im Hausbau-Dendrochronologisch-bauhistorische Reihenuntersuchungen zum Hausbau des 13.-17. Jahrhunderts in Lübeck. Wege zur Erforschung stadtischer Häuser und Höfe*. Neumünster: K. Wachholtz Verlag, 183-249.

［89］ Ważny T, Eckstein D. 1991. The dendrochronological signal of oak *Quercus* spp. in Poland. *Dendrochronologia*, 9: 35-49.

［90］ Jevšenak J, Goršić E, Stojanović DB, Matović B, Levanič T. 2019. Sapwood characteristics of *Quercus* robur species from the south-western part of the Pannonian Basin. *Dendrochronologia*, 54: 64-70.

［91］ Rybníček M, Vavrčík H, Hubený R. 2006. Determination of the number of sapwood annual rings in oak in the region of southern Moravia. *Journal of Forest Science*, 52: 141-146.

［92］ Sohar K, Vitas A, Läänelaid A. 2012. Sapwood estimates of pedunculate oak Quercus robur L. in eastern Baltic. *Dendrochronologia*, 30: 49-56.

［93］ Leroux G, Collas R, Brenot J, Desfonds A, Tegel W. 2018. "Les ponts laténiens de Pont-sur-Seine Aube et de Visseiche Ille-et-Vilaine: construction, datation, aspects socio-économiques," in *Architectures de l'âge du Fer-Actes du 40e colloque international de l'AFEAF*, eds A. Villard-Le Tiec, Y. Menez, and P. Maguer Rennes: Presse Universitaire.

［94］ Haneca K, Čufar K, Beeckman H. 2009. Oaks, tree-rings and wooden cultural heritage: a review of the main characteristics and applications of oak dendrochronology in Europe. *Journal of Archaeological Science*, 36: 1-11.

［95］ 同［64］。

［96］ a. Fritts H. 1976. *Tree rings and climate*. London: Academic Press Inc.

b. Cook ER, Kairiukstis LA. 2013. *Methods of Dendrochronology: applications in the environmental sciences*. New York, NY: Springer Science & Business Media.

［97］ Büntgen U, Brázdil R, Heussner KU, Hofmann J, Kontic R, Kyncl T, et al. 2011. Combined dendro-documentary evidence of Central European hydroclimatic springtime extremes over the last millennium. *Quaternary Science Reviews*, 30: 3947-3959.

［98］ a. Tegel W, Vanmoerkerke J, Büntgen U. 2010. Updating historical tree-ring records for climate reconstruction. *Quaternary Science Reviews*, 29: 1957-1959.

b. 同［65］。

c. Skiadaresis G, Muigg B, Tegel W. 2021. Historical forest management practices influence tree-ring based climate reconstructions. *Frontiers in Ecology and Evolution*, 9: 727651.

［99］ 同［98］a。

［100］ Esper J, Krusic PJ, Peters K, Frank D. 2009. Exploration of long-term growth changes using the tree-ring detrending program "Spotty". *Dendrochronologia*, 27: 75-82.

［101］ Kolář T, Rybníček M, Tegel W. 2013. Dendrochronological evidence of cockchafer *Melolontha* sp. outbreaks in subfossil tree-trunks from Tovačov CZ Moravia. *Dendrochronologia*, 31: 29-33.

［102］ Muigg B, Skiadaresis G, Tegel W, Herzig F, Krusic PJ, Schmidt UE, et al. 2020. Tree rings reveal signs of Europe's sustainable forest management long before the first historical evidence. *Scientific Reports*, 10: 1-11.

［103］ Briffa KR, Jones PD, Schweingruber FH, Karlén W, Shiyatov SG. 1996. *Tree-ring variables as proxy-climate indicators: problems with low-frequency signals, in: Climatic variations and forcing mechanisms of the last 2000 years*. Berlin: Springer, 9-41.

［104］ 同［96］a。

［105］ a. Esper J, Frank DC, Wilson RJS, Briffa KR. 2005. Effect of scaling and regression on reconstructed temperature amplitude for the past millennium. *Geophysical Research Letters*, 2005, 32: L07711.

b. Büntgen U, Allen K, Anchukaitis KJ, Arseneault D, Boucher É, Bräuning A, et al. 2021. The influence of decision-making in tree ring-based climate reconstructions. *Nature Communications*, 12: 6.

[106]　a. Tinner W, Conedera M, Ammann B, Lotter AF. 2005. Fire ecology north and south of the Alps since the last ice age. *Holocene*, 15: 1214-1226.

b. Bernard V, Renaudin S, Marguerie D. 2006. Evidence of trimmed oaks Quercus sp. in north western France during the early Middle Ages 9th-11th centuries AD. Charcoal analysis: new analytical tools and methods for archaeology. *BAR International series*, 1483: 103-108.

c. Conedera M, Tinner W, Neff C, Meurer M, Dickens A F, Krebs P. 2009. Reconstructing past fire regimes: methods, applications, and relevance to fire management and conservation. *Quaternary Science Reviews*, 28: 555-576.

d. Billamboz A. 2014. Regional patterns of settlement and woodland developments: Dendroarchaeology in the Neolithic pile-dwellings on Lake Constance Germany. *Holocene*, 24: 1278-1287.

e. Bleicher N. 2014. Four levels of patterns in tree-rings: an archaeological approach to dendroecology. *Vegetation History and Archaeobotany*, 23: 615-627.

f. 同 [102]。

[107]　a. 同 [45] c。

b. 同 [45] d。

c. 同 [48] b。

[108]　同 [57] b。

[109]　a. Thun T, Svarva HL. 2017. *Tree-ring growth shows that the significant population decline in Norway began before the Black Death*. Amsterdam: Dendrochronologia.

b. Ljungqvist FC, Tegel W, Krusic PJ, Seim A, Gschwind FM, Haneca K, et al. 2018. Linking European building activity with plague history. *Journal of Archaeological Science*, 98: 81-92.

c. Seifert M. 2018. *Zur Chronologie und Typologie der Wohnbauten Graubündens im Zeitraum von 1350 bis 1850 In: Die Schweiz von 1350 bis 1850 im Spiegel archäologischer Quellen*. Basel: Verlag Archäologie Schweiz, 115-128.

[110]　a. Nicolussi K, Matuschik I, Tegel W. 2013. Klimavariabilität und Siedlungsdynamik am Beispiel der Feuchtbodensiedlungen im Raum Oberschwaben, Bodensee und Nordostschweiz 4400-3400 BC. Dendro-Chronologie-Typologie-Ökologie. Festschrift für André Billamboz zum 65. *Geburtstag*, 65: 69-86.

b. van Lanen RJ, Jansma E, van Doesburg J, Groenewoudt BJ. 2016. Roman and early-medieval long-distance transport routes in north-western Europe: modelling frequent-travel zones using a dendroarchaeological approach. *Journal of Archaeological Science*, 73: 120-137.

[111]　Nicolussi K, Kaufmann M, Melvin TM, van der Plicht J, Schießling P, Thurner A. 2009. A 9111 year long conifer tree-ring chronology for the European Alps: a base for environmental and climatic investigations. *Holocene*, 19: 909-920.

[112] Leuschner HH, Sass-Klaassen U, Jansma E, Baillie MGL, Spurk M. 2002. Subfossil European bog oaks: population dynamics and long-term growth depressions as indicators of changes in the Holocene hydro-regime and climate. *Holocene*, 12: 695-706.

[113] 同[83] f。

[114] 同[83] d。

[115] Eronen M, Zetterberg P, Briffa KR, Lindholm M, Meriläinen J, Timonen M. 2002. The supra-long Scots pine tree-ring record for Finnish Lapland: Part 1, chronology construction and initial inferences. *Holocene*, 12: 673-680.

[116] 同[83] c。

[117] a. Spurk M, Friedrich M, Hofmann J, Remmele S, Frenzel B, Leuschner HH, et al. 1998. Revisions and extension of the Hohenheim oak and pine chronologies: new evidence about the timing of the Younger Dryas/Preboreal transition. *Radiocarbon*, 40: 1107-1116.

b. Friedrich M, Kromer B, Spurk M, Hofmann J, Kaiser KF. 1999. Paleo-environment and radiocarbon calibration as derived from Lateglacial/Early Holocene tree-ring chronologies. *Quaternary International*, 61: 27-39.

c. 同[27]。

[118] a. 同[24] b。

b. Jansma E. 1995. *RemembeRINGs: the development and application of local and regional tree-ring chronologies of oak for the purposes of archaeological and historical research in the Netherlands*. Ph. D. thesis. Amersfoort: Rijksdienst voor het Oudheidkundig Bodemonderzoek.

c. Neyses-Eiden M. 1998. Erste römerzeitliche Tannenchronologie für die Nordwest-Provinzen. *Trierer Zeitschrift-Archäologie und Kunst des Trierer Landes und seiner Nachbargebiete*, 61: 137-154.

d. Grabner M, Wimmer R, Gindl W, Nicolussi K. 2001. "A 3474-year alpine tree-ring record from the Dachstein, Austria" *in International Conference Tree Rings and People. Davos, 22-26 September 2001, Abstracts*, eds M. Kaennel Dobbertin and O. U. Bräker Birmensdorf: Swiss Federal Research Institute WSL.

e. Čufar K, Luis M, de Zupančič M, Eckstein D. 2008. A548-year tree-ring chronology of oak *Quercus* spp. for southeast Slovenia and its significance as a dating tool and climate archive. *Tree Ring Research*, 64: 3-15.

f. 同[111]。

g. 同[98] a。

h. 同[64] a。

i. Büntgen U, Kyncl T, Ginzler C, Jacks DS, Esper J, Tegel W, et al. 2013. Filling the Eastern European gap in millennium-long temperature reconstructions. *Proceedings of the National Academy of Sciences*, 110: 1773-1778.

j. Büntgen U, Tegel W, Kaplan JO, Schaub M, Hagedorn F, Bürgi M, et al. 2014. Placing unprecedented recent fir growth in a European-wide and Holocene longcontext. *Frontiers in Ecology and the Environment*, 12: 100-106.

k. Kolář T, Kyncl T, Rybníček M. 2012. Oak chronology development in the Czech Republic and its teleconnection on a European scale. *Dendrochronologia*, 30: 243-248.

l. Edvardsson J, Corona C, Mažeika J, Pukienë R, Stoffel M. 2016. Recent advances in long-term climate and moisture reconstructions from the Baltic region : Exploring the potential for a new multi-millennial tree-ring chronology. *Quaternary Science Reviews*, 131: 118-126.

m. Prokop O, Kolář T, Büntgen U, Kyncl J, Kyncl T, Bošel'a M, et al. 2016. On the palaeoclimatic potential of a millennium-long oak ring width chronology from Slovakia. *Dendrochronologia*, 40: 93-101.

n. Sochová I, Kolář T, Rybníček M. 2021. A Review of Oak Dendrochronology in Eastern Europe. *Tree Ring Research*, 77: 10-19.

［119］ a. Panayotov M, Bebi P, Trouet V, Yurukov S. 2010. Climate signal in tree-ring chronologies of Pinus peuce and Pinus heldreichii from the Pirin Mountains in Bulgaria. *Trees*, 24: 479-490.

b. 同［83］h。

c. Szymczak S, Hetzer T, Bräuning A, Joachimski MM, Leuschner H-H, Kuhlemann J. 2014. Combining wood anatomy and stable isotope variations in a 600-year multi-parameter climate reconstruction from Corsican black pine. *Quaternary Science Reviews*, 101: 146-158.

d. Tegel W, Seim A, Hakelberg D, Hoffmann S, Panev M, Westphal T, et al. 2014. A recent growth increase of European beech Fagus sylvatica L. at its Mediterranean distribution limit contradicts drought stress. *European Journal of Forest Research*, 133: 61-71.

e. Shindo L, Belingard C, Edouard J-L, Saulnier M. 2017. A long-term tree-ring chronology over 796 years for silver fir Abies alba Mill. in southern France. *Annals of Forest Science*, 74: 1-5.

f. Nechita C, Eggertsson O, Badea ON, Popa I. 2018. A 781-year oak tree-ring chronology for the Middle Ages archaeological dating in Maramureş (Eastern Europe). *Dendrochronologia*, 52: 105-112.

g. Sangüesa-Barreda G, Camarero JJ, Esper J, Galván JD, Büntgen U. 2018. A millennium-long perspective on high-elevation pine recruitment in the Spanish central Pyrenees. *Canadian Journal of Forest Research*, 48: 1108-1113.

h. Belingard C, Guibal F, Labbas V, Shindo L, Saulnier M, Serre-Bachet F, et al. 2019. *État des référentiels dendrochronologiques publics de la région Provence-Alpes-Côte d'Azur Mélèze (Larix decidua Mill.).* Aix-en-Provence: Direction régionale des Affaires Cuturelles de Provence-Alpes-Côte d'Azur.

i. Esper J, Konter O, Klippel L, Krusic PJ, Büntgen U. 2021. Pre-instrumental summer precipitation variability in northwestern Greece from a high-elevation Pinus heldreichii network. *International Journal of Climatology*, 41(4): 2828-2839.

j. Roibu CC, Ważny T, Crivellaro A, Mursa A, Chiriloaei F, Ştirbu MI, et al. 2021. The Suceava oak chronology: A new 804 years long tree-ring chronology bridging the gap between central and south Europe. *Dendrochronologia*, 68: 125856.

［120］ 同［109］b。

［121］　a. Brown DM, Munro MAR, Baillie MGL, Pilcher JR. 1986. Dendrochronology—the absolute Irish standard. *Radiocarbon*, 28: 279-283.

　　　　b. 同［115］。

　　　　c. 同［83］f。

［122］　a. 同［26］。

　　　　b. Krąpiec M. 2001. Holocene dendrochronological standards for subfossil oaks from the area of Southern Poland. *Studia Quaternaria*, 18: 47-53.

　　　　c. 同［112］。

　　　　d. 同［56］c。

　　　　e. 同［83］f。

　　　　f. 同［56］d。

［123］　Reimer PJ, Austin WEN, Bard E, Bayliss A, Blackwell PG, Ramsey CB, et al. 2020. The IntCal20 Northern Hemisphere radiocarbon age calibration curve 0-55 cal kBP. *Radiocarbon*, 62: 725-757.

［124］　a. Nicolussi K, Spötl C, Thurner A, Reimer PJ. 2015. Precise radiocarbon dating of the giant Köfels landslide Eastern Alps, Austria. *Geomorphology*, 243: 87-91.

　　　　b. Büntgen U, Eggertsson Ó, Wacker L, Sigl M, Ljungqvist FC, Di Cosmo N, et al. 2017. Multi-proxy dating of Iceland's major pre-settlement Katla eruption to 822-823 CE. *Geology*, 45: 783-786.

［125］　a. Reinig F, Nievergelt D, Esper J, Friedrich M, Helle G, Hellmann L, et al. 2018. New tree-ring evidence for the Late Glacial period from the northern pre-Alps in eastern Switzerland. *Quaternary Science Reviews*, 186: 215-224.

　　　　b. Reinig F, Wacker L, Jöris O, Oppenheimer C, Guidobaldi G, Nievergelt D, et al. 2021. Precise date for the Laacher See eruption synchronizes the Younger Dryas. *Nature*, 595: 66-69.

［126］　a. Pukiene R. 2003. Sub-fossil oak timbers from the Mid Holocene as an evidence for Lithuanian forest history. *Baltic forestry. Girionys: Lietuvos miškų institutas*, 9: 71-75.

　　　　b. Carozza JM, Carozza L, Valette P, Llubes M, Py V, Galop D, et al. 2014. The subfossil tree deposits from the Garonne Valley and their implications on Holocene alluvial plain dynamics. *Comptes Rendus Geoscience*, 346: 20-27.

　　　　c. Vitas A. 2017. The First Evidence of Subfossil Oak Wood from Riverine Sediments in Lithuania: A Dendrochronological Investigation. *Baltic forestry. Girionys: Lietuvos miškų institutas*, 23: 471-476.

［127］　同［26］。

［128］　a. Nicolussi K, Patzelt G. 2000. Abhandlungen-Untersuchungen zur holozänen Gletscherentwicklung von Pasterze und Gepatschferner Ostalpen. *Zeitschrift fur Gletscherkunde und Glazialgeologie*, 36: 1-87.

　　　　b. Holzhauser H, Magny M, Zumbuühl HJ. 2005. Glacier and lake-level variations in west-central Europe over the last 3500 years. *Holocene*, 15: 789-801.

　　　　c. Nicolussi K, Kaufmann M, Patzelt G, Thurner A. 2005. Holocene tree-line variability in the Kauner Valley. *Vegetation History and Archaeobotany*, 14: 221-234.

　　　　d. Le Roy M, Nicolussi K, Deline P, Astrade L, Edouard JL, Miramont C, et al. 2015. Calendar-dated glacier variations in the western European Alps during the Neoglacial: the Mer de Glace record, Mont Blanc massif. *Quaternary Science Reviews*, 108: 1-22.

e. Solomina ON, Bradley RS, Jomelli V, Geirsdottir A, Kaufman DS, Koch J, et al. 2016. Glacier fluctuations during the past 2000 years. *Quaternary Science Reviews*, 149: 61-90.

［129］同［56］d。

［130］a. 同［57］a。

b. Conard NJ, Serangeli J, Bigga G, Rots V. 2020. A 300,000-year-old throwing stick from Schöningen, northern Germany, documents the evolution of human hunting. *Nature Ecology and Evolution*, 4: 690-693.

［131］同［57］b。

［132］a. 同［57］b。

b. Rybníček M, Chlup T, Kalábek M, Kalábková P, Kočár P, Kyncl T, et al. 2018. New dendroarchaeological evidence of water well constructions reveals advanced Early Neolithic craftsman skills. *Dendrochronologia*, 50: 98-104.

c. 同［57］c。

［133］a. López-Bultó O, Piqué Huerta R. 2018. Wood procurement at the early Neolithic site of La Draga Banyoles, Barcelona. *Journal of Wetland Archaeology*, 18: 56-76.

b. Naumov G. 2020. "Neolithic wetland and lakeside settlements in the Balkans," in *Settling waterscapes in Europe. The archaeology of Neolithic and Bronze Age pile-dwellings*, eds A. Hafner, E. Dolbunova, A. Mazurkevic, E. Pranckenaite, and M. Hinz Heidelberg: Propyläum, 111-134.

c. Fermé LC, Mineo M, Ntinou M, Remolins G, Mazzucco N, Gibaja JF. 2021. Woodworking technology during the early Neolithic: First results at the site of La MARMOTTA Italy. *Quaternary International*, 593: 399-406.

［134］a. Billamboz A, Schlichtherle H. 1982. Das Holz der "Pfahlbausiedlungen". Archäodendrologie im Projekt Bodensee-Oberschwaben. *Denkmalpflege Baden Württemberg Nachrichtenblatt der Landesdenkmalpflege*, 11: 68-73.

b. Lambert G, Lavier C. 1997. Datations dendrochronologiques de la station 3 de Chalain. *Les sites littoraux Néolothiques de Clairvaux-les-Lacs et de Chalain Jura III: Chalain station*, 3: 3200-2900.

c. Billamboz A, Unz C. 2006. *Dendroarchäologische Untersuchungen in den neolithischen Ufersiedlungen von Hornstaad-Hörnle*. Brisbane: Theiss.

d. Cichocki O, Dworsky C. 2006. Unterwasserarchäologie in Kärntner Seen. *Archäologie Österreichs*, 17: 90-95.

e. 同［106］d。

f. Martinelli N. 2014. *Prehistoric pile-dwellings in northern Italy: an archaeological and dendrochronological overview*. Aix-en-Provence: Direction régionale des Affaires Cuturelles de Provence-Alpes-Côte d'Azur, 69-78.

g. Čufar K, Tegel W, Merela M, Kromer B, Velušček A. 2015. Eneolithic pile dwellings south of the Alps precisely dated with tree-ring chronologies from the north. *Dendrochronologia*, 35: 91-98.

h. Bleicher N, Harb C. 2017. *Zürich-Parkhaus Opéra. Eine neolithische Feuchtbodenfundstelle. Band 3: Naturwissenschaftliche Analysen und Synthese*. Dübendorf: Amt für Raumentwicklung.

［135］ a. 同［106］d。

b. Menotti F. 2015. *Lakeside dwellings in the Circum Alpine region, in: The Oxford Handbook of Neolithic Europe*. Oxford: OUP Oxford, 291.

c. 同［134］h。

d. Hafner A, Dolbunova E, Mazurkevich A, Pranckenaite E, Hinz M. 2020. *Settling Waterscapes in Europe. The Archaeology of Neolithic & Bronze Age Pile-Dwellings*. Propylaeum: Heidelberg University Library.

［136］ Billamboz A. 2003. Tree rings and wetland occupation in southwest Germany between 2000 and 500 BC: dendroarchaeology beyond dating in tribute to FH Schweingruber. 2162-4585. *Tree-Ring Research*, 59: 37-49.

［137］ Bleicher N, Harb C. 2018. Settlement and social organisation in the late fourth millennium BC in Central Europe: the waterlogged site of Zurich-Parkhaus Opéra. *Antiquity*, 92: 1210-1230.

［138］ 同［54］c。

［139］ a. Müller-Beck H, Boessneck J. 1965. *Seeberg, Burgäschisee-Süd. 5*. Stämpfli: Holzgeräte und Holzbearbeitung.

b. Capitani A, de Deschler-Erb S, Leuzinger U, Marti-Grädel E, Schibler J. 2002. *Die jungsteinzeitliche Seeufersiedlung Arbon-Bleiche 3, Funde*. Frauenfeld: Departement für Erziehung und Kultur des Kantons Thurgau.

c. 同［133］c。

［140］ a. Croutsch C, Tegel W, Lefranc P. 2019. *Dambach-la-Ville Elsass, Frankreich: Ein Beitrag zur Siedlungsgeschichte eines Dorfes aus der zweiten Hälfte des 5. Jahrtausends V. Chr*, 7th Edn. Kerpen-Loogh: Deutsche Gesellschaft für Ur-und Frühgeschichte, 91-104.

b. 同［53］b。

［141］ Donnart K, Tegel W, Muigg B, Ferrier A, Ravry D, Pescher B, et al. 2019. De grès et de chêne: l'enceinte néolithique de La Villeneuve-au-Châtelot Aube, «Les Communes-La Pièce des Quarante». Exploitation et mise en oeuvre des ressources. *Congrès Préhistorique de France*, 3: 175-184.

［142］ a. 同［24］b。

b. Nicolussi K. 1998a. "Dendrochronological datings of the building history of a Roman alpine road near Lermoos Austria," in *Dendrochronology and Environmental Trends. Proceedings of the International Conference Eurodendro '98*, eds V. Stravinskiene and R. Juknys Kaunas: Eurodendro, 56-66.

c. Nicolussi K. 1998b. "Die Bauhölzer der Via Claudia Augusta bei Lermoos Tirol," in *Via Claudia-Neue Forschungen*, ed. E. Walde Innsbruck: Instituts für Hochgebirgsforschung, 113-145.

d. Herzig F, Berg-Hobohm S. 2010. Römische Fass-und Kastenbrunnen im Vicus von Munningen-Ausgrabungen im Bereich der neunen Ortsumfahrung. *Denkmalpflege Informationen*, 145: 11-13.

e. Benguerel S, Brem H, Ebneter I, Ferrer M, Hartmann B, Leuzinger U, et al. 2012. *Tasgetium II: die römischen Holzfunde. Archäologie im Thurgau 18.* Frauenfeld: Amt für Archäologie Thurgau.

f. Herzig F, Rauh A, Theurer C. 2013. Eine Villa Rustica mit Brunnen in Burgweintig. *Das Archäologische Jahr Bayern*, 2012: 89-91.

g. Bernard V, Favory F, Fiches JL. 2014. *Silva et Saltus en Gaule Romaine. Dynamique et gestion des forêts et des zones rurales marginales. Actes du VIIe colloque AGER, Rennes, 27-28 octobre 2004.* Besançon: Presses universitaires de Franche-Comté.

h. Cufar K, Merela M, Erič M. 2014. A Roman barge in the Ljubljanica river Slovenia: wood identification, dendrochronological dating and wood preservation research. *Journal of Archaeological Science*, 44: 128-135.

i. Jansma E, Haneca K, Kosian M. 2014. A dendrochronological reassessment of three Roman boats from Utrecht the Netherlands: evidence of inland navigation between the lower-Scheldt region in Gallia Belgica and the limes of Germania inferior. *Journal of Archaeological Science*, 50: 484-496.

j. Tegel W, Vanmoerkerke J, Hakelberg D, Büntgen U. 2016. "Des cernes de bois à l'histoire de la conjoncture de la construction et à l'évolution de la pluviomé trie en Gaule du Nord entre 500 BC et 500 AD," in *Évolution des societes gauloises du Second âge du Fer, entre mutations internes et influences externes*, eds G. Blancquaert and F. Malrain Amiens: Actes du 38e colloque de l'AFEAF. Revue Archéologique de Picardie n° spécial 30, 639-653.

k. Jansma E. 2020. Hydrological disasters in the NW-European Lowlands during the first millennium AD: a dendrochronological reconstruction. *Netherlands Journal of Geosciences*, 99: 10.

［143］ Bernabei M, Bontadi J, Rea R, Büntgen U, Tegel W. 2019. Dendrochronological evidence for long-distance timber trading in the Roman Empire. *PLoS One*, 14: e0224077.

［144］ 同［24］c。

［145］ a. Cichocki O. 2007. Analysis of charcoal samples from Early Bronze Age strata at Tell Arqa: Tell Arqa. *Archaeology and History in Lebanon*, 2007: 99-109.

b. Nelle O, Dreibrodt S, Dannath Y. 2010. Combining pollen and charcoal: evaluating Holocene vegetation composition and dynamics. *Journal of Archaeological Science*, 37: 2126-2135.

c. Deforce K. 2017. Wood use in a growing medieval city. The overexploitation of woody resources in Ghent Belgium between the 10th and 12th century AD. *Quaternary International*, 458: 123-133.

d. Blondel F, Cabanis M, Girardclos O, Grenouillet-Paradis S. 2018. Impact of carbonization on growth rings: dating by dendrochronology experiments on oak charcoals collected from archaeological sites. *Quaternary International*, 463: 268-281.

e. Dufraisse A, Coubray S, Girardclos O, Nocus N, Lemoine M, Dupouey JL, et al. 2018. Anthraco-typology as a key approach to past firewood exploitation and woodland management reconstructions. Dendrological reference dataset modelling with dendro-anthracological tools. *Quaternary International*, 463: 232-249.

f. Moser D, Nelle O, Di Pasquale G. 2018. Timber economy in the Roman Age: charcoal data from the key site of Herculaneum Naples, Italy. *Archaeological and Anthropological Sciences*, 10: 905-921.

g. Oberhänsli M, Seifert M, Bleicher N, Schoch WH, Reitmaier-Naef L, Turck R, et al. 2019. "Dendrochronological dating of charcoal from high-altitude prehistoric copper mining and smelting sites in the Oberhalbstein Valley Grisons, Switzerland," in *New Results and Perspectives on Prehistoric Copper Production*, Rahden-Westfalen: Verlag Marie Leidorf, 245-260.

[146] a. 同[48]b。

b. 同[51]c。

[147] a. 同[24]b。

b. Kuniholm PI, Striker CL. 1987. Dendrochronological investigations in the Aegean and neighboring regions, 1983-1986. *Journal of Field Archaeology*, 14: 385-398.

c. Crone A, Fawcett R. 1998. Dendrochronology, Documents and the Timber Trade: New Evidence for the Building History of Stirling Castle, Scotland. *Medieval archaeology*, 42: 68-87.

d. Büntgen U, Frank DC, Nievergelt D, Esper J. 2006. Summer temperature variations in the European Alps, AD 755-2004. *Journal of Climate*, 19: 5606-5623.

e. Seiller M, Lohrum B, Tegel W, Werlé M. 2014. Des châssis de fenêtre en bois du XIe siècle et de nouvelles observations sur les parties orientales de l'ancienne église collégiale de Surbourg. *Cahiers alsaciens d'archeologie d'art et d'histoire*, 57: 57-74.

f. Bernabei M, Bontadi J, Quarta G, Calcagnile L, Diodato M. 2016. The Baptistry of Saint John in Florence: the scientific dating of the timber structure of the dome. *International Journal of Architectural Heritage*, 10: 704-713.

[148] a. 同[45]d。

b. Seim A, Linscott K, Heussner K-U, Bonde N, Baittinger C, Stornes JM, et al. 2015. Diverse construction types and local timber sources characterize early medieval church roofs in southwestern Sweden. *Dendrochronologia*, 35: 39-50.

c. Domínguez-Delmás M, Trapaga-Monchet K, Nayling N, García-González I. 2017. Natural hazards and building history: Roof structures of Segovia cathedral Spain reveal its history through tree-ring research. *Dendrochronologia*, 46: 1-13.

d. Haneca K, van Daalen S. 2017. The roof is on fire! A dendrochronological reconstruction of the restoration of the Basilica of Our Lady in Tongeren Belgium. *Dendrochronologia*, 44: 153-163.

e. Christopoulou A, Ważny T, Gmińska-Nowak B, Moody J. 2020. "Dendrochronological research in Greece: A study of Ottoman and Venetian buildings" in *Wood in Architecture*, 1st Edn, ed. A. Kurek Cracow: Politechnika Krakowska, 35-44.

[149] a. Gomolka J. 1992. Dendrochronologische Untersuchungen aus der Sicht der Denkmalpflege. *Niedersächsische Denkmalpflege*, 14: 96-107.

b. Marshall P, Miles D, Heath D. 2004. Tree-Ring dating at Salisbury Cathedral: informing repairs. *Conservation Bulletin*, 4: 4-5.

c. Harzenetter M, Haspel J, Hesse FP, Karg D, Sandmeier J. 2016. *Leitbild Denkmalpflege: Zur Standortbestimmung der Denkmalpflege heute = Conservation in Germany; the principles of conservation in today's world*, 2nd Edn. Wiesbaden: Imhof.

d. Withalm B. 2018. *Holz-das vergessene Dokument. Zur Bedeutung des Baustoffs Holz im historischen Baugeschehen am Beispiel der mittelalterlichen Wohnstube.* Stuttgart: Fraunhofer IRB.

[150] a. Schmidt B, Köhren-Jansen H, Freckmann K, Gechter M. 2001. *Auf den Spuren alter Häuser: Jahrringdatierung und Bauweise; Lohmar im Bergischen Land.* Siebengebirge: Jonas-Verlag.

b. Eißing T. 2015. *Dendrochronologie und Bauforschung: Ein interdisziplinärer Dialog.* Dresden: Koldewey-Gesellschaft, 93-104.

c. Werlé M. 2017. *Trois maisons de Strasbourg construites sur les cendres de l'incendie de Strasbourg de 1397.* Cahiers alsaciens d 'archeologie, d 'art et d 'histoire, 5.

d. Vitas A. 2020. Medieval oak chronology from Klaipёda, Lithuania. *Dendrochronologia*, 64: 125760.

[151] a. Schmidt B, Köhren-Jansen H, Freckmann K. 1990. *Kleine Hausgeschichte der Mosellandschaft.* Rheinland-Verlag.

b. 同［ 45 ］c。

c. Houbrechts D. 2007. Le logis en pans de bois dans les villes du bassin de la Meuse moyenne XVe-XVIIe siècle: apport de l'archéologie du bâti. *Bulletin Monumental*, 165: 175-194.

d. Susperregi J, Telleria I, Urteaga M, Jansma E. 2017. The Basque farmhouses of Zelaa and Maiz Goena: New dendrochronology-based findings about the evolution of the built heritage in the northern Iberian Peninsula. *Journal of Archaeological Science: Reports*, 11: 695-708.

[152] Blau J. 1917. *Böhmerwälder hausindustrie und volkskunst.* Stuttgart: JG Calve.

[153] a. Kolář T, Dobrovolný P, Szabó P, Mikita T, Kyncl T, Kyncl, et al. 2021. Wood species utilization for timber constructions in the Czech lands over the period 1400-1900. *Dendrochronologia*, 70: 125900.

b. Shindo L, Giraud E. 2021. Well-designed mountain houses feature the only dated Pinus sylvestris type timbers in the southern French Alps. *Dendrochronologia*, 67: 125833.

c. 同［ 118 ］n。

d. Solomina, O, Matskovsky V. 2021. Dendrochronology in European Russia in the early 21st century: state-of-the-art. *Frontiers in Ecology and Evolution*, 9: 661.

[154] a. 同［ 94 ］。

b. San-Miguel-Ayanz J, Rigo D, de Caudullo G, Durrant TH, Mauri A. 2016. *European atlas of forest tree species.* Publications Office of the European Union.

[155] a. 同［ 83 ］a。

b. Eißing T, Dittmar C. 2011. Timber transport and dendroprovenancing in Thuringia and Bavaria. *Tree Rings, Art and Archaeology*, 137-149.

c. 同［ 148 ］b。

d. 同［ 109 ］a。

e. 同［ 153 ］a。

[156] a. Büntgen U, Bellwald I, Kalbermatten H, Schmidhalter M, Frank DC, Freund H, et al. 2006a. 700 Years of Settlement and Building History in the Lötschental, Switzerland 700 Jahre Siedlungs-und Baugeschichte im Lötschental, Schweiz. *Erdkunde*, 2006: 96-112.

b. 同［118］i。

［157］　Levanič T, Pignatelli O, Cufar K. 2001. A regional larch chronology of trees and historical buildings from Slovenia and Northern Italy. *Dendrochronologia*, 19: 221-229.

［158］　a. 同［147］f。

b. Christopoulou A, Gmi ń ska-Nowak B, Özarslan Y, Ważny T. 2020. Aegean Trees and Timbers: Dendrochronological Survey of the Island of Symi. *Forests*, 11: 1266.

［159］　a. 同［45］f。

b. Bernabei M, Brunetti M, Macchioni N, Nocetti M, Micheloni M. 2020. Surveying and Dating the Wooden Roof Structure of St Francis of Assisi Church in Valletta, Malta. *International Journal of Architectural Heritage*, 2020: 1-9.

c. 同［158］b。

［160］　a. Bartlett R. 1994. *The making of Europe: Conquest, colonization, and cultural change*. Princeton: Princeton University Press, 950-1350.

b. Westphal T. 2002. *Frühe Stadtentwicklung zwischen mittlerer Elbe und unterer Oder zwischen ca. 1150-1300 aufgrund der dendrochronologischen Daten: mit einem Beitrag zur dendrochronologischen Untersuchung frühmittelalterlicher Burgwälle der Niederlausitz; Ergebnisse und Materialien zum DFG-Projekt" Germanen-Slawen-Deutsche"*. Habelt.

c. Mitchell P. 2013. Die Erweiterung von Wien unter Herzog Leopold VI. *Materialhefte zur Archäologie in Baden-Württemberg*, 96: 383-394.

［161］　同［109］b。

［162］　同［23］b。

［163］　Fletcher JM. 1975. Relation of abnormal earlywood in oaks to dendrochronology and climatology. *Nature*, 254: 506-507.

［164］　a. Bauch J, Eckstein D. 1970. Dendrochronological Dating of Oak Panels of Dutch Seventeenth-Century Paintings. *Studies in Conservation*, 1: 45-50.

b. Bauch J, Eckstein D. 1981. Woodbiological investigations on panels of Rembrandt paintings. *Wood Science and Technology*, 15: 251-263.

c. Bauch J. 1978. Dendrochronology applied to the dating of Dutch, Flemish and German paintings. *BAR International series*, 51: 307-314.

d. Bauch J, Eckstein D, Brauner G. 1978. Dendrochronologische Untersuchungen an Eichenholztafeln von Rubens-Gemälden. *Jahrbuch Berliner Museen*, 1978: 209-221.

e. Klein P. 1986. Age determinations based on dendrochronology. *Scientific Examination of Easel Paintings*, 225-267.

f. Klein P. 1998. *Dendrochronological analyses of art objects, in: Scientific Detection of Fakery in Art. Photonics West '98 Electronic Imaging*. San Jose, CA: SPIE, 21-30.

g. Klein P, Ważny T. 1991. Dendrochronological analyses of paintings of Gdansk painters of the 15th to the 17th century. *Dendrochronologia*, 9: 181-191.

h. 同［86］。

[165] a. Klein P. 1985. Dendrochronologische Untersuchungen an Gemäldetafeln und Musikinstrumenten. *Dendrochronologia*, 3: 25-44.

b. Klein P. 1996. Dendrochronology and violins. Dendrochronological and wood-biological investigations on string instruments. *Newsletter of the British Violin Making Association*, 4: 12-25.

c. Topham J, McCormick D. 1998. A dendrochronological investigation of British stringed instruments of the violin family. *Journal of Archaeological Science*, 25: 1149-1157.

d. Beuting DHM, Klein P. 2003. *The Technique of Dendrochronology as Applied to Stringed Instruments of the Orpheon Foundation*. Stuttgart: University of Hamburg.

e. Topham J. 2003. A dendrochronological study of violins made by Antonio Stradivari. *Journal of the American Musical Instrument Society*, 29: 72.

f. Beuting M. 2009. Dendrochronologische Datierung von streichinstrumenten des 15. und 16. Jahrhunderts unter besonderer Berücksichtigung der Geigenbauer linarolo und ciciliano. *Technologische Studien: Konservierung Restaurierung Forschung Technologie*, 6: 177-213.

g. Bernabei M, Bontadi J, Rognoni GR. 2010. A dendrochronological investigation of stringed instruments from the collection of the Cherubini Conservatory in Florence, Italy. *Journal of Archaeological Science*, 37: 192-200.

h. Bernabei M, Bontadi J, Cufar K, Baici A. 2017. Dendrochronological investigation of the bowed string instruments at the Theatre Museum Carlo Schmidl in Trieste, Italy. *Journal of Cultural Heritage*, 27: 55-62.

i. Čufar K, Beuting M, Demšar B, Merela M. 2017. Datingofviolins-the interpretation of dendrochronological reports. *Journal of Cultural Heritage*, 27: 44-54.

[166] a. Buksnowitz C, Teischinger A, Müller U, Pahler A, Evans R. 2007. Resonance wood [Picea abies L. Karst.]-evaluation and prediction of violin makers' quality-grading. *The Journal of the Acoustical Society of America*, 121: 2384-2395.

b. Brandstätter MB. 2016. *Europäische Holzarten und ihre Verwendung im Musikinstrumentenbau*. Vienna: University of Natural Resources and Life Sciences, 99.

c. Bucur V. 2016. "Dendrochronology and wood resources for authentic, historical period musical instruments," in *Handbook of Materials for String Musical Instruments*, ed. V. Bucur Berlin: Springer, 639-698.

[167] Myhr K, Thun T, Hytteborn H. 2007. Dendrochronological dating of wooden artefacts using photography. *Norwegian Archaeological Review*, 40: 179-186.

[168] a. van den Bulcke J, Wernersson ELG, Dierick M, van Loo D, Masschaele B, Brabant L, et al. 2014. 3D tree-ring analysis using helical X-ray tomography. *Dendrochronologia*, 32: 39-46.

b. Stelzner J, Million S. 2015. X-ray computed tomography for the anatomical and dendrochronological analysis of archaeological wood. *Journal of Archaeological Science*, 55: 188-196.

c. 同［68］a。

d. 同［68］b。

［169］ a. Pickvance C. 2012. Medieval domed chests in Kent: a contribution to a national and international study. *Regional Furniture*, 26: 105-147.

b. Pickvance C. 2015. The slow arrival of renaissance influence on English furniture: a study of the 1519 Silkstede. *Regional Furniture*, 29: 101-130.

c. Klein A, Nemestothy S, Kadnar J, Grabner M. 2014. Dating furniture and coopered vessels without waney edge-Reconstructing historical wood-working in Austria with the help of dendrochronology. *Dendrochronologia*, 32: 90-96.

d. Allen SJ. 2015. *Wooden Coffins and Grave Furniture from 12-18 Swinegate, 14 Little Stonegate, and 18 Back Swinegate, York YORYM 1989.28, 1990.28, 1990.1.* York: York Archaeological Trust for Excavation and Research.

e. Domínguez-Delmás M, Bridge M, Visser ASQ. 2021. Dendrochronological analysis of an english chest: Contributing to knowledge about wood supply and chest production in 16th century England. *Dendrochronologia*, 67: 125828.

［170］ a. 同［57］a。

b. Lozovski VM, Lozovskaya O, Clemente-Conte I, Maigrot Y, Gyria EY, Radu V, et al. 2016. "Fishing in the late Mesolithic and early Neolithic of the Russian plain: The case of site Zamostje 2" in *Lake settlement of the Mesolithic and Neolithic fisherman in Upper Volga region*, eds V. Lozovski, O. Lozovskaya, and I. Zamostje, 18-45.

c. 同［130］b。

［171］ a. 同［57］b。

b. 同［132］b。

c. 同［57］c。

［172］ Elburg R, Hein W, Probst A, Walter P. 2015. Field trials in Neolithic woodworking. ReLearning to use Early Neolithic stone adzes. *EXARC Journal*, 5: 62-77.

［173］ 同［57］c。

［174］ 同［141］。

［175］ a. Goodman WL. 1963. *The history of woodworking tools*. G. Bell.

b. Schadwinkel H-T, Heine G, Gerner M. 1986. *Das Werkzeug des Zimmermanns: Mit einer Einführung "Das Zimmerhandwerk"*. Schäfer.

［176］ a. Wikander Ö. 1984. *Exploitation of water-power or technological stagnation?: a reappraisal of the productive forces in the Roman empire*. Gleerup.

b. Spain R. 2008. Mechanical Analysis of vertical-wheeled water-mills. *BAR International series*, 2008: 1786.

c. Rynne C. 2015. The technical development of the horizontal water-wheel in the first millennium AD: some recent archaeological insights from Ireland. *The International Journal for the History of Engineering & Technology*, 85: 70-93.

d. Muigg B, Tegel W, Rohmer P, Schmidt UE, Büntgen U. 2018. Dendroarchaeological evidence of early medieval water mill technology. *Journal of Archaeological Science*, 93: 17-25.

［177］ a. Finsterbusch E, Thiele W. 1987. *Vom Steinbeil zum Sägegatter: ein Streifzug durch die Geschichte der Holzbearbeitung*. Leipzig: VEB Fachbuchverlag.

b. Berthold J. 2009. Die hochmittelalterliche Wassermühle von Elfgen. *Mitteilungen der Deutschen Gesellschaft für Archäologie des Mittelalters und der Neuzeit*, 21: 199-204.

［178］ Jeute GH. 2015. Zur Verbreitung der hochmittelalterlichen Mühle aus archäologischer Sicht. Wassermühlen und Wassernutzung im mittelalterlichen Ostmitteleuropa. *Forschungen zur Geschichte und Kultur des östlichen Mitteleuropa*, 50: 269-277.

［179］ a. 同［175］a。

b. 同［175］b。

c. 同［177］a。

d. Greber JM. 1987. *Die Geschichte des Hobels: von der Steinzeit bis zur Entstehung der Holzwerkzeugfabriken im frühen 19*. Schäfer: im Verlag Th.

［180］ 同［54］c。

［181］ 同［141］。

［182］ a. Hayen H. 1990. Moorarchäologie-Möglichkeiten und Folgerungen. *Niedersächsische Akademie der Geowissenschaften*, 5: 30-41.

b. Fansa M. 1992. Moorarchäologie in Niedersachsen. *Archäologische Mitteilungen aus Nordwestdeutschland*, 5-21.

c. Endlich C, Lässig HC. 2007. Holzverbrauch in großen Mengen-Moorwege der frühesten Bauform. *Oldenburg*, 143-147.

［183］ a. Höneisen M, Schiile BA, Studer D, Oechslin C. 1989. Die jungsteinzeitlichen Räder der Schweiz: die ältesten Europas. *Das Rad Schweiz vom*, 3: 13-22.

b. Velušček A, Cufar K. 2009. *Prehistoric wooden wheel with an axle from pile-dwelling Stare gmajne at the Ljubljansko barje*. Založba ZRC: Inštitut za arheologijo ZRC SAZU.

c. Schlichtherle H. 2010. als die ersten räder rollten räder der jungsteinzeit aus dem Olzreuter Ried bei Bad Schussenried. *Denkmalpflege Baden Württemberg Nachrichtenblatt der Landesdenkmalpflege*, 39: 140-144.

［184］ Anthony DW. 1995. Horse, wagon & chariot: Indo-European languages and archaeology. *Antiquity*, 69: 554.

［185］ a. Heussner KU. 1985. Zwei bronzezeitliche Scheibenräder von Kühlungsborn, Kreis Bad Doberan. *Bodendenkmalpflege Mecklenburg Vorpommern*, 33: 125-131.

b. 同［49］b。

［186］ 同［182］b。

［187］ a. Biel J. 1995. *Der Keltenfürst von Hochdorf*. Stuttgart: Theiss.

b. Laurent O, Lemaire F, Tegel W. 2002. Nouvelles observations sur le char hallstattien du tumulus du Champ Peupin à Ivory Jura. *Antiquités Nationales Saint-Germain-en-Laye*, 2002: 109-118.

［188］ a. Arnold B, Gassmann, P., Lambert, G., and Lavier, C. 1995. *Pirogues monoxyles d'Europe centrale, construction, typologie, évolution*. Lausanne: Musée cantonal d'archéologie.

b. Lanting JN. 1997. Dates for origin and diffusion of the European logboat. *Palaeohistoria*, 1997: 627-650.

c. Kröger L. 2014. Früh-und hochmittelalterliche Binnenschiffe in Mitteleuropa. Ein Überblick zum aktuellen Stand der Forschung, *Přehled výzkumů*, 2: 91-123.

［189］ Ellmers D. 1972. *Frühmittelalterliche Handelsschiffahrt in Mittel-und Nordeuropa*. Neumüster: Wachholtz.

［190］ 同［141］。

［191］ Crumlin-Pedersen O, Trakadas A. 2003. *Hjortspring: a pre-Roman Iron-Age warship in context*. Norway: Viking Ship Museum.

［192］ a. Pomey P. 1996. *Navigation and ships in the age of Greek colonization*. Greek: The Western Greeks, 133-140.

b. Teigelake U. 1998. Untersuchungen zum "keltischen" Schiffbau. *Kritische Betrachtungen der Definition einer Schiffbautradition*, 2: 6-19.

［193］ a. Arnold B. 1992. Batellerie gallo-romaine sur le lac de Neuchâtel. *Archéol. Neuchâteloise*, 2: 227.

b. Bockius R. 2002. *Die römerzeitlichen Schiffsfunde von Oberstimm in Bayern: Monographien/ Römisch-Germanisches Zentralmuseum, Forschungsinstitut für Vor-und Frühgeschichte*. Mainz: Verlag des Roömisch-Germanischen Zentralmuseums.

c. Bockius R. 2006. *Die spätrömischen Schiffswracks aus Mainz: schiffsarchäologisch-technikgeschichtliche Untersuchung spätantiker Schiffsfunde vom nördlichen Oberrhein*. Mainz: Verlag des Roömisch-Germanischen Zentralmuseums.

［194］ a. Bridge MC, Dobbs C. 1996. Tree-ring studies on the Tudor warship Mary Rose. Dean, J. S., Meko, D. M., and Swetnam, T. W. (eds.), *Tree-Rings, Environment, and Humanity: Proceedings of the International Conference*, Radiocarbon, Tucson, AZ, 491-496.

b. Hakelberg D. 1996. A 14th-century vessel from Immenstaad Lake Constance, southern Germany. *International Journal of Nautical Archaeology*, 25: 224-233.

c. Crumlin-Pedersen O, Hirte C, Jensen K. 1997. *Viking-age ships and shipbuilding in Hedeby/ Haithabu and Schleswig. Viking Ship Museum*. Norway: Viking Ship Museum.

d. Hoffmann G, Schnall U. 2005. The Bremen Cog, A portrait of a ship's type. *Maritime Life & Traditions*, 27: 12-25.

e. Lemée CPP. 2006. *The Renaissance Shipwrecks from Christianshavn: An archaeological and architectural study of large carvel vessels in Danish waters, 1580-1640*. Oslo: Viking Ship Museum.

f. 同［142］i。

g. Englert A, Crumlin-Pedersen O. 2015. *Large Cargo Ships in Danish Waters 1000-1250: Evidence of Specialised Merchant Seafaring Prior to the Hanseatic Period*. Oslo: Viking Ship Museum.

［195］ a. Bonde N. 1998. Found in Denmark, but where do they come from. *Archaeology Ireland*, 12: 24-29.

b. Domínguez-Delmás M, Rich S, Daly A, Nayling N, Haneca K. 2019. Selecting and Sampling Shipwreck Timbers for Dendrochronological Research: practical guidance. *International Journal of Nautical Archaeology*, 48: 231-244.

［196］a. Daly A. 2007. The Karschau ship, Schleswig-Holstein: Dendrochronological results and timber provenance. *International Journal of Nautical Archaeology*, 36: 155-166.

b. Daly A, Nymoen P. 2008. The Bᵛrle ship, Skien, Norway—Research history, dendrochronology and provenance. *International Journal of Nautical Archaeology*, 37: 153-170.

c. Bridge M. 2012. Locating the origins of wood resources: a review of dendroprovenancing. *Journal of Archaeological Science*, 39: 2828-2834.

d. 同［55］a。

［197］a. Ulbert G. 1959. *Römische Holzfässer aus Regensburg*. Munich: Beck.

b. van Es WA. 1972. Dendrochronologische Untersuchungen von Daubenbrunnen aus der frühmittelalterlichen Siedlung Dorestad, Holland. Kunde die. *Mitteilungen des Niedersächsischen Landesverein für Urgeschichte*, 23: 221-226.

c. Greig J. 1981. The investigation of a medieval barrel-latrine from Worcester. *Journal of Archaeological Science*, 8: 265-282.

d. Clerici R. 1983. Römische Holzfässer aus Vitudurum. *Helvetica Archaeology*, 53: 14-24.

e. Marlière É. 2002. *L'outre et le tonneau dans l'Occident romain*. Drémil-Lafage: Editions Mergoil.

f. Falk A. 2003. Warentransport im Mittelalter und in der Frühen Neuzeit. Transportwege-Transportmittel-Infrastruktur. Vorträge der Sitzung in Hamburg, 21. und 22. Mai 2002. *Mitteilungen der Deutschen Gesellschaft für Archäologie des Mittelalters und der Neuzeit*, 14: 7-8.

g. Hagendorn A, Bouchet F. 2003. *Zur Frühzeit von Vindonissa: Auswertung der Holzbauten der Grabung Windisch-Breite 1996-1998*. Aargauische Kantonsarchäologie.

h. Bauer S. 2009. Vom Großbetrieb zur kleinen Werkstatt-der Strukturwandel im römischen Küferhandwerk aus dendroarchäologischer Sicht. *Mainzer Archaeologische Zeitschrift*, 8: 21-40.

i. Robben F. 2009. Mittelalterliche Fässer aus der Hansestadt Greifswald: Ein Beitrag zur Alltags- und ʻWirts chaftsgeschichte. *Bodendenkmalpflege Mecklenburg Vorpommern*, 56: 157-189.

j. Cufar K, Horvat J, Tolar T, Berden T, Merela M. 2019. Research potential of wood of barrels from Roman water wells. *Les/Wood*, 68: 47-60.

k. Mille P, Rollet P. 2020. Étude de trois grands tonneaux mis au jour à Reims/Durocortorum Marne: le savoir-faire des tonneliers antiques. *Gallia. Archéologie des Gaules*, 77: 123-155.

［198］a. 同［197］e。

b. Tamerl I. 2010. *Das Holzfass in der römischen Antike*. Bozen: StudienVerlag.

［199］Frei-Stolba R. 2017. *Holzfässer: Studien zu den Holzfässern und ihren: Inschriften im römischen Reich mit Neufunden und Neulesungen der Fassinschriften aus Oberwinterthur*. Baudirektion Kanton Zürich: Amt für Raumentwicklung, Kantonsarchäologie.

［200］a. Bauer S. 2001. Vergängliches Gut auf dem Rhein. Mainzer Holzhandel in römischer Zeit. *Schriftenreihe Rheinisches Landesmuseum Trier*, 2001: 31-42.

b. Tegtmeier U. 2016. *Holzobjekte und Holzhandwerk im römischen Köln: Archäologie Nord-Süd Stadtbahn Köln*. Köln: Römisch Germanisches Museum.

［201］Domínguez-Delmás M, Driessen M, García-González I, van Helmond N, Visser R, Jansma E. 2014.

Long-distance oak supply in mid-2nd century AD revealed: the case of a Roman harbour Voorburg-Arentsburg in the Netherlands. *Journal of Archaeological Science*, 41: 642-654.

［202］ 同［143］。

［203］ a. Kaplan JO, Krumhardt KM, Zimmermann N. 2009. The prehistoric and preindustrial deforestation of Europe. *Quaternary Science Reviews*, 28: 3016-3034.

　　　 b. 同［145］c。

［204］ a. Ellmers D. 1985. *Flößerei in Vorgeschichte, Römerzeit und Mittelalter*. Stuttgart: Flösserei in Deutschland, 12-33.

　　　 b. 同［155］b。

［205］ a. Neweklowsky E. 1952. *Die Schiffahrt und Flößerei im Raume der oberen Donau*. Oberösterreichischer: Landesverlag.

　　　 b. Irsigler F. 1992. "Teutschlands hochschlagende Pulsader. Zur wirtschaftlichen Bedeutung des Rheins bis zum frühen 19. Jahrhundert," in *Vom Zauber des Rheins ergriffen Zur Entdeckung der Rheinlandschaft*, eds K. Honnef, K. Weschenfelder, and I. Haberland München: Klinkhardt & Biermann, 67-80.

　　　 c. Henne R. 2005. *Flöße von der Oberweser: Und Immer Stromab an Kuhlbaum und Schnepper*. Holzminden: Mitzkat, 144.

　　　 d. 同［155］b。

［206］ a. Delfs J. 1985. *Die Flößerei in Deutschland und ihre Bedeutung für die Volks-und Forstwirtschaft*. Flößerei in Deutschland, 34-54.

　　　 b. Heussner KU. 2015. De houtvoorziening van Amsterdam uit Scandinavië en het Baltisch gebied: gezien vanuit dendrochronologisch perspectief circa 1500-1700. *Bulletin KNOB*, 114: 132-143.

［207］ Neweklowsky E. 1959. *Die Flößerei auf den alpinen Nebenflüssen der oberen Donau, in: Jahrbuch des*. Innsbruck: Österreichischen Alpenvereins, 131-138.

［208］ a. Lamschus C. 1993. "Die Holzversorgung der Lüneburger Saline in Mittelalter und früher Neuzeit," in *Recht und Alltag im Hanseraum*, eds S. Urbanski, C. Lamschus, and J. Ellermeyer, 321-333.

　　　 b. Goldammer G. 1998. Die Beeinflussung der norddeutschen Kulturlandschaft durch historische Binnenkanäle: dargestellt am Beispiel des Schaale-Kanals. *Deutsches Schiffahrtsarchiv*, 21: 65-81.

　　　 c. Grabner M, Buchinger G, Jeitler M. 2018. Stories about building history told by wooden elements-case studies from Eastern Austria. *International Journal of Architectural Heritage*, 12: 178-194.

［209］ a. 同［155］b。

　　　 b. Zunde M. 2011. "New dendrochronological and historical evidence of long-distance floating of timbers to Riga," in *Tree-Rings, Art and Archaeology Scientia Artis ed., Vol. 7*, ed. P. Fraiture Brussels: Royal Institute for Cultural Heritage / Koninklijk Instituut voor het Kunstpatrimonium.

　　　 c. Shindo L, Claude S. 2019. Buildings and wood trade in Aix-en-Provence South of France during the Modern period. *Dendrochronologia*, 54: 29-36.

［210］ Eißing T, Furrer B, King S, Knapp U, Krämer A, Lohrum B, et al. 2012. *Vorindustrieller Holzbau in Südwestdeutschland und der deutschsprachigen Schweiz Terminologie und Systematik*.

Südwestdeutsche Beiträge zur historischen Bauforschung.

［211］ 同［145］c。

［212］ a. Ważny T. 1992. "Historical timber trade and its implications on dendrochronological dating," in *Tree-Rings and Environment Lundqua Report 34*.

b. Ważny T. 2002. Baltic timber in Western Europe-an exciting dendrochronological question. *Dendrochronologia*, 20: 313-320.

c. Bonde N, Ważny T, Tyers I. 1997. "Where Does the Timber Come From?: Dendrochronological Evidence of the Timber Trade in Northern Europe," in *Archaeological Sciences 1995*, eds A. Sinclair, E. Slater, and J. Gowlett Oxford: Oxbow Books, 201-204.

d. Haneca K, Ważny T, van Acker J, Beeckman H. 2005. Provenancing Baltic timber from art historical objects: success and limitations. *Journal of Archaeological Science*, 32: 261-271.

e. Fraiture P. 2009. Contribution of dendrochronology to understanding of wood procurement sources for panel paintings in the former Southern Netherlands from 1450 AD to 1650 AD. *Dendrochronologia*, 27: 95-111.

［213］ Kirby D. 2014. *Northern Europe in the early modern period: the Baltic world 1492-1772*. London: Routledge.

［214］ a. Johansen HC. 1983. *Shipping and trade between the Baltic Area and Western Europe 1784-95*. Denmark: Univ. Pr. of Southern Denmark.

b. Belasus M. 2017. "Evidence form edieval shipping along the German Baltic Sea coast from the 12th to the 15th century. Baltic and beyond: Change and continuity in shipbuilding," in *Proceedings of the Fourteenth International Symposium on Boat and Ship Archaeology Gdansk 2015*, Gdansk: Boat and Ship Archaeology.

［215］ Ellenberg H. 1996. *Vegetation Mitteleuropas mit den Alpen in ökologischer, dynamischer und historischer Sicht. 5*. Stuttgart: stark veränd. u. verb.

［216］ Küster H. 1996. Sieben Phasen der Nutzung mitteleuropäischer Wälder. *Alt-Thüringen*, 30: 55-69.

［217］ Malzahn E. 2011. Activity report of the Białowiez à Department of the Forest research institute. From the Forest Experimental Station to the European Centre for natural Forests. *Instytut Badawczy Leśnictwa, Sękocin Stary*, 132: 83876479.

［218］ 同［106］d。

［219］ a. Billamboz A, Köninger J. 2008. *Dendroarchäologische Untersuchungen zur Besiedlungs-und Landschaftsentwicklung im Neolithikum des westlichen Bodenseegebietes: Beobachtungen-Hypothesen-Experimente*. Hamburg: K. Wachholtz.

b. Billamboz A. 2014. Dendrotypology as a key approach of former woodland and settlement developments. Examples from the prehistoric pile dwellings on Lake Constance Germany. *Dendrosymposium*, 2013: 5.

［220］ 同［134］c。

［221］ 同［219］a。

［222］ a. 同［39］。

b. 同［6］。

c. Billamboz A, Schöbel G. 1996. Dendrochronologische Untersuchungen in den spätbronzezeitlichen Pfahlbausiedlungen am nördlichen Ufer des Bodensees. *Forschungen Berichte zur Vor Frühgeschichte Baden Württemberg*, 47: 203-221.

［223］ Lo Cascio E. 1994. The size of the Roman population: Beloch and the meaning of the Augustan census figures. *The Journal of Roman Studies*, 84: 23-40.

［224］ Hausrath H. 1982. *Geschichte des deutschen Waldbaus: von seinen Anfängen bis 1850*. Frankfurt: Hochschulverlag.

［225］ 同［224］。

［226］ 同［102］。

［227］ Schmidt UE. 2002. *Der Wald in Deutschland im 18. und 19. Jahrhundert: das Problem der Ressourcenknappheit dargestellt am Beispiel der Waldressourcenknappheit in Deutschland im 18. und 19. Jahrhundert: eine historisch-politische Analyse*. Saarbrücken: Conte.

［228］ a. Epperlein S. 1993. "Waldnutzung, Waldstreitigkeiten und Waldschutz in Deutschland im hohen Mittelalter. 2. Hälfte 11. Jahrhundert bis ausgehendes 14," in *Jahrhundert Vierteljahrschrift für Sozial-und Wirtschaftsgeschichte Beihefte 109*. Stuttgart: Steiner.

b. Warde P. 2006. *Ecology, economy and state formation in early modern Germany*. Cambridge, MA: Cambridge university press.

c. Warde P. 2018. *The Invention of sustainability: Nature and destiny, c. 1500-1870*. Cambridge, MA: Cambridge university press.

［229］ a. Haneca K, Beeckman H. 2005. Growth trends reveal the forest structure during Roman and Medieval times in Western Europe: a comparison between archaeological and actual oak ring series Quercus robur and Quercus petraea. *Annals of Forest Science*, 62: 797-805.

b. Deforce K, Haneca K. 2015. Tree-ring analysis of archaeological charcoal as a tool to identify past woodland management: The case from a 14th century site from Oudenaarde Belgium. *Quaternary International*, 366: 70-80.

c. Deforce K, Bastiaens J, Crombé P, Deschepper E, Haneca K, Laloo P, et al. 2020. Dark Ages woodland recovery and the expansion of beech: a study of land use changes and related woodland dynamics during the Roman to Medieval transition period in northern Belgium. *Netherlands Journal of Geosciences*, 2020: 99.

［230］ Stocker T. 2014. *Climate change 2013: the physical science basis: Working Group I contribution to the Fifth assessment report of the Intergovernmental Panel on Climate Change*. Cambridge: Cambridge university press.

［231］ a. 同［147］d。

b. Corona C, Guiot J, Edouard J L, Chalié F, Büntgen U, Nola P, et al. 2010. Millennium-long summer temperature variations in the European Alps as reconstructed from tree rings. *Climate of the Past*, 6: 379-400.

［232］ Büntgen U, Frank D, Grudd H, Esper J. 2008. Long-term summer temperature variations in the

Pyrenees. *Climate Dynamics*, 31: 615-631.

［233］ a. Popa I, Kern Z. 2009. Long-term summer temperature reconstruction inferred from tree-ring records from the Eastern Carpathians. *Climate Dynamics*, 32: 1107-1117.

b. Kaczka RJ, Spyt B, Janecka K, Niedźwiedź T, Bednarz Z. 2016. *Climate reconstruction from tree-rings in the Tatra mountains, in: Flood Risk in the Upper Vistula Basin*. Berlin: Springer, 209-229.

［234］ a. Grudd H. 2008. Torneträsk tree-ring width and density AD 500-2004: a test of climatic sensitivity and a new 1500-year reconstruction of north Fennoscandian summers. *Climate Dynamics*, 31: 843-857.

b. Helama S, Timonen M, Holopainen J, Ogurtsov MG, Mielikäinen K, Eronen M, et al. 2009. Summer temperature variations in Lapland during the Medieval Warm Period and the Little Ice Age relative to natural instability of thermohaline circulation on multi-decadal and multi-centennial scales. *Journal of Quaternary Science*, 24: 450-456.

c. Esper J, Düthorn E, Krusic PJ, Timonen M, Büntgen U. 2014. Northern European summer temperature variations over the Common Era from integrated tree-ring density records. *Journal of Quaternary Science*, 29: 487-494.

［235］ Esper J, Krusic PJ, Ljungqvist FC, Luterbacher J, Carrer M, Cook E, et al. 2016. Ranking of tree-ring based temperature reconstructions of the past millennium. *Quaternary Science Reviews*, 145: 134-151.

［236］ a. Akkemik Ü, D'Arrigo R, Cherubini P, Köse N, Jacoby GC. 2008. Tree-ring reconstructions of precipitation and streamflow for north-western Turkey. *International Journal of Climatology*, 282: 173-183.

b. Klippel L, Krusic PJ, Brandes R, Hartl C, Belmecheri S, Dienst M, et al. 2018. A 1286-year hydro-climate reconstruction for the Balkan Peninsula. *Boreas*, 47: 1218-1229.

［237］ Esper J, Frank D, Büntgen U, Verstege A, Luterbacher J, Xoplaki E. 2007. Long-term drought severity variations in Morocco. *Geophysical Research Letters*, 34: 844.

［238］ a. Helama S, Timonen M, Lindholm M, Meriläinen J, Eronen M. 2005. Extracting long-period climate fluctuations from tree-ring chronologies over timescales of centuries to millennia. *International Journal of Climatology*, 25: 1767-1779.

b. Seftigen K, Linderholm HW, Drobyshev I, Niklasson M. 2013. Reconstructed drought variability in southeastern Sweden since the 1650s. *International Journal of Climatology*, 33: 2449-2458.

［239］ Čufar K, Luis M, de Eckstein D, Kajfež-Bogataj L. 2008. Reconstructing dry and wet summers in SE Slovenia from oak tree-ring series. *International Journal of Biometeorology*, 52: 607-615.

［240］ a. Brázdil R, Stepánková P, Kyncl T, Kyncl J. 2002. Fir tree-ring reconstruction of March-July precipitation in southern Moravia Czech Republic, 1376-1996. *Climate Research*, 20: 223-239.

b. Büntgen U, Brázdil R, Dobrovolný P, Trnka M, Kyncl T. 2011. Five centuries of Southern Moravian drought variations revealed from living and historic tree rings. *Theoretical and Applied Climatology*, 105: 167-180.

［241］ Wilson RJS, Luckman BH, Esper J. 2005. A 500 year dendroclimatic reconstruction of spring-summer precipitation from the lower Bavarian Forest region, Germany. *International Journal of Climatology*, 25: 611-630.

［242］ a. Kelly PM, Leuschner HH, Briffa KR, Harris IC. 2002. The climatic interpretation of pan-European signature years in oak ring-width series. *Holocene*, 12: 689-694.

b. 同［239］。

c. Büntgen U, Trouet V, Frank D, Leuschner HH, Friedrichs D, Luterbacher J, et al. 2010. Tree-ring indicators of German summer drought over the last millennium. *Quaternary Science Reviews*, 29: 1005-1016.

d. 同［64］a。

e. Büntgen U, Urban O, Krusic PJ, Rybníček M, Kolář T, Kyncl T, et al. 2021b.Recent European drought extremes beyond Common Era background variability. *Nature Geoscience*, 14: 190-196.

f. Scharnweber T, Heußner K-U, Smiljanic M, Heinrich I, van der Maaten-Theunissen M, van der Maaten E, et al. 2019. Removing the no-analogue bias in modern accelerated tree growth leads to stronger medieval drought. *Scientific Reports*, 9: 1-10.

g. 同［64］c。

［243］ Tinner W, Lotter AF. 2006. Holocene expansions of Fagus silvatica and Abies alba in Central Europe: where are we after eight decades of debate? *Quaternary Science Reviews*, 25: 526-549.

［244］ 同［75］。

［245］ a. Büntgen U, Frank D, Liebhold A, Johnson D, Carrer M, Urbinati C, et al. 2009. Three centuries of insect outbreaks across the European Alps. *New Phytologist*, 182: 929-941.

b. 同［101］。

［246］ 同［101］。

［247］ a. Rohmer P, Tegel W. 1999. Aménagements en bois dans un ancien lit de la Seille Metz, Boulevard Paixhans. *Nachrichtenblatt Arbeitskreis Unterwasserarchäologie*, 6: 21-25.

b. Herzig F, Seim A. 2011. Dendrochronologische Untersuchungen an Holzkohlen der mittelbronzezeitlichen Wallanlage von Bernstorf. *Bericht der bayerischen Bodendenkmalpflege*, 52: 2012.

［248］ 同［123］。

［249］ a. Reinig F, Sookdeo A, Esper J, Friedrich M, Guidobaldi G, Helle G, et al. 2020. Illuminating IntCal during the Younger Dryas. *Radiocarbon*, 62: 883-889.

b. 同［125］b。

［250］ a. Miyake F, Nagaya K, Masuda K, Nakamura T. 2012. A signature of cosmic-ray increase in AD 774-775 from tree rings in Japan. *Nature*, 486: 240-242.

b. Usoskin IG, Kromer B, Ludlow F, Beer J, Friedrich M, Kovaltsov GA, et al. 2013. The AD775 cosmic event revisited: the Sun is to blame. *Astronomy & Astrophysics*, 552: L3.

c. Jull AT, Panyushkina IP, Lange TE, Kukarskih VV, Myglan VS, Clark KJ, et al. 2014. Excursions in the 14C record at AD 774-775 in tree rings from Russia and America. *Geophysical Research Letters*, 41: 3004-3010.

d. Büntgen U, Wacker L, Galván JD, Arnold S, Arseneault D, Baillie M, et al. 2018. Tree rings reveal globally coherent signature of cosmogenic radiocarbon events in 774 and 993 CE. *Nature Communications*, 9: 1-7.

[251] a. Liu Y, Zhang ZF, Peng ZC, Ling MX, Shen CC, Liu WG, et al. 2014. Mysterious abrupt carbon-14 increase in coral contributed by a comet. *Scientific Reports*, 4: 1-4.

b. Mekhaldi F, Muscheler R, Adolphi F, Aldahan A, Beer J, McConnell JR, et al. 2015. Multiradionuclide evidence for the solar origin of the cosmic-ray events of AD 774/5 and 993/4. *Nature Communications*, 6: 1-8.

[252] a. 同 [124] b。

b. Hakozaki M, Miyake F, Nakamura T, Kimura K, Masuda K, Okuno M. 2018. Verification of the annual dating of the 10th Century Baitoushan Volcano eruption based on an AD 774-775 radiocarbon spike. *Radiocarbon*, 60: 261-268.

[253] 同 [250] a。

[254] Kuitems M, Wallace BL, Lindsay C, et al. 2022. Evidence for European presence in the Americas in AD 1021. *Nature*, 601(7893): 388-391.

[255] Jull AT, Panyushkina IP, Molnár M, Varga T, Wacker L, Brehm N, et al. 2021. Rapid ^{14}C excursion at 3372-3371 BCE not observed at two different locations. *Nature Communications*, 12: 1-3.

[256] a. 同 [251] b。

b. Miyake F, Jull AT, Panyushkina IP, Wacker L, Salzer M, Baisan CH, et al. 2017. Large ^{14}C excursion in 5480 BC indicates an abnormal sun in the mid-Holocene. *Proceedings of the National Academy of Sciences*, 114: 881-884.

c. Park J, Southon J, Fahrni S, Creasman PP, Mewaldt R. 2017. Relationship between solar activity and Δ14C peaks in AD 775. *Radiocarbon*, 59(4): 1147-1156.

d. Jull AT, Panyushkina I, Miyake F, Masuda K, Nakamura T, Mitsutani T, et al. 2018. More rapid 14C excursions in the tree-ring record: a record of different kind of solar activity at about 800 BC? *Radiocarbon*, 60: 1237-1248.

e. O'hare P, Mekhaldi F, Adolphi F, Raisbeck G, Aldahan A, Anderberg E, et al. 2019. Multiradionuclide evidence for an extreme solar proton event around 2,610 BP∼660 BC. *Proceedings of the National Academy of Sciences*, 116: 5961-5966.

[257] a. 同 [119] f。

b. 同 [158] b。

c. 同 [119] j。

[258] a. Wagner S, Lagane F, Seguin-Orlando A, Schubert M, Leroy T, Guichoux E, et al. 2018. High-Throughput DNA sequencing of ancient wood. *Molecular Ecology*, 27(5): 1138-1154.

b. Saleh D, Chen J, Leple J-C, Leroy T, Truffaut L, Dencausse B, et al. 2021. Genome-wide evolutionary response of European oaks since the Little Ice Age. *bioRxiv*.

[259] a. Wilson R, Wilson D, Rydval M, Crone A, Büntgen U, Clark S, et al. 2017. Facilitating tree-ring dating of historic conifer timbers using Blue Intensity. *Journal of Archaeological Science*, 78: 99-111.

b. Mann M, Kahle HP, Beck M, Bender BJ, Spiecker H, Backofen R. 2018. MICA: Multiple interval-based curve alignment. *SoftwareX*, 7: 53-58.

c. Akhmetzyanov L, Buras A, Sass-Klaassen U, den Ouden J, Mohren F, Groenendijk P, García-González I. 2019. Multi-variable approach pinpoints origin of oak wood with higher precision. *Journal of Biogeography*, 466: 1163-1177.

d. Björklund J, Arx G, von Nievergelt D, Wilson R, van den Bulcke J, et al. 2019. Scientific merits and analytical challenges of tree-ring densitometry. *Reviews of Geophysics*, 57: 1224-1264.

Dendroarchaeology in Europe

Willy TEGEL[1,2], Bernhard MUIGG[1,3], Georgios SKIADARESIS[4],
Jan VANMOERKERKE[5], Andrea SEIM[2,6]
Translate by CHENG Xue-han[7], WANG Shu-zhi[7]

(1. Amt für Archäologie, Kanton Thurgau, Frauenfeld, Switzerland; 2. Chair of Forest Growth and Dendroecology, Institute of Forest Sciences, Albert Ludwig University of Freiburg, Freiburg, Germany; 3. Chair of Forest History, Institute of Forest Sciences, Albert Ludwig University of Freiburg, Freiburg, Germany; 4. Chair of Silviculture, Faculty of Environment and Natural Resources, University of Freiburg, Freiburg, Germany; 5. Regional Archaeological Service, Directions Régionales des Affaires Culturelles, Châlons-en-Champagne, France; 6. Department of Botany, University of Innsbruck, Innsbruck, Austria; 7. Institute of Archaeology, Chinese Academy of Social Sciences)

Abstract: Human evolution was strongly related to environmental factors. Woodlands and their products played a key role in the production of tools and weapons, and provided unique resources for constructions and fuel. Therefore wooden finds are essential in gaining insights into climatic and land use changes but also societal development during the Holocene. Dendroarchaeological investigations, based on tree rings, wood anatomy and techno-morphological characteristics are of great importance for a better understanding of past chronological processes as well as human-environment-interactions. Here we present an overview of the sources, methods, and concepts of this interdisciplinary field of dendroarchaeology focusing on Europe, where several tree-ring chronologies span most of the Holocene. We describe research examples from different periods of human history and discuss the current state of field. The long settlement history in Europe provides a myriad of wooden archeological samples not only for dating but also offer exciting new findings at the interface of natural and social sciences and the humanities.

Key Words: tree rings; dendrochronology; land use; paleoecology; wood anatomy; wood technology

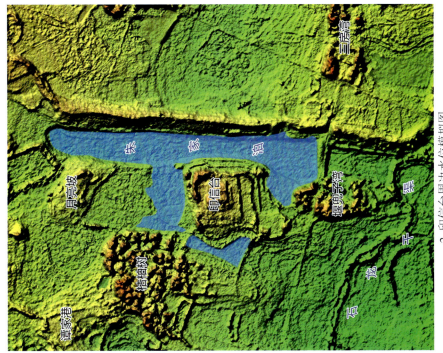

1. 石家河遗址群所在流域分布图
1. Distribution map of Shijiahe site group

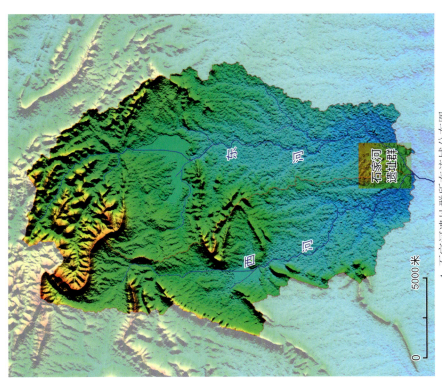

2. 印信台周边水位模拟图
2. Water level simulation diagram around the Yinxintai site

彩版二

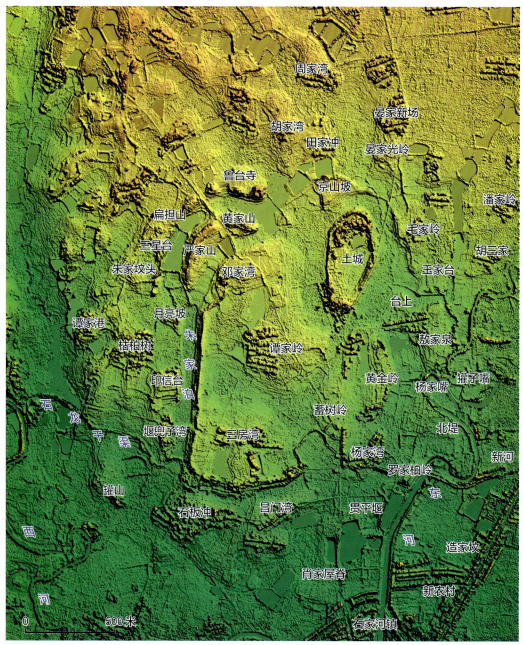

周家湾

晏家新场

胡家湾
田家冲
晏家光岭

鲁台寺
京山坡
潘家岭

扁担山
黄家山
毛家岭

三星台　严家山
胡三家

朱家坟头
邓家湾
土城
玉家台

谭家港
月亮坡
台上

桔柏树
朱家泊
谭家岭
敖家泉

印信台
獾子嘴

黄金岭
杨家嘴

蓄树岭

石龙平渠
北堤

堰兜子湾
豆房湾
杨家湾
新河

罐山
罗家柏岭
东

西河
石板冲
昌门湾
贯平堰

肖家屋脊
造家坟

0　　　　500米
新农村

石家河镇

石家河遗址群的数字高程图

Digital elevation map of Shijiahe site group

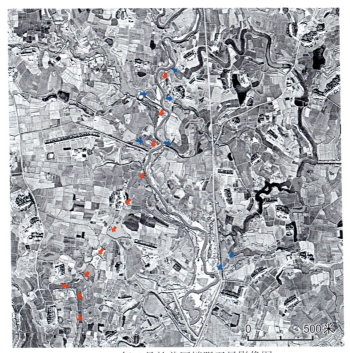

1. 1974年12月的美国锁眼卫星影像图
1. American Keyhole satellite image in December 1974

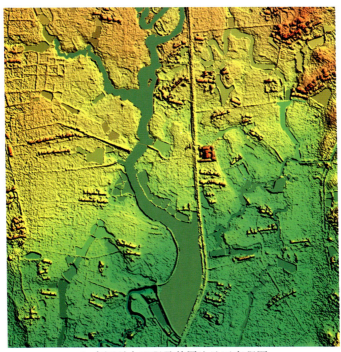

2. 东河引水工程及其周边地区高程图
2. Elevation map of East River water conservancy project and surrounding area

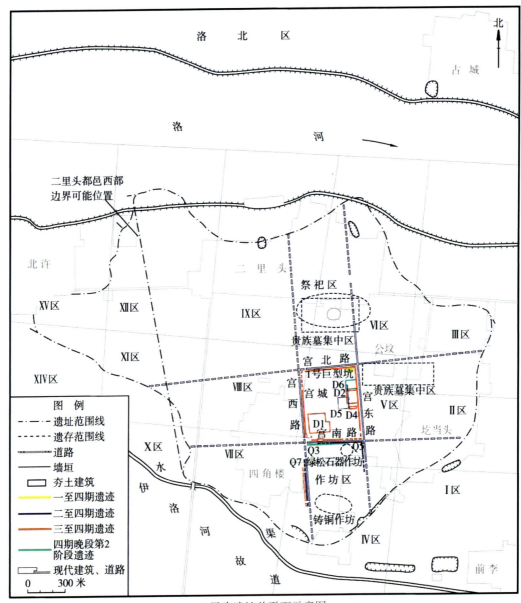

二里头遗址总平面示意图

General plan sketch map of the Erlitou site

注：采自《二里头都邑的手工业考古》图1。

Note: From Figure 1 in *Craft Archaeology in Erlitou Capital City*.

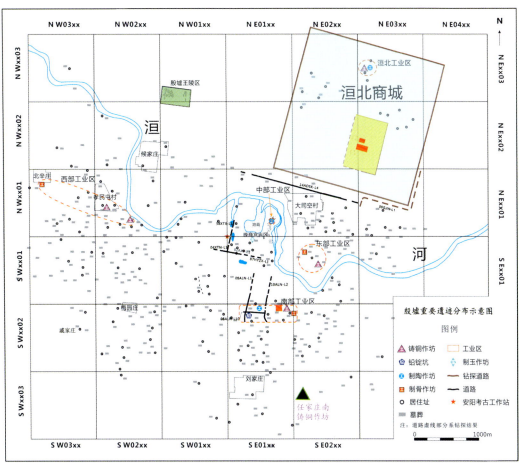

殷墟手工业作坊布局图
Layout map of craft workshops at Yinxu

注：采自《论殷墟手工业布局及其源流》图1。
Note: From Figure 1 in *Craft Distribution and Its Origin and Destination at Yin Ruins*.

漆床完整三维影像
Complete 3D image of the painted bed

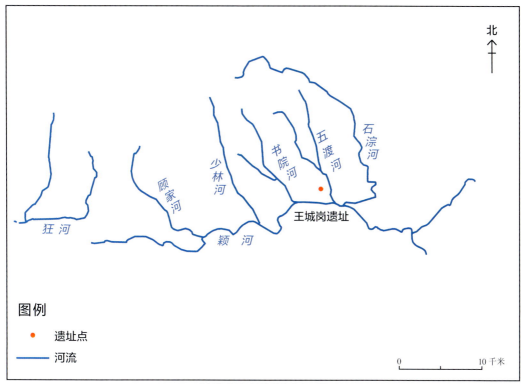

1. 王城岗遗址所处的颍河上游地区

1. Map showing the Wangchenggang sites in the research region

2. 王城岗遗址重点点位分布示意图

2. Map showing the important location in the Wangchenggang site

注：图中A—A'东西向地层横剖面见第157页图1，B—B'南北向地层横剖面见第158页图2，长方形表示遗址范围。

Note: Figure 1 on page 157 show the A-A' section from east to west of the Wangchenggang site; Figure 2 on page 158 show the B-B' section from north to south of the Wangchenggang site; The rectangle in the figure shows the extent of the site.

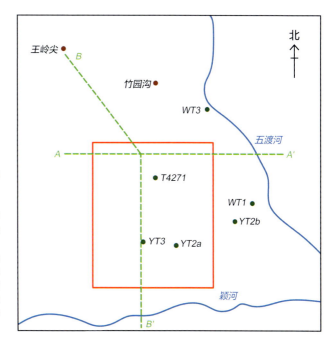

彩版八

树轮考古学研究的木材来源

Wood sources for dendroarchaeological research

注：1. 莱茵河谷上游（法国勒滕海姆）砾石坑中的亚化石树木 2. 瑞士康斯坦斯湖奥赫宁根奥科普夫水下发掘的新石器时代木柱 3. 法国埃尔斯坦出土的青铜时代晚期的水井木构井壁 4. 法国旺德雷斯一座罗马建筑的柱基 5. 黑森林中的中世纪的银矿长廊（德国绍因斯兰） 6. 法国特洛伊的半木构房屋 7. 瑞士兰根里肯巴赫中世纪晚期的屋架 8. 法国的现代锯木厂 9. 德国阿伦斯巴赫新石器时代的带有燧石刀片和木柄的刀具 10. 法国厄尔斯坦的青铜时代晚期建筑木材 11. 法国萨维恩的铁器时代晚期木锤 12. 罗马的梳子 13. 法国特洛伊的盒子 14. 现代绘画 15. 小提琴。

Note: 1. Subfossil trees from a gravel pit in the Upper Rhine Valley (Leutenheim, France) 2. Neolithic pile excavated underwater in Oehningen-Orkopf, Lake Constance, Switzerland 3. Water well lining from the Late Bronze Age, excavated in Erstein, France 4. Post foundation of a Roman building in Vendresse, France 5. Medieval silver mining gallery in the Black Forest (Schauinsland, Germany) 6. Half-timbered house in Troyes, France 7. Late medieval roof truss in Langenrickenbach, Switzerland 8. Modern sawmill in Many, France 9. Neolithic knife with flint blade and wooden handle from Allensbach, Germany 10. Late Bronze Age construction timber from Erstein, France 11. Late Iron Age wooden hammer from Saverne, France 12. Roman comb 13. Box from Troyes, France 14. Modern painting 15. Violin.

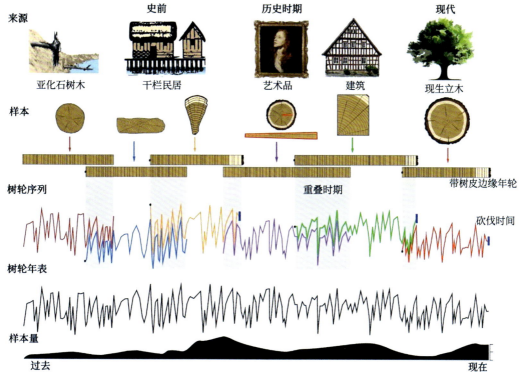

来源
史前
历史时期
现代

亚化石树木
干栏民居
艺术品
建筑
现生立木

样本

树轮序列
重叠时期
带树皮边缘年轮

砍伐时间

树轮年表

样本量

过去
现在

交叉定年过程示意图
Schematic illustration of the crossdating process

注：通过与气候相关的木材样本宽轮和窄轮序列对不同来源的木材进行年代测定，并建立数千年长的树木年轮宽度年表。由于材料并非总是均匀可用的，因此复本量也会有所不同。

Note: The climatic-related sequences of wide and narrow rings of the wooden samples allow the dating of wood from different sources and the development of millennia-long tree-ring width chronologies. Since the material is not evenly available through time, consequently the number of samples (replication) varies too.

彩版一〇

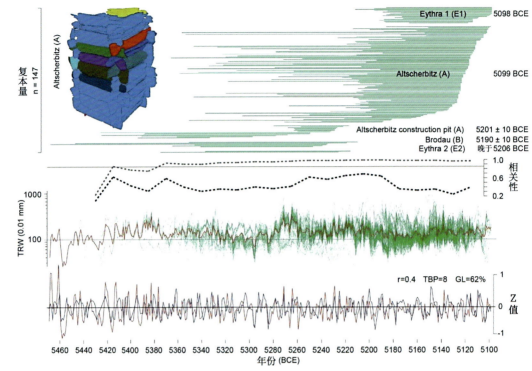

树轮年代学结果的图示

Graphical presentation of dendrochronological results

注：根据带树皮边缘年轮（年度分辨率）的存在或边材估计，建立了个体树轮序列的长度与各建筑最早采伐时间的时间分布图，插图显示了木构井壁的3D复原，每棵树用不同的颜色表示。年表中的共同信号（即样本代表性，灰色虚线）和所有样本的间隔为25年的每50年内序列间相关性（黑色虚线）。个体轮宽测量值（绿色）及其平均值（红色）。10年低通滤波处理后，根据主河谷的参考年表对新撒克逊橡树年表（红色）进行绝对定年（r，相关系数；TBP，T值；GL，Gleichläufigkeit）。

Note: Temporal distribution of the lengths of individual tree-ring sequences, and the youngest felling dates per construction, based on the presence of waney edges (annually precise) or sapwood estimation. The inset shows a 3D reconstruction of a wooden lining displaying each tree using a different color. The common signal in the chronology [so-called Expressed Population Signal (dotted gray line)] and the inter-series correlation (dotted black line) calculated over 50 years lagged by 25 years along all individual samples. Single ring-width measurements (green) and their mean (red). Absolute dating of the new Saxon oak chronology (red) against the reference chronology from the Main River Valley after 10-year low-pass filtering (r, correlation coefficient; TBP, T-value; GL, Gleichläufigkeit).